# TORÁ COMENTADA

Brian Kibuuka

# TORÁ COMENTADA

## Levítico

## ויקרא

edição bilíngue
Português-Hebraico

2ª edição revista e ampliada

ALTA BOOKS
GRUPO EDITORIAL

**Torá comentada: Levítico**

Contra o Vento é uma empresa do Grupo Editorial Alta Books (STARLIN ALTA EDITORA E CONSULTORIA LTDA).

ISBN: 978-65-83604-87-3

Impresso no Brasil — 2ª Edição, 2025 — Edição revisada conforme o Acordo Ortográfico da Língua Portuguesa de 2009.

DADOS INTERNACIONAIS DE CATALOGAÇÃO NA PUBLICAÇÃO (CIP)
(BENITEZ Catalogação Ass. Editorial, MS, Brasil)

K46t
2. ed. Kibuuka, Brian
Torá comentada : Levítico / Brian Kibuuka. – 2ª ed. rev. e ampl.
Rio de Janeiro: Contra o Vento, 2025.
318 p.

Inclui bibliografia.
ISBN 978-65-83604-87-3

1. Antigo Testamento – Pentateuco 2. Bíblia hebraica (Torá)
3. Bíblia – Estudos . I. Título.

05-2025 / 35 CDD 220.44

Índice para catálogo sistemático :
1. Bíblia hebraica : Estudos 220.44
Aline Graziele Benitez – Bibliotecária – CRB–1/3129



**Produção Editorial:** Grupo Editorial Alta Books
**Diretor Editorial:** Anderson Vieira
**Editor da Obra:** Eduardo de Proença
**Vendas Governamentais:** Cristiane Mutüs
**Gerência Comercial:** Claudio Lima

**Gerência Marketing:** Andréa Guatiello
**Revisão:** Cláudia Montico
**Projeto Gráfico:** Alessandra S. O. Proença
**Diagramação:** Giovanni Pieroni
**Capa:** Victoria Cristina Eduardo

ALTA BOOKS
GRUPO EDITORIAL

Rua Viúva Cláudio, 291 — Bairro Industrial do Jacaré
CEP: 20.970-031 — Rio de Janeiro (RJ)
Tels.: (21) 3278-8069 / 3278-8419
**www.altabooks.com.br** — altabooks@altabooks.com.br
**Ouvidoria:** ouvidoria@altabooks.com.br

Editora **afiliada à:**
ASSOCIADO

*No silêncio onde a palavra se consagra,*
*Marcos Almeida ergueu sua tenda de luz.*
*Seu canto é incenso que sobe aos céus,*
*seu silêncio, altar onde Deus reluz.*

# Sumário

# Apresentação à Segunda Edição Revista e Ampliada

Esta segunda edição da *Torá Comentada* nasce de um esforço consciente de aprofundamento, rigor e fidelidade à Escritura. Fruto de intensa dedicação intelectual e espiritual, ela não é simplesmente uma nova versão, mas uma refundação crítica da proposta anterior, agora ampliada em mais do que o dobro do volume original. Cada livro – *Berēʾšît* (*Gênesis*), *Šĕmôt* (*Êxodo*), *Wayyiqrāʾ* (*Levítico*), *Bĕmidbār* (*Números*) e *Dĕḇārîm* (*Deuteronômio*) – foi meticulosamente reescrito e enriquecido, versículo por versículo, a partir da transliteração precisa do texto da Bíblia Hebraica e da sua tradução direta, que realizo cuidadosamente em cada linha.

Esta edição se distingue não apenas pela extensão, mas sobretudo pela qualidade do trabalho exegético e teológico aqui empreendido. Enquanto a primeira edição já buscava a aproximação criteriosa ao texto hebraico, esta segunda aprofunda essa vocação até seus limites mais exigentes: os comentários agora acompanham praticamente todos os versículos, oferecendo leituras que dialogam com a tradição judaica antiga, com a crítica acadêmica contemporânea e com os horizontes éticos e espirituais de nossa época. Não se trata de repetir o que já foi dito; trata-se de escutar novamente – de cavar mais fundo no poço da Palavra, para encontrar águas mais puras e mais vivas.

O método que guia esta obra é simultaneamente filológico e espiritual. Cada versículo é abordado a partir da sua forma hebraica original – apresentada em transliteração rigorosa segundo o sistema da SBL (*Society of Biblical Literature*) – para depois ser traduzido em português com a preocupação de respeitar tanto a estrutura do texto quanto suas inflexões poéticas, narrativas e jurídicas. A tradução não é, aqui, um simples transvase, mas um gesto de interpretação consciente, que busca captar as pulsações internas da língua bíblica: suas ambiguidades ricas, suas tensões semânticas, suas pausas e acelerações. Os comentários desenvolvidos sobre o texto não se limitam a anotações laterais. Eles formam um tecido contínuo de reflexão, que ora ilumina aspectos linguísticos e exegéticos, ora abre perspectivas teológicas, ora reconstrói os contextos históricos e literários do mundo bíblico. Há, também, uma preocupação constante com a articulação entre o detalhe e a totalidade: cada palavra é lida no interior do seu versículo, cada versículo no interior da sua narrativa ou legislação, e cada narrativa ou legislação no interior do vasto drama da Torá como um todo.

Uma novidade central desta edição são as abundantes notas exegéticas, que aparecem ao longo dos livros como momentos de aprofundamento técnico. Nelas são discutidas variantes textuais, questões de tradução, possibilidades semânticas alternativas, paralelos intertextuais e dados de contexto arqueológico e histórico relevantes. Tais notas não se destinam apenas a especialistas: foram escritas de modo que o leitor ou a leitora interessados possam ampliar sua compreensão sem serem submersos por erudição desnecessária. Cada nota é uma janela aberta, não um muro erguido. Além disso, cada livro da Torá é precedido por uma introdução acadêmica. Essas introduções oferecem ao leitor as ferramentas necessárias para compreender a história redacional de cada livro, seu lugar na formação do Pentateuco, suas grandes linhas temáticas e a lógica interna de sua estrutura. Assim, antes de adentrar o comentário, o leitor é convidado a situar-se: a ver o horizonte em que cada palavra da Torá ressoa, e a reconhecer a densidade histórica e literária que sustenta a sua leitura. O resultado é um texto que, sem perder a exigência acadêmica, procura ser também vivo, palpitante. A Torá não é, aqui, um monumento arqueológico, mas um território vivo de encontro e de travessia. Cada comentário procura deixar-se atravessar pelas perguntas que o próprio texto levanta – perguntas sobre criação e responsabilidade, sobre justiça e misericórdia, sobre memória e promessa, sobre poder e vulnerabilidade, sobre Deus e a humanidade. Longe de uma leitura que fecha sentidos, esta *Torá Comentada* quer ser uma leitura marcada pelo respeito ao texto bíblico.

Gênesis recebeu comentários que acompanham desde os movimentos primordiais da criação até os dramas humanos da história patriarcal, reconstruindo a arquitetura simbólica que sustenta narrativas como a de Noé, Abraão, Jacó e José. Êxodo foi percorrido como livro de nascimentos: o nascimento de um povo, o nascimento de uma lei, o nascimento de uma liberdade que exige memória e responsabilidade. Levítico, frequentemente marginalizado por sua linguagem cultual, foi revelado como um centro silencioso de teologia, onde pureza, santidade e justiça social se entrelaçam na vida concreta do povo. Números, mais do que um relato de perambulações, foi lido como um ensaio doloroso sobre a fé e a dúvida, sobre liderança e rebeldia, sobre a complexa travessia que separa a promessa da posse. E Deuteronômio, o último livro, foi apresentado como uma convocação suprema: a Palavra que refunda o coração do povo, que renova a aliança não como imposição, mas como escolha amorosa e radical.

A estrutura dos comentários respeita a progressão interna de cada narrativa e legislação, fazendo questão de mostrar como os temas se constroem e se desdobram ao longo dos livros. A ênfase é sempre na organicidade: nenhum versículo é tratado isoladamente, mas sempre como parte de um todo vivo. Assim, por exemplo, o relato da criação em Gênesis 1 não é apenas analisado em si mesmo, mas também em sua tensão com Gênesis 2; a legislação da aliança em Êxodo 24 é lida em sua relação com o pecado do bezerro de ouro em Êxodo 32; os mandamentos sobre a terra em Levítico 25 são lidos à luz da promessa da terra em Números 13–14; a grande oração do *Shema* em Deuteronômio 6 é lida como coração palpitante que sustenta toda a ética deuteronomista. Este método exegético-reflexivo permite que o leitor não apenas compreenda melhor cada passagem, mas também perceba o movimento espiritual da Torá como um todo. Ler a Torá não é simplesmente acumular informações; é atravessar um processo de transformação, de escuta, de amadurecimento. É permitir que o texto – com suas genealogias e suas guerras, com seus rituais e suas leis, com seus cantos e suas denúncias – nos forme à sua imagem.

A profundidade teológica da Torá é constantemente destacada em meio aos detalhes técnicos. Por exemplo, não se discute apenas o que significa a palavra *ḥesed* (bondade, lealdade) em um contexto ou outro, mas o que a ideia de *ḥesed* revela sobre a concepção de Deus que a Torá propõe: um Deus que exige justiça, mas que é movido por compaixão; um Deus que estabelece limites, mas que acolhe a fragilidade humana; um Deus que chama à santidade, mas que caminha pacientemente com a dureza do coração humano. Assim, a filologia nunca se separa da teologia; a técnica nunca se desliga da espiritualidade.

Outra marca desta edição é o compromisso com a intertextualidade interna da Bíblia Hebraica. O leitor e a leitora verão, ao longo dos comentários, como a Torá continuamente dialoga consigo mesma: como as palavras do Êxodo ecoam em Deuteronômio; como as bênçãos de Gênesis ressurgem nos discursos de Moisés; como as narrativas de Números preparam as exortações da aliança. A Torá é um livro que escuta a si mesma, que reconta a si mesma, que debate consigo mesma. E esta edição tenta seguir esse movimento, não impondo uma leitura monolítica, mas respeitando e valorizando as vozes múltiplas que atravessam o texto. Em síntese: esta segunda edição da *Torá Comentada* é um gesto de reverência, de estudo e de amor. Reverência, porque reconhece que a Torá é um dom que nos ultrapassa, que nos precede e que nos excede. Estudo, porque acredita que o encontro com a Escritura exige rigor, paciência, método e humildade intelectual. Amor, porque sabe que todo o trabalho exegético só faz sentido se for, em última instância, uma resposta amorosa ao Deus que fala – ao Deus que chama – ao Deus que caminha conosco.

Que cada leitor e cada leitora que se aventure nesta jornada encontre, entre as letras e as margens deste livro, não apenas conhecimento, mas também eco de chamado, luz para o caminho e coragem para novas travessias.

Boa leitura!

Brian Kibuuka

# **Levítico:**
## *introdução*

A experiência religiosa de Israel nasceu da iniciativa de Yahweh. Deus falou com Israel desde o começo de sua história: primeiro, no Sinai; depois, durante a peregrinação pelo deserto, na "tenda de reunião" (Levítico 1.1).

As leis essenciais que deveriam governar o povo incluído na aliança foram dadas no Sinai: o Decálogo e o Código da Aliança. No Tabernáculo, a "tenda da reunião", as leis de regulação de vários aspectos da vida de Israel foram dadas, inclusive as de natureza cultural, para que Israel pudesse agir conforme a sua dignidade como reino de sacerdotes e nação santa.

O conjunto das leis foi estabelecido sucessivamente em uma legislação ampla e particularizada presente no livro chamado de Levítico. A Bíblia Hebraica chama o Levítico de wayyiqrāʾ ["e chamou"] (Levítico 1.1), primeiro termo presente no livro. A codificação de Levítico foi dirigida a Israel, que conheceu e colocou em prática a comunhão com o Deus santo, como indicado em Levítico 18.5.

O livro de Levítico é rico e interessante, embora pareça para os leitores de hoje mais estranho do que as belas e conhecidas narrativas de Gênesis e Êxodo. Uma leitura atenta de Levítico permite perceber que a religião dos israelitas reflete a respeito do mundo físico: o livro trata de regras alimentares, doenças de pele e fluidos corporais, do consumo de animais e de outros temas do cotidiano, tratados em relação estreita com a religião. Se por um lado Levítico se ocupa com o mundo físico, a noção de "expiação por meio do sangue" presente no Levítico aponta para a relevância religiosa das regras presentes no livro.

Em Levítico, o Código da Aliança de Êxodo é continuado. As leis dadas no Sinai começam a ser apresentadas em Êxodo 19.1 e se estendem pelo Levítico até Números 10.10. Levítico, em particular, torna Moisés parte da tradição Sacerdotal, pois reflete as suas preocupações e interesses. As tradições e práticas mais antigas, que receberam a sua forma final no exílio, recebem em Levítico um material marcado pelas distinções entre 'santo' e 'comum', e entre 'impuro' e 'puro' (Levítico 10.10).

## O tema da santidade e a estrutura geral de Levítico

A estrutura geral de Levítico é simples e composta por coleções de leis. Os capítulos 1 a 16 de Levítico se concentram nas leis que dizem respeito à santidade de Deus. Os capítulos 17 a 27, o Código de Santidade, estendem a noção de santidade de Deus à terra e ao povo de Israel.

O significado de santidade em Levítico não tem uma definição única e simples. Por um lado, o termo "santidade" indica separatividade, quase à maneira de um tabu religioso elementar, sendo a afirmação de que Deus é tão diferente e distinto de Israel que Israel não ousa se aproximar de Deus ou estar na presença de Deus, a não ser que passe por preparações e qualificações mais cuidadosas. Por outro lado, "santidade" é um termo ético alusivo à justiça em conformidade com as exigências da Torá.

O tema da santidade em Levítico tem uso rico e variado, e está relacionado aos termos "limpo" [ṭāhôr] e "impuro" ou "imundo" [ṭāmēʾ]. Esses termos não são, em primeira instância, termos relacionados a um julgamento moral, e não são imbuídos de universalidade. Tocar um cadáver torna um 'impuro', mas se um ente querido morrer, os membros da família devem preparar o corpo para o enterro sem qualquer falha moral. O sangue menstrual e o sêmen tornam quem o toca impuro, mas esses fluidos corporais não são intrinsecamente ruins, pois os seres humanos dever se multiplicar por meio do sexo

(Gênesis 1.28). Sendo assim, o estado de impureza aponta para aquilo que, sendo um pouco fora do comum, requer alguma atividade ritual para que tudo retorne a um estado de normalidade.

## A estrutura de Levítico

Há, em Levítico, uma série de instruções para a prática e a conduta do ofício sacerdotal. Os sacerdotes são encarregados de instruir Israel a não causar contaminação e a purificar o santuário sempre que houver impureza. Os sacerdotes cuidam da santidade no culto (Levítico 1 a 16) e dizem respeito à Terra Prometida (Levítico 17 a 26).

Há várias subunidades na primeira parte do livro (Levítico 1 a 16). A primeira seção do livro (Levítico 1 a 7) consiste em um catálogo de diferentes tipos de sacrifício que são autorizados por Yahweh e devem ser administrados por sacerdotes autorizados. É provável que as regulações representem uma taxonomia altamente esquematizada de sacrifícios que durante grande parte da vida de Israel foram realizados de uma forma muito mais aleatória. Esses vários atos sacrificiais provavelmente surgiram em uma rica variedade de circunstâncias históricas, as quais foram apropriadas do ambiente religioso mais amplo do contexto cultural de Israel.

Levítico 8 a 10 aborda práticas legitimadas e autorizadas para o sacerdote, aquele que é autorizado a realizar sacrifícios. Aqui, Levítico aborda a linhagem sacerdotal de Arão, que ocupa o papel fundamental de tornar possível o acesso de Israel a Yahweh. Levítico 8 a 10 reivindica a legitimação da tradição que torna Arão, o irmão de Moisés, o fundador da ordem sacerdotal – ou seja, o sacerdote está próximo da autoridade primária.

Levítico 11 a 15 são capítulos que abordam a santidade em um escopo mais amplo. São identificadas 'impurezas' que poderiam colocar Israel em risco, sendo tais assuntos de particular interesse porque eles se concentram em assuntos fora do próprio culto. Portanto, cada aspecto da vida de Israel constitui uma zona na qual a prática da santidade é urgente.

Levítico 16 dá atenção ao Yom Kippur, o Dia da Reconciliação Judaica, o Dia da Expiação, o momento em que Israel é perdoado de seu pecado e é reconciliado com Deus. O processo para obter o perdão é a transferência de culpa para um animal, que leva a culpa ou a impureza para longe, um processo no qual a culpa é tratada como tendo uma qualidade quase material.

Levítico 17 a 26, chamado de Código de Santidade, diz respeito a todo o escopo da Terra Prometida. A base para a observância de leis prescritas no Código de Santidade é o refrão sobre a santidade que o Deus Santo exige de seu povo: "Sede santos, porque Eu, Yahweh, vosso Deus, sou santo" (Levítico 19.2, 20.26, 21.8 etc.). O conjunto jurídico é, portanto, impregnado do princípio mosaico de transcendência e santidade de Yahweh, bem como da obrigação exigida do povo de viver em santidade, separando-se de tudo o que é profano.

O Código de Santidade é organizado em cinco seções:

- Prescrições sobre o sacrifício de animais (Levítico 17). Segundo a mentalidade semítica, a morte dos animais tem sempre um caráter sagrado, já que a vida é considerada uma dádiva de Deus. Em Levítico, além das prescrições sobre sacrifícios de animais, é estabelecido que somente no santuário um animal pode ser morto. Além disso, é absolutamente proibido se alimentar de sangue, o símbolo da vida.
- Prescrições sobre moralidade sexual (Levítico 18 a 20). Essas prescrições são morais e cultuais, e dizem respeito à sexualidade. Uma leitura atenta do contexto narrativo desses textos mostra as diferenças entre a moralidade sexual que existia em Israel e em Canaã.
- Prescrições sobre a santidade especial dos sacerdotes (Levítico 21 a 22). Alguns impedimentos e defeitos de natureza física que proibiam os sacerdotes de exercer as funções de adoração são mencionados: tocar os mortos, raspar a cabeça, relacionar-se com uma mulher desonrada etc. Fala-se também da sacralidade das oferendas e da santidade dos sacerdotes que delas participam. Há ainda algumas regras sobre a perfeição física das vítimas sacrificiais (Levítico 22.17-33).
- A última seção (Levítico 23 a 25) é dedicada às festas anuais e às celebrações periódicas que constituíam o calendário litúrgico da comunidade judaica.

- Epílogo (Levítico 26 e 27). Apresenta os termos da aliança em si, as ofertas e outras coisas consagradas a Deus, constituindo uma retomada da primeira seção.

## Sacerdotes em Israel

A maioria dos rituais descritos na Bíblia está sob a responsabilidade de várias classes de sacerdotes. Levítico é o livro que aborda a estrutura dessa hierarquia masculina restrita à tribo de Levi e, eventualmente, a um ramo daquela tribo que traçou a sua ascendência até o irmão de Moisés, Arão, que na narrativa do Êxodo é apresentado como o primeiro sumo-sacerdote.

Esses sacerdotes eram especialistas em práticas rituais. Da mesma maneira dos profetas e escribas, os sacerdotes eram rigorosamente treinados, sendo os primeiros e principais responsáveis pelos sacrifícios diariamente, sazonalmente e ocasionalmente oferecidos. Os sacerdotes recebiam uma parte dos sacrifícios, o que constituía o seu sustento e recompensa material pelo seu serviço. Essas ofertas são descritas em grande detalhe na Bíblia, categorizadas em diferentes tipos para diferentes ocasiões. Algumas ofertas eram feitas para remediar a impureza ritual, que poderia ser causada por doenças, e assim os sacerdotes também funcionavam como prestadores de serviços de saúde. Sacerdotes também eram chamados para resolver questões legais e, de outro modo, interpretar a vontade divina, especialmente através do uso da adivinhação.

A legislação levítica sobre o sacerdócio torna o sacerdote um oficial de culto e um administrador de bens do santuário. Em Israel, o sacerdócio nasceu como uma instituição de origem divina, em que tudo era regulado de modo que os sacerdotes e os levitas pudessem realizar com dignidade a adoração a Yahweh.

A legislação do Levítico substituiu a antiga práxis, na qual o chefe da família correspondia ou tinha uma autoridade especial no clã para oferecer culto e bênção. O termo bíblico comum para os sacerdotes é kōhēn (cerca de 750 vezes), cuja etimologia parece indicar o ato de permanecer diante de Deus – a raiz verbal kwn significa "ser firme", "ser estável".

Deus escolheu a tribo de Levi para o serviço no Tabernáculo (Números 3.1-13). Os descendentes de Levi (Gérson, Coate e Merari) formaram as três classes levíticas, cada uma com as suas próprias funções (Números 4.1-19). Arão, nomeado por Deus para o serviço sacerdotal, é do clã de Coate e recebe a tarefa de oferecer o culto sacrificial do Senhor (Êxodo 28.1, 29.44; Levítico 8 e 9). Somente aqueles que pertenciam a essa família estavam autorizados a tocar aquilo que tinha a ver diretamente com o serviço do altar.

Os descendentes primogênitos de Aarão tinham a função de 'sumo-sacerdotes'. Os sumos-sacerdotes usavam roupas especiais (Êxodo 28) e poderia entrar no Santo dos Santos uma vez por ano, no Dia da Expiação (Levítico 16). Os outros descendentes de Levi formavam a classe dos levitas. Eles foram consagrados e dedicados ao serviço do culto. Como os sacerdotes, os levitas não podiam lutar na guerra (Números 1.3; 48 e 49) nem ter propriedade privada. Eles também não podiam cultivar a terra para obter o seu próprio sustento, e viviam de seu serviço no santuário, onde eles recebiam dízimos de todo o Israel (Números 18.21).

Levítico 8 a 10 detalha o desempenho das ordens divinas dadas a Moisés no Sinai sobre a consagração e investidura dos sacerdotes, o que deu origem ao serviço sacerdotal (Êxodo 29). Arão e seus filhos receberam o direito de se vestir com as vestes sacerdotais, cada um de acordo com seu grau. Em sua ordenação, Arão e seus filhos ofereceram sacrifícios (Levítico 9) e a glória do Senhor foi vista por todo o povo, mostrando outro aspecto de seu sacerdócio: a aprovação e presença divina (Levítico 9.23). A história de Nadabe e Abiú, os dois filhos mais velhos de Arão, foram punidos com a morte por terem cometido uma grave irregularidade no serviço do santuário (Levítico 10.1-2), o que mostra a obrigatoriedade de um comportamento de santidade dos sacerdotes. Por causa de sua missão mediadora, eles os sacerdotes, intercessores entre o povo e Deus, tem uma demanda de santidade maior (Levítico 19.1-20).

## O contexto cúltico de Israel

A partir de Levítico, é possível inferir que o santuário local, frequentado por famílias de quilômetros de distância, era o local de celebração da colheita bem-sucedida. Quando os adoradores se aproximavam do santuário, eles cantavam hinos, enquanto as ovelhas e as cabras baliam antes de serem sacrificadas. O sacerdote, vestindo roupas coloridas, queimava incenso, cuja fumaça aromática enchia o ar. Os animais, mortos e assados, também exalam um cheiro por causa da fumaça desse churrasco sagrado. Enquanto o sacrifício é feito, hinos são cantados, acompanhados por todos os tipos de instrumentos musicais. O clima é alegre e, à medida que o ritual acontece, há atos, sons e cheiros que criam uma cena animada e até caótica.

### *Pureza e impureza*

As noções de puro e impuro estão relacionadas em Levítico com a cosmovisão Sacerdotal, que parte da premissa que tudo tem o seu devido lugar no universo e na comunidade cúltica de Israel. Por isso, a primeira narrativa da criação (Gênesis 1.1-2.4a) mostra a organização do céu, da terra e do mar, delimitados através de um processo de separação. Após isso, criaturas foram radicadas em cada ambiente e têm hábitos padrão e meios de locomoção próprios. Há, na narrativa, um céu povoado por criaturas aladas não-carnívoras; uma terra habitada por criaturas de quatro patas que mastigam, ruminam e têm cascos fendidos; e um mar habitado por criaturas com escamas e barbatanas. As criaturas que não enquadram no padrão são criaturas impuras. Por isso, em Levítico, caranguejos, camarões e lagostas vivem no mar, mas são vedados ao consumo humano por causa da falta de escamas e barbatanas (Levítico 11). Logo, a pureza em Levítico está relacionada à noção de 'normalidade'. Fontes alimentares que não atendem ao critério de normalidade são impuras e, portanto, inadequadas para o consumo humano.

As definições de puro e impuro, também são chamadas de *kashrut* ou regras de *kosher.* Tais regras mantêm separações aplicadas à comida e a muitas outras coisas além da alimentação. Portanto, a legislação sacerdotal regulava toda a vida: a dieta, a higiene, a atividade social e o calendário. O Código de Santidade (Levítico 17 a 26) é a legislação mais abrangente relacionada aos assuntos sagrados e profanos relacionados à pureza e impureza. Os domínios básicos da vida (espaço e tempo, pessoas e coisas) são abrangidos pelas noções de santidade e limpeza do Levítico, e mapear tais domínios permite o reconhecimento da cosmovisão do Sacerdotal e a relação dessa e as *práxeis* da vida cotidiana de Israel.

### *Lugares sagrados*

Uma preocupação fundamental do Código Sacerdotal era a criação de um lugar onde a presença da divindade residisse para que Israel pudesse viver próximo a Deus. Em toda a Bíblia, a chave para o bem-estar de Israel é viver perto de Deus. O lugar onde Yahweh vive é um lugar mais santo. Em Levítico, o complexo do Tabernáculo, cuja estrutura, serviço e construção são descritos em Êxodo 25 a 31 e 35 a 40, é caracterizado por zonas de santidade.

O lugar menos santo de Israel estava situado fora do acampamento. O lugar mais sagrado era o Santo dos Santos. Para cada lugar, o Código de Santidade definia quem tinha permissão para estar lá, sendo a culminância da santidade o Santo dos Santos, em que apenas o sumo-sacerdote pode entrar em apenas um dia a cada ano. Gradações de santidade são evidentes também nos materiais de construção do complexo do tabernáculo, com tecidos e metais aumentando de valor em cada nível de santidade. O simbolismo do tabernáculo expressa dois importantes temas da teologia sacerdotal: a continuidade da vida e a presença de Deus. Os desenhos florais nas paredes do tabernáculo e a menorá retratam a imagem da árvore da vida. O ouro dos utensílios e da sala mais sagrada sugere a imutabilidade de Deus. A cerimônia diária de iluminação da lâmpada simboliza a luz de Deus que nunca cessa. A portabilidade do Tabernáculo indica que Deus não era sedentário, mas estava com Israel onde quer que seu povo fosse. Essa noção pode ter sido especialmente importante para os sacerdotes do período exílico que moldaram esses textos, dando expressão à sua convicção, semelhante a do profeta Ezequiel, de que

Deus estaria presente com Israel, mesmo que o povo estivesse fora da Terra Prometida.

*Povo sagrado*

Há, em Levítico, uma definição de papéis sociais e rituais de todas as pessoas de Israel. Um exame desses papéis também revela uma hierarquia de santidade. A participação em grupos sociais foi baseada na linhagem familiar e os papéis foram atribuídos de acordo com essa hierarquia.

A tribo de Levi fornecia aqueles que estavam autorizados a desempenhar funções religiosas. Tanto Moisés quanto seu irmão Arão eram desta tribo. Somente descendentes diretos de Aarão poderiam atuar como sacerdotes ou poderiam se tornar o sumo-sacerdote. Os sacerdotes eram os únicos autorizados a oferecer sacrifícios e entrar no santuário. O sumo-sacerdote podia consultar Yahweh diretamente na nuvem e por meio do Urim e Tumim.

Outros membros da tribo de Levi, que não eram do clã de Arão, tinham deveres fora do próprio santuário e, em geral, ajudavam os sacerdotes araônicos guardando o santuário, desmontando-o e erguendo-o quando ele era movido. Os israelitas pertencentes às outras onze tribos, porém, não podiam realizar rituais religiosos.

Uma série de descrições rituais e narrativas definem o *status* e o papel da tribo de Levi e de seus vários grupos. Levítico 8 e 9, por exemplo, descreve o processo de ordenação de Arão e de seus filhos, e informa que os rituais de ordenação duravam sete dias, alinhando o sacerdócio à ordem da criação (Gênesis 1.1-2.3). Levítico 10 relata as mortes de Nadabe e Abiú, dois filhos de Arão que realizaram ilegalmente certos rituais.

*Ofertas*

Os rituais religiosos da religião israelita envolviam oferendas, que poderiam ser produtos agrícolas ou animais. Se uma oferenda fosse um animal, o animal era primeiro abatido, e era em seguida queimado. A maioria das ofertas animais eram cozidas em um altar, e a fumaça que subia era oferecida a Deus. Se o animal não fosse totalmente queimado, a sua carne era dividida entre os sacerdotes e os ofertantes. Caso a oferenda fosse de cereais e outros produtos agrícolas, eles eram dados como presentes a Deus, e uma parte desses sacrifícios era utilizada para o sustento dos sacerdotes.

O sistema ritual dos sacerdotes era complexo e o significado dos procedimentos raramente era explicado. Na maioria dos aspectos, é completamente estranho ao nosso modo de pensar. Consequentemente, o significado teológico preciso do sacrifício ainda está aberto ao debate. As regras do sistema de ofertas são apresentadas em Levítico 1 a 7. Existem cinco tipos principais de oferta: queimadas, de grãos, pacíficas, de purificação e de reparação. Qualquer ritual sacerdotal dado geralmente incorporava vários tipos diferentes de oferendas.

As ofertas queimadas eram o sacrifício preeminente. Seu nome refere-se ao fato de que todo o animal era consumido pelo fogo no altar. Todos os dias, esse tipo de sacrifício era oferecido a YHWH. O propósito do sacrifício era dar algo agradável a Deus, não expiar o pecado. Nem todas as ofertas eram sacrifícios sangrentos de animais, e nem todas as ofertas expiavam o pecado.

As ofertas pacíficas eram oferendas em que uma porção da carne de um animal sacrificado era retida e comida pela pessoa que fazia a oferta. Essa oferta, às vezes também chamada de sacrifício de comunhão, reunia as partes, o ofertante, o sacerdote e Deus, em uma refeição festiva. A carne não era comida com frequência nos tempos bíblicos. Quando alguém comia carne e oferecia essa carne a Deus, proporcionava um tempo de celebração e compartilhamento.

As ofertas de purificação, também chamadas de ofertas pelo pecado, tinha o propósito de purificar uma pessoa depois de ela ter incorrido em algum tipo de impureza por causa do parto, de uma doença de pele ou por causa do contato com algo morto. A oferta também era usada para garantir o perdão após o cometimento de um pecado deliberado. Vários tipos de impurezas e pecados deliberados perturbavam o universo ordenado de Deus. Os rituais sacrificiais eram o mecanismo pelo qual as rupturas no mundo de Deus eram reconhecidas e corrigidas. Os vários rituais de purificação aproximaram a pessoa do estado de santidade, para que se pudesse viver na proximidade de Deus. Isso tem sido chamado de modelo de purificação por meio do sacrifício.

As ofertas de reparação envolviam a restituição, ou seja: se uma ação trouxe perda econômica para outra pessoa, a reparação deveria ser feita para cobrir a perda, com uma parte adicional para indenizar os danos.

Tanto a expiação quanto a reparação só poderiam ser alcançadas no sistema sacerdotal através de um sacrifício de sangue (Levítico 17.11). O sangue era considerado a substância da vida, e o sangue de um animal sacrificado substituía a vida da pessoa ofensora e funcionava para retornar essa pessoa à comunhão com Deus.

<table>
<tr><td>Queimada<br>ʿōlā$^{h}$</td><td>Oferta queimada</td><td>Animal inteiro</td><td>Oferenda a Deus</td><td>Levítico 1.3-17</td></tr>
<tr><td>Grãos<br>minḥā$^{h}$</td><td>Oferta de grãos</td><td>Farinha e óleo</td><td>Oferenda a Deus</td><td>Levítico 2.1-16</td></tr>
<tr><td>Oferta pacífica<br>šəlāmîm</td><td>Sacrifício de bem-estar</td><td>Animal puro</td><td>Comunhão</td><td>Levítico 3.1-17</td></tr>
<tr><td>Expiação<br>ḥaṭṭāʾṯ</td><td>Oferta pelo pecado</td><td>Boi, cabra, cordeiro, pombos</td><td>Purificação após impureza involuntária</td><td>Levítico 4.1-5.13</td></tr>
<tr><td>Reparação<br>ʾāšām</td><td>Oferta de culpa</td><td>Carneiro</td><td>Restituição por atos deliberados</td><td>Levítico 5.14-6.7</td></tr>
</table>

### *Tempos santos*

Assim como o espaço era sagrado ou profano, o tempo também era. O ano definia o ciclo básico de eventos maiores e organizava o calendário do culto.

O antigo calendário de Israel consistia essencialmente de doze meses lunares, de cerca de 29 dias e meio cada, com um total de 354 dias (não, portanto, os 365 dias do ano solar). O ano começava no outono. Os meses, por sua vez, começavam com a lua nova. O fato de o ano acabar e ter um atraso de um mês inteiro na relação com o ano solar provocou a necessidade de introduzir um novo mês.

Ao longo do ano, Israel tinha dias especiais: a Festa das Trombetas, o Dia da Expiação e em épocas posteriores, a festa de Purim e a da Dedicação. Os regulamentos sobre as festas são encontrados nos cinco calendários que aparecem no Pentateuco, nenhum dos quais é completo, nem em relação ao número de dias, nem m relação ao rito (Êxodo 23.14-17; 34.18-23; Levítico 23-25; Números 28-29; Deuteronômio 16.1-17. Levítico 23.35 também regulamenta o ano sabático e o jubileu.

O sábado [šabbaṯ] era um dia dependente das fases da lua. Desde os tempos antigos, o sábado foi um dia especial para Israel, ligado à aliança do Sinai. Esse dia tornou-se um dos sinais com os quais Israel mostrava a especificidade de sua fé.

O sábado, dia sagrado dedicado a Yahweh, foi alvo de legislação levítica específica (Levítico 23.3; ver também Êxodo 23.12; 34.21). Durante o exílio, período em que o Templo de Jerusalém não mais existia, o sábado se tornou cada vez mais importante, pois era a instituição que dava a identidade aos judeus (Ezequiel 20.12).

Outro período importante no calendário judaico era o ano sabático (Levítico 25.1-7). A cada sete anos, foi prescrita a observação de um período de descanso, de restauração da liberdade dos escravos e de repouso da terra, em que só podia ser colhido aquilo que a terra produzisse espontaneamente. Esse ano de completo descanso para a terra, um sábado em honra de Yahweh (Levítico 25.4) estava relacionado à tentativa de evitar a pobreza e a escravidão causada por dívidas.

Havia também no calendário judaico o ano do jubileu (Levítico 25.8-55), que deveria ser observado toda semana de semanas de anos (sete vezes sete anos), isto é, a cada 50 anos. No ano de jubileu, não apenas a terra deveria descansar, mas cada proprietário retomava a posse da terra que ele tinha sido forçado a vender e os escravos deveriam ser libertados. O propósito do ano do jubileu parece ser o combate do acúmulo de propriedade rural e a conservação da dignidade de escravizados e sem-terra.

Há, no calendário de Israel, três festas religiosas principais, às quais eram originalmente celebrações regionais, realizadas em um santuário local. A palavra hebraica usada para esses festivais significa literalmente "peregrinação" [ḥaḡ], e cada festa está ligada ao ciclo agrícola.

No início da primavera, acontecia a Festa do Pão sem Fermento, Festa dos Pães Ázimos ou Páscoa (Levítico 23.5-14; ver também Êxodo 12.1-14.21-28; 13.3-10). Essa festa era realizada na primavera, na lua cheia do mês chamado Abib Nisan (março-abril), primeiro mês do ano religioso. Essa festa recordava a libertação dos hebreus do Egito (Êxodo 12) e durava oito dias.

Durante a Páscoa, o cordeiro pascal era comido em memória da noite em que o anjo exterminador passou pelas casas dos israelitas sem entrar nelas e entrou na casa dos egípcios, matando os seus primogênitos. Em seguida, pães sem fermento eram consumidos a partir do dia 15 do mês, durante sete dias, para lembrar o pão sem fermento comido que os israelitas comeram na véspera de sua fuga no Egito, já que não houve tempo para fermentar a farinha (Êxodo 12.8; 13.3-10). O primeiro e o último dia da Páscoa eram particularmente solenes: sacrifícios eram oferecidos e uma festa sagrada era celebrada. Não se fazia qualquer trabalho.

As origens da Páscoa parecem remontar a um festival agrícola, a Festa dos Primeiros Frutos, que era celebrada porque a colheita começara. Então, os primeiros frutos da colheita eram oferecidos com uma cerimônia inteiramente especial (Levítico 23.9-14). O oferecimento dos frutos se dava no dia depois do sábado (Levítico 23. 11), provavelmente o primeiro sábado após 14 de Nisan, embora algumas tradições litúrgicas tenham considerado a primeira oferta de frutos no dia 15 de Nisan, e outras tradições, o dia 16 de Nisan. Seja como for, a oferta se dava na época da colheita da cevada que havia sido plantada no final do outono.

É possível observar na dupla tradição da Páscoa uma proveniência diversa, advinda de contextos socioeconômicos separados (agrícola e pastoril). Essa dupla tradição foi harmonizada e reunida em um estágio relativamente inicial da trajetória histórica de Israel.

Um segundo festival era a Festa das Semanas, Festa da Colheita (Êxodo 23.16), Festa dos Primeiros Frutos (Números 28.26) ou Pentecostes, que coincidia com a colheita do trigo no inverno. Essa festa ocorria sete semanas (cinquenta dias) depois da Páscoa (Levítico 23.15-22), em seis de Sivan (maio-junho), durante o verão. A celebração da Festa das Semanas foi mais tarde relacionada com a entrega da lei no Sinai.

O fato de a festa ser agrícola, em ação de graças pelo fim da colheita da cevada e do trigo, fazia com que ela durasse apenas um dia, porque a cidade tinha que se preparar para a debulha, que poderia durar até a nova colheita.

A conclusão do ciclo de festivais agrícolas se dava com a Festa da Coleta (Êxodo 23.16), que ocorria no momento da colheita de uvas, azeitonas e outras frutas no início do outono, no sétimo mês. Essa festa também era conhecida como Festa das Cabanas ou Tabernáculos (Levítico 23.33-43), provavelmente porque os colhedores, fossem eles membros da família ou trabalhadores contratados, passavam a noite nos campos, em estruturas temporárias. A festa acontecia de 15 a 21 de Tishri (setembro-outubro), o primeiro mês do ano civil, e marcava a conclusão do período de verão, quando ocorria a colheita dos últimos frutos. A natureza agrícola da Festa dos Tabernáculos apontava para o fim do ano agrícola e para a preparação de uma nova etapa que começaria imediatamente com as primeiras semeaduras.

O Dia da Expiação era o ápice do ano religioso dos israelitas. Celebrado no dia 10 de Tisri, no sétimo mês, no começo do ano civil (Levítico 16.23-32), ele sublinhava o seu caráter penitencial e purificador em um momento único vivido pela comunidade, ritual sem qualquer semelhança com outro ritual levítico.

O rito tinha como figura principal a pessoa do sumo sacerdote, que agia em nome do povo. Depois permanecer acordado a noite toda, o sacerdote se purificava e se vestia com as vestes sagradas. Então um touro e dois bodes eram apresentados em frente ao Tabernáculo. O touro era sacrificado pelo pecado do sumo sacerdote e de sua casa. Em seguida, o sumo sacerdote, sozinho, com um incensário cheio de carvões retirados do altar e dois punhados de incenso aromático, entrava no Santo dos Santos. Quando a sala ficava cheia da fumaça do incenso, considerava-se que Deus havia aceitado a oferta. Com o sangue do novilho, o sacerdote aspergia a arca e o propiciatório. Então, um bode era sacrificado em favor dos pecados do povo. O outro bode recebia, pela imposição de mãos, os pecados de todo o povo e era conduzido para o deserto e libertado. O Dia da Expiação parece ser um ritual de purificação para preparar o santuário, os sacerdotes e a comunidade cúltica para a Festa da Colheita do outono (Levítico 23.27-28; 25.9).

*Relação de festas*

| Festa | Atividade | Referências | Duração |
|---|---|---|---|
| O sacrifício diário<br>tāmîḏ | Manhã e sacrifício da noite | Êxodo 29.38-46; Números 28.1-8 | Toda manhã e noite |
| Sábado<br>šabbaṯ | Dia de descanso e adoração | Gênesis 1; Êxodo 20; 31.12-17; Levítico 23.1-3; Números 28.9-10 | De sexta-feira à noite até sábado à noite |
| Páscoa<br>pésaḥ<br>+<br>Pão sem fermento<br>hammaṣṣôṯ | Memorial da Páscoa<br>+<br>Festival de 7 dias após a Páscoa | Êxodo 12-13; Levítico 23.4-8; Números 28.16-25; Deuteronômio 16.1-8 | 14 Nisan (março-abril)<br>+<br>15-21 Nisan (março--abril) |
| Primeiros Frutos<br>bikkûrîm | Primeiro feixe de cevada madura | Levítico 23.9-14; Deuteronômio 16.9-12; 26 | 16 Nisan ou Primeiro Domingo após o Sábado da Páscoa |
| Pentecostes<br>šāḇûʿôṯ | Primeiros frutos da colheita de grãos | Êxodo 23.16; Levítico 23.15-22; Números 28.26-31; Deuteronômio 16.9-12 | 6 Sivan (maio-junho) (7 Semanas dos Primeiros Frutos) |
| Trombetas<br>tərûʿā$^{h}$ | Festa da Lua Nova | Levítico 23.23-25; Números 29.1-6 | 1 Tishri (setembro--outubro) |
| Dia da Expiação<br>yôm hakkippūrîm | Expiação anual pelo pecado | Levítico 16; 23.26-32; Números 29.7-11 | 10 Tishri (setembro--outubro) |
| Tabernáculos<br>sukkôṯ | Colheita final da queda: uvas, azeitonas | Êxodo 23.17; Levítico 23.33-43; Números 29.12-39; Deuteronômio 16.13-15 | 15-22 Tishri (setembro--outubro) |

*Continuum da santidade*

Jenson (1992) desenvolve a noção de "um espectro de santidade" no qual esta tabela é baseada. Ele dedica um capítulo separado para cada dimensão: espacial, pessoal, ritual e temporal.

O *continuum* de santidade (Tabela 4.1) é uma síntese da visão de mundo sacerdotal. Relaciona os domínios básicos da vida (espaço e tempo, pessoas e coisas) com as noções de santidade e limpeza. A discussão a seguir é um levantamento das áreas específicas da existência e da realidade (derivadas da coluna da esquerda), conforme são definidas pelo alcance da santidade (os cabeçalhos das colunas).

## Lendo Levítico como um livro

Levítico em sua totalidade pertence à tradição Sacerdotal da Torá. Na prática, o livro pode ter funcionado como um manual de procedimento sacerdotal. O último verso do livro (Levítico 27.34) dá ao Levítico um cenário histórico e geográfico no Sinai durante a estada de Israel no deserto. Assim, como está, o livro é uma continuação da história da revelação de Deus a Moisés.

Embora o Levítico seja um catálogo de regras e regulamentos, ele é enquadrado como parte da narrativa do Sinai. A frase "Yahweh disse a Moisés" aparece trinta e quatro vezes no livro e contextualiza as leis como eventos narrativos e não como itens de uma lista ou coletânea. Ainda que o livro de Levítico contenha várias coleções de leis religiosas, pistas estruturais internas indicam que as suas seções eram unidades independentes antes de se unirem em Levítico.

A seção de leis sobre o sacrifício tem uma introdução (Levítico 1.1) e uma conclusão estereotipada: "este é o ensinamento (torá) sobre..." (Levítico 7.37-38). Essa conclusão é utilizada também em Levítico 11.46-47; 12.7b; 13.59; 14.32; 14.54-57; e 15.32-33. A expressão, ausente em Levítico 8 a 10, permite concluir que esse texto é uma inserção.

O Código de Santidade também é caracterizado pelo uso de fórmulas resumidas que concluem cada subseção (Levítico 18.24-30; 20.22-26; 22.31-33; 25.18-24; 26.3-45). Um exame atento da linguagem, estilo e contexto sociológico presumido das leis sugere que, em sua forma atual, eles são do período exílico ou posterior, dada a sua afinidade com outros livros da Bíblia Hebraica, especialmente Ezequiel, Esdras e Crônicas. É certo ainda que há tradições em muitas leis levíticas que podem recuar até o período pré-monárquico. Algumas leis são analógicas aos primeiros materiais legais da Mesopotâmia; porém, a sua forma final é Sacerdotal.

## Referências

ALLIS, O. T.

*Leviticus*. Grand Rapids: Eerdmans, 1970.

ANDERSON, G. A.

*A Time to Mourn, a Time to Dance:* The Expression of Grief and Joy in Israelite Religion. University Park: Pennsylvania State, 1991.

*Sacrifices and Offerings in Ancient* Israel: Studies in their Social and Political Importance. Atlanta: Scholars Press, 1987.

ANDERSON, G. A.; OLYAN, S. M. (EDS.)

*Priesthood and Cult in Ancient Israel*. Sheffield: Sheffield University Press, 1991.

BAILEY, L. R.

*Leviticus*. Atlanta: J. Knox Press, 1987.

BALENTINE, S. E.

*Leviticus*. Louisville: John Knox Press, 2002.

BAMBERGER, B. J.

*The Torah*. A Modern Commentary: Leviticus. Vol. 3. New York: Union of American Hebrew Congregations, 1981.

"Leviticus". In: *The Torah:* A Modern Commentary. Vol. 3. New York: Union of American Hebrew Congregations, 1979.

BARAK, F.

"On Leviticus: Listen Your Way in with Your Mouth: A Reading of Leviticus." *Judaism* 48 (2), 1999, p. 198-208.

BERGSMA, J. S.

*The Jubilee from Leviticus to Qumran: A History of Interpretation*. Leiden, Boston: Brill, 2007.

BONAR, A. A.

*A Commentary on Leviticus*. London: Banner of Truth, 1966.

BUDD, P. J.

*Leviticus*. Grand Rapids: Eerdmans, 1996.

CLEMENTS, R. E.

*Leviticus*. London: Marshall, Morgan and Scott, 1970.

CODY, A.

*A History of Old Testament Priesthood*. Rome: Pontifical Biblical Institute, 1969.

DE VAUX, R.

*Ancient Israel: Its Life and Institutions*. Grand Rapids: Eerdmans, 1997.

Gane, R. E.

"Leviticus". In: Walton, J. H. (ed.). *Genesis, Exodus, Leviticus, Numbers, Deuteronomy*. Vol. 1. Grand Rapids: Zondervan, 2009, p. 285-337.

Gerstenberger, E. S.

*Leviticus: A Commentary*. Louisville: Westminster John Knox Press, 1996.

Gordon, R. P.

"Leviticus". In: *The New Layman's Bible Commentary*. Grand Rapids: Zondervan, 1979.

Gorman, F. H. Jr.

*The Ideology of Ritual: Space, Time and Status in the Priestly Theology*. Sheffield: Sheffield University Press, 1990.

Hamilton, V. P.

*Handbook on the Pentateuch*. Grand Rapids: Baker Academic, 2005.

Harrison, R. K.

*Leviticus: An Introduction and Commentary*. Downers Grove: InterVarsity, 1980.

Hartley, J. E.

*Leviticus.* Dallas: Word Books, 1992.

Hess, R. S.

"Leviticus". In: Longman III, T.; Garland, D. E. (eds.). *The Expositor's Bible Commentary Revised Edition 1: Genesis–Leviticus*. Grand Rapids: Zondervan, 2008, p. 563-826.

Hoffmeier, J. K.

*Ancient Israel in Sinai: The Evidence for the Authenticity of the Wilderness Tradition*. Oxford: Oxford University Press, 2005.

Houston, W.

*Purity and Monotheism: Clean and Unclean Animals in Biblical Law*. Sheffield: Sheffield University Press, 1993.

Kidner, D.

*Leviticus – Deuteronomy. Scripture Union Bible Study Books*. Grand Rapids: Eerdmans, 1971.

Kiuchi, N.

The *Purification Offering in the Priestly Literature: Its Meaning and Function*. Sheffield: Sheffield Academic Press, 1987.

Klawans, J.

*Impurity and Sin in Ancient Judaism*. Oxford: Oxford University Press, 2000.

Knierim, R. P.

*Text and Concept in Leviticus 1:1-9: A Case in Exegetical Method*. Tübingen:

Mohr-Siebeck, 1992.

Levine, B. A.

*The JPS Torah Commentary: Leviticus*. Philadelphia: Jewish Publication Society, 1989.

Lienhard, J. T.

"Leviticus". In: Oden, T. C. *Exodus, Leviticus, Numbers, Deuteronomy*. Downers Grove: InterVarsity Press, 2001, p. 163-204.

Martin, G.; Anders, M. E.

*Exodus, Leviticus, Numbers*. Nashville: Broadman & Holman, 2002.

Milgrom, J.

*Cult and Conscience*. Studies in Judaism in Late Antiquity. Leiden: Brill, 1976.

*Leviticus 1-16:* A New Translation with Introduction and Commentary. New York: Doubleday, 1991.

*Leviticus 17-22:* A New Translation with Introduction and Commentary. New York: Doubleday, 2000.

*Leviticus 23-27:* A New Translation with Introduction and Commentary. New York: Doubleday, 2001.

*Studies in Cultic Theology and Terminology*. Studies in Judaism in Late Antiquity. Leiden: E. J. Brill, 1983.

Morales, L. M.

*Who Shall Ascend the Mountain of the Lord?* A Biblical Theology of the Book of Leviticus. Downers Grove: IVP, 2015.

Neusner, J.

*The Idea of Purity in Ancient Judaism*. Leiden: Brill, 1973.

Noordtzij, A.

*Leviticus*. Grand Rapids: Zondervan, 1982.

Noth, M.

*Leviticus*. Philadelphia: Westminster, 1965.

Porter, J. R.

*Leviticus*. Cambridge: Cambridge University Press, 1976.

Rooker, M. F.

*Leviticus*. Nashville: Broadman & Holman, 2000.

Ross, A. P.

*Holiness to the Lord:* A Guide to the Exposition of the Book of Leviticus. Grand Rapids: Baker Academic, 2002.

*Holiness to the Lord*. A Guide to the Exposition of the Book of Leviticus. Grand Rapids: Baker, 2002.

SAWYER, J. F. A. (ED.)

*Reading Leviticus:* A Conversation with Mary Douglas. Sheffield: Sheffield Academic Press, 1996.

SHERWOOD, S. K.

*Leviticus, Numbers, Deuteronomy*. Collegeville: Liturgical Press, 2002.

SNAITH, N. H. (ED.)

*Leviticus and Numbers*. London: Nelson, 1967.

WENHAM, G. J.

*The Book of Leviticus*. Grand Rapids: W. B. Eerdmans, 1979.

# Livro de Levítico

## VAYIKRÁ

# ויקרא

א וַיִּקְרָא אֶל־מֹשֶׁה וַיְדַבֵּר יְהוָה אֵלָיו מֵאֹהֶל מוֹעֵד לֵאמֹר:
ב דַּבֵּר אֶל־בְּנֵי יִשְׂרָאֵל וְאָמַרְתָּ אֲלֵהֶם אָדָם כִּי־יַקְרִיב מִכֶּם
קָרְבָּן לַיהוָה מִן־הַבְּהֵמָה מִן־הַבָּקָר וּמִן־הַצֹּאן תַּקְרִיבוּ
אֶת־קָרְבַּנְכֶם:

ג אִם־עֹלָה קָרְבָּנוֹ מִן־הַבָּקָר זָכָר תָּמִים יַקְרִיבֶנּוּ אֶל־פֶּתַח אֹהֶל
מוֹעֵד יַקְרִיב אֹתוֹ לִרְצֹנוֹ לִפְנֵי יְהוָה:
ד וְסָמַךְ יָדוֹ עַל רֹאשׁ הָעֹלָה וְנִרְצָה לוֹ לְכַפֵּר עָלָיו:
ה וְשָׁחַט אֶת־בֶּן הַבָּקָר לִפְנֵי יְהוָה וְהִקְרִיבוּ בְּנֵי אַהֲרֹן הַכֹּהֲנִים
אֶת־הַדָּם וְזָרְקוּ אֶת־הַדָּם עַל־הַמִּזְבֵּחַ סָבִיב אֲשֶׁר־פֶּתַח אֹהֶל
מוֹעֵד:
ו וְהִפְשִׁיט אֶת־הָעֹלָה וְנִתַּח אֹתָהּ לִנְתָחֶיהָ:
ז וְנָתְנוּ בְּנֵי אַהֲרֹן הַכֹּהֵן אֵשׁ עַל־הַמִּזְבֵּחַ וְעָרְכוּ עֵצִים עַל־הָאֵשׁ:
ח וְעָרְכוּ בְּנֵי אַהֲרֹן הַכֹּהֲנִים אֵת הַנְּתָחִים אֶת־הָרֹאשׁ וְאֶת־
הַפָּדֶר עַל־הָעֵצִים אֲשֶׁר עַל־הָאֵשׁ אֲשֶׁר עַל־הַמִּזְבֵּחַ:
ט וְקִרְבּוֹ וּכְרָעָיו יִרְחַץ בַּמָּיִם וְהִקְטִיר הַכֹּהֵן אֶת־הַכֹּל הַמִּזְבֵּחָה
עֹלָה אִשֵּׁה רֵיחַ־נִיחוֹחַ לַיהוָה: ס

י וְאִם־מִן־הַצֹּאן קָרְבָּנוֹ מִן־הַכְּשָׂבִים אוֹ מִן־הָעִזִּים לְעֹלָה זָכָר
תָּמִים יַקְרִיבֶנּוּ:
יא וְשָׁחַט אֹתוֹ עַל יֶרֶךְ הַמִּזְבֵּחַ צָפֹנָה לִפְנֵי יְהוָה וְזָרְקוּ בְּנֵי
אַהֲרֹן הַכֹּהֲנִים אֶת־דָּמוֹ עַל־הַמִּזְבֵּחַ סָבִיב:

# Levítico — Vayikrá

*A lei referente aos holocaustos*

1 1 Chamou Jeová a Moisés e disse-lhe da tenda da revela-
ção: 2 Fala aos filhos de Israel e dize-lhes: Quando algum
de vós oferecer uma oblação a Jeová, do gado, isto é, do
gado vacum ou gado miúdo, oferecereis as vossas oblações.
3 Se a sua oblação for holocausto tirado do gado vacum,
oferecerá ele um macho sem defeito; oferecê-lo-á à porta da
tenda da revelação, para que seja aceito diante de Jeová. 4 Porá
a mão sobre a cabeça do holocausto; e este será aceito a favor
dele para lhe servir de expiação. 5 Ele matará o novilho diante
de Jeová: os filhos de Arão, os sacerdotes, oferecerão o sangue,
e o aspergirão ao redor sobre o altar que está à porta da tenda
da revelação. 6 Então ele esfolará o holocausto e o cortará em
pedaços. 7 Os filhos de Arão, o sacerdote, porão fogo sobre o
altar e colocarão em ordem lenha sobre o fogo. 8 Os filhos de
Arão, os sacerdotes, colocarão em ordem os pedaços, a saber,
a cabeça e a gordura, sobre a lenha que está no fogo em cima
do altar; 9 mas os intestinos e as pernas do novilho ele os lavará
com água. O sacerdote queimará tudo isso sobre o altar como
holocausto, oferta queimada, de suave cheiro a Jeová.
10 Se a sua oblação em holocausto for do gado miúdo, das
ovelhas ou das cabras, oferecerá ele um macho sem defeito.
11 Matá-lo-á diante de Jeová ao lado do altar que olha para o
norte, e os filhos de Arão, os sacerdotes, aspergirão o sangue

יב וְנִתַּח אֹתוֹ לִנְתָחָיו וְאֶת־רֹאשׁוֹ וְאֶת־פִּדְרוֹ וְעָרַךְ הַכֹּהֵן אֹתָם
עַל־הָעֵצִים אֲשֶׁר עַל־הָאֵשׁ אֲשֶׁר עַל־הַמִּזְבֵּחַ׃
יג וְהַקֶּרֶב וְהַכְּרָעַיִם יִרְחַץ בַּמָּיִם וְהִקְרִיב הַכֹּהֵן אֶת־הַכֹּל
וְהִקְטִיר הַמִּזְבֵּחָה עֹלָה הוּא אִשֵּׁה רֵיחַ נִיחֹחַ לַיהוָה׃ פ

יד וְאִם מִן־הָעוֹף עֹלָה קָרְבָּנוֹ לַיהוָה וְהִקְרִיב מִן־הַתֹּרִים אוֹ
מִן־בְּנֵי הַיּוֹנָה אֶת־קָרְבָּנוֹ׃
טו וְהִקְרִיבוֹ הַכֹּהֵן אֶל־הַמִּזְבֵּחַ וּמָלַק אֶת־רֹאשׁוֹ וְהִקְטִיר
הַמִּזְבֵּחָה וְנִמְצָה דָמוֹ עַל קִיר הַמִּזְבֵּחַ׃
טז וְהֵסִיר אֶת־מֻרְאָתוֹ בְּנֹצָתָהּ וְהִשְׁלִיךְ אֹתָהּ אֵצֶל הַמִּזְבֵּחַ
קֵדְמָה אֶל־מְקוֹם הַדָּשֶׁן׃
יז וְשִׁסַּע אֹתוֹ בִכְנָפָיו לֹא יַבְדִּיל וְהִקְטִיר אֹתוֹ הַכֹּהֵן הַמִּזְבֵּחָה
עַל־הָעֵצִים אֲשֶׁר עַל־הָאֵשׁ עֹלָה הוּא אִשֵּׁה רֵיחַ נִיחֹחַ לַיהוָה׃
ס

א וְנֶפֶשׁ כִּי־תַקְרִיב קָרְבַּן מִנְחָה לַיהוָה סֹלֶת יִהְיֶה קָרְבָּנוֹ וְיָצַק
עָלֶיהָ שֶׁמֶן וְנָתַן עָלֶיהָ לְבֹנָה׃
ב וֶהֱבִיאָהּ אֶל־בְּנֵי אַהֲרֹן הַכֹּהֲנִים וְקָמַץ מִשָּׁם מְלֹא קֻמְצוֹ
מִסָּלְתָּהּ וּמִשַּׁמְנָהּ עַל כָּל־לְבֹנָתָהּ וְהִקְטִיר הַכֹּהֵן אֶת־אַזְכָּרָתָהּ
הַמִּזְבֵּחָה אִשֵּׁה רֵיחַ נִיחֹחַ לַיהוָה׃
ג וְהַנּוֹתֶרֶת מִן־הַמִּנְחָה לְאַהֲרֹן וּלְבָנָיו קֹדֶשׁ קָדָשִׁים מֵאִשֵּׁי
יְהוָה׃ ס

ד וְכִי תַקְרִב קָרְבַּן מִנְחָה מַאֲפֵה תַנּוּר סֹלֶת חַלּוֹת מַצֹּת בְּלוּלֹת
בַּשֶּׁמֶן וּרְקִיקֵי מַצּוֹת מְשֻׁחִים בַּשָּׁמֶן׃ ס
ה וְאִם־מִנְחָה עַל־הַמַּחֲבַת קָרְבָּנֶךָ סֹלֶת בְּלוּלָה בַשֶּׁמֶן מַצָּה
תִהְיֶה׃
ו פָּתוֹת אֹתָהּ פִּתִּים וְיָצַקְתָּ עָלֶיהָ שָׁמֶן מִנְחָה הִוא׃ ס
ז וְאִם־מִנְחַת מַרְחֶשֶׁת קָרְבָּנֶךָ סֹלֶת בַּשֶּׁמֶן תֵּעָשֶׂה׃
ח וְהֵבֵאתָ אֶת־הַמִּנְחָה אֲשֶׁר יֵעָשֶׂה מֵאֵלֶּה לַיהוָה וְהִקְרִיבָהּ
אֶל־הַכֹּהֵן וְהִגִּישָׁהּ אֶל־הַמִּזְבֵּחַ׃
ט וְהֵרִים הַכֹּהֵן מִן־הַמִּנְחָה אֶת־אַזְכָּרָתָהּ וְהִקְטִיר הַמִּזְבֵּחָה

sobre o altar em redor. 12 Então ele o cortará em pedaços; e,
juntamente com a cabeça e a gordura, o sacerdote os porá em
ordem sobre a lenha que está no fogo em cima do altar; 13 mas
os intestinos e as pernas ele os lavará com água. O sacerdote
oferecerá tudo isso e o queimará sobre o altar; holocausto é,
oferta queimada, de suave cheiro a Jeová.

14 Se a sua oblação a Jeová for holocausto tirado das aves, a
sua oblação que oferecerá será de rolas ou de pombinhos. 15 O
sacerdote a trará ao altar, e lhe destroncará o pescoço, e a quei-
mará sobre o altar. O sangue dela ele fará correr sobre a borda
do altar, 16 tirará o papo e seu excremento e o lançará junto ao
altar para o lado do oriente, no lugar da cinza. 17 Fendê-la-á perto
das asas, porém não a partirá; o sacerdote a queimará sobre o
altar, em cima da lenha que está no fogo; holocausto é, oferta
queimada, de suave cheiro a Jeová.

*A lei referente às ofertas de manjares*

2 1 Quando alguém oferecer a Jeová uma oblação de ofer-
ta de cereais, a sua oblação será de flor de farinha; nela
deitará azeite e sobre ela porá incenso. 2 Levá-la-á aos
filhos de Arão, aos sacerdotes; o sacerdote tomará da obla-
ção o seu punhado da flor de farinha e do azeite com todo
o incenso e os queimará como oferta memorial sobre o al-
tar, oferta queimada, de suave cheiro a Jeová. 3 O que ficar da
oferta de cereais pertencerá a Arão e a seus filhos; é uma coisa
santíssima das ofertas queimadas, de Jeová.

4 Quando ofereceres uma oblação de oferta de cereais cozida
no forno, será de bolos asmos de flor de farinha amassados com
azeite, ou obreias asmas untadas com azeite. 5 Se a tua oblação
for oferta de cereais cozida na assadeira, será de flor de farinha
amassada com azeite e sem fermento. 6 Em pedaços a partirás e
sobre ela deitarás azeite; oferta é de cereais. 7 Se a tua oblação
for oferta de cereais cozida na frigideira, será feita de flor de
farinha com azeite. 8 Levarás a Jeová a oferta de cereais, que
se faz destas coisas; e será apresentada ao sacerdote, o qual

אִשֵּׁה רֵיחַ נִיחֹחַ לַיהוָה׃
י וְהַנּוֹתֶרֶת מִן־הַמִּנְחָה לְאַהֲרֹן וּלְבָנָיו קֹדֶשׁ קָדָשִׁים מֵאִשֵּׁי
יְהוָה׃

יא כָּל־הַמִּנְחָה אֲשֶׁר תַּקְרִיבוּ לַיהוָה לֹא תֵעָשֶׂה חָמֵץ כִּי
כָל־שְׂאֹר וְכָל־דְּבַשׁ לֹא־תַקְטִירוּ מִמֶּנּוּ אִשֶּׁה לַיהוָה׃
יב קָרְבַּן רֵאשִׁית תַּקְרִיבוּ אֹתָם לַיהוָה וְאֶל־הַמִּזְבֵּחַ לֹא־יַעֲלוּ
לְרֵיחַ נִיחֹחַ׃
יג וְכָל־קָרְבַּן מִנְחָתְךָ בַּמֶּלַח תִּמְלָח וְלֹא תַשְׁבִּית מֶלַח בְּרִית
אֱלֹהֶיךָ מֵעַל מִנְחָתֶךָ עַל כָּל־קָרְבָּנְךָ תַּקְרִיב מֶלַח׃ ס

יד וְאִם־תַּקְרִיב מִנְחַת בִּכּוּרִים לַיהוָה אָבִיב קָלוּי בָּאֵשׁ גֶּרֶשׂ
כַּרְמֶל תַּקְרִיב אֵת מִנְחַת בִּכּוּרֶיךָ׃
טו וְנָתַתָּ עָלֶיהָ שֶׁמֶן וְשַׂמְתָּ עָלֶיהָ לְבֹנָה מִנְחָה הִוא׃
טז וְהִקְטִיר הַכֹּהֵן אֶת־אַזְכָּרָתָהּ מִגִּרְשָׂהּ וּמִשַּׁמְנָהּ עַל
כָּל־לְבֹנָתָהּ אִשֶּׁה לַיהוָה׃ פ

א וְאִם־זֶבַח שְׁלָמִים קָרְבָּנוֹ אִם מִן־הַבָּקָר הוּא מַקְרִיב אִם־זָכָר
אִם־נְקֵבָה תָּמִים יַקְרִיבֶנּוּ לִפְנֵי יְהוָה׃
ב וְסָמַךְ יָדוֹ עַל־רֹאשׁ קָרְבָּנוֹ וּשְׁחָטוֹ פֶּתַח אֹהֶל מוֹעֵד וְזָרְקוּ בְּנֵי
אַהֲרֹן הַכֹּהֲנִים אֶת־הַדָּם עַל־הַמִּזְבֵּחַ סָבִיב׃
ג וְהִקְרִיב מִזֶּבַח הַשְּׁלָמִים אִשֶּׁה לַיהוָה אֶת־הַחֵלֶב הַמְכַסֶּה
אֶת־הַקֶּרֶב וְאֵת כָּל־הַחֵלֶב אֲשֶׁר עַל־הַקֶּרֶב׃
ד וְאֵת שְׁתֵּי הַכְּלָיֹת וְאֶת־הַחֵלֶב אֲשֶׁר עֲלֵהֶן אֲשֶׁר עַל־הַכְּסָלִים
וְאֶת־הַיֹּתֶרֶת עַל־הַכָּבֵד עַל־הַכְּלָיוֹת יְסִירֶנָּה׃
ה וְהִקְטִירוּ אֹתוֹ בְנֵי־אַהֲרֹן הַמִּזְבֵּחָה עַל־הָעֹלָה אֲשֶׁר
עַל־הָעֵצִים אֲשֶׁר עַל־הָאֵשׁ אִשֵּׁה רֵיחַ נִיחֹחַ לַיהוָה׃ פ

a levará ao altar. 9 Da oferta de cereais tomará o sacerdote a
oferta memorial e a queimará sobre o altar; oferta queimada
é, de suave cheiro a Jeová. 10 O que ficar da oferta de cereais
pertencerá a Arão e a seus filhos; é uma coisa santíssima das
ofertas queimadas, de Jeová.

11 Nenhuma oferta de cereais, que oferecerdes a Jeová, será
preparada com fermento; porque não queimareis fermento
algum nem mel algum como oferta queimada a Jeová. 12 Como
uma oblação de primícias, oferecê-las-eis a Jeová; mas sobre
o altar não subirão como suave cheiro. 13 Temperarás com sal
toda oblação da tua oferta de cereais e não deixarás faltar à tua
oferta de cereais o sal da aliança de teu Deus; com todas as tuas
oblações oferecerás sal.

14 Se ofereceres a Jeová uma oferta de cereais de primícias,
oferecerás como oferta de cereais das tuas primícias espigas
tostadas ao fogo, isto é, o grão trilhado de espigas verdes. 15 Dei-
tarás sobre ela azeite e lhe porás por cima incenso; é oferta de
cereais. 16 O sacerdote queimará a oferta memorial, a saber,
parte do grão trilhado e parte do azeite, com todo o incenso: é
oferta queimada a Jeová.

*A lei referente às ofertas pacíficas*

3 1 Se a sua oblação for sacrifício de ofertas pacíficas: se fizer
a sua oferta do gado vacum, seja macho ou fêmea, oferecê-la-á
sem defeito diante de Jeová. 2 Porá a mão sobre a cabeça da sua
oblação, a qual será morta à entrada da tenda da revelação; e
os filhos de Arão, os sacerdotes, aspergirão o sangue sobre o
altar ao redor. 3 Do sacrifício das ofertas pacíficas oferecerá
uma oferta queimada a Jeová. A gordura que cobre os intesti-
nos, toda a gordura que está sobre os intestinos, 4 os dois rins,
a gordura que está sobre eles e a que está junto aos lombos e
o redenho que está sobre o fígado, juntamente com os rins
tirá-los-á. 5 Os filhos de Arão os queimarão sobre o altar por
cima do holocausto, que está sobre a lenha no fogo; é oferta
queimada, de suave cheiro a Jeová.

ו וְאִם־מִן־הַצֹּאן קָרְבָּנוֹ לְזֶבַח שְׁלָמִים לַיהוָה זָכָר אוֹ נְקֵבָה
תָּמִים יַקְרִיבֶנּוּ׃
ז אִם־כֶּשֶׂב הוּא־מַקְרִיב אֶת־קָרְבָּנוֹ וְהִקְרִיב אֹתוֹ לִפְנֵי יְהוָה׃
ח וְסָמַךְ אֶת־יָדוֹ עַל־רֹאשׁ קָרְבָּנוֹ וְשָׁחַט אֹתוֹ לִפְנֵי אֹהֶל מוֹעֵד
וְזָרְקוּ בְּנֵי אַהֲרֹן אֶת־דָּמוֹ עַל־הַמִּזְבֵּחַ סָבִיב׃
ט וְהִקְרִיב מִזֶּבַח הַשְּׁלָמִים אִשֶּׁה לַיהוָה חֶלְבּוֹ הָאַלְיָה תְמִימָה
לְעֻמַּת הֶעָצֶה יְסִירֶנָּה וְאֶת־הַחֵלֶב הַמְכַסֶּה אֶת־הַקֶּרֶב וְאֵת
כָּל־הַחֵלֶב אֲשֶׁר עַל־הַקֶּרֶב׃
י וְאֵת שְׁתֵּי הַכְּלָיֹת וְאֶת־הַחֵלֶב אֲשֶׁר עֲלֵהֶן אֲשֶׁר עַל־הַכְּסָלִים
וְאֶת־הַיֹּתֶרֶת עַל־הַכָּבֵד עַל־הַכְּלָיֹת יְסִירֶנָּה׃
יא וְהִקְטִירוֹ הַכֹּהֵן הַמִּזְבֵּחָה לֶחֶם אִשֶּׁה לַיהוָה׃ פ

יב וְאִם עֵז קָרְבָּנוֹ וְהִקְרִיבוֹ לִפְנֵי יְהוָה׃
יג וְסָמַךְ אֶת־יָדוֹ עַל־רֹאשׁוֹ וְשָׁחַט אֹתוֹ לִפְנֵי אֹהֶל מוֹעֵד וְזָרְקוּ
בְּנֵי אַהֲרֹן אֶת־דָּמוֹ עַל־הַמִּזְבֵּחַ סָבִיב׃
יד וְהִקְרִיב מִמֶּנּוּ קָרְבָּנוֹ אִשֶּׁה לַיהוָה אֶת־הַחֵלֶב הַמְכַסֶּה
אֶת־הַקֶּרֶב וְאֵת כָּל־הַחֵלֶב אֲשֶׁר עַל־הַקֶּרֶב׃
טו וְאֵת שְׁתֵּי הַכְּלָיֹת וְאֶת־הַחֵלֶב אֲשֶׁר עֲלֵהֶן אֲשֶׁר עַל־הַכְּסָלִים
וְאֶת־הַיֹּתֶרֶת עַל־הַכָּבֵד עַל־הַכְּלָיֹת יְסִירֶנָּה׃
טז וְהִקְטִירָם הַכֹּהֵן הַמִּזְבֵּחָה לֶחֶם אִשֶּׁה לְרֵיחַ נִיחֹחַ כָּל־חֵלֶב
לַיהוָה׃
יז חֻקַּת עוֹלָם לְדֹרֹתֵיכֶם בְּכֹל מוֹשְׁבֹתֵיכֶם כָּל־חֵלֶב וְכָל־דָּם לֹא
תֹאכֵלוּ׃ פ

א וַיְדַבֵּר יְהוָה אֶל־מֹשֶׁה לֵּאמֹר׃
ב דַּבֵּר אֶל־בְּנֵי יִשְׂרָאֵל לֵאמֹר נֶפֶשׁ כִּי־תֶחֱטָא בִשְׁגָגָה מִכֹּל
מִצְוֺת יְהוָה אֲשֶׁר לֹא תֵעָשֶׂינָה וְעָשָׂה מֵאַחַת מֵהֵנָּה׃
ג אִם הַכֹּהֵן הַמָּשִׁיחַ יֶחֱטָא לְאַשְׁמַת הָעָם וְהִקְרִיב עַל חַטָּאתוֹ
אֲשֶׁר חָטָא פַּר בֶּן־בָּקָר תָּמִים לַיהוָה לְחַטָּאת׃
ד וְהֵבִיא אֶת־הַפָּר אֶל־פֶּתַח אֹהֶל מוֹעֵד לִפְנֵי יְהוָה וְסָמַךְ אֶת־

6 Se a sua oblação como sacrifício de oferta pacífica a Jeová
for de gado miúdo, seja macho ou fêmea, oferecê-la-á sem de-
feito. 7 Se oferecer um cordeiro por sua oblação, oferecê-lo-á
diante de Jeová. 8 Porá a mão sobre a cabeça da sua oblação,
a qual será morta diante da tenda da revelação; e os filhos de
Arão aspergirão o sangue da oblação sobre o altar ao redor. 9 Do
sacrifício das ofertas pacíficas oferecerá uma oferta queimada
a Jeová. A gordura da oferta, a grossa cauda inteira, tirá-la-á
junto ao espinhaço. A gordura que cobre os intestinos, toda a
gordura que está sobre os intestinos, 10 os dois rins, a gordura
que está sobre eles e a que está junto aos lombos e o redenho
que está sobre o fígado, juntamente com os rins tirá-los-á. 11 O
sacerdote os queimará sobre o altar; é o alimento da oferta
queimada a Jeová.

12 Se a sua oblação for uma cabra, oferecê-la-á diante de
Jeová. 13 Por-lhe-á a mão sobre a cabeça e a matará diante da
tenda da revelação, e os filhos de Arão aspergirão o sangue da
cabra sobre o altar ao redor. 14 Dela oferecerá a sua oblação, a
saber, uma oferta queimada a Jeová. A gordura que cobre os
intestinos, toda a gordura que está sobre os intestinos, 15 os
dois rins, a gordura que está sobre eles e a que está junto aos
lombos e o redenho que está sobre o fígado, juntamente com
os rins tirá-los-á. 16 O sacerdote os queimará sobre o altar; é
o alimento da oferta queimada, como suave cheiro. Toda a
gordura pertence a Jeová. 17 Estatuto perpétuo será durante
as vossas gerações em todas as vossas moradas; não comereis
nem gordura nem sangue.

*O sacrifício pelos pecados dos sacerdotes*

4 1 Disse Jeová a Moisés:
2 Fala aos filhos de Israel: Se alguém pecar por igno-
rância, em qualquer das coisas que Jeová ordenou que se
não fizessem, e fizer qualquer uma delas; 3 se pecar o sacerdote
ungido, de maneira que o povo se torne culpado, oferecerá a
Jeová, pelo seu pecado, que cometeu, um novilho sem defeito

יָדוֹ עַל־רֹאשׁ הַפָּר וְשָׁחַט אֶת־הַפָּר לִפְנֵי יְהוָה׃
ה וְלָקַח הַכֹּהֵן הַמָּשִׁיחַ מִדַּם הַפָּר וְהֵבִיא אֹתוֹ אֶל־אֹהֶל מוֹעֵד׃
ו וְטָבַל הַכֹּהֵן אֶת־אֶצְבָּעוֹ בַּדָּם וְהִזָּה מִן־הַדָּם שֶׁבַע פְּעָמִים
לִפְנֵי יְהוָה אֶת־פְּנֵי פָּרֹכֶת הַקֹּדֶשׁ׃
ז וְנָתַן הַכֹּהֵן מִן־הַדָּם עַל־קַרְנוֹת מִזְבַּח קְטֹרֶת הַסַּמִּים לִפְנֵי
יְהוָה אֲשֶׁר בְּאֹהֶל מוֹעֵד וְאֵת ׀ כָּל־דַּם הַפָּר יִשְׁפֹּךְ אֶל־יְסוֹד
מִזְבַּח הָעֹלָה אֲשֶׁר־פֶּתַח אֹהֶל מוֹעֵד׃
ח וְאֶת־כָּל־חֵלֶב פַּר הַחַטָּאת יָרִים מִמֶּנּוּ אֶת־הַחֵלֶב הַֽמְכַסֶּה
עַל־הַקֶּרֶב וְאֵת כָּל־הַחֵלֶב אֲשֶׁר עַל־הַקֶּרֶב׃
ט וְאֵת שְׁתֵּי הַכְּלָיֹת וְאֶת־הַחֵלֶב אֲשֶׁר עֲלֵיהֶן אֲשֶׁר עַל־הַכְּסָלִים
וְאֶת־הַיֹּתֶרֶת עַל־הַכָּבֵד עַל־הַכְּלָיוֹת יְסִירֶנָּה׃
י כַּאֲשֶׁר יוּרַם מִשּׁוֹר זֶבַח הַשְּׁלָמִים וְהִקְטִירָם הַכֹּהֵן עַל מִזְבַּח
הָעֹלָה׃
יא וְאֶת־עוֹר הַפָּר וְאֶת־כָּל־בְּשָׂרוֹ עַל־רֹאשׁוֹ וְעַל־כְּרָעָיו וְקִרְבּוֹ
וּפִרְשׁוֹ׃
יב וְהוֹצִיא אֶת־כָּל־הַפָּר אֶל־מִחוּץ לַֽמַּחֲנֶה אֶל־מָקוֹם טָהוֹר
אֶל־שֶׁפֶךְ הַדֶּשֶׁן וְשָׂרַף אֹתוֹ עַל־עֵצִים בָּאֵשׁ עַל־שֶׁפֶךְ הַדֶּשֶׁן
יִשָּׂרֵף׃ פ

יג וְאִם כָּל־עֲדַת יִשְׂרָאֵל יִשְׁגּוּ וְנֶעְלַם דָּבָר מֵעֵינֵי הַקָּהָל וְעָשׂוּ
אַחַת מִכָּל־מִצְוֹת יְהוָה אֲשֶׁר לֹא־תֵעָשֶׂינָה וְאָשֵׁמוּ׃
יד וְנוֹדְעָה הַחַטָּאת אֲשֶׁר חָטְאוּ עָלֶיהָ וְהִקְרִיבוּ הַקָּהָל פַּר
בֶּן־בָּקָר לְחַטָּאת וְהֵבִיאוּ אֹתוֹ לִפְנֵי אֹהֶל מוֹעֵד׃
טו וְסָמְכוּ זִקְנֵי הָעֵדָה אֶת־יְדֵיהֶם עַל־רֹאשׁ הַפָּר לִפְנֵי יְהוָה
וְשָׁחַט אֶת־הַפָּר לִפְנֵי יְהוָה׃
טז וְהֵבִיא הַכֹּהֵן הַמָּשִׁיחַ מִדַּם הַפָּר אֶל־אֹהֶל מוֹעֵד׃
יז וְטָבַל הַכֹּהֵן אֶצְבָּעוֹ מִן־הַדָּם וְהִזָּה שֶׁבַע פְּעָמִים לִפְנֵי יְהוָה
אֵת פְּנֵי הַפָּרֹכֶת׃
יח וּמִן־הַדָּם יִתֵּן ׀ עַל־קַרְנֹת הַמִּזְבֵּחַ אֲשֶׁר לִפְנֵי יְהוָה אֲשֶׁר
בְּאֹהֶל מוֹעֵד וְאֵת כָּל־הַדָּם יִשְׁפֹּךְ אֶל־יְסוֹד מִזְבַּח הָעֹלָה

como oferta pelo pecado. 4 Trará o novilho à entrada da tenda
da revelação diante de Jeová; porá a mão sobre a cabeça do
novilho, e o matará diante de Jeová. 5 O sacerdote ungido to-
mará do sangue do novilho e o trará à tenda da revelação; 6 e,
molhando o dedo no sangue, aspergirá do sangue sete vezes
na presença de Jeová, diante do véu do santuário. 7 Também
o sacerdote porá do sangue nos chifres do altar do incenso
aromático diante de Jeová, o qual está na tenda da revelação;
e todo o resto do sangue do novilho derramará à base do altar
do holocausto, que está à entrada da tenda da revelação. 8 Toda
a gordura do novilho da oferta pelo pecado, dele a tirará. A
gordura que cobre os intestinos, toda a gordura que está sobre
os intestinos, 9 os dois rins, a gordura que está sobre eles e a
que está junto aos lombos e o redenho que está sobre o fígado,
juntamente com os rins tirá-los-á, 10 assim como se tira do boi
do sacrifício das ofertas pacíficas. O sacerdote os queimará
sobre o altar do holocausto. 11 Mas o couro do novilho, toda a
sua carne, com a sua cabeça, com as suas pernas, com os seus
intestinos e com o excremento, 12 a saber, o novilho todo, le-
vá-lo-á para fora do arraial a um lugar limpo, onde se deita a
cinza, e o queimará com fogo sobre a lenha; será queimado no
lugar onde se deita a cinza.

### *O sacrifício pelos pecados do povo*

13 Se a congregação toda de Israel errar, e isso for oculto aos
olhos da assembleia, e tiverem feito alguma de todas as coisas
que Jeová ordenou que se não fizessem, e se tornarem culpados;
14 quando o pecado em que pecaram for conhecido, a assembleia
oferecerá um novilho como uma oferta pelo pecado, e o trará
diante da tenda da revelação. 15 Os anciãos da congregação porão
as mãos sobre a cabeça do novilho na presença de Jeová; e será
morto o novilho diante de Jeová. 16 Então, o sacerdote ungido trará
do sangue do novilho à tenda da revelação; 17 molhará o dedo no
sangue e o aspergirá sete vezes na presença de Jeová, diante do
véu. 18 Também porá do sangue sobre os chifres do altar que está

אֲשֶׁר־פֶּתַח אֹהֶל מוֹעֵד׃
יט וְאֵת כָּל־חֶלְבּוֹ יָרִים מִמֶּנּוּ וְהִקְטִיר הַמִּזְבֵּחָה׃
כ וְעָשָׂה לַפָּר כַּאֲשֶׁר עָשָׂה לְפַר הַחַטָּאת כֵּן יַעֲשֶׂה־לּוֹ וְכִפֶּר
עֲלֵהֶם הַכֹּהֵן וְנִסְלַח לָהֶם׃
כא וְהוֹצִיא אֶת־הַפָּר אֶל־מִחוּץ לַמַּחֲנֶה וְשָׂרַף אֹתוֹ כַּאֲשֶׁר שָׂרַף
אֵת הַפָּר הָרִאשׁוֹן חַטַּאת הַקָּהָל הוּא׃ פ

כב אֲשֶׁר נָשִׂיא יֶחֱטָא וְעָשָׂה אַחַת מִכָּל־מִצְוֹת יְהוָה אֱלֹהָיו
אֲשֶׁר לֹא־תֵעָשֶׂינָה בִּשְׁגָגָה וְאָשֵׁם׃
כג אוֹ־הוֹדַע אֵלָיו חַטָּאתוֹ אֲשֶׁר חָטָא בָּהּ וְהֵבִיא אֶת־קָרְבָּנוֹ
שְׂעִיר עִזִּים זָכָר תָּמִים׃
כד וְסָמַךְ יָדוֹ עַל־רֹאשׁ הַשָּׂעִיר וְשָׁחַט אֹתוֹ בִּמְקוֹם אֲשֶׁר־יִשְׁחַט
אֶת־הָעֹלָה לִפְנֵי יְהוָה חַטָּאת הוּא׃
כה וְלָקַח הַכֹּהֵן מִדַּם הַחַטָּאת בְּאֶצְבָּעוֹ וְנָתַן עַל־קַרְנֹת מִזְבַּח
הָעֹלָה וְאֶת־דָּמוֹ יִשְׁפֹּךְ אֶל־יְסוֹד מִזְבַּח הָעֹלָה׃
כו וְאֶת־כָּל־חֶלְבּוֹ יַקְטִיר הַמִּזְבֵּחָה כְּחֵלֶב זֶבַח הַשְּׁלָמִים וְכִפֶּר
עָלָיו הַכֹּהֵן מֵחַטָּאתוֹ וְנִסְלַח לוֹ׃ פ

כז וְאִם־נֶפֶשׁ אַחַת תֶּחֱטָא בִשְׁגָגָה מֵעַם הָאָרֶץ בַּעֲשֹׂתָהּ אַחַת
מִמִּצְוֹת יְהוָה אֲשֶׁר לֹא־תֵעָשֶׂינָה וְאָשֵׁם׃
כח אוֹ הוֹדַע אֵלָיו חַטָּאתוֹ אֲשֶׁר חָטָא וְהֵבִיא קָרְבָּנוֹ שְׂעִירַת
עִזִּים תְּמִימָה נְקֵבָה עַל־חַטָּאתוֹ אֲשֶׁר חָטָא׃
כט וְסָמַךְ אֶת־יָדוֹ עַל רֹאשׁ הַחַטָּאת וְשָׁחַט אֶת־הַחַטָּאת
בִּמְקוֹם הָעֹלָה׃
ל וְלָקַח הַכֹּהֵן מִדָּמָהּ בְּאֶצְבָּעוֹ וְנָתַן עַל־קַרְנֹת מִזְבַּח הָעֹלָה

diante de Jeová na tenda da revelação, e todo o resto do sangue
derramará à base do altar do holocausto, que está à entrada da
tenda da revelação. 19 Do novilho tirará toda a gordura e queimá-
-la-á sobre o altar. 20 Assim fará com o novilho; como fez com o
novilho da oferta do pecado, assim fará com este. O sacerdote
fará expiação por eles, e eles serão perdoados. 21 Levará o novi-
lho para fora do arraial, e o queimará como queimou o primeiro
novilho; é a oferta pelo pecado da assembleia.

### *O sacrifício pelos pecados de um príncipe*

22 Quando um príncipe pecar, e fizer por ignorância alguma
de todas as coisas que Jeová, seu Deus, ordenou que se não
fizessem, e se tornar culpado; 23 se o pecado, em que ele caiu,
lhe for notificado, trará pela sua oblação um bode, sem defei-
to. 24 Porá a mão sobre a cabeça do bode, e o matará no lugar
em que é morto o holocausto diante de Jeová; é oferta pelo
pecado. 25 Então, o sacerdote, com o dedo, tomará do sangue
da oferta pelo pecado e pô-lo-á sobre os chifres do altar do
holocausto; e o resto do sangue da oferta derramará à base do
altar do holocausto. 26 Toda a gordura da oferta, queimá-la-á
sobre o altar, como a gordura do sacrifício das ofertas pacíficas;
o sacerdote fará expiação por ele no tocante ao seu pecado, e
ele será perdoado.

### *O sacrifício pelos pecados da plebe*

27 Se algum da plebe pecar por ignorância, fazendo qualquer
das coisas que Jeová ordenou que se não fizessem, e se tornar
culpado, 28 se o pecado, que ele cometeu, lhe for notificado,
trará como sua oblação uma cabra sem defeito, pelo pecado que
cometeu. 29 Porá a mão sobre a cabeça da oferta pelo pecado e
matá-la-á no lugar do holocausto. 30 Então, o sacerdote, com o
dedo, tomará do sangue da oferta e o porá sobre os chifres do

וְאֶת־כָּל־דָּמָהּ יִשְׁפֹּךְ אֶל־יְסוֹד הַמִּזְבֵּחַ׃
לא וְאֶת־כָּל־חֶלְבָּהּ יָסִיר כַּאֲשֶׁר הוּסַר חֵלֶב מֵעַל זֶבַח הַשְּׁלָמִים
וְהִקְטִיר הַכֹּהֵן הַמִּזְבֵּחָה לְרֵיחַ נִיחֹחַ לַיהוָה וְכִפֶּר עָלָיו הַכֹּהֵן
וְנִסְלַח לוֹ׃ פ

לב וְאִם־כֶּבֶשׂ יָבִיא קָרְבָּנוֹ לְחַטָּאת נְקֵבָה תְמִימָה יְבִיאֶנָּה׃
לג וְסָמַךְ אֶת־יָדוֹ עַל רֹאשׁ הַחַטָּאת וְשָׁחַט אֹתָהּ לְחַטָּאת
בִּמְקוֹם אֲשֶׁר יִשְׁחַט אֶת־הָעֹלָה׃
לד וְלָקַח הַכֹּהֵן מִדַּם הַחַטָּאת בְּאֶצְבָּעוֹ וְנָתַן עַל־קַרְנֹת מִזְבַּח
הָעֹלָה וְאֶת־כָּל־דָּמָהּ יִשְׁפֹּךְ אֶל־יְסוֹד הַמִּזְבֵּחַ׃
לה וְאֶת־כָּל־חֶלְבָּהּ יָסִיר כַּאֲשֶׁר יוּסַר חֵלֶב־הַכֶּשֶׂב מִזֶּבַח
הַשְּׁלָמִים וְהִקְטִיר הַכֹּהֵן אֹתָם הַמִּזְבֵּחָה עַל אִשֵּׁי יְהוָה וְכִפֶּר
עָלָיו הַכֹּהֵן עַל־חַטָּאתוֹ אֲשֶׁר־חָטָא וְנִסְלַח לוֹ׃ פ

א וְנֶפֶשׁ כִּי־תֶחֱטָא וְשָׁמְעָה קוֹל אָלָה וְהוּא עֵד אוֹ רָאָה אוֹ יָדָע
אִם־לוֹא יַגִּיד וְנָשָׂא עֲוֺנוֹ׃
ב אוֹ נֶפֶשׁ אֲשֶׁר תִּגַּע בְּכָל־דָּבָר טָמֵא אוֹ בְנִבְלַת חַיָּה טְמֵאָה
אוֹ בְּנִבְלַת בְּהֵמָה טְמֵאָה אוֹ בְּנִבְלַת שֶׁרֶץ טָמֵא וְנֶעְלַם מִמֶּנּוּ
וְהוּא טָמֵא וְאָשֵׁם׃
ג אוֹ כִי יִגַּע בְּטֻמְאַת אָדָם לְכֹל טֻמְאָתוֹ אֲשֶׁר יִטְמָא בָּהּ וְנֶעְלַם
מִמֶּנּוּ וְהוּא יָדַע וְאָשֵׁם׃
ד אוֹ נֶפֶשׁ כִּי תִשָּׁבַע לְבַטֵּא בִשְׂפָתַיִם לְהָרַע ׀ אוֹ לְהֵיטִיב לְכֹל
אֲשֶׁר יְבַטֵּא הָאָדָם בִּשְׁבֻעָה וְנֶעְלַם מִמֶּנּוּ וְהוּא־יָדַע וְאָשֵׁם
לְאַחַת מֵאֵלֶּה׃
ה וְהָיָה כִי־יֶאְשַׁם לְאַחַת מֵאֵלֶּה וְהִתְוַדָּה אֲשֶׁר חָטָא עָלֶיהָ׃
ו וְהֵבִיא אֶת־אֲשָׁמוֹ לַיהוָה עַל חַטָּאתוֹ אֲשֶׁר חָטָא נְקֵבָה
מִן־הַצֹּאן כִּשְׂבָּה אוֹ־שְׂעִירַת עִזִּים לְחַטָּאת וְכִפֶּר עָלָיו הַכֹּהֵן
מֵחַטָּאתוֹ׃

altar do holocausto; e todo o resto do sangue da oferta derra-
má-lo-á à base do altar. 31 Tirará toda a gordura da oferta, como
se tira a gordura do sacrifício das ofertas pacíficas. O sacerdote
a queimará sobre o altar como suave cheiro a Jeová; o sacerdote
fará expiação por ele, e ele será perdoado.

32 Se pela sua oblação trouxer uma cordeira como oferta
pelo pecado, sem defeito a trará. 33 Porá a mão sobre a cabeça
da oferta pelo pecado e, como oferta pelo pecado, a matará no
lugar em que é morto o holocausto. 34 Então, o sacerdote com
o dedo tomará do sangue da oferta pelo pecado, pô-lo-á sobre
os chifres do altar do holocausto e derramará todo o resto do
sangue da oferta à base do altar. 35 Tirará toda a gordura da
oferta, como a gordura do cordeiro é tirada do sacrifício das
ofertas pacíficas. O sacerdote a queimará sobre o altar, em cima
das ofertas queimadas, de Jeová; o sacerdote fará expiação por
ele no tocante ao pecado que cometeu, e ele será perdoado.

*O sacrifício pelos pecados ocultos*

5 1 Se alguém, chamado como testemunha dum fato (ou
por ter visto ou sabido), pecar, não o denunciando, le-
vará a sua iniquidade. 2 Se alguém tocar alguma coisa
imunda, seja o cadáver de uma besta imunda, seja o cadáver
de um animal imundo, seja o cadáver de um réptil imundo, e
isso lhe for oculto, e ele se tornar imundo, então será culpa-
do. 3 Se tocar a imundícia do homem, seja qual for a imundícia
com que o homem se faz imundo, e lhe for oculto, quando ele
o souber, será culpado. 4 Se alguém jurar temerariamente com
os seus lábios fazer o mal ou fazer o bem, seja o que for que
o homem pronuncie temerariamente com um juramento, e
lhe for oculto, quando o souber, será culpado nestas coisas.
5 Quando for culpado numa destas coisas, confessará aquilo
em que há pecado. 6 Como sua oferta pela culpa, ele trará a
Jeová pelo pecado que cometeu, do gado miúdo, uma cordei-
ra ou uma cabra, como uma oferta pelo pecado; e o sacerdote
fará expiação por ele no tocante ao seu pecado.

ז וְאִם־לֹא תַגִּיעַ יָדוֹ דֵּי שֶׂה וְהֵבִיא אֶת־אֲשָׁמוֹ אֲשֶׁר חָטָא שְׁתֵּי
תֹרִים אוֹ־שְׁנֵי בְנֵי־יוֹנָה לַיהוָה אֶחָד לְחַטָּאת וְאֶחָד לְעֹלָה׃
ח וְהֵבִיא אֹתָם אֶל־הַכֹּהֵן וְהִקְרִיב אֶת־אֲשֶׁר לַחַטָּאת רִאשׁוֹנָה
וּמָלַק אֶת־רֹאשׁוֹ מִמּוּל עָרְפּוֹ וְלֹא יַבְדִּיל׃
ט וְהִזָּה מִדַּם הַחַטָּאת עַל־קִיר הַמִּזְבֵּחַ וְהַנִּשְׁאָר בַּדָּם יִמָּצֵה
אֶל־יְסוֹד הַמִּזְבֵּחַ חַטָּאת הוּא׃
י וְאֶת־הַשֵּׁנִי יַעֲשֶׂה עֹלָה כַּמִּשְׁפָּט וְכִפֶּר עָלָיו הַכֹּהֵן מֵחַטָּאתוֹ
אֲשֶׁר־חָטָא וְנִסְלַח לוֹ׃ ס

יא וְאִם־לֹא תַשִּׂיג יָדוֹ לִשְׁתֵּי תֹרִים אוֹ לִשְׁנֵי בְנֵי־יוֹנָה וְהֵבִיא
אֶת־קָרְבָּנוֹ אֲשֶׁר חָטָא עֲשִׂירִת הָאֵפָה סֹלֶת לְחַטָּאת לֹא־יָשִׂים
עָלֶיהָ שֶׁמֶן וְלֹא־יִתֵּן עָלֶיהָ לְבֹנָה כִּי חַטָּאת הִיא׃
יב וֶהֱבִיאָהּ אֶל־הַכֹּהֵן וְקָמַץ הַכֹּהֵן ׀ מִמֶּנָּה מְלוֹא קֻמְצוֹ אֶת־
אַזְכָּרָתָהּ וְהִקְטִיר הַמִּזְבֵּחָה עַל אִשֵּׁי יְהוָה חַטָּאת הִוא׃
יג וְכִפֶּר עָלָיו הַכֹּהֵן עַל־חַטָּאתוֹ אֲשֶׁר־חָטָא מֵאַחַת מֵאֵלֶּה
וְנִסְלַח לוֹ וְהָיְתָה לַכֹּהֵן כַּמִּנְחָה׃ ס

יד וַיְדַבֵּר יְהוָה אֶל־מֹשֶׁה לֵּאמֹר׃
טו נֶפֶשׁ כִּי־תִמְעֹל מַעַל וְחָטְאָה בִּשְׁגָגָה מִקָּדְשֵׁי יְהוָה וְהֵבִיא
אֶת־אֲשָׁמוֹ לַיהוָה אַיִל תָּמִים מִן־הַצֹּאן בְּעֶרְכְּךָ כֶּסֶף־שְׁקָלִים
בְּשֶׁקֶל־הַקֹּדֶשׁ לְאָשָׁם׃
טז וְאֵת אֲשֶׁר חָטָא מִן־הַקֹּדֶשׁ יְשַׁלֵּם וְאֶת־חֲמִישִׁתוֹ יוֹסֵף עָלָיו
וְנָתַן אֹתוֹ לַכֹּהֵן וְהַכֹּהֵן יְכַפֵּר עָלָיו בְּאֵיל הָאָשָׁם וְנִסְלַח לוֹ׃ פ

7 Se as suas posses não lhe permitirem trazer uma cordeira,
trará a Jeová, como uma oferta pela culpa por aquilo em que há
pecado, duas rolas, ou dois pombinhos: um como oferta pelo
pecado, e o outro como holocausto. 8 Levá-los-á ao sacerdote,
o qual oferecerá primeiro aquele que é para a oferta pelo pe-
cado, e lhe destroncará o pescoço, porém não o partirá. 9 Do
sangue da oferta pelo pecado aspergirá sobre a borda do altar,
e o resto do sangue fá-lo-á correr à base do altar: é oferta pelo
pecado. 10 Então, oferecerá o segundo em holocausto, conforme
a ordenança; o sacerdote fará expiação por ele no tocante ao
pecado que cometeu, e ele será perdoado.

11 Mas, se as suas posses não lhe permitirem trazer duas rolas
ou dois pombinhos como a sua oblação por aquilo em que há pe-
cado, trará ele a décima parte de um efa de flor de farinha como
uma oferta pelo pecado. Não lhe deitará azeite, nem lhe porá
em cima incenso algum, pois é oferta pelo pecado. 12 Trá-la-á
ao sacerdote, que dela tomará um punhado como o memorial,
e a queimará sobre o altar, em cima das ofertas queimadas, de
Jeová; é oferta pelo pecado. 13 O sacerdote fará expiação por ele
no tocante ao pecado que cometeu em alguma destas coisas,
e ele será perdoado; o restante pertencerá ao sacerdote, como
a oferta de cereais.

### *O sacrifício pelo sacrilégio*

14 Disse mais Jeová a Moisés: 15 Se alguém cometer uma ofensa
ou pecar por ignorância nas coisas sagradas de Jeová, como a sua
oferta pela culpa trará para uma oferta pela culpa a Jeová um
carneiro sem defeito, tirado do rebanho, conforme a tua avaliação
em siclos de prata, segundo o siclo do santuário. 16 Fará restitui-
ção pelo pecado que cometeu na coisa sagrada, lhe acrescentará
a quinta parte e a dará ao sacerdote; com o carneiro da oferta
pela culpa o sacerdote fará expiação por ele, e ele será perdoado.

יז וְאִם־נֶפֶשׁ כִּי תֶחֱטָא וְעָשְׂתָה אַחַת מִכָּל־מִצְוֺת יְהוָה אֲשֶׁר
לֹא תֵעָשֶׂינָה וְלֹא־יָדַע וְאָשֵׁם וְנָשָׂא עֲוֺנוֹ׃
יח וְהֵבִיא אַיִל תָּמִים מִן־הַצֹּאן בְּעֶרְכְּךָ לְאָשָׁם אֶל־הַכֹּהֵן וְכִפֶּר
עָלָיו הַכֹּהֵן עַל שִׁגְגָתוֹ אֲשֶׁר־שָׁגָג וְהוּא לֹא־יָדַע וְנִסְלַח לוֹ׃
יט אָשָׁם הוּא אָשֹׁם אָשַׁם לַיהוָה׃ פ

כ וַיְדַבֵּר יְהוָה אֶל־מֹשֶׁה לֵּאמֹר׃
כא נֶפֶשׁ כִּי תֶחֱטָא וּמָעֲלָה מַעַל בַּיהוָה וְכִחֵשׁ בַּעֲמִיתוֹ בְּפִקָּדוֹן
אוֹ־בִתְשׂוּמֶת יָד אוֹ בְגָזֵל אוֹ עָשַׁק אֶת־עֲמִיתוֹ׃
כב אוֹ־מָצָא אֲבֵדָה וְכִחֶשׁ בָּהּ וְנִשְׁבַּע עַל־שָׁקֶר עַל־אַחַת מִכֹּל
אֲשֶׁר־יַעֲשֶׂה הָאָדָם לַחֲטֹא בָהֵנָּה׃
כג וְהָיָה כִּי־יֶחֱטָא וְאָשֵׁם וְהֵשִׁיב אֶת־הַגְּזֵלָה אֲשֶׁר גָּזָל אוֹ אֶת־
הָעֹשֶׁק אֲשֶׁר עָשָׁק אוֹ אֶת־הַפִּקָּדוֹן אֲשֶׁר הָפְקַד אִתּוֹ אוֹ אֶת־
הָאֲבֵדָה אֲשֶׁר מָצָא׃
כד אוֹ מִכֹּל אֲשֶׁר־יִשָּׁבַע עָלָיו לַשֶּׁקֶר וְשִׁלַּם אֹתוֹ בְּרֹאשׁוֹ
וַחֲמִשִׁתָיו יֹסֵף עָלָיו לַאֲשֶׁר הוּא לוֹ יִתְּנֶנּוּ בְּיוֹם אַשְׁמָתוֹ׃
כה וְאֶת־אֲשָׁמוֹ יָבִיא לַיהוָה אַיִל תָּמִים מִן־הַצֹּאן בְּעֶרְכְּךָ לְאָשָׁם
אֶל־הַכֹּהֵן׃
כו וְכִפֶּר עָלָיו הַכֹּהֵן לִפְנֵי יְהוָה וְנִסְלַח לוֹ עַל־אַחַת מִכֹּל אֲשֶׁר־
יַעֲשֶׂה לְאַשְׁמָה בָהּ׃ פ

[O capítulo 5 da versão hebraica termina no versículo 26].

*O sacrifício pelos pecados de ignorância*

17 Se alguém pecar e fizer qualquer uma de todas as coisas
que Jeová ordenou que se não fizessem, embora não o soubesse,
contudo, é culpado e levará a sua iniquidade. 18 Para uma oferta
pela culpa trará ao sacerdote um carneiro sem defeito, tirado
do rebanho, conforme a tua avaliação; o sacerdote fará expiação
por ele no tocante àquilo em que errou por ignorância, sem o
saber, e ele será perdoado. 19 É uma oferta pela culpa; certamente
se tornou culpado diante de Jeová.

א וַיְדַבֵּר יְהוָה אֶל־מֹשֶׁה לֵּאמֹר׃
ב צַו אֶת־אַהֲרֹן וְאֶת־בָּנָיו לֵאמֹר זֹאת תּוֹרַת הָעֹלָה הִוא הָעֹלָה
עַל מוֹקְדָה עַל־הַמִּזְבֵּחַ כָּל־הַלַּיְלָה עַד־הַבֹּקֶר וְאֵשׁ הַמִּזְבֵּחַ
תּוּקַד בּוֹ׃
ג וְלָבַשׁ הַכֹּהֵן מִדּוֹ בַד וּמִכְנְסֵי־בַד יִלְבַּשׁ עַל־בְּשָׂרוֹ וְהֵרִים
אֶת־הַדֶּשֶׁן אֲשֶׁר תֹּאכַל הָאֵשׁ אֶת־הָעֹלָה עַל־הַמִּזְבֵּחַ וְשָׂמוֹ
אֵצֶל הַמִּזְבֵּחַ׃
ד וּפָשַׁט אֶת־בְּגָדָיו וְלָבַשׁ בְּגָדִים אֲחֵרִים וְהוֹצִיא אֶת־הַדֶּשֶׁן
אֶל־מִחוּץ לַמַּחֲנֶה אֶל־מָקוֹם טָהוֹר׃
ה וְהָאֵשׁ עַל־הַמִּזְבֵּחַ תּוּקַד־בּוֹ לֹא תִכְבֶּה וּבִעֵר עָלֶיהָ הַכֹּהֵן
עֵצִים בַּבֹּקֶר בַּבֹּקֶר וְעָרַךְ עָלֶיהָ הָעֹלָה וְהִקְטִיר עָלֶיהָ חֶלְבֵי
הַשְּׁלָמִים׃
ו אֵשׁ תָּמִיד תּוּקַד עַל־הַמִּזְבֵּחַ לֹא תִכְבֶּה׃ ס
ז וְזֹאת תּוֹרַת הַמִּנְחָה הַקְרֵב אֹתָהּ בְּנֵי־אַהֲרֹן לִפְנֵי יְהוָה אֶל־פְּנֵי
הַמִּזְבֵּחַ׃

ח וְהֵרִים מִמֶּנּוּ בְּקֻמְצוֹ מִסֹּלֶת הַמִּנְחָה וּמִשַּׁמְנָהּ
וְאֵת כָּל־הַלְּבֹנָה אֲשֶׁר עַל־הַמִּנְחָה וְהִקְטִיר הַמִּזְבֵּחַ
רֵיחַ נִיחֹחַ אַזְכָּרָתָהּ לַיהוָה׃
ט וְהַנּוֹתֶרֶת מִמֶּנָּה יֹאכְלוּ אַהֲרֹן וּבָנָיו מַצּוֹת תֵּאָכֵל בְּמָקוֹם
קָדֹשׁ בַּחֲצַר אֹהֶל־מוֹעֵד יֹאכְלוּהָ׃
י לֹא תֵאָפֶה חָמֵץ חֶלְקָם נָתַתִּי אֹתָהּ מֵאִשָּׁי קֹדֶשׁ קָדָשִׁים הִוא
כַּחַטָּאת וְכָאָשָׁם׃
יא כָּל־זָכָר בִּבְנֵי אַהֲרֹן יֹאכְלֶנָּה חָק־עוֹלָם לְדֹרֹתֵיכֶם מֵאִשֵּׁי
יְהוָה כֹּל אֲשֶׁר־יִגַּע בָּהֶם יִקְדָּשׁ׃ פ
יב וַיְדַבֵּר יְהוָה אֶל־מֹשֶׁה לֵּאמֹר׃
יג זֶה קָרְבַּן אַהֲרֹן וּבָנָיו אֲשֶׁר־יַקְרִיבוּ לַיהוָה בְּיוֹם הִמָּשַׁח אֹתוֹ
עֲשִׂירִת הָאֵפָה סֹלֶת מִנְחָה תָּמִיד מַחֲצִיתָהּ בַּבֹּקֶר וּמַחֲצִיתָהּ
בָּעָרֶב׃

### *O sacrifício pelos pecados voluntários*

6 1 Disse Jeová a Moisés: 2 Se alguém pecar e cometer
uma ofensa contra Jeová e se houver dolosamente
com o seu próximo concernente a um depósito, ou
penhor, ou roubo, ou tiver usado de extorsão para com o seu
próximo; 3 se tiver achado o que se perdeu, e nisso se houver
dolosamente, e jurar falso; se fizer qualquer de todas as coisas
que faz o homem, pecando nelas; 4 então, será que, se pecou
e é culpado; restituirá o que roubou, ou o que extorquiu, ou
o que lhe foi depositado, ou a coisa perdida que achou, 5 ou
qualquer coisa sobre que jurou falso; restituí-lo-á por inteiro
e a isso acrescentará a quinta parte; a quem pertence, lho dará
no dia em que se confessar culpado. 6 Como a sua oferta pela
culpa trará a Jeová um carneiro sem defeito, tirado do reba-
nho, conforme a tua avaliação; trá-lo-á ao sacerdote para uma
oferta pela culpa. 7 O sacerdote fará expiação por ele diante
de Jeová, e ele será perdoado em qualquer uma de todas as
coisas que faz o homem, tornando-se nelas culpado.

### *As funções sacerdotais na lei do holocausto*

8 Disse mais Jeová a Moisés: 9 Ordena a Arão e a seus filhos,
dizendo: Esta é a lei do holocausto: o holocausto ficará na
lareira do altar a noite toda até pela manhã, e nesse lugar se
conservará aceso o fogo do altar. 10 O sacerdote vestirá a sua
veste de linho e vestirá as calças sobre a sua carne; levantará
a cinza a que foi reduzido o holocausto sobre o altar e a porá
junto ao altar. 11 Depois, despirá as suas vestes e, vestido com
outras, levará a cinza para fora do arraial a um lugar limpo.
12 O fogo sobre o altar se conservará aceso; não se apagará. O
sacerdote nele acenderá lenha todos os dias pela manhã; sobre
ele porá em ordem o holocausto e sobre ele queimará a gordura
das ofertas pacíficas. 13 O fogo se conservará aceso sobre o altar
continuamente; não se apagará.

יד עַל־מַחֲבַת בַּשֶּׁמֶן תֵּעָשֶׂה מֻרְבֶּכֶת תְּבִיאֶנָּה תֻּפִינֵי מִנְחַת
פִּתִּים תַּקְרִיב רֵיחַ־נִיחֹחַ לַיהוָה׃
טו וְהַכֹּהֵן הַמָּשִׁיחַ תַּחְתָּיו מִבָּנָיו יַעֲשֶׂה אֹתָהּ חָק־עוֹלָם לַיהוָה
כָּלִיל תָּקְטָר׃
טז וְכָל־מִנְחַת כֹּהֵן כָּלִיל תִּהְיֶה לֹא תֵאָכֵל׃ פ
יז וַיְדַבֵּר יְהוָה אֶל־מֹשֶׁה לֵּאמֹר׃
יח דַּבֵּר אֶל־אַהֲרֹן וְאֶל־בָּנָיו לֵאמֹר זֹאת תּוֹרַת הַחַטָּאת בִּמְקוֹם
אֲשֶׁר תִּשָּׁחֵט הָעֹלָה תִּשָּׁחֵט הַחַטָּאת לִפְנֵי יְהוָה קֹדֶשׁ קָדָשִׁים
הִוא׃

יט הַכֹּהֵן הַמְחַטֵּא אֹתָהּ יֹאכְלֶנָּה בְּמָקוֹם קָדֹשׁ תֵּאָכֵל בַּחֲצַר
אֹהֶל מוֹעֵד׃
כ כֹּל אֲשֶׁר־יִגַּע בִּבְשָׂרָהּ יִקְדָּשׁ וַאֲשֶׁר יִזֶּה מִדָּמָהּ עַל־הַבֶּגֶד
אֲשֶׁר יִזֶּה עָלֶיהָ תְּכַבֵּס בְּמָקוֹם קָדֹשׁ׃
כא וּכְלִי־חֶרֶשׂ אֲשֶׁר תְּבֻשַּׁל־בּוֹ יִשָּׁבֵר וְאִם־בִּכְלִי נְחֹשֶׁת בֻּשָּׁלָה
וּמֹרַק וְשֻׁטַּף בַּמָּיִם׃
כב כָּל־זָכָר בַּכֹּהֲנִים יֹאכַל אֹתָהּ קֹדֶשׁ קָדָשִׁים הִוא׃
כג וְכָל־חַטָּאת אֲשֶׁר יוּבָא מִדָּמָהּ אֶל־אֹהֶל מוֹעֵד לְכַפֵּר בַּקֹּדֶשׁ
לֹא תֵאָכֵל בָּאֵשׁ תִּשָּׂרֵף׃ פ

[O capítulo 6 da versão hebraica termina no versículo 23].

*A lei da oferta de cereais*

14 Esta á a lei da oferta de cereais: os filhos de Arão a ofere-
cerão na presença de Jeová, diante do altar. 15 Um deles tomará
dela um punhado, a saber, da flor de farinha da oferta de cereais
e do azeite da mesma, e tomará todo o incenso que estiver sobre
a oferta de cereais, e os queimará sobre o altar por suave cheiro,
como o memorial da oferta a Jeová. 16 O que ficar da oferta, isso
comerão Arão e seus filhos; comer-se-á sem fermento num santo
lugar; no átrio da tenda da revelação o comerão. 17 Levedado não
se cozerá. Como a sua porção das minhas ofertas queimadas
lho tenho dado; coisa santíssima é, como a oferta pelo pecado e
como a oferta pela culpa. 18 Todo macho entre os filhos de Arão
comerá dela, como de uma coisa que, das ofertas queimadas,
de Jeová, vos é devida para sempre nas vossas gerações; todo
o que tocar nelas será santo.

*A oferta na consagração dos sacerdotes*

19 Disse mais Jeová a Moisés: 20 Esta é a oblação de Arão e de
seus filhos, a qual oferecerão a Jeová no dia em que for ungido:
oferecerão para sempre a décima parte de um efa de flor de farinha
como uma oferta de cereais, metade dela pela manhã, e metade à
tarde. 21 Numa assadeira se preparará com azeite; depois de estar
embebida, a trarás; em pedaços cozidos oferecerás a oferta de
cereais por suave cheiro a Jeová. 22 O sacerdote ungido que dentre
seus filhos lhe suceder a oferecerá; por estatuto perpétuo será de
todo queimada a Jeová. 23 Toda a oferta de cereais do sacerdote
será totalmente queimada; não se comerá.

*A lei da oferta pelo pecado*

24 Disse ainda mais Jeová a Moisés: 25 Fala a Arão e a seus
filhos: Esta é a lei da oferta pelo pecado: ela será morta diante
de Jeová no lugar em que é morto o holocausto; coisa santíssi-

א וְזֹאת תּוֹרַת הָאָשָׁם קֹדֶשׁ קָדָשִׁים הוּא׃
ב בִּמְקוֹם אֲשֶׁר יִשְׁחֲטוּ אֶת־הָעֹלָה יִשְׁחֲטוּ אֶת־הָאָשָׁם וְאֶת־
דָּמוֹ יִזְרֹק עַל־הַמִּזְבֵּחַ סָבִיב׃
ג וְאֵת כָּל־חֶלְבּוֹ יַקְרִיב מִמֶּנּוּ אֵת הָאַלְיָה וְאֶת־הַחֵלֶב הַמְכַסֶּה
אֶת־הַקֶּרֶב׃
ד וְאֵת שְׁתֵּי הַכְּלָיֹת וְאֶת־הַחֵלֶב אֲשֶׁר עֲלֵיהֶן אֲשֶׁר עַל־הַכְּסָלִים
וְאֶת־הַיֹּתֶרֶת עַל־הַכָּבֵד עַל־הַכְּלָיֹת יְסִירֶנָּה׃
ה וְהִקְטִיר אֹתָם הַכֹּהֵן הַמִּזְבֵּחָה אִשֶּׁה לַיהוָה אָשָׁם הוּא׃
ו כָּל־זָכָר בַּכֹּהֲנִים יֹאכְלֶנּוּ בְּמָקוֹם קָדוֹשׁ יֵאָכֵל קֹדֶשׁ קָדָשִׁים
הוּא׃
ז כַּחַטָּאת כָּאָשָׁם תּוֹרָה אַחַת לָהֶם הַכֹּהֵן אֲשֶׁר יְכַפֶּר־בּוֹ לוֹ
יִהְיֶה׃
ח וְהַכֹּהֵן הַמַּקְרִיב אֶת־עֹלַת אִישׁ עוֹר הָעֹלָה אֲשֶׁר הִקְרִיב לַכֹּהֵן
לוֹ יִהְיֶה׃
ט וְכָל־מִנְחָה אֲשֶׁר תֵּאָפֶה בַּתַּנּוּר וְכָל־נַעֲשָׂה בַמַּרְחֶשֶׁת וְעַל־
מַחֲבַת לַכֹּהֵן הַמַּקְרִיב אֹתָהּ לוֹ תִהְיֶה׃
י וְכָל־מִנְחָה בְלוּלָה־בַשֶּׁמֶן וַחֲרֵבָה לְכָל־בְּנֵי אַהֲרֹן תִּהְיֶה אִישׁ
כְּאָחִיו׃ פ

ma é. 26 O sacerdote que a oferece pelo pecado a comerá; num
lugar santo se comerá, no átrio da tenda da revelação. 27 Tudo
o que tocar a carne da oferta será santo; quando algum vestido
se aspergir do sangue dela, num lugar santo lavarás o que as-
sim se aspergiu. 28 Mas o vaso de barro em que foi cozida será
quebrado; se for cozida num vaso de cobre, será esfregado e
lavado em água. 29 Todo homem entre os sacerdotes comerá
dela; coisa santíssima é. 30 Não se comerá nenhuma oferta pelo
pecado, da qual uma parte do sangue é trazida para dentro da
tenda da revelação, a fim de fazer expiação no santo lugar; será
queimada com fogo.

*A lei da oferta pela culpa*

7 1 Esta é a lei da oferta pela culpa: coisa santíssima é. 2 A
oferta pela culpa será morta no lugar em que é morto
o holocausto; e o sangue da oferta se aspergirá sobre o
altar ao redor. 3 Dela se oferecerá toda a gordura. A cauda gor-
da, a gordura que cobre os intestinos, 4 os dois rins, a gordura
que está sobre eles e a que está junto aos lombos e o redenho
sobre o fígado, juntamente com os rins os tirará. 5 O sacerdo-
te os queimará sobre o altar como oferta queimada a Jeová;
é uma oferta pela culpa. 6 Todo homem entre os sacerdotes
comerá dela; comer-se-á num lugar santo; coisa santíssima é.
7 Como é a oferta pelo pecado, assim será a oferta pela culpa:
há uma só lei para elas; pertencerá ao sacerdote que com ela
fizer expiação. 8 O sacerdote que oferecer o holocausto de al-
guém, terá para si o couro do holocausto que tiver oferecido.
9 Toda oferta de cereais que se assar no forno, e tudo o que se
preparar na frigideira e na assadeira, pertencerá ao sacerdote
que a oferecer. 10 Toda oferta de cereais, ou seja ela amassada
com azeite, ou seja enxuta, pertencerá a todos os filhos de
Arão, tanto a um como a outro.

יא וְזֹאת תּוֹרַת זֶבַח הַשְּׁלָמִים אֲשֶׁר יַקְרִיב לַיהוָה:
יב אִם עַל־תּוֹדָה יַקְרִיבֶנּוּ וְהִקְרִיב ׀ עַל־זֶבַח הַתּוֹדָה חַלּוֹת מַצּוֹת
בְּלוּלֹת בַּשֶּׁמֶן וּרְקִיקֵי מַצּוֹת מְשֻׁחִים בַּשָּׁמֶן וְסֹלֶת מֻרְבֶּכֶת
חַלֹּת בְּלוּלֹת בַּשָּׁמֶן:
יג עַל־חַלֹּת לֶחֶם חָמֵץ יַקְרִיב קָרְבָּנוֹ עַל־זֶבַח תּוֹדַת שְׁלָמָיו:
יד וְהִקְרִיב מִמֶּנּוּ אֶחָד מִכָּל־קָרְבָּן תְּרוּמָה לַיהוָה לַכֹּהֵן הַזֹּרֵק
אֶת־דַּם הַשְּׁלָמִים לוֹ יִהְיֶה:

טו וּבְשַׂר זֶבַח תּוֹדַת שְׁלָמָיו בְּיוֹם קָרְבָּנוֹ יֵאָכֵל לֹא־יַנִּיחַ מִמֶּנּוּ
עַד־בֹּקֶר:
טז וְאִם־נֶדֶר ׀ אוֹ נְדָבָה זֶבַח קָרְבָּנוֹ בְּיוֹם הַקְרִיבוֹ אֶת־זִבְחוֹ יֵאָכֵל
וּמִמָּחֳרָת וְהַנּוֹתָר מִמֶּנּוּ יֵאָכֵל:
יז וְהַנּוֹתָר מִבְּשַׂר הַזָּבַח בַּיּוֹם הַשְּׁלִישִׁי בָּאֵשׁ יִשָּׂרֵף:
יח וְאִם הֵאָכֹל יֵאָכֵל מִבְּשַׂר־זֶבַח שְׁלָמָיו בַּיּוֹם הַשְּׁלִישִׁי לֹא
יֵרָצֶה הַמַּקְרִיב אֹתוֹ לֹא יֵחָשֵׁב לוֹ פִּגּוּל יִהְיֶה וְהַנֶּפֶשׁ הָאֹכֶלֶת
מִמֶּנּוּ עֲוֺנָהּ תִּשָּׂא:

יט וְהַבָּשָׂר אֲשֶׁר־יִגַּע בְּכָל־טָמֵא לֹא יֵאָכֵל בָּאֵשׁ יִשָּׂרֵף וְהַבָּשָׂר
כָּל־טָהוֹר יֹאכַל בָּשָׂר:
כ וְהַנֶּפֶשׁ אֲשֶׁר־תֹּאכַל בָּשָׂר מִזֶּבַח הַשְּׁלָמִים אֲשֶׁר לַיהוָה
וְטֻמְאָתוֹ עָלָיו וְנִכְרְתָה הַנֶּפֶשׁ הַהִוא מֵעַמֶּיהָ:
כא וְנֶפֶשׁ כִּי־תִגַּע בְּכָל־טָמֵא בְּטֻמְאַת אָדָם אוֹ ׀ בִּבְהֵמָה טְמֵאָה
אוֹ בְּכָל־שֶׁקֶץ טָמֵא וְאָכַל מִבְּשַׂר־זֶבַח הַשְּׁלָמִים אֲשֶׁר לַיהוָה
וְנִכְרְתָה הַנֶּפֶשׁ הַהִוא מֵעַמֶּיהָ: פ

כב וַיְדַבֵּר יְהוָה אֶל־מֹשֶׁה לֵּאמֹר:
כג דַּבֵּר אֶל־בְּנֵי יִשְׂרָאֵל לֵאמֹר כָּל־חֵלֶב שׁוֹר וְכֶשֶׂב וָעֵז לֹא
תֹאכֵלוּ:

*A lei das ofertas pacíficas*

11 Esta é a lei do sacrifício das ofertas pacíficas, que alguém ofe-
recer a Jeová. 12 Se o oferecer por ação de graças, com o sacrifício
da ação de graças oferecerá bolos asmos amassados com azeite
e obreias asmas untadas com azeite, de flor de farinha embebida
em azeite, em forma de bolos amassados com azeite. 13 De bolos
de pão levedado oferecerá a sua oblação com o sacrifício das
suas ofertas pacíficas por ação de graças. 14 Dele oferecerá uma
de cada oblação por oferta alçada a Jeová; e essa pertencerá ao
sacerdote que aspergir o sangue das ofertas pacíficas.

15 A carne do sacrifício das suas ofertas pacíficas por ação de
graças comer-se-á no dia da sua oblação; nada dela se deixará até
pela manhã. 16 Mas, se o sacrifício da sua oblação for um voto, ou
uma oferta voluntária, comer-se-á no dia em que oferecer o seu
sacrifício, e no dia seguinte se comerá o que dele ficar; 17 porém
queimar-se-á com o fogo o que ficar da carne do sacrifício ao
terceiro dia. 18 Se alguma parte da carne do sacrifício das suas
ofertas pacíficas for comida ao terceiro dia, o sacrifício não
será aceito, nem será imputado àquele que o oferecer: será uma
coisa abominável, e quem comer dela levará a sua iniquidade.

19 A carne que tocar alguma coisa imunda, não se comerá;
será queimada com fogo. Quanto à carne, todo o que estiver
limpo, comerá dela; 20 mas a pessoa que, estando imunda, co-
mer da carne do sacrifício de ofertas pacíficas, que pertence
a Jeová, essa pessoa será exterminada do seu povo. 21 Quando
uma pessoa tocar alguma coisa imunda, ou seja imundícia de
homem, ou seja animal imundo, ou seja alguma abominação
imunda, e comer da carne do sacrifício de ofertas pacíficas, que
pertence a Jeová, essa pessoa será exterminada do seu povo.

*Deus proíbe o comer a gordura e o sangue*

22 Disse mais Jeová a Moisés: 23 Fala aos filhos de Israel: Não
comereis gordura de boi, nem de ovelha, nem de cabra. 24 A
gordura do animal que morre por si mesmo, e a gordura do ani-

כד וְחֵלֶב נְבֵלָה וְחֵלֶב טְרֵפָה יֵעָשֶׂה לְכָל־מְלָאכָה וְאָכֹל לֹא
תֹאכְלֻהוּ׃
כה כִּי כָּל־אֹכֵל חֵלֶב מִן־הַבְּהֵמָה אֲשֶׁר יַקְרִיב מִמֶּנָּה אִשֶּׁה
לַיהוָה וְנִכְרְתָה הַנֶּפֶשׁ הָאֹכֶלֶת מֵעַמֶּיהָ׃
כו וְכָל־דָּם לֹא תֹאכְלוּ בְּכֹל מוֹשְׁבֹתֵיכֶם לָעוֹף וְלַבְּהֵמָה׃
כז כָּל־נֶפֶשׁ אֲשֶׁר־תֹּאכַל כָּל־דָּם וְנִכְרְתָה הַנֶּפֶשׁ הַהִוא מֵעַמֶּיהָ׃
פ

כח וַיְדַבֵּר יְהוָה אֶל־מֹשֶׁה לֵּאמֹר׃
כט דַּבֵּר אֶל־בְּנֵי יִשְׂרָאֵל לֵאמֹר הַמַּקְרִיב אֶת־זֶבַח שְׁלָמָיו לַיהוָה
יָבִיא אֶת־קָרְבָּנוֹ לַיהוָה מִזֶּבַח שְׁלָמָיו׃
ל יָדָיו תְּבִיאֶינָה אֵת אִשֵּׁי יְהוָה אֶת־הַחֵלֶב עַל־הֶחָזֶה יְבִיאֶנּוּ אֵת
הֶחָזֶה לְהָנִיף אֹתוֹ תְּנוּפָה לִפְנֵי יְהוָה׃
לא וְהִקְטִיר הַכֹּהֵן אֶת־הַחֵלֶב הַמִּזְבֵּחָה וְהָיָה הֶחָזֶה לְאַהֲרֹן
וּלְבָנָיו׃
לב וְאֵת שׁוֹק הַיָּמִין תִּתְּנוּ תְרוּמָה לַכֹּהֵן מִזִּבְחֵי שַׁלְמֵיכֶם׃
לג הַמַּקְרִיב אֶת־דַּם הַשְּׁלָמִים וְאֶת־הַחֵלֶב מִבְּנֵי אַהֲרֹן לוֹ תִהְיֶה
שׁוֹק הַיָּמִין לְמָנָה׃
לד כִּי אֶת־חֲזֵה הַתְּנוּפָה וְאֵת׀ שׁוֹק הַתְּרוּמָה לָקַחְתִּי מֵאֵת בְּנֵי־
יִשְׂרָאֵל מִזִּבְחֵי שַׁלְמֵיהֶם וָאֶתֵּן אֹתָם לְאַהֲרֹן הַכֹּהֵן וּלְבָנָיו לְחָק־
עוֹלָם מֵאֵת בְּנֵי יִשְׂרָאֵל׃

לה זֹאת מִשְׁחַת אַהֲרֹן וּמִשְׁחַת בָּנָיו מֵאִשֵּׁי יְהוָה בְּיוֹם הִקְרִיב
אֹתָם לְכַהֵן לַיהוָה׃
לו אֲשֶׁר צִוָּה יְהוָה לָתֵת לָהֶם בְּיוֹם מָשְׁחוֹ אֹתָם מֵאֵת בְּנֵי
יִשְׂרָאֵל חֻקַּת עוֹלָם לְדֹרֹתָם׃

לז זֹאת הַתּוֹרָה לָעֹלָה לַמִּנְחָה וְלַחַטָּאת וְלָאָשָׁם וְלַמִּלּוּאִים
וּלְזֶבַח הַשְּׁלָמִים׃
לח אֲשֶׁר צִוָּה יְהוָה אֶת־מֹשֶׁה בְּהַר סִינָי בְּיוֹם צַוֹּתוֹ אֶת־בְּנֵי
יִשְׂרָאֵל לְהַקְרִיב אֶת־קָרְבְּנֵיהֶם לַיהוָה בְּמִדְבַּר סִינָי׃ פ

mal que é dilacerado por feras, pode-se usar para qualquer outro
serviço; porém de maneira alguma comereis dela. 25 Pois qualquer
pessoa que comer da gordura do animal, do qual se oferecer
uma oferta queimada a Jeová, sim, a pessoa que dela comer será
exterminada do seu povo. 26 Não comereis sangue nem de aves,
nem de gado, em alguma das vossas habitações. 27 Toda pessoa
que comer sangue, essa será exterminada do seu povo.

### *A porção dos sacerdotes*

28 Disse mais Jeová a Moisés: 29 Fala aos filhos de Israel: Quem
oferecer o sacrifício das suas ofertas pacíficas a Jeová, trará a sua
oblação a Jeová do sacrifício das suas ofertas pacíficas; 30 com
as próprias mãos trará as ofertas queimadas, de Jeová; trará
com o peito a gordura, para que o peito seja oferecido como
uma oferta movida diante de Jeová. 31 O sacerdote queimará a
gordura sobre o altar; mas o peito pertencerá a Arão e a seus
filhos. 32 Dos sacrifícios de vossas ofertas pacíficas dareis a
espádua direita ao sacerdote como oferta alçada. 33 Aquele que
entre os filhos de Arão oferecer o sangue das ofertas pacíficas e
a gordura, esse terá como sua porção a espádua direita. 34 Porque
o peito movido e a espádua alçada tenho tomado dos filhos de
Israel, dos sacrifícios das suas ofertas pacíficas, e os tenho dado
a Arão, o sacerdote, e a seus filhos como uma coisa que lhes é
devida para sempre pelos filhos de Israel.

35 Esta é a parte que a unção de Arão e seus filhos lhes dá
das ofertas queimadas, de Jeová, desde o dia em que foram
apresentados para exercerem as funções do sacerdócio a Jeová;
36 a qual Jeová ordenou que lhes dessem os filhos de Israel, no
dia em que foram ungidos. É uma coisa que lhes é devida para
sempre nas suas gerações.

37 Esta é a lei do holocausto, da oferta de cereais, da oferta
pelo pecado, da oferta pela culpa, da consagração e do sacri-
fício de ofertas pacíficas, 38 a qual Jeová ordenou a Moisés no
monte Sinai, no dia em que ordenou aos filhos de Israel que
oferecessem as suas oblações a Jeová, no deserto de Sinai.

א וַיְדַבֵּר יְהוָה אֶל־מֹשֶׁה לֵּאמֹר:
ב קַח אֶת־אַהֲרֹן וְאֶת־בָּנָיו אִתּוֹ וְאֵת הַבְּגָדִים וְאֵת שֶׁמֶן
הַמִּשְׁחָה וְאֵת | פַּר הַחַטָּאת וְאֵת שְׁנֵי הָאֵילִים וְאֵת סַל
הַמַּצּוֹת: ג וְאֵת כָּל־הָעֵדָה הַקְהֵל אֶל־פֶּתַח אֹהֶל מוֹעֵד:
ד וַיַּעַשׂ מֹשֶׁה כַּאֲשֶׁר צִוָּה יְהוָה אֹתוֹ וַתִּקָּהֵל הָעֵדָה אֶל־פֶּתַח
אֹהֶל מוֹעֵד: ה וַיֹּאמֶר מֹשֶׁה אֶל־הָעֵדָה זֶה הַדָּבָר אֲשֶׁר־צִוָּה
יְהוָה לַעֲשׂוֹת:
ו וַיַּקְרֵב מֹשֶׁה אֶת־אַהֲרֹן וְאֶת־בָּנָיו וַיִּרְחַץ אֹתָם בַּמָּיִם:
ז וַיִּתֵּן עָלָיו אֶת־הַכֻּתֹּנֶת וַיַּחְגֹּר אֹתוֹ בָּאַבְנֵט וַיַּלְבֵּשׁ אֹתוֹ אֶת־
הַמְּעִיל וַיִּתֵּן עָלָיו אֶת־הָאֵפֹד וַיַּחְגֹּר אֹתוֹ בְּחֵשֶׁב הָאֵפֹד וַיֶּאְפֹּד
לוֹ בּוֹ:
ח וַיָּשֶׂם עָלָיו אֶת־הַחֹשֶׁן וַיִּתֵּן אֶל־הַחֹשֶׁן אֶת־הָאוּרִים וְאֶת־
הַתֻּמִּים:
ט וַיָּשֶׂם אֶת־הַמִּצְנֶפֶת עַל־רֹאשׁוֹ וַיָּשֶׂם עַל־הַמִּצְנֶפֶת אֶל־מוּל
פָּנָיו אֵת צִיץ הַזָּהָב נֵזֶר הַקֹּדֶשׁ כַּאֲשֶׁר צִוָּה יְהוָה אֶת־מֹשֶׁה:
י וַיִּקַּח מֹשֶׁה אֶת־שֶׁמֶן הַמִּשְׁחָה וַיִּמְשַׁח אֶת־הַמִּשְׁכָּן וְאֶת־כָּל־
אֲשֶׁר־בּוֹ וַיְקַדֵּשׁ אֹתָם:
יא וַיַּז מִמֶּנּוּ עַל־הַמִּזְבֵּחַ שֶׁבַע פְּעָמִים וַיִּמְשַׁח אֶת־הַמִּזְבֵּחַ וְאֶת־
כָּל־כֵּלָיו וְאֶת־הַכִּיֹּר וְאֶת־כַּנּוֹ לְקַדְּשָׁם:
יב וַיִּצֹק מִשֶּׁמֶן הַמִּשְׁחָה עַל רֹאשׁ אַהֲרֹן וַיִּמְשַׁח אֹתוֹ לְקַדְּשׁוֹ:
יג וַיַּקְרֵב מֹשֶׁה אֶת־בְּנֵי אַהֲרֹן וַיַּלְבִּשֵׁם כֻּתֳּנֹת וַיַּחְגֹּר אֹתָם אַבְנֵט
וַיַּחֲבֹשׁ לָהֶם מִגְבָּעוֹת כַּאֲשֶׁר צִוָּה יְהוָה אֶת־מֹשֶׁה:
יד וַיַּגֵּשׁ אֵת פַּר הַחַטָּאת וַיִּסְמֹךְ אַהֲרֹן וּבָנָיו אֶת־יְדֵיהֶם עַל־
רֹאשׁ פַּר הַחַטָּאת:
טו וַיִּשְׁחָט וַיִּקַּח מֹשֶׁה אֶת־הַדָּם וַיִּתֵּן עַל־קַרְנוֹת הַמִּזְבֵּחַ סָבִיב
בְּאֶצְבָּעוֹ וַיְחַטֵּא אֶת־הַמִּזְבֵּחַ וְאֶת־הַדָּם יָצַק אֶל־יְסוֹד הַמִּזְבֵּחַ
וַיְקַדְּשֵׁהוּ לְכַפֵּר עָלָיו:
טז וַיִּקַּח אֶת־כָּל־הַחֵלֶב אֲשֶׁר עַל־הַקֶּרֶב וְאֵת יֹתֶרֶת הַכָּבֵד וְאֶת־
שְׁתֵּי הַכְּלָיֹת וְאֶת־חֶלְבְּהֶן וַיַּקְטֵר מֹשֶׁה הַמִּזְבֵּחָה:
יז וְאֶת־הַפָּר וְאֶת־עֹרוֹ וְאֶת־בְּשָׂרוֹ וְאֶת־פִּרְשׁוֹ שָׂרַף בָּאֵשׁ מִחוּץ
לַמַּחֲנֶה כַּאֲשֶׁר צִוָּה יְהוָה אֶת־מֹשֶׁה:

יח וַיַּקְרֵב אֵת אֵיל הָעֹלָה וַיִּסְמְכוּ אַהֲרֹן וּבָנָיו
אֶת־יְדֵיהֶם עַל־רֹאשׁ הָאָיִל:

*A consagração dos sacerdotes*

8 1 Disse Jeová a Moisés: 2 Toma a Arão e a seus filhos, e os
vestidos, e o óleo da unção, e o novilho da oferta pelo
pecado, e os dois carneiros, e o cesto de pães asmos; 3 e
ajunta a congregação toda à entrada da tenda da revelação.
4 Fez Moisés como Jeová lhe ordenara; e a congregação ajun-
tou-se à entrada da tenda da revelação. 5 Então disse Moisés à
congregação: Isso é o que Jeová ordenou que se fizesse.

6 Fez chegar Arão e seus filhos, e lavou-os com água. 7 Ves-
tiu a Arão com a túnica, e cingiu-o com o cinto, e vestiu-lhe o
manto, e pôs o éfode sobre ele, e cingiu-o com o cinto primo-
rosamente tecido do éfode, e com este colou-lhe o éfode. 8 Em
seguida pôs o peitoral sobre ele; e no peitoral pôs o Urim e o
Tumim. 9 Colocou-lhe a mitra sobre a cabeça; e sobre a mitra,
na parte dianteira dela, pôs a lâmina de ouro, a coroa sagrada,
como Jeová ordenou a Moisés.

10 Também Moisés tomou o óleo da unção, e ungiu o taberná-
culo e tudo o que nele havia, e os santificou. 11 Com ele aspergiu
sete vezes o altar e ungiu o altar e todos os seus utensílios, e
a bacia com a sua base, para os santificar. 12 Derramou do óleo
da unção sobre a cabeça de Arão e ungiu-o, para o santificar.
13 Depois, Moisés fez chegar os filhos de Arão, e os vestiu de
túnicas, e os cingiu com cintos e lhes atou as tiaras, como Jeová
ordenou a Moisés.

14 Então, fez chegar o novilho da oferta pelo pecado; e Arão e
seus filhos puseram as mãos sobre a cabeça do novilho da ofer-
ta pelo pecado. 15 Depois de morto o novilho, Moisés tomou o
sangue e, com o dedo, pô-lo sobre os chifres do altar ao redor, e
purificou o altar. Derramou o sangue ao pé do altar e o santificou,
para fazer expiação por ele. 16 Tomada toda a gordura que estava
sobre os intestinos, e o redenho do fígado, e os dois rins com a
sua gordura, Moisés queimou-os sobre o altar. 17 Mas o novilho
com o seu couro, com a sua carne e com o seu excremento, quei-
mou-o com fogo fora do arraial, como Jeová ordenou a Moisés.

18 Depois, fez chegar o carneiro do holocausto; e Arão e seus
filhos puseram as mãos sobre a cabeça do carneiro. 19 Depois

יט וַיִּשְׁחָט וַיִּזְרֹק מֹשֶׁה אֶת־הַדָּם עַל־הַמִּזְבֵּחַ סָבִיב׃
כ וְאֶת־הָאַיִל נִתַּח לִנְתָחָיו וַיַּקְטֵר מֹשֶׁה אֶת־הָרֹאשׁ וְאֶת־
הַנְּתָחִים וְאֶת־הַפָּדֶר׃
כא וְאֶת־הַקֶּרֶב וְאֶת־הַכְּרָעַיִם רָחַץ בַּמָּיִם וַיַּקְטֵר מֹשֶׁה אֶת־כָּל־
הָאַיִל הַמִּזְבֵּחָה עֹלָה הוּא לְרֵיחַ־נִיחֹחַ אִשֶּׁה הוּא לַיהוָה כַּאֲשֶׁר
צִוָּה יְהוָה אֶת־מֹשֶׁה׃

כב וַיַּקְרֵב אֶת־הָאַיִל הַשֵּׁנִי אֵיל הַמִּלֻּאִים וַיִּסְמְכוּ אַהֲרֹן וּבָנָיו
אֶת־יְדֵיהֶם עַל־רֹאשׁ הָאָיִל׃
כג וַיִּשְׁחָט | וַיִּקַּח מֹשֶׁה מִדָּמוֹ וַיִּתֵּן עַל־תְּנוּךְ אֹזֶן־אַהֲרֹן הַיְמָנִית
וְעַל־בֹּהֶן יָדוֹ הַיְמָנִית וְעַל־בֹּהֶן רַגְלוֹ הַיְמָנִית׃
כד וַיַּקְרֵב אֶת־בְּנֵי אַהֲרֹן וַיִּתֵּן מֹשֶׁה מִן־הַדָּם עַל־תְּנוּךְ אָזְנָם
הַיְמָנִית וְעַל־בֹּהֶן יָדָם הַיְמָנִית וְעַל־בֹּהֶן רַגְלָם הַיְמָנִית וַיִּזְרֹק
מֹשֶׁה אֶת־הַדָּם עַל־הַמִּזְבֵּחַ סָבִיב׃
כה וַיִּקַּח אֶת־הַחֵלֶב וְאֶת־הָאַלְיָה וְאֶת־כָּל־הַחֵלֶב אֲשֶׁר עַל־
הַקֶּרֶב וְאֵת יֹתֶרֶת הַכָּבֵד וְאֶת־שְׁתֵּי הַכְּלָיֹת וְאֶת־חֶלְבְּהֶן וְאֵת
שׁוֹק הַיָּמִין׃
כו וּמִסַּל הַמַּצּוֹת אֲשֶׁר | לִפְנֵי יְהוָה לָקַח חַלַּת מַצָּה אַחַת
וְחַלַּת לֶחֶם שֶׁמֶן אַחַת וְרָקִיק אֶחָד וַיָּשֶׂם עַל־הַחֲלָבִים וְעַל שׁוֹק
הַיָּמִין׃
כז וַיִּתֵּן אֶת־הַכֹּל עַל כַּפֵּי אַהֲרֹן וְעַל כַּפֵּי בָנָיו וַיָּנֶף אֹתָם תְּנוּפָה
לִפְנֵי יְהוָה׃
כח וַיִּקַּח מֹשֶׁה אֹתָם מֵעַל כַּפֵּיהֶם וַיַּקְטֵר הַמִּזְבֵּחָה עַל־הָעֹלָה
מִלֻּאִים הֵם לְרֵיחַ נִיחֹחַ אִשֶּׁה הוּא לַיהוָה׃
כט וַיִּקַּח מֹשֶׁה אֶת־הֶחָזֶה וַיְנִיפֵהוּ תְנוּפָה לִפְנֵי יְהוָה מֵאֵיל
הַמִּלֻּאִים לְמֹשֶׁה הָיָה לְמָנָה כַּאֲשֶׁר צִוָּה יְהוָה אֶת־מֹשֶׁה׃

ל וַיִּקַּח מֹשֶׁה מִשֶּׁמֶן הַמִּשְׁחָה וּמִן־הַדָּם אֲשֶׁר עַל־הַמִּזְבֵּחַ וַיַּז
עַל־אַהֲרֹן עַל־בְּגָדָיו וְעַל־בָּנָיו וְעַל־בִּגְדֵי בָנָיו אִתּוֹ וַיְקַדֵּשׁ אֶת־
אַהֲרֹן אֶת־בְּגָדָיו וְאֶת־בָּנָיו וְאֶת־בִּגְדֵי בָנָיו אִתּוֹ׃
לא וַיֹּאמֶר מֹשֶׁה אֶל־אַהֲרֹן וְאֶל־בָּנָיו בַּשְּׁלוּ אֶת־הַבָּשָׂר פֶּתַח
אֹהֶל מוֹעֵד וְשָׁם תֹּאכְלוּ אֹתוֹ וְאֶת־הַלֶּחֶם אֲשֶׁר בְּסַל הַמִּלֻּאִים
כַּאֲשֶׁר צִוֵּיתִי לֵאמֹר אַהֲרֹן וּבָנָיו יֹאכְלֻהוּ׃

de morto o carneiro, Moisés aspergiu o sangue sobre o altar ao
redor. 20 Cortado o carneiro em seus pedaços, Moisés queimou
a cabeça, os pedaços e a gordura. 21 Lavados os intestinos e as
pernas com água, Moisés queimou o carneiro todo sobre o al-
tar: era um holocausto de suave cheiro, uma oferta queimada
a Jeová, como Jeová ordenou a Moisés.

### *A consagração de Arão e seus filhos*

22 Então, apresentou o outro carneiro; e Arão e seus filhos
puseram as maõs sobre a cabeça do carneiro. 23 Depois de morto
o carneiro, Moisés tomou o sangue dele, e pô-lo sobre a ponta
da orelha direita de Arão, e sobre o dedo polegar da mão di-
reita, e sobre o dedo polegar do pé direito. 24 Também Moisés
apresentou os filhos de Arão. Pôs do sangue sobre a ponta da
orelha direita deles, e sobre o dedo polegar da mão direita, e
sobre o dedo polegar do pé direito; e aspergiu Moisés o sangue
sobre o altar ao redor. 25 Tomou a gordura, a cauda gorda, toda
a gordura que estava sobre os intestinos, o redenho do fígado,
os dois rins com a sua gordura e a coxa direita; 26 também do
cesto dos pães asmos, que estava diante de Jeová, tomou um
bolo asmo, um bolo de pão azeitado e uma obreia, e pô-los
sobre a gordura e sobre a coxa direita. 27 Pôs tudo isso sobre as
mãos de Arão, e sobre as de seus filhos, e o ofereceu por oferta
movida diante de Jeová. 28 Depois, Moisés o tomou das mãos
deles, e o queimou sobre o altar em cima do holocausto; era
uma consagração por suave cheiro, oferta queimada a Jeová.
29 Tomou Moisés o peito e o moveu diante de Jeová por oferta
movida; era a parte que tocava a Moisés do carneiro da consa-
gração, como Jeová ordenou a Moisés.

30 Então, tomou Moisés do óleo da unção e do sangue que
estava sobre o altar e aspergiu-o sobre Arão e os seus vestidos,
bem como sobre os filhos de Arão e os seus vestidos.

31 Disse Moisés a Arão e a seus filhos: Cozei a carne à entrada
da tenda da revelação; e ali a comereis com o pão que está no
cesto da consagração, como ordenei, dizendo: Arão e seus filhos

לב וְהַנּוֹתָר בַּבָּשָׂר וּבַלָּחֶם בָּאֵשׁ תִּשְׂרֹפוּ׃
לג וּמִפֶּתַח אֹהֶל מוֹעֵד לֹא תֵצְאוּ שִׁבְעַת יָמִים עַד יוֹם מְלֹאת
יְמֵי מִלֻּאֵיכֶם כִּי שִׁבְעַת יָמִים יְמַלֵּא אֶת־יֶדְכֶם׃
לד כַּאֲשֶׁר עָשָׂה בַּיּוֹם הַזֶּה צִוָּה יְהוָה לַעֲשֹׂת לְכַפֵּר עֲלֵיכֶם׃
לה וּפֶתַח אֹהֶל מוֹעֵד תֵּשְׁבוּ יוֹמָם וָלַיְלָה שִׁבְעַת יָמִים וּשְׁמַרְתֶּם
אֶת־מִשְׁמֶרֶת יְהוָה וְלֹא תָמוּתוּ כִּי־כֵן צֻוֵּיתִי׃
לו וַיַּעַשׂ אַהֲרֹן וּבָנָיו אֵת כָּל־הַדְּבָרִים אֲשֶׁר־צִוָּה יְהוָה בְּיַד־
מֹשֶׁה׃ ס

א וַיְהִי בַּיּוֹם הַשְּׁמִינִי קָרָא מֹשֶׁה לְאַהֲרֹן וּלְבָנָיו וּלְזִקְנֵי יִשְׂרָאֵל׃
ב וַיֹּאמֶר אֶל־אַהֲרֹן קַח־לְךָ עֵגֶל בֶּן־בָּקָר לְחַטָּאת וְאַיִל לְעֹלָה
תְּמִימִם וְהַקְרֵב לִפְנֵי יְהוָה׃
ג וְאֶל־בְּנֵי יִשְׂרָאֵל תְּדַבֵּר לֵאמֹר קְחוּ שְׂעִיר־עִזִּים לְחַטָּאת וְעֵגֶל
וָכֶבֶשׂ בְּנֵי־שָׁנָה תְּמִימִם לְעֹלָה׃
ד וְשׁוֹר וָאַיִל לִשְׁלָמִים לִזְבֹּחַ לִפְנֵי יְהוָה וּמִנְחָה בְּלוּלָה בַשָּׁמֶן
כִּי הַיּוֹם יְהוָה נִרְאָה אֲלֵיכֶם׃
ה וַיִּקְחוּ אֵת אֲשֶׁר צִוָּה מֹשֶׁה אֶל־פְּנֵי אֹהֶל מוֹעֵד וַיִּקְרְבוּ כָּל־
הָעֵדָה וַיַּעַמְדוּ לִפְנֵי יְהוָה׃
ו וַיֹּאמֶר מֹשֶׁה זֶה הַדָּבָר אֲשֶׁר־צִוָּה יְהוָה תַּעֲשׂוּ וְיֵרָא אֲלֵיכֶם
כְּבוֹד יְהוָה׃
ז וַיֹּאמֶר מֹשֶׁה אֶל־אַהֲרֹן קְרַב אֶל־הַמִּזְבֵּחַ וַעֲשֵׂה אֶת־חַטָּאתְךָ
וְאֶת־עֹלָתֶךָ וְכַפֵּר בַּעַדְךָ וּבְעַד הָעָם וַעֲשֵׂה אֶת־קָרְבַּן הָעָם וְכַפֵּר
בַּעֲדָם כַּאֲשֶׁר צִוָּה יְהוָה׃

ח וַיִּקְרַב אַהֲרֹן אֶל־הַמִּזְבֵּחַ וַיִּשְׁחַט אֶת־עֵגֶל הַחַטָּאת אֲשֶׁר־לוֹ׃
ט וַיַּקְרִבוּ בְּנֵי אַהֲרֹן אֶת־הַדָּם אֵלָיו וַיִּטְבֹּל אֶצְבָּעוֹ בַּדָּם וַיִּתֵּן
עַל־קַרְנוֹת הַמִּזְבֵּחַ וְאֶת־הַדָּם יָצַק אֶל־יְסוֹד הַמִּזְבֵּחַ׃
י וְאֶת־הַחֵלֶב וְאֶת־הַכְּלָיֹת וְאֶת־הַיֹּתֶרֶת מִן־הַכָּבֵד מִן־הַחַטָּאת
הִקְטִיר הַמִּזְבֵּחָה כַּאֲשֶׁר צִוָּה יְהוָה אֶת־מֹשֶׁה׃
יא וְאֶת־הַבָּשָׂר וְאֶת־הָעוֹר שָׂרַף בָּאֵשׁ מִחוּץ לַמַּחֲנֶה׃

a comerão. 32 Mas o que sobejar da carne e do pão, queimá-lo-eis
com fogo. 33 Não saireis da entrada da tenda da revelação por
sete dias, até se cumprirem os dias da vossa consagração; pois
por sete dias ele vos consagrará. 34 Como se fez neste dia, assim
Jeová ordenou que se faça, em expiação por vós. 35 À entrada
da tenda da revelação permanecereis dia e noite por sete dias
e cumprireis as funções prescritas por Jeová, para que não
morrais. 36 Fizeram Arão e seus filhos todas as coisas que Jeová
ordenou por intermédio de Moisés.

### *Arão oferece sacrifícios por si e pelo povo*

9 1 Ao oitavo dia, chamou Moisés a Arão, e a seus filhos,
e aos anciãos de Israel; 2 e disse a Arão: Toma-te um
bezerro como oferta pelo pecado, e um carneiro como
holocausto, um e outro sem defeito, e oferece-os diante de
Jeová. 3 Dirás aos filhos de Israel: Tomai um bode, como ofer-
ta pelo pecado; um bezerro e um cordeiro, ambos de um ano e
sem defeito, como holocausto; 4 e um boi e um carneiro como
ofertas pacíficas, para sacrificar diante de Jeová; e uma oferta
de cereais, amassada com azeite; pois hoje Jeová vos aparece-
rá. 5 Então, trouxeram até a entrada da tenda da revelação o
que Moisés ordenou; e chegou-se toda a congregação e ficou
de pé diante de Jeová. 6 Disse Moisés: Esta é a coisa que Jeo-
vá ordenou que fizésseis; e a glória de Jeová vos aparecerá.
7 Depois, disse Moisés a Arão: Chega-te ao altar, oferece a tua
oferta pelo pecado e o teu holocausto, e faze expiação por ti
e pelo povo. Oferece a oblação do povo e faze a expiação por
ele, como Jeová ordenou.

8 Arão, pois, chegou-se ao altar e matou o bezerro que era a
sua própria oferta pelo pecado. 9 Os filhos de Arão trouxeram-lhe
o sangue; ele molhou o dedo no sangue, pô-lo sobre os chifres
do altar e derramou o sangue à base do altar; 10 mas a gordura,
e os rins, e o redenho do fígado, tirados da oferta pelo peca-
do, queimou-os sobre o altar, como Jeová ordenou a Moisés.

יב וַיִּשְׁחַט אֶת־הָעֹלָה וַיַּמְצִאוּ בְּנֵי אַהֲרֹן אֵלָיו אֶת־הַדָּם וַיִּזְרְקֵהוּ
עַל־הַמִּזְבֵּחַ סָבִיב:
יג וְאֶת־הָעֹלָה הִמְצִיאוּ אֵלָיו לִנְתָחֶיהָ וְאֶת־הָרֹאשׁ וַיַּקְטֵר עַל־
הַמִּזְבֵּחַ: יד וַיִּרְחַץ אֶת־הַקֶּרֶב וְאֶת־הַכְּרָעָיִם וַיַּקְטֵר עַל־הָעֹלָה
הַמִּזְבֵּחָה:
טו וַיַּקְרֵב אֵת קָרְבַּן הָעָם וַיִּקַּח אֶת־שְׂעִיר הַחַטָּאת אֲשֶׁר לָעָם
וַיִּשְׁחָטֵהוּ וַיְחַטְּאֵהוּ כָּרִאשׁוֹן:
טז וַיַּקְרֵב אֶת־הָעֹלָה וַיַּעֲשֶׂהָ כַּמִּשְׁפָּט:
יז וַיַּקְרֵב אֶת־הַמִּנְחָה וַיְמַלֵּא כַפּוֹ מִמֶּנָּה וַיַּקְטֵר עַל־הַמִּזְבֵּחַ
מִלְּבַד עֹלַת הַבֹּקֶר:

יח וַיִּשְׁחַט אֶת־הַשּׁוֹר וְאֶת־הָאַיִל זֶבַח הַשְּׁלָמִים אֲשֶׁר לָעָם
וַיַּמְצִאוּ בְּנֵי אַהֲרֹן אֶת־הַדָּם אֵלָיו וַיִּזְרְקֵהוּ עַל־הַמִּזְבֵּחַ סָבִיב:
יט וְאֶת־הַחֲלָבִים מִן־הַשּׁוֹר וּמִן־הָאַיִל הָאַלְיָה וְהַמְכַסֶּה וְהַכְּלָיֹת
וְיֹתֶרֶת הַכָּבֵד:
כ וַיָּשִׂימוּ אֶת־הַחֲלָבִים עַל־הֶחָזוֹת וַיַּקְטֵר הַחֲלָבִים הַמִּזְבֵּחָה:
כא וְאֵת הֶחָזוֹת וְאֵת שׁוֹק הַיָּמִין הֵנִיף אַהֲרֹן תְּנוּפָה לִפְנֵי יְהוָה
כַּאֲשֶׁר צִוָּה מֹשֶׁה:

כב וַיִּשָּׂא אַהֲרֹן אֶת־(יָדוֹ) [יָדָיו] אֶל־הָעָם וַיְבָרְכֵם וַיֵּרֶד מֵעֲשֹׂת
הַחַטָּאת וְהָעֹלָה וְהַשְּׁלָמִים:
כג וַיָּבֹא מֹשֶׁה וְאַהֲרֹן אֶל־אֹהֶל מוֹעֵד וַיֵּצְאוּ וַיְבָרְכוּ אֶת־הָעָם
וַיֵּרָא כְבוֹד־יְהוָה אֶל־כָּל־הָעָם:
כד וַתֵּצֵא אֵשׁ מִלִּפְנֵי יְהוָה וַתֹּאכַל עַל־הַמִּזְבֵּחַ אֶת־הָעֹלָה
וְאֶת־הַחֲלָבִים וַיַּרְא כָּל־הָעָם וַיָּרֹנּוּ וַיִּפְּלוּ עַל־פְּנֵיהֶם:

א וַיִּקְחוּ בְנֵי־אַהֲרֹן נָדָב וַאֲבִיהוּא אִישׁ מַחְתָּתוֹ וַיִּתְּנוּ בָהֵן אֵשׁ
וַיָּשִׂימוּ עָלֶיהָ קְטֹרֶת וַיַּקְרִבוּ לִפְנֵי יְהוָה אֵשׁ זָרָה אֲשֶׁר לֹא צִוָּה
אֹתָם:
ב וַתֵּצֵא אֵשׁ מִלִּפְנֵי יְהוָה וַתֹּאכַל אוֹתָם וַיָּמֻתוּ לִפְנֵי יְהוָה:
ג וַיֹּאמֶר מֹשֶׁה אֶל־אַהֲרֹן הוּא אֲשֶׁר־דִּבֶּר יְהוָה ׀ לֵאמֹר בִּקְרֹבַי
אֶקָּדֵשׁ וְעַל־פְּנֵי כָל־הָעָם אֶכָּבֵד וַיִּדֹּם אַהֲרֹן:

11 Também queimou com fogo fora do arraial a carne e o couro.
12 Depois, imolou o holocausto; e os filhos de Arão entre-
garam-lhe o sangue, que ele aspergiu sobre o altar ao redor.
13 Também lhe entregaram o holocausto, pedaço por pedaço, e
a cabeça; ele os queimou sobre o altar. 14 Depois de lavados os
intestinos e as pernas, queimou-os no altar sobre o holocausto.

15 Então, fez chegar a oblação do povo e, tomando o bode que
era oferta pelo pecado do povo, matou-o e ofereceu-o como se
fez com o primeiro. 16 Também fez chegar o holocausto e ofe-
receu-o segundo a ordenança. 17 Fez chegar a oferta de cereais,
e dela tomou um punhado, e o queimou sobre o altar, além do
holocausto da manhã.

18 Matou o boi e o carneiro, que eram sacrifício de ofertas
pacíficas do povo. Os filhos de Arão entregaram-lhe o sangue,
que ele aspergiu sobre o altar ao redor, 19 e a gordura do boi;
do carneiro entregaram-lhe a cauda gorda, o redenho do
fígado. 20 Puseram a gordura sobre os peitos, e ele queimou
a gordura sobre o altar; 21 os peitos e a coxa direita, ofere-
ceu-os Arão por uma oferta movida diante de Jeová, como
Moisés ordenou.

22 Arão levantou as mãos para o povo, e o abençoou, e desceu
depois de ter oferecido a oferta pelo pecado, o holocausto e as
ofertas pacíficas. 23 Então, entraram Moisés e Arão na tenda da
revelação e, saindo, abençoaram o povo: a glória de Jeová apa-
receu a todo o povo. 24 Saiu fogo de diante de Jeová e consumiu
sobre o altar o holocausto e a gordura; o que vendo todo o povo,
jubilaram e prostraram-se sobre os seus rostos.

### *O pecado de Nadabe e Abiú*

**10** 1 Nadabe e Abiú, filhos de Arão, tomaram cada
um o seu incensário e, pondo neles fogo e dei-
tando incenso sobre eles, ofereceram diante de
Jeová fogo estranho, o que não lhes foi ordenado. 2 E saiu fogo
de diante de Jeová e os devorou, e morreram diante de Jeová.
3 Então, disse Moisés a Arão: Isto é o que falou Jeová: Serei

ד וַיִּקְרָא מֹשֶׁה אֶל־מִישָׁאֵל וְאֶל אֶלְצָפָן בְּנֵי עֻזִּיאֵל דֹּד אַהֲרֹן
וַיֹּאמֶר אֲלֵהֶם קִרְבוּ שְׂאוּ אֶת־אֲחֵיכֶם מֵאֵת פְּנֵי־הַקֹּדֶשׁ אֶל־
מִחוּץ לַמַּחֲנֶה:
ה וַיִּקְרְבוּ וַיִּשָּׂאֻם בְּכֻתֳּנֹתָם אֶל־מִחוּץ לַמַּחֲנֶה כַּאֲשֶׁר דִּבֶּר
מֹשֶׁה:
ו וַיֹּאמֶר מֹשֶׁה אֶל־אַהֲרֹן וּלְאֶלְעָזָר וּלְאִיתָמָר ׀ בָּנָיו רָאשֵׁיכֶם
אַל־תִּפְרָעוּ ׀ וּבִגְדֵיכֶם לֹא־תִפְרֹמוּ וְלֹא תָמֻתוּ וְעַל כָּל־הָעֵדָה
יִקְצֹף וַאֲחֵיכֶם כָּל־בֵּית יִשְׂרָאֵל יִבְכּוּ אֶת־הַשְּׂרֵפָה אֲשֶׁר שָׂרַף
יְהוָה:
ז וּמִפֶּתַח אֹהֶל מוֹעֵד לֹא תֵצְאוּ פֶּן־תָּמֻתוּ כִּי־שֶׁמֶן מִשְׁחַת יְהוָה
עֲלֵיכֶם וַיַּעֲשׂוּ כִּדְבַר מֹשֶׁה: פ

ח וַיְדַבֵּר יְהוָה אֶל־אַהֲרֹן לֵאמֹר:
ט יַיִן וְשֵׁכָר אַל־תֵּשְׁתְּ ׀ אַתָּה ׀ וּבָנֶיךָ אִתָּךְ בְּבֹאֲכֶם אֶל־אֹהֶל
מוֹעֵד וְלֹא תָמֻתוּ חֻקַּת עוֹלָם לְדֹרֹתֵיכֶם:
י וּלְהַבְדִּיל בֵּין הַקֹּדֶשׁ וּבֵין הַחֹל וּבֵין הַטָּמֵא וּבֵין הַטָּהוֹר:
יא וּלְהוֹרֹת אֶת־בְּנֵי יִשְׂרָאֵל אֵת כָּל־הַחֻקִּים אֲשֶׁר דִּבֶּר יְהוָה
אֲלֵיהֶם בְּיַד־מֹשֶׁה: פ

יב וַיְדַבֵּר מֹשֶׁה אֶל־אַהֲרֹן וְאֶל אֶלְעָזָר וְאֶל־אִיתָמָר ׀ בָּנָיו
הַנּוֹתָרִים קְחוּ אֶת־הַמִּנְחָה הַנּוֹתֶרֶת מֵאִשֵּׁי יְהוָה וְאִכְלוּהָ מַצּוֹת
אֵצֶל הַמִּזְבֵּחַ כִּי קֹדֶשׁ קָדָשִׁים הִוא:
יג וַאֲכַלְתֶּם אֹתָהּ בְּמָקוֹם קָדֹשׁ כִּי חָקְךָ וְחָק־בָּנֶיךָ הִוא מֵאִשֵּׁי
יְהוָה כִּי־כֵן צֻוֵּיתִי:
יד וְאֵת חֲזֵה הַתְּנוּפָה וְאֵת ׀ שׁוֹק הַתְּרוּמָה תֹּאכְלוּ בְּמָקוֹם
טָהוֹר אַתָּה וּבָנֶיךָ וּבְנֹתֶיךָ אִתָּךְ כִּי־חָקְךָ וְחָק־בָּנֶיךָ נִתְּנוּ מִזִּבְחֵי
שַׁלְמֵי בְּנֵי יִשְׂרָאֵל:
טו שׁוֹק הַתְּרוּמָה וַחֲזֵה הַתְּנוּפָה עַל אִשֵּׁי הַחֲלָבִים יָבִיאוּ לְהָנִיף
תְּנוּפָה לִפְנֵי יְהוָה וְהָיָה לְךָ וּלְבָנֶיךָ אִתְּךָ לְחָק־עוֹלָם כַּאֲשֶׁר צִוָּה
יְהוָה:

santificado naqueles que se chegarem a mim e serei glorifi-
cado diante de todo o povo. Arão guardou silêncio. 4 Moisés,
havendo chamado a Misael e a Elzafã, filhos de Uziel, tio de
Arão, disse-lhes: Chegai-vos, levai vossos irmãos de diante do
santuário para fora do arraial. 5 Chegaram-se, pois, e levaram-
-nos assim como estavam vestidos com as suas túnicas para
fora do arraial, como Moisés dissera. 6 Moisés disse a Arão
e a seus filhos Eleazar e Itamar: Não descubrais as cabeças,
nem rasgueis os vestidos, para que não suceda morrerdes vós,
e levantar-se a ira de Jeová contra toda a congregação; mas
vossos irmãos, toda a casa de Israel, lamentem o incêndio que
Jeová suscitou. 7 Não saireis da entrada da tenda da revelação
para que não morrais; porque o azeite da unção de Jeová está
sobre vós. Fizeram conforme a palavra de Moisés.

*Deveres e porções dos sacerdotes*

8 Falou também Jeová a Arão: 9 Tu e teus filhos não bebe-
reis vinho nem bebida forte, quando entrardes na tenda da
revelação, para que não morrais (e será um estatuto perpé-
tuo nas vossas gerações); 10 para que façais separação entre
o santo e o profano e entre o imundo e o limpo; 11 e para que
ensineis aos filhos de Israel todos os estatutos que Jeová
lhes prescreveu por intermédio de Moisés.

12 Falou Moisés a Arão e aos filhos deste, Eleazar e Itamar,
que lhe ficaram: Tomai a oferta de cereais, que resta das ofertas
queimadas, de Jeová, e comei-a sem fermento junto ao altar, pois
coisa santíssima é. 13 Comê-la-eis num lugar santo, porquanto
é o que é devido a ti e a teus filhos das ofertas queimadas, de
Jeová; pois assim me foi ordenado. 14 O peito da oferta movida
e a coxa alçada, comê-los-eis num lugar limpo, tu e teus filhos
e tuas filhas; porquanto são eles dados como a tua porção e
como a de teus filhos, dos sacrifícios das ofertas queimadas
dos filhos de Israel. 15 Trarão a coxa alçada e o peito da ofer-
ta movida juntamente com as ofertas queimadas da gordura,
para que seja oferta movida diante de Jeová; a ti e a teus filhos

טז וְאֵת| שְׂעִיר הַחַטָּאת דָּרֹשׁ דָּרַשׁ מֹשֶׁה וְהִנֵּה שֹׂרָף וַיִּקְצֹף
עַל־אֶלְעָזָר וְעַל־אִיתָמָר בְּנֵי אַהֲרֹן הַנּוֹתָרִם לֵאמֹר:
יז מַדּוּעַ לֹא־אֲכַלְתֶּם אֶת־הַחַטָּאת בִּמְקוֹם הַקֹּדֶשׁ כִּי קֹדֶשׁ
קָדָשִׁים הִוא וְאֹתָהּ| נָתַן לָכֶם לָשֵׂאת אֶת־עֲוֹן הָעֵדָה לְכַפֵּר
עֲלֵיהֶם לִפְנֵי יְהוָה:
יח הֵן לֹא־הוּבָא אֶת־דָּמָהּ אֶל־הַקֹּדֶשׁ פְּנִימָה אָכוֹל תֹּאכְלוּ
אֹתָהּ בַּקֹּדֶשׁ כַּאֲשֶׁר צִוֵּיתִי:
יט וַיְדַבֵּר אַהֲרֹן אֶל־מֹשֶׁה הֵן הַיּוֹם הִקְרִיבוּ אֶת־חַטָּאתָם וְאֶת־
עֹלָתָם לִפְנֵי יְהוָה וַתִּקְרֶאנָה אֹתִי כָּאֵלֶּה וְאָכַלְתִּי חַטָּאת הַיּוֹם
הַיִּיטַב בְּעֵינֵי יְהוָה:
כ וַיִּשְׁמַע מֹשֶׁה וַיִּיטַב בְּעֵינָיו: פ

א וַיְדַבֵּר יְהוָה אֶל־מֹשֶׁה וְאֶל־אַהֲרֹן לֵאמֹר אֲלֵהֶם:
ב דַּבְּרוּ אֶל־בְּנֵי יִשְׂרָאֵל לֵאמֹר זֹאת הַחַיָּה אֲשֶׁר תֹּאכְלוּ מִכָּל־
הַבְּהֵמָה אֲשֶׁר עַל־הָאָרֶץ: ג כֹּל | מַפְרֶסֶת פַּרְסָה וְשֹׁסַעַת
שֶׁסַע פְּרָסֹת מַעֲלַת גֵּרָה בַּבְּהֵמָה אֹתָהּ תֹּאכֵלוּ:
ד אַךְ אֶת־זֶה לֹא תֹאכְלוּ מִמַּעֲלֵי הַגֵּרָה וּמִמַּפְרִיסֵי הַפַּרְסָה
אֶת־הַגָּמָל כִּי־מַעֲלֵה גֵרָה הוּא וּפַרְסָה אֵינֶנּוּ מַפְרִיס טָמֵא הוּא
לָכֶם: ה וְאֶת־הַשָּׁפָן כִּי־מַעֲלֵה גֵרָה הוּא וּפַרְסָה לֹא יַפְרִיס
טָמֵא הוּא לָכֶם: ו וְאֶת־הָאַרְנֶבֶת כִּי־מַעֲלַת גֵּרָה הִוא וּפַרְסָה
לֹא הִפְרִיסָה טְמֵאָה הִוא לָכֶם:
ז וְאֶת־הַחֲזִיר כִּי־מַפְרִיס פַּרְסָה הוּא וְשֹׁסַע שֶׁסַע פַּרְסָה וְהוּא
גֵּרָה לֹא־יִגָּר טָמֵא הוּא לָכֶם:
ח מִבְּשָׂרָם לֹא תֹאכֵלוּ וּבְנִבְלָתָם לֹא תִגָּעוּ טְמֵאִים הֵם לָכֶם:

ט אֶת־זֶה תֹּאכְלוּ מִכֹּל אֲשֶׁר בַּמָּיִם כֹּל אֲשֶׁר־לוֹ סְנַפִּיר
וְקַשְׂקֶשֶׂת בַּמַּיִם בַּיַּמִּים וּבַנְּחָלִים אֹתָם תֹּאכֵלוּ:

pertencerá como coisa que vos é devida para sempre, segundo
Jeová ordenou.

16 Moisés buscou diligentemente o bode da oferta pelo peca-
do, e eis que já era queimado. Irou-se contra Eleazar e Itamar,
os filhos que ficaram a Arão, dizendo: 17 Por que não comestes
a oferta pelo pecado no lugar do santuário, visto que coisa
santíssima é, e vos foi dada para levardes a iniquidade da con-
gregação, a fim de fazerdes expiação por eles diante de Jeová?
18 Eis que o sangue desta oferta não foi trazido para dentro do
santuário; certamente a devíeis ter comido no santuário, como
ordenei. 19 Respondeu Arão a Moisés: Eis que hoje ofereceram
a sua oferta pelo pecado e o seu holocausto diante de Jeová.
Coisas tais como estas me têm acontecido; se eu tivesse comi-
do hoje a oferta pelo pecado, teria sido, porventura, uma coisa
agradável aos olhos de Jeová? 20 O que ouvindo Moisés, deu-se
por satisfeito.

### *Os animais que se devem comer e os que se não devem comer*

11 1 Falou Jeová a Moisés e a Arão, dizendo-lhes: 2 Di-
zei aos filhos de Israel: Estes são os animais que co-
mereis dentre todos os animais que se acham sobre
a terra. 3 Dentre os animais, todo o que tem a unha fendida,
e o casco dividido, e que rumina, esse podereis comer. 4 Os
seguintes, contudo, não comereis dentre os que ruminam, ou
dentre os que têm a unha fendida: o camelo, porque rumina,
porém não tem a unha fendida, esse é imundo para vós. 5 O
querogrilo, porque rumina, porém não tem a unha fendida,
esse é imundo para vós. 6 A lebre, porque rumina, porém não
tem a unha fendida, essa é imunda para vós. 7 O porco, porque
tem a unha fendida e o casco dividido, porém não rumina,
esse é imundo para vós. 8 Das suas carnes não comereis, nem
nos seus cadáveres tocareis; esses são imundos para vós.

9 De todos os animais que vivem nas águas podereis comer
os seguintes: todo o que tem barbatanas e escamas nas águas,

י וְכֹל אֲשֶׁר אֵין־לוֹ סְנַפִּיר וְקַשְׂקֶשֶׂת בַּיַּמִּים וּבַנְּחָלִים מִכֹּל שֶׁרֶץ
הַמַּיִם וּמִכֹּל נֶפֶשׁ הַחַיָּה אֲשֶׁר בַּמָּיִם שֶׁקֶץ הֵם לָכֶם:
יא וְשֶׁקֶץ יִהְיוּ לָכֶם מִבְּשָׂרָם לֹא תֹאכֵלוּ וְאֶת־נִבְלָתָם תְּשַׁקֵּצוּ:
יב כֹּל אֲשֶׁר אֵין־לוֹ סְנַפִּיר וְקַשְׂקֶשֶׂת בַּמָּיִם שֶׁקֶץ הוּא לָכֶם:

יג וְאֶת־אֵלֶּה תְּשַׁקְּצוּ מִן־הָעוֹף לֹא יֵאָכְלוּ שֶׁקֶץ הֵם אֶת־
הַנֶּשֶׁר וְאֶת־הַפֶּרֶס וְאֵת הָעָזְנִיָּה: יד וְאֶת־הַדָּאָה וְאֶת־הָאַיָּה
לְמִינָהּ: טו אֵת כָּל־עֹרֵב לְמִינוֹ: טז וְאֵת בַּת הַיַּעֲנָה וְאֶת־
הַתַּחְמָס וְאֶת־הַשָּׁחַף וְאֶת־הַנֵּץ לְמִינֵהוּ: יז וְאֶת־הַכּוֹס
וְאֶת־הַשָּׁלָךְ וְאֶת־הַיַּנְשׁוּף: יח וְאֶת־הַתִּנְשֶׁמֶת וְאֶת־הַקָּאָת
וְאֶת־הָרָחָם: יט וְאֵת הַחֲסִידָה הָאֲנָפָה לְמִינָהּ וְאֶת־הַדּוּכִיפַת
וְאֶת־הָעֲטַלֵּף:
כ כֹּל שֶׁרֶץ הָעוֹף הַהֹלֵךְ עַל־אַרְבַּע שֶׁקֶץ הוּא לָכֶם: ס
כא אַךְ אֶת־זֶה תֹּאכְלוּ מִכֹּל שֶׁרֶץ הָעוֹף הַהֹלֵךְ עַל־אַרְבַּע אֲשֶׁר־
(לֹא) [לוֹ] כְרָעַיִם מִמַּעַל לְרַגְלָיו לְנַתֵּר בָּהֵן עַל־הָאָרֶץ:
כב אֶת־אֵלֶּה מֵהֶם תֹּאכֵלוּ אֶת־הָאַרְבֶּה לְמִינוֹ וְאֶת־הַסָּלְעָם
לְמִינֵהוּ וְאֶת־הַחַרְגֹּל לְמִינֵהוּ וְאֶת־הֶחָגָב לְמִינֵהוּ:
כג וְכֹל שֶׁרֶץ הָעוֹף אֲשֶׁר־לוֹ אַרְבַּע רַגְלָיִם שֶׁקֶץ הוּא לָכֶם:

כד וּלְאֵלֶּה תִּטַּמָּאוּ כָּל־הַנֹּגֵעַ בְּנִבְלָתָם יִטְמָא עַד־הָעָרֶב:
כה וְכָל־הַנֹּשֵׂא מִנִּבְלָתָם יְכַבֵּס בְּגָדָיו וְטָמֵא עַד־הָעָרֶב:
כו לְכָל־הַבְּהֵמָה אֲשֶׁר הִוא מַפְרֶסֶת פַּרְסָה וְשֶׁסַע ׀ אֵינֶנָּה
שֹׁסַעַת וְגֵרָה אֵינֶנָּה מַעֲלָה טְמֵאִים הֵם לָכֶם כָּל־הַנֹּגֵעַ בָּהֶם
יִטְמָא:
כז וְכֹל ׀ הוֹלֵךְ עַל־כַּפָּיו בְּכָל־הַחַיָּה הַהֹלֶכֶת עַל־אַרְבַּע טְמֵאִים
הֵם לָכֶם כָּל־הַנֹּגֵעַ בְּנִבְלָתָם יִטְמָא עַד־הָעָרֶב:
כח וְהַנֹּשֵׂא אֶת־נִבְלָתָם יְכַבֵּס בְּגָדָיו וְטָמֵא עַד־הָעֶרֶב טְמֵאִים
הֵמָּה לָכֶם: ס

כט וְזֶה לָכֶם הַטָּמֵא בַּשֶּׁרֶץ הַשֹּׁרֵץ עַל־הָאָרֶץ הַחֹלֶד וְהָעַכְבָּר
וְהַצָּב לְמִינֵהוּ:
ל וְהָאֲנָקָה וְהַכֹּחַ וְהַלְּטָאָה וְהַחֹמֶט וְהַתִּנְשָׁמֶת:
לא אֵלֶּה הַטְּמֵאִים לָכֶם בְּכָל־הַשָּׁרֶץ כָּל־הַנֹּגֵעַ בָּהֶם בְּמֹתָם

nos mares e nos rios, esse podereis comer. 10 Porém todo o que
não tem barbatanas nem escamas nos mares e nos rios, de tudo
o que se move nas águas, e de todos os animais viventes que se
acham nas águas, é para vós uma abominação 11 e será para vós
uma abominação; não comereis as suas carnes, e abominareis os
seus cadáveres. 12 Todo o que não tem barbatanas nem escamas
nas águas, esse é para vós uma abominação.

13 Estas são as que tereis por abomináveis entre as aves;
elas não serão comidas, são uma abominação: o vultur, o que-
brantosso e o halieto; 14 o milhafre e o falcão, segundo a sua
espécie; 15 todo corvo, segundo a sua espécie; 16 o avestruz, a
coruja, a gaivota e o açor, segundo a sua espécie; 17 o mocho, o
corvo marinho e o íbis; 18 o porfirião, o pelicano e o abutre; 19 a
cegonha, a garça, segundo a sua espécie, a poupa e o morcego.

20 Todos os insetos alados que andam sobre quatro pés são
para vós uma abominação. 21 Contudo, estes podereis comer
de todos os insetos alados que andam sobre quatro pés, que
têm pernas sobre os pés, com que saltam sobre a terra; 22 sim,
destes podereis comer os seguintes: a locusta, segundo a sua
espécie, o gafanhoto devorador, segundo a sua espécie, o grilo,
segundo a sua espécie, e o gafanhoto, segundo a sua espécie.
23 Mas todos os outros insetos alados, que têm quatro pés, são
para vós uma abominação.

24 Por estes vos tornareis imundos. Todo o que tocar os ca-
dáveres deles será imundo até à tarde. 25 Quem levar qualquer
parte dos cadáveres deles lavará os seus vestidos e ficará imundo
até à tarde. 26 Todo animal que tem unha que não é fendida e
não rumina é para vós imundo; qualquer que neles tocar será
imundo. 27 Todos os plantigrados dentre todos os quadrúpedes,
esses são para vós imundos; quem tocar nos cadáveres deles
será imundo até à tarde. 28 O que levar os cadáveres deles lava-
rás os seus vestidos e ficará imundo até à tarde; eles são para
vós imundos.

29 Estes são os que para vós são imundos entre os animais
rasteiros que se movem sobre a terra: a doninha, o rato, o lagarto,
segundo a sua espécie, 30 o geco, o crocodilo da terra, a lagartixa,
o lagarto da areia e a toupeira. 31 Estes são os que para vós são

יִטְמָא עַד־הָעָרֶב׃
לב וְכֹל אֲשֶׁר־יִפֹּל־עָלָיו מֵהֶם | בְּמֹתָם יִטְמָא מִכָּל־כְּלִי־עֵץ אוֹ
בֶגֶד אוֹ־עוֹר אוֹ שָׂק כָּל־כְּלִי אֲשֶׁר־יֵעָשֶׂה מְלָאכָה בָּהֶם בַּמַּיִם
יוּבָא וְטָמֵא עַד־הָעֶרֶב וְטָהֵר׃
לג וְכָל־כְּלִי־חֶרֶשׂ אֲשֶׁר־יִפֹּל מֵהֶם אֶל־תּוֹכוֹ כֹּל אֲשֶׁר בְּתוֹכוֹ
יִטְמָא וְאֹתוֹ תִשְׁבֹּרוּ׃
לד מִכָּל־הָאֹכֶל אֲשֶׁר יֵאָכֵל אֲשֶׁר יָבוֹא עָלָיו מַיִם יִטְמָא וְכָל־
מַשְׁקֶה אֲשֶׁר יִשָּׁתֶה בְּכָל־כְּלִי יִטְמָא׃
לה וְכֹל אֲשֶׁר־יִפֹּל מִנִּבְלָתָם | עָלָיו יִטְמָא תַּנּוּר וְכִירַיִם יֻתָּץ
טְמֵאִים הֵם וּטְמֵאִים יִהְיוּ לָכֶם׃
לו אַךְ מַעְיָן וּבוֹר מִקְוֵה־מַיִם יִהְיֶה טָהוֹר וְנֹגֵעַ בְּנִבְלָתָם יִטְמָא׃
לז וְכִי יִפֹּל מִנִּבְלָתָם עַל־כָּל־זֶרַע זֵרוּעַ אֲשֶׁר יִזָּרֵעַ טָהוֹר הוּא׃
לח וְכִי יֻתַּן־מַיִם עַל־זֶרַע וְנָפַל מִנִּבְלָתָם עָלָיו טָמֵא הוּא לָכֶם׃ ס

לט וְכִי יָמוּת מִן־הַבְּהֵמָה אֲשֶׁר־הִיא לָכֶם לְאָכְלָה הַנֹּגֵעַ
בְּנִבְלָתָהּ יִטְמָא עַד־הָעָרֶב׃
מ וְהָאֹכֵל מִנִּבְלָתָהּ יְכַבֵּס בְּגָדָיו וְטָמֵא עַד־הָעָרֶב וְהַנֹּשֵׂא
אֶת־נִבְלָתָהּ יְכַבֵּס בְּגָדָיו וְטָמֵא עַד־הָעָרֶב׃

מא וְכָל־הַשֶּׁרֶץ הַשֹּׁרֵץ עַל־הָאָרֶץ שֶׁקֶץ הוּא לֹא יֵאָכֵל׃
מב כֹּל הוֹלֵךְ עַל־גָּחוֹן וְכֹל | הוֹלֵךְ עַל־אַרְבַּע עַד כָּל־מַרְבֵּה
רַגְלַיִם לְכָל־הַשֶּׁרֶץ הַשֹּׁרֵץ עַל־הָאָרֶץ לֹא תֹאכְלוּם כִּי־שֶׁקֶץ הֵם׃
מג אַל־תְּשַׁקְּצוּ אֶת־נַפְשֹׁתֵיכֶם בְּכָל־הַשֶּׁרֶץ הַשֹּׁרֵץ וְלֹא תִטַּמְּאוּ
בָּהֶם וְנִטְמֵתֶם בָּם׃
מד כִּי אֲנִי יְהוָה אֱלֹהֵיכֶם וְהִתְקַדִּשְׁתֶּם וִהְיִיתֶם קְדֹשִׁים כִּי קָדוֹשׁ
אָנִי וְלֹא תְטַמְּאוּ אֶת־נַפְשֹׁתֵיכֶם בְּכָל־הַשֶּׁרֶץ הָרֹמֵשׂ עַל־הָאָרֶץ׃
מה כִּי | אֲנִי יְהוָה הַמַּעֲלֶה אֶתְכֶם מֵאֶרֶץ מִצְרַיִם לִהְיֹת לָכֶם
לֵאלֹהִים וִהְיִיתֶם קְדֹשִׁים כִּי קָדוֹשׁ אָנִי׃

מו זֹאת תּוֹרַת הַבְּהֵמָה וְהָעוֹף וְכֹל נֶפֶשׁ הַחַיָּה הָרֹמֶשֶׂת בַּמָּיִם
וּלְכָל־נֶפֶשׁ הַשֹּׁרֶצֶת עַל־הָאָרֶץ׃

imundos entre os animais rasteiros; todo o que neles tocar depois
de mortos será imundo até à tarde. 32 E tudo aquilo sobre que cair,
qualquer deles, estando morto, será imundo; seja vaso de madeira,
ou vestido, ou pele, ou saco, qualquer coisa que seja com que se
faça alguma obra, deve ser metido na água e ficará imundo até à
tarde; depois, será limpo. 33 Todo vaso de barro, dentro do qual
cair algum deles, tudo o que se achar nele será imundo; e o vaso,
quebrá-lo-eis. 34 Todo alimento depositado nele, que se pode
comer, sobre o qual vier água, será imundo; toda bebida que se
pode beber depositada em qualquer destes vasos será imunda.
35 Tudo aquilo sobre que cair alguma parte dos cadáveres deles
será imundo; ou seja forno, ou seja fogão, será quebrado; são
imundos, e serão para vós imundos. 36 Contudo, uma fonte ou
cisterna em que há depósito de água será limpo; mas aquilo que
tocar nos cadáveres deles será imundo. 37 Se alguma parte dos
cadáveres deles cair sobre semente que se vai semear, essa será
limpa. 38 Mas, se água for derramada sobre a semente, e alguma
parte dos cadáveres cair sobre ela, ela será para vós imunda.

39 Se morrer algum animal de que vos é lícito comer; quem
tocar no cadáver dele ficará imundo até à tarde. 40 Quem comer
do cadáver dele lavará os seus vestidos e ficará imundo até à
tarde; aquele também que levar o cadáver dele lavará os seus
vestidos e ficará imundo até à tarde.

41 Todo animal rasteiro que se move sobre a terra é abomina-
ção; não será comido. 42 Todo animal que anda sobre o ventre,
e todo animal que anda sobre quatro pés ou todo animal que
tem muitos pés, a saber, todos os animais rasteiros que se mo-
vem sobre a terra, desses não comereis; pois são abominação.
43 Não vos tornareis abomináveis com algum animal rasteiro,
nem vos façais imundos por eles, de sorte que por eles sejais
imundos. 44 Eu sou Jeová, vosso Deus; portanto, santificai-vos
e sede santos, pois eu sou santo. Não vos contaminareis com
algum dos animais rasteiros que se movem sobre a terra. 45 Eu
sou Jeová, que vos fiz sair da terra do Egito, para ser o vosso
Deus; portanto, vós sereis santos, porque eu sou santo.

46 Esta é a lei dos animais, e das aves, e de toda criatura vivente
que se move nas águas, e de toda criatura que se arrasta sobre

מז לְהַבְדִּיל בֵּין הַטָּמֵא וּבֵין הַטָּהֹר וּבֵין הַחַיָּה הַנֶּאֱכֶלֶת וּבֵין
הַחַיָּה אֲשֶׁר לֹא תֵאָכֵל׃ פ

א וַיְדַבֵּר יְהוָה אֶל־מֹשֶׁה לֵּאמֹר׃
ב דַּבֵּר אֶל־בְּנֵי יִשְׂרָאֵל לֵאמֹר אִשָּׁה כִּי תַזְרִיעַ וְיָלְדָה זָכָר
וְטָמְאָה שִׁבְעַת יָמִים כִּימֵי נִדַּת דְּוֺתָהּ תִּטְמָא׃
ג וּבַיּוֹם הַשְּׁמִינִי יִמּוֹל בְּשַׂר עָרְלָתוֹ׃
ד וּשְׁלֹשִׁים יוֹם וּשְׁלֹשֶׁת יָמִים תֵּשֵׁב בִּדְמֵי טָהֳרָה בְּכָל־קֹדֶשׁ
לֹא־תִגָּע וְאֶל־הַמִּקְדָּשׁ לֹא תָבֹא עַד־מְלֹאת יְמֵי טָהֳרָהּ׃
ה וְאִם־נְקֵבָה תֵלֵד וְטָמְאָה שְׁבֻעַיִם כְּנִדָּתָהּ וְשִׁשִּׁים יוֹם וְשֵׁשֶׁת
יָמִים תֵּשֵׁב עַל־דְּמֵי טָהֳרָה׃

ו וּבִמְלֹאת ׀ יְמֵי טָהֳרָהּ לְבֵן אוֹ לְבַת תָּבִיא כֶּבֶשׂ בֶּן־שְׁנָתוֹ
לְעֹלָה וּבֶן־יוֹנָה אוֹ־תֹר לְחַטָּאת אֶל־פֶּתַח אֹהֶל־מוֹעֵד אֶל־
הַכֹּהֵן׃
ז וְהִקְרִיבוֹ לִפְנֵי יְהוָה וְכִפֶּר עָלֶיהָ וְטָהֲרָה מִמְּקֹר דָּמֶיהָ זֹאת
תּוֹרַת הַיֹּלֶדֶת לַזָּכָר אוֹ לַנְּקֵבָה׃
ח וְאִם־לֹא תִמְצָא יָדָהּ דֵּי שֶׂה וְלָקְחָה שְׁתֵּי־תֹרִים אוֹ שְׁנֵי בְּנֵי
יוֹנָה אֶחָד לְעֹלָה וְאֶחָד לְחַטָּאת וְכִפֶּר עָלֶיהָ הַכֹּהֵן וְטָהֵרָה׃ פ

א וַיְדַבֵּר יְהוָה אֶל־מֹשֶׁה וְאֶל־אַהֲרֹן לֵאמֹר׃
ב אָדָם כִּי־יִהְיֶה בְעוֹר־בְּשָׂרוֹ שְׂאֵת אוֹ־סַפַּחַת אוֹ בַהֶרֶת וְהָיָה
בְעוֹר־בְּשָׂרוֹ לְנֶגַע צָרָעַת וְהוּבָא אֶל־אַהֲרֹן הַכֹּהֵן אוֹ אֶל־אַחַד
מִבָּנָיו הַכֹּהֲנִים׃
ג וְרָאָה הַכֹּהֵן אֶת־הַנֶּגַע בְּעוֹר־הַבָּשָׂר וְשֵׂעָר בַּנֶּגַע הָפַךְ ׀ לָבָן
וּמַרְאֵה הַנֶּגַע עָמֹק מֵעוֹר בְּשָׂרוֹ נֶגַע צָרַעַת הוּא וְרָאָהוּ הַכֹּהֵן

a terra, 47 para fazer separação entre o imundo e o limpo, entre
os animais que se podem comer e os que se não podem comer.

*A purificação da mulher depois do parto*

12 1 Disse Jeová a Moisés: 2 Fala aos filhos de Israel:
Se uma mulher tiver o seu parto, e der à luz um
menino, será imunda sete dias; como nos dias da
impureza da sua enfermidade será imunda. 3 Ao oitavo dia,
a carne de prepúcio do menino será circuncidada. 4 Ela per-
manecerá trinta e três dias no sangue da sua purificação; em
nenhuma coisa sagrada tocará, nem entrará no santuário, até
que se cumpram os dias da sua purificação. 5 Mas, se der à luz
uma menina, será imunda duas semanas, como na sua im-
pureza; e permanecerá sessenta e seis dias no sangue da sua
purificação.

6 Quando forem cumpridos os dias da sua purificação, ou
por filho, ou por filha, trará até a entrada da tenda da revelação
ao sacerdote um cordeiro de um ano para holocausto, e um
pombinho ou uma rola, para oferta pelo pecado. 7 O sacerdote
o oferecerá diante de Jeová e fará expiação por ela; e ela será
purificada da fonte do seu sangue. Esta é a lei da que dá à luz
um filho ou uma filha. 8 Se as suas posses não lhe permitirem
trazer um cordeiro, tomará duas rolas ou dois pombinhos: um
para holocausto, o outro para oferta pelo pecado. O sacerdote
fará expiação por ela, e ela será limpa.

*As leis acerca da lepra*

13 1 Disse Jeová a Moisés e a Arão: 2 Quando um homem
tiver na pele da sua carne uma inchação ou pústula,
ou mancha lustrosa, e esta se tornar na pele da sua
carne como praga da lepra, será levado a Arão, sacerdote, ou a
um dos seus filhos, sacerdotes. 3 O sacerdote examinará a pra-
ga na pele da carne. Se o pelo na praga se tiver tornado bran-

וְטִמֵּא אֹתוֹ:
ד וְאִם־בַּהֶרֶת לְבָנָה הִוא בְּעוֹר בְּשָׂרוֹ וְעָמֹק אֵין־מַרְאֶהָ מִן־
הָעוֹר וּשְׂעָרָה לֹא־הָפַךְ לָבָן וְהִסְגִּיר הַכֹּהֵן אֶת־הַנֶּגַע שִׁבְעַת
יָמִים:
ה וְרָאָהוּ הַכֹּהֵן בַּיּוֹם הַשְּׁבִיעִי וְהִנֵּה הַנֶּגַע עָמַד בְּעֵינָיו לֹא־פָשָׂה
הַנֶּגַע בָּעוֹר וְהִסְגִּירוֹ הַכֹּהֵן שִׁבְעַת יָמִים שֵׁנִית:
ו וְרָאָה הַכֹּהֵן אֹתוֹ בַּיּוֹם הַשְּׁבִיעִי שֵׁנִית וְהִנֵּה כֵּהָה הַנֶּגַע וְלֹא־
פָשָׂה הַנֶּגַע בָּעוֹר וְטִהֲרוֹ הַכֹּהֵן מִסְפַּחַת הִיא וְכִבֶּס בְּגָדָיו
וְטָהֵר:
ז וְאִם־פָּשֹׂה תִפְשֶׂה הַמִּסְפַּחַת בָּעוֹר אַחֲרֵי הֵרָאֹתוֹ אֶל־הַכֹּהֵן
לְטָהֳרָתוֹ וְנִרְאָה שֵׁנִית אֶל־הַכֹּהֵן:
ח וְרָאָה הַכֹּהֵן וְהִנֵּה פָּשְׂתָה הַמִּסְפַּחַת בָּעוֹר וְטִמְּאוֹ הַכֹּהֵן
צָרַעַת הִוא: פ

ט נֶגַע צָרַעַת כִּי תִהְיֶה בְּאָדָם וְהוּבָא אֶל־הַכֹּהֵן:
י וְרָאָה הַכֹּהֵן וְהִנֵּה שְׂאֵת־לְבָנָה בָּעוֹר וְהִיא הָפְכָה שֵׂעָר לָבָן
וּמִחְיַת בָּשָׂר חַי בַּשְׂאֵת:
יא צָרַעַת נוֹשֶׁנֶת הִוא בְּעוֹר בְּשָׂרוֹ וְטִמְּאוֹ הַכֹּהֵן לֹא יַסְגִּרֶנּוּ כִּי
טָמֵא הוּא:
יב וְאִם־פָּרוֹחַ תִּפְרַח הַצָּרַעַת בָּעוֹר וְכִסְּתָה הַצָּרַעַת אֵת כָּל־
עוֹר הַנֶּגַע מֵרֹאשׁוֹ וְעַד־רַגְלָיו לְכָל־מַרְאֵה עֵינֵי הַכֹּהֵן:
יג וְרָאָה הַכֹּהֵן וְהִנֵּה כִסְּתָה הַצָּרַעַת אֶת־כָּל־בְּשָׂרוֹ וְטִהַר אֶת־
הַנָּגַע כֻּלּוֹ הָפַךְ לָבָן טָהוֹר הוּא:
יד וּבְיוֹם הֵרָאוֹת בּוֹ בָּשָׂר חַי יִטְמָא:
טו וְרָאָה הַכֹּהֵן אֶת־הַבָּשָׂר הַחַי וְטִמְּאוֹ הַבָּשָׂר הַחַי טָמֵא הוּא
צָרַעַת הוּא:
טז אוֹ כִי יָשׁוּב הַבָּשָׂר הַחַי וְנֶהְפַּךְ לְלָבָן וּבָא אֶל־הַכֹּהֵן:
יז וְרָאָהוּ הַכֹּהֵן וְהִנֵּה נֶהְפַּךְ הַנֶּגַע לְלָבָן וְטִהַר הַכֹּהֵן אֶת־הַנֶּגַע
טָהוֹר הוּא: פ
יח וּבָשָׂר כִּי־יִהְיֶה בוֹ־בְעֹרוֹ שְׁחִין וְנִרְפָּא:
יט וְהָיָה בִּמְקוֹם הַשְּׁחִין שְׂאֵת לְבָנָה אוֹ בַהֶרֶת לְבָנָה אֲדַמְדָּמֶת
וְנִרְאָה אֶל־הַכֹּהֵן:
כ וְרָאָה הַכֹּהֵן וְהִנֵּה מַרְאֶהָ שָׁפָל מִן־הָעוֹר וּשְׂעָרָהּ הָפַךְ לָבָן
וְטִמְּאוֹ הַכֹּהֵן נֶגַע־צָרַעַת הִוא בַּשְּׁחִין פָּרָחָה:
כא וְאִם | יִרְאֶנָּה הַכֹּהֵן וְהִנֵּה אֵין־בָּהּ שֵׂעָר לָבָן וּשְׁפָלָה אֵינֶנָּה
מִן־הָעוֹר וְהִיא כֵהָה וְהִסְגִּירוֹ הַכֹּהֵן שִׁבְעַת יָמִים:

co, e a praga parecer mais funda que a pele da carne, é praga
de lepra; o sacerdote o examinará e o declarará imundo. 4 Se
a mancha lustrosa for branca na pele da carne e não parecer
mais funda que a pele, e o pelo não se tiver tornado branco,
o sacerdote encerrará por sete dias aquele que tem a praga.
5 Ao sétimo dia, o sacerdote o examinará; se na sua opinião a
praga tiver parado e não se tiver estendido, encerrá-lo-á mais
sete dias. 6 Ao sétimo dia, o sacerdote tornará a examiná-lo.
Se a praga for de uma cor escura e não se tiver estendido na
pele, declará-lo-á limpo: é uma pústula. O homem lavará os
seus vestidos, e será limpo. 7 Mas, se a pústula se estender
muito na pele, depois de se ter mostrado ao sacerdote para a
sua purificação, de novo se lhe mostrará. 8 O sacerdote o exa-
minará, e se a pústula se tiver estendido na pele, declará-lo-á
imundo: é lepra.

9 Quando no homem estiver a praga da lepra, será levado ao
sacerdote. 10 O sacerdote o examinará; se houver inchação bran-
ca na pele, a qual tornou branco o pelo, e aparecer na inchação
carne viva, 11 é lepra inveterada na pele da carne. O sacerdote
o declarará imundo; não o encerrará, porque é imundo. 12 Se a
lepra se espalhar pela pele e cobrir desde a cabeça até os pés toda
a pele daquele que tem a praga, quanto podem ver os olhos do
sacerdote, 13 este o examinará. Se a lepra tiver coberto a carne
toda, declarará limpo o que tem a praga: a lepra tornou-se bran-
ca; o homem é limpo. 14 Mas, quando nele aparecer a carne viva,
será imundo. 15 O sacerdote examinará a carne viva e declarará
o homem imundo; a carne viva é imunda; é lepra. 16 Se a carne
viva mudar e ficar de novo branca, o homem virá ao sacerdote,
17 e este o examinará. Se a lepra se tiver tornado branca, o sa-
cerdote declarará limpo o que tem a praga: está limpo.

18 Quando sarar a carne em cuja pele houver uma úlcera,
19 e no lugar da úlcera aparecer uma inchação branca, ou uma
mancha lustrosa, branca tirando a vermelho, mostrar-se-á ao
sacerdote; 20 e o sacerdote a examinará. Se ela parecer mais
funda que a pele, e o pelo se tiver tornado branco, o sacerdote
declarará o homem imundo: é a praga da lepra, que brotou na
úlcera. 21 Porém, se o sacerdote a examinar, e nela não houver

כב וְאִם־פָּשֹׂה תִפְשֶׂה בָּעוֹר וְטִמֵּא הַכֹּהֵן אֹתוֹ נֶגַע הִוא׃
כג וְאִם־תַּחְתֶּיהָ תַּעֲמֹד הַבַּהֶרֶת לֹא פָשָׂתָה צָרֶבֶת הַשְּׁחִין הִוא
וְטִהֲרוֹ הַכֹּהֵן׃ ס

כד אוֹ בָשָׂר כִּי־יִהְיֶה בְעֹרוֹ מִכְוַת־אֵשׁ וְהָיְתָה מִחְיַת הַמִּכְוָה
בַּהֶרֶת לְבָנָה אֲדַמְדֶּמֶת אוֹ לְבָנָה׃
כה וְרָאָה אֹתָהּ הַכֹּהֵן וְהִנֵּה נֶהְפַּךְ שֵׂעָר לָבָן בַּבַּהֶרֶת וּמַרְאֶהָ
עָמֹק מִן־הָעוֹר צָרַעַת הִוא בַּמִּכְוָה פָּרָחָה וְטִמֵּא אֹתוֹ הַכֹּהֵן
נֶגַע צָרַעַת הִוא׃
כו וְאִם ׀ יִרְאֶנָּה הַכֹּהֵן וְהִנֵּה אֵין־בַּבַּהֶרֶת שֵׂעָר לָבָן וּשְׁפָלָה
אֵינֶנָּה מִן־הָעוֹר וְהִוא כֵהָה וְהִסְגִּירוֹ הַכֹּהֵן שִׁבְעַת יָמִים׃
כז וְרָאָהוּ הַכֹּהֵן בַּיּוֹם הַשְּׁבִיעִי אִם־פָּשֹׂה תִפְשֶׂה בָּעוֹר וְטִמֵּא
הַכֹּהֵן אֹתוֹ נֶגַע צָרַעַת הִוא׃
כח וְאִם־תַּחְתֶּיהָ תַעֲמֹד הַבַּהֶרֶת לֹא־פָשְׂתָה בָעוֹר וְהִוא כֵהָה
שְׂאֵת הַמִּכְוָה הִוא וְטִהֲרוֹ הַכֹּהֵן כִּי־צָרֶבֶת הַמִּכְוָה הִוא׃ פ

כט וְאִישׁ אוֹ אִשָּׁה כִּי־יִהְיֶה בוֹ נָגַע בְּרֹאשׁ אוֹ בְזָקָן׃
ל וְרָאָה הַכֹּהֵן אֶת־הַנֶּגַע וְהִנֵּה מַרְאֵהוּ עָמֹק מִן־הָעוֹר וּבוֹ שֵׂעָר
צָהֹב דָּק וְטִמֵּא אֹתוֹ הַכֹּהֵן נֶתֶק הוּא צָרַעַת הָרֹאשׁ אוֹ הַזָּקָן
הוּא׃
לא וְכִי־יִרְאֶה הַכֹּהֵן אֶת־נֶגַע הַנֶּתֶק וְהִנֵּה אֵין־מַרְאֵהוּ עָמֹק מִן־
הָעוֹר וְשֵׂעָר שָׁחֹר אֵין בּוֹ וְהִסְגִּיר הַכֹּהֵן אֶת־נֶגַע הַנֶּתֶק שִׁבְעַת
יָמִים׃
לב וְרָאָה הַכֹּהֵן אֶת־הַנֶּגַע בַּיּוֹם הַשְּׁבִיעִי וְהִנֵּה לֹא־פָשָׂה הַנֶּתֶק
וְלֹא־הָיָה בוֹ שֵׂעָר צָהֹב וּמַרְאֵה הַנֶּתֶק אֵין עָמֹק מִן־הָעוֹר׃
לג וְהִתְגַּלָּח וְאֶת־הַנֶּתֶק לֹא יְגַלֵּחַ וְהִסְגִּיר הַכֹּהֵן אֶת־הַנֶּתֶק
שִׁבְעַת יָמִים שֵׁנִית׃
לד וְרָאָה הַכֹּהֵן אֶת־הַנֶּתֶק בַּיּוֹם הַשְּׁבִיעִי וְהִנֵּה לֹא־פָשָׂה הַנֶּתֶק
בָּעוֹר וּמַרְאֵהוּ אֵינֶנּוּ עָמֹק מִן־הָעוֹר וְטִהַר אֹתוֹ הַכֹּהֵן וְכִבֶּס
בְּגָדָיו וְטָהֵר׃
לה וְאִם־פָּשֹׂה יִפְשֶׂה הַנֶּתֶק בָּעוֹר אַחֲרֵי טָהֳרָתוֹ׃
לו וְרָאָהוּ הַכֹּהֵן וְהִנֵּה פָּשָׂה הַנֶּתֶק בָּעוֹר לֹא־יְבַקֵּר הַכֹּהֵן לַשֵּׂעָר

pelo branco, e ela não estiver mais funda que a pele, mas for de
uma cor escura, o sacerdote encerrará por sete dias o homem.
22 Se ela se espalhar na pele, o sacerdote declarará o homem
imundo: é praga. 23 Mas, se a mancha lustrosa parar no mesmo
lugar e não se espalhar, é a cicatriz da úlcera; o sacerdote de-
clarará o homem limpo.

24 Quando na pele da carne houver queimadura de fogo, e a
carne viva da queimadura se tornar em mancha lustrosa, branca
tirando a vermelho, ou branca, 25 o sacerdote a examinará. Se o
pelo na mancha lustrosa se tiver tornado branco, e ela parecer
mais funda que a pele, é a lepra que brotou na queimadura.
O sacerdote declarará o homem imundo: é a praga de lepra.
26 Porém, se o sacerdote a examinar, e não houver pelo branco
na mancha lustrosa, e ela não estiver mais funda que a pele,
mas for de uma cor escura, o sacerdote encerrará por sete dias
o homem. 27 Ao sétimo dia, o sacerdote o examinará. Se ela se
tiver espalhado na pele, o sacerdote declarará o homem imun-
do: é a praga de lepra. 28 Se a mancha lustrosa parar no mesmo
lugar e não se espalhar na pele, mas for de uma cor escura, é a
inchação da queimadura. O sacerdote declarará limpo o homem,
porque é a cicatriz da queimadura.

29 Quando o homem (ou a mulher) tiver a praga na cabeça ou
na barba, 30 o sacerdote examinará a praga. Se ela parecer mais
funda que a pele, e nela houver pelo fino amarelo, o sacerdote
declarará imundo o homem: é tinha, é lepra da cabeça ou da
barba. 31 Se o sacerdote examinar a praga da tinha, e ela não
parecer mais funda que a pele, e nela não houver pelo preto, o
sacerdote encerrará por sete dias o que tem a praga da tinha;
32 ao sétimo dia, o sacerdote examinará a praga. Se a tinha não
se tiver espalhado, e nela não houver pelo amarelo, e a tinha
não parecer mais funda que a pele, 33 o homem será rapado,
porém não se rapará a tinha. O sacerdote encerrará por mais
sete dias o que tem a tinha. 34 Ao sétimo dia, o sacerdote exa-
minará a tinha. Se a tinha não se tiver espalhado na pele e não
parecer mais funda que a pele, o sacerdote declarará limpo o
homem; este lavará os seus vestidos e será limpo. 35 Mas, se a
tinha, depois da sua purificação, se tiver espalhado na pele,

הַצָּהֹב טָמֵא הֽוּא׃
לז וְאִם־בְּעֵינָיו עָמַד הַנֶּתֶק וְשֵׂעָר שָׁחֹר צָמַח־בּוֹ נִרְפָּא הַנֶּתֶק
טָהוֹר הוּא וְטִהֲרוֹ הַכֹּהֵן׃ ס

לח וְאִישׁ אוֹ־אִשָּׁה כִּי־יִהְיֶה בְעוֹר־בְּשָׂרָם בֶּהָרֹת בֶּהָרֹת לְבָנֹת׃
לט וְרָאָה הַכֹּהֵן וְהִנֵּה בְעוֹר־בְּשָׂרָם בֶּהָרֹת כֵּהוֹת לְבָנֹת בֹּהַק
הוּא פָּרַח בָּעוֹר טָהוֹר הֽוּא׃ ס

מ וְאִישׁ כִּי יִמָּרֵט רֹאשׁוֹ קֵרֵחַ הוּא טָהוֹר הֽוּא׃
מא וְאִם מִפְּאַת פָּנָיו יִמָּרֵט רֹאשׁוֹ גִּבֵּחַ הוּא טָהוֹר הֽוּא׃
מב וְכִי־יִהְיֶה בַקָּרַחַת אוֹ בַגַּבַּחַת נֶגַע לָבָן אֲדַמְדָּם צָרַעַת
פֹּרַחַת הִוא בְּקָרַחְתּוֹ אוֹ בְגַבַּחְתּֽוֹ׃
מג וְרָאָה אֹתוֹ הַכֹּהֵן וְהִנֵּה שְׂאֵת־הַנֶּגַע לְבָנָה אֲדַמְדֶּמֶת
בְּקָרַחְתּוֹ אוֹ בְגַבַּחְתּוֹ כְּמַרְאֵה צָרַעַת עוֹר בָּשָֽׂר׃
מד אִישׁ־צָרוּעַ הוּא טָמֵא הוּא טַמֵּא יְטַמְּאֶנּוּ הַכֹּהֵן בְּרֹאשׁוֹ
נִגְעֽוֹ׃

מה וְהַצָּרוּעַ אֲשֶׁר־בּוֹ הַנֶּגַע בְּגָדָיו יִהְיוּ פְרֻמִים וְרֹאשׁוֹ יִהְיֶה
פָרוּעַ וְעַל־שָׂפָם יַעְטֶה וְטָמֵא ׀ טָמֵא יִקְרָֽא׃
מו כָּל־יְמֵי אֲשֶׁר הַנֶּגַע בּוֹ יִטְמָא טָמֵא הוּא בָּדָד יֵשֵׁב מִחוּץ
לַמַּחֲנֶה מוֹשָׁבֽוֹ׃ ס

מז וְהַבֶּגֶד כִּי־יִהְיֶה בוֹ נֶגַע צָרָעַת בְּבֶגֶד צֶמֶר אוֹ בְּבֶגֶד פִּשְׁתִּֽים׃
מח אוֹ בִשְׁתִי אוֹ בְעֵרֶב לַפִּשְׁתִּים וְלַצָּמֶר אוֹ בְעוֹר אוֹ בְּכָל־
מְלֶאכֶת עֽוֹר׃
מט וְהָיָה הַנֶּגַע יְרַקְרַק ׀ אוֹ אֲדַמְדָּם בַּבֶּגֶד אוֹ בָעוֹר אֽוֹ־בַשְּׁתִי
אוֹ־בָעֵרֶב אוֹ בְכָל־כְּלִי־עוֹר נֶגַע צָרַעַת הוּא וְהָרְאָה אֶת־הַכֹּהֵֽן׃
נ וְרָאָה הַכֹּהֵן אֶת־הַנָּגַע וְהִסְגִּיר אֶת־הַנֶּגַע שִׁבְעַת יָמִֽים׃
נא וְרָאָה אֶת־הַנֶּגַע בַּיּוֹם הַשְּׁבִיעִי כִּֽי־פָשָׂה הַנֶּגַע בַּבֶּגֶד אֽוֹ־
בַשְּׁתִי אֽוֹ־בָעֵרֶב אוֹ בָעוֹר לְכֹל אֲשֶׁר־יֵעָשֶׂה הָעוֹר לִמְלָאכָה
צָרַעַת מַמְאֶרֶת הַנֶּגַע טָמֵא הֽוּא׃
נב וְשָׂרַף אֶת־הַבֶּגֶד אוֹ אֶת־הַשְּׁתִי ׀ אוֹ אֶת־הָעֵרֶב בַּצֶּמֶר אוֹ
בַפִּשְׁתִּים אוֹ אֶת־כָּל־כְּלִי הָעוֹר אֲשֶׁר־יִהְיֶה בוֹ הַנָּגַע כִּֽי־צָרַעַת
מַמְאֶרֶת הִוא בָּאֵשׁ תִּשָּׂרֵֽף׃

36 o sacerdote o examinará. Se a tinha se tiver espalhado na
pele, o sacerdote não procurará o pelo amarelo: o homem está
imundo. 37 Mas, se na sua opinião a tinha tiver parado, e nela
tiver crescido pelo preto, a tinha terá sarado. O homem está
limpo, e o sacerdote o declarará limpo.

38 Quando o homem (ou mulher) tiver na pele da sua carne
manchas lustrosas, isto é, manchas lustrosas brancas, 39 o sa-
cerdote as examinará. Se as manchas lustrosas na pele da sua
carne forem de cor branca tirando a escuro, é uma impigem
que brotou na pele: o homem é limpo.

40 Quando os cabelos do homem caírem da cabeça, ele é
calvo; contudo, é limpo. 41 Se os cabelos lhe caírem da parte
dianteira da cabeça, ele é meio calvo; contudo, é limpo. 42 Mas,
se na calva, ou na meia calva, houver uma praga branca tirando
a vermelho, é a lepra que lhe está brotando na calva ou na meia
calva. 43 O sacerdote examinará o homem. Se na calva ou na
meia calva a inchação da praga for branca tirando a vermelho,
como parece a lepra na pele da carne, 44 o homem é leproso,
é imundo. O sacerdote certamente o declarará imundo: a sua
praga está na cabeça.

45 Os vestidos do leproso, em quem está a praga, serão ras-
gados, e a cabeça será descoberta, cobrirá o bigode e clamará:
Imundo! Imundo! 46 Será imundo por todos os dias em que a
praga estiver nele. É imundo, habitará só: a sua habitação será
fora do arraial.

47 O vestido também, em que há a praga da lepra, seja vestido
de lã, seja vestido de linho; 48 seja na urdidura, seja na trama;
de linho, ou de lã; seja numa pele, ou em qualquer coisa feita
de pele; 49 se a praga for verde ou vermelha no vestido, ou na
pele, ou na urdidura, ou na trama, em qualquer coisa feita
de pele, é a praga da lepra, e mostrar-se-á ao sacerdote. 50 O
sacerdote examinará a praga e encerrará por sete dias aquilo
que tem a praga. 51 Ao sétimo dia, examinará a praga. Se a
praga se tiver espalhado no vestido, seja na urdidura, seja na
trama, ou na pele, seja qual for a obra em que se empregue, a
praga é uma lepra roedora; é imunda. 52 Queimará o vestido,
seja a urdidura, seja a trama, de lã ou de linho, ou qualquer

נג וְאִם יִרְאֶה הַכֹּהֵן וְהִנֵּה לֹא־פָשָׂה הַנֶּגַע בַּבֶּגֶד אוֹ בַשְּׁתִי אוֹ
בָעֵרֶב אוֹ בְּכָל־כְּלִי־עוֹר:
נד וְצִוָּה הַכֹּהֵן וְכִבְּסוּ אֵת אֲשֶׁר־בּוֹ הַנָּגַע וְהִסְגִּירוֹ שִׁבְעַת־יָמִים
שֵׁנִית:
נה וְרָאָה הַכֹּהֵן אַחֲרֵי | הֻכַּבֵּס אֶת־הַנֶּגַע וְהִנֵּה לֹא־הָפַךְ הַנֶּגַע
אֶת־עֵינוֹ וְהַנֶּגַע לֹא־פָשָׂה טָמֵא הוּא בָּאֵשׁ תִּשְׂרְפֶנּוּ פְּחֶתֶת הִוא
בְּקָרַחְתּוֹ אוֹ בְגַבַּחְתּוֹ:

נו וְאִם רָאָה הַכֹּהֵן וְהִנֵּה כֵּהָה הַנֶּגַע אַחֲרֵי הֻכַּבֵּס אֹתוֹ וְקָרַע
אֹתוֹ מִן־הַבֶּגֶד אוֹ מִן־הָעוֹר אוֹ מִן־הַשְּׁתִי אוֹ מִן־הָעֵרֶב:
נז וְאִם־תֵּרָאֶה עוֹד בַּבֶּגֶד אוֹ־בַשְּׁתִי אוֹ־בָעֵרֶב אוֹ בְכָל־כְּלִי־עוֹר
פֹּרַחַת הִוא בָּאֵשׁ תִּשְׂרְפֶנּוּ אֵת אֲשֶׁר־בּוֹ הַנָּגַע:
נח וְהַבֶּגֶד אוֹ־הַשְּׁתִי אוֹ־הָעֵרֶב אוֹ־כָל־כְּלִי הָעוֹר אֲשֶׁר תְּכַבֵּס
וְסָר מֵהֶם הַנָּגַע וְכֻבַּס שֵׁנִית וְטָהֵר:
נט זֹאת תּוֹרַת נֶגַע־צָרַעַת בֶּגֶד הַצֶּמֶר | אוֹ הַפִּשְׁתִּים אוֹ הַשְּׁתִי
אוֹ הָעֵרֶב אוֹ כָּל־כְּלִי־עוֹר לְטַהֲרוֹ אוֹ לְטַמְּאוֹ: פ

א וַיְדַבֵּר יְהוָה אֶל־מֹשֶׁה לֵּאמֹר:
ב זֹאת תִּהְיֶה תּוֹרַת הַמְּצֹרָע בְּיוֹם טָהֳרָתוֹ וְהוּבָא אֶל־הַכֹּהֵן:
ג וְיָצָא הַכֹּהֵן אֶל־מִחוּץ לַמַּחֲנֶה וְרָאָה הַכֹּהֵן וְהִנֵּה נִרְפָּא נֶגַע־
הַצָּרַעַת מִן־הַצָּרוּעַ:
ד וְצִוָּה הַכֹּהֵן וְלָקַח לַמִּטַּהֵר שְׁתֵּי־צִפֳּרִים חַיּוֹת טְהֹרוֹת וְעֵץ
אֶרֶז וּשְׁנִי תוֹלַעַת וְאֵזֹב:
ה וְצִוָּה הַכֹּהֵן וְשָׁחַט אֶת־הַצִּפּוֹר הָאֶחָת אֶל־כְּלִי־חֶרֶשׂ עַל־מַיִם
חַיִּים:
ו אֶת־הַצִּפֹּר הַחַיָּה יִקַּח אֹתָהּ וְאֶת־עֵץ הָאֶרֶז וְאֶת־שְׁנִי הַתּוֹלַעַת
וְאֶת־הָאֵזֹב וְטָבַל אוֹתָם וְאֵת | הַצִּפֹּר הַחַיָּה בְּדַם הַצִּפֹּר
הַשְּׁחֻטָה עַל הַמַּיִם הַחַיִּים:

coisa feita de pele, em que se acha a praga, pois é uma lepra
roedora; no fogo queimar-se-á.
53 Se o sacerdote os examinar, e a praga não se tiver espa-
lhado no vestido, nem na urdidura, nem na trama, nem em
qualquer coisa feita de pele, 54 o sacerdote ordenará que se lave
aquilo em que está a lepra e encerrá-lo-á por mais sete dias.
55 O sacerdote a examinará depois que for lavada. Se a praga
não tiver mudado de cor, nem se tiver espalhado, é imunda.
Queimá-la-ás no fogo: é uma lepra roedora quer por dentro
quer por fora.
56 Se o sacerdote a examinar, e a praga for de uma cor escura,
depois que for lavada, rasgá-la-á do vestido, ou da pele, ou da
urdidura ou da trama. 57 Se a praga ainda aparecer no vestido,
quer na urdidura quer na trama, ou em qualquer coisa feita
de pele, é uma lepra brotante; com fogo queimarás aquilo em
que está a praga. 58 O vestido, quer a urdidura, quer a trama, ou
qualquer coisa que for feita de pele, que lavares, se a praga tiver
desaparecido deles, lavar-se-ão segunda vez, e serão limpos.
59 Esta é a lei da praga da lepra no vestido de lã ou de linho,
quer na urdidura, quer na trama, ou em qualquer coisa feita
de pele, para os declarar limpos, ou para os declarar imundos.

### *A lei acerca do leproso depois de sarado*

14 1 Jeová disse a Moisés: 2 Esta será a lei do leproso no
dia da sua purificação: será levado ao sacerdote. 3 O
sacerdote sairá para fora do arraial e o examinará.
Se a praga da lepra for curada no leproso, 4 o sacerdote orde-
nará se tomem para aquele que se há de purificar duas aves
vivas e limpas, e pau de cedro, e escarlata, e hissopo; 5 e que
se mate uma das aves num vaso de barro sobre águas vivas.
6 Quanto à ave viva, tomá-la-á, e o pau de cedro, e a escarla-
ta, e o hissopo, e os molhará juntamente com a ave viva no
sangue da ave que for morta sobre as águas vivas. 7 Aspergirá
sete vezes sobre aquele que se há de purificar da lepra e de-

ז וְהִזָּה עַל הַמִּטַּהֵר מִן־הַצָּרַעַת שֶׁבַע פְּעָמִים וְטִהֲרוֹ וְשִׁלַּח
אֶת־הַצִּפֹּר הַחַיָּה עַל־פְּנֵי הַשָּׂדֶה׃
ח וְכִבֶּס הַמִּטַּהֵר אֶת־בְּגָדָיו וְגִלַּח אֶת־כָּל־שְׂעָרוֹ וְרָחַץ בַּמַּיִם
וְטָהֵר וְאַחַר יָבוֹא אֶל־הַמַּחֲנֶה וְיָשַׁב מִחוּץ לְאָהֳלוֹ שִׁבְעַת
יָמִים׃ ט וְהָיָה בַיּוֹם הַשְּׁבִיעִי יְגַלַּח אֶת־כָּל־שְׂעָרוֹ אֶת־רֹאשׁוֹ
וְאֶת־זְקָנוֹ וְאֵת גַּבֹּת עֵינָיו וְאֶת־כָּל־שְׂעָרוֹ יְגַלֵּחַ וְכִבֶּס אֶת־בְּגָדָיו
וְרָחַץ אֶת־בְּשָׂרוֹ בַּמַּיִם וְטָהֵר׃
י וּבַיּוֹם הַשְּׁמִינִי יִקַּח שְׁנֵי־כְבָשִׂים תְּמִימִים וְכַבְשָׂה אַחַת בַּת־
שְׁנָתָהּ תְּמִימָה וּשְׁלֹשָׁה עֶשְׂרֹנִים סֹלֶת מִנְחָה בְּלוּלָה בַשֶּׁמֶן וְלֹג
אֶחָד שָׁמֶן׃
יא וְהֶעֱמִיד הַכֹּהֵן הַמְטַהֵר אֵת הָאִישׁ הַמִּטַּהֵר וְאֹתָם לִפְנֵי יְהוָה
פֶּתַח אֹהֶל מוֹעֵד׃
יב וְלָקַח הַכֹּהֵן אֶת־הַכֶּבֶשׂ הָאֶחָד וְהִקְרִיב אֹתוֹ לְאָשָׁם וְאֶת־לֹג
הַשָּׁמֶן וְהֵנִיף אֹתָם תְּנוּפָה לִפְנֵי יְהוָה׃
יג וְשָׁחַט אֶת־הַכֶּבֶשׂ בִּמְקוֹם אֲשֶׁר יִשְׁחַט אֶת־הַחַטָּאת וְאֶת־
הָעֹלָה בִּמְקוֹם הַקֹּדֶשׁ כִּי כַּחַטָּאת הָאָשָׁם הוּא לַכֹּהֵן קֹדֶשׁ
קָדָשִׁים הוּא׃
יד וְלָקַח הַכֹּהֵן מִדַּם הָאָשָׁם וְנָתַן הַכֹּהֵן עַל־תְּנוּךְ אֹזֶן הַמִּטַּהֵר
הַיְמָנִית וְעַל־בֹּהֶן יָדוֹ הַיְמָנִית וְעַל־בֹּהֶן רַגְלוֹ הַיְמָנִית׃
טו וְלָקַח הַכֹּהֵן מִלֹּג הַשָּׁמֶן וְיָצַק עַל־כַּף הַכֹּהֵן הַשְּׂמָאלִית׃
טז וְטָבַל הַכֹּהֵן אֶת־אֶצְבָּעוֹ הַיְמָנִית מִן־הַשֶּׁמֶן אֲשֶׁר עַל־כַּפּוֹ
הַשְּׂמָאלִית וְהִזָּה מִן־הַשֶּׁמֶן בְּאֶצְבָּעוֹ שֶׁבַע פְּעָמִים לִפְנֵי יְהוָה׃
יז וּמִיֶּתֶר הַשֶּׁמֶן אֲשֶׁר עַל־כַּפּוֹ יִתֵּן הַכֹּהֵן עַל־תְּנוּךְ אֹזֶן הַמִּטַּהֵר
הַיְמָנִית וְעַל־בֹּהֶן יָדוֹ הַיְמָנִית וְעַל־בֹּהֶן רַגְלוֹ הַיְמָנִית עַל דַּם
הָאָשָׁם׃
יח וְהַנּוֹתָר בַּשֶּׁמֶן אֲשֶׁר עַל־כַּף הַכֹּהֵן יִתֵּן עַל־רֹאשׁ הַמִּטַּהֵר
וְכִפֶּר עָלָיו הַכֹּהֵן לִפְנֵי יְהוָה׃
יט וְעָשָׂה הַכֹּהֵן אֶת־הַחַטָּאת וְכִפֶּר עַל־הַמִּטַּהֵר מִטֻּמְאָתוֹ
וְאַחַר יִשְׁחַט אֶת־הָעֹלָה׃
כ וְהֶעֱלָה הַכֹּהֵן אֶת־הָעֹלָה וְאֶת־הַמִּנְחָה הַמִּזְבֵּחָה וְכִפֶּר עָלָיו
הַכֹּהֵן וְטָהֵר׃ ס

clará-lo-á limpo, e soltará a ave viva sobre a face do campo.
8 Aquele que se há de purificar lavará os seus vestidos, rapará
todo o seu pelo, banhar-se-á e será limpo; depois, entrará no
arraial, mas ficará sete dias fora da sua tenda. 9 Ao sétimo, dia
rapará todos os cabelos da cabeça, a barba e as sobrancelhas,
sim rapará todo o pelo, lavará os seus vestidos, banhará o corpo em água e será limpo.

10 Ao oitavo dia, tomará dois cordeiros sem defeito, e uma
cordeira de um ano sem defeito, e três dízimas de um efa de
flor de farinha, amassada com azeite, como oferta de cereais,
e um logue de azeite. 11 E o sacerdote que faz a purificação
apresentará, diante de Jeová, à entrada da tenda da revelação,
o homem que se há de purificar com essas coisas. 12 Tomará um
dos cordeiros e o oferecerá como oferta pela culpa, e o logue
de azeite, e os oferecerá como oferta movida diante de Jeová.
13 Matará o cordeiro no lugar em que é morta a oferta pelo pecado e o holocausto, a saber, no lugar do santuário; pois, como
a oferta pelo pecado pertence ao sacerdote, assim também a
oferta pela culpa: coisa santíssima é. 14 O sacerdote tomará do
sangue da oferta pela culpa e pô-lo-á sobre a ponta da orelha
direita daquele que se há de purificar, e sobre o dedo polegar da
sua mão direita, e sobre o dedo polegar de seu pé direito. 15 Tomará do logue de azeite, e o deitará na palma da mão esquerda;
16 molhará o dedo direito no azeite que está na mão esquerda
e com o dedo aspergirá do azeite sete vezes diante de Jeová.
17 Do restante do azeite que está na mão porá sobre a ponta da
orelha direita daquele que se há de purificar, e sobre o dedo
polegar da sua mão direita, e sobre o dedo polegar do seu pé
direito, por cima do sangue da oferta pela culpa. 18 O restante
do azeite que está na mão do sacerdote, pô-lo-á sobre a cabeça
daquele que se há de purificar e fará expiação por ele diante
de Jeová. 19 Então, o sacerdote oferecerá a oferta pelo pecado
e fará expiação por aquele que se há de purificar por causa da
sua imundícia. Depois, imolará o holocausto 20 e oferecerá o
holocausto e a oferta de cereais sobre o altar; fará expiação por
ele, e ele será limpo.

כא וְאִם־דַּל הוּא וְאֵין יָדוֹ מַשֶּׂגֶת וְלָקַח כֶּבֶשׂ אֶחָד אָשָׁם
לִתְנוּפָה לְכַפֵּר עָלָיו וְעִשָּׂרוֹן סֹלֶת אֶחָד בָּלוּל בַּשֶּׁמֶן לְמִנְחָה
וְלֹג שָׁמֶן׃
כב וּשְׁתֵּי תֹרִים אוֹ שְׁנֵי בְּנֵי יוֹנָה אֲשֶׁר תַּשִּׂיג יָדוֹ וְהָיָה אֶחָד
חַטָּאת וְהָאֶחָד עֹלָה׃
כג וְהֵבִיא אֹתָם בַּיּוֹם הַשְּׁמִינִי לְטָהֳרָתוֹ אֶל־הַכֹּהֵן אֶל־פֶּתַח
אֹהֶל־מוֹעֵד לִפְנֵי יְהוָה׃
כד וְלָקַח הַכֹּהֵן אֶת־כֶּבֶשׂ הָאָשָׁם וְאֶת־לֹג הַשָּׁמֶן וְהֵנִיף אֹתָם
הַכֹּהֵן תְּנוּפָה לִפְנֵי יְהוָה׃
כה וְשָׁחַט אֶת־כֶּבֶשׂ הָאָשָׁם וְלָקַח הַכֹּהֵן מִדַּם הָאָשָׁם וְנָתַן עַל־
תְּנוּךְ אֹזֶן־הַמִּטַּהֵר הַיְמָנִית וְעַל־בֹּהֶן יָדוֹ הַיְמָנִית וְעַל־בֹּהֶן רַגְלוֹ
הַיְמָנִית׃
כו וּמִן־הַשֶּׁמֶן יִצֹק הַכֹּהֵן עַל־כַּף הַכֹּהֵן הַשְּׂמָאלִית׃
כז וְהִזָּה הַכֹּהֵן בְּאֶצְבָּעוֹ הַיְמָנִית מִן־הַשֶּׁמֶן אֲשֶׁר עַל־כַּפּוֹ
הַשְּׂמָאלִית שֶׁבַע פְּעָמִים לִפְנֵי יְהוָה׃
כח וְנָתַן הַכֹּהֵן מִן־הַשֶּׁמֶן׀ אֲשֶׁר עַל־כַּפּוֹ עַל־תְּנוּךְ אֹזֶן הַמִּטַּהֵר
הַיְמָנִית וְעַל־בֹּהֶן יָדוֹ הַיְמָנִית וְעַל־בֹּהֶן רַגְלוֹ הַיְמָנִית עַל־מְקוֹם
דַּם הָאָשָׁם׃
כט וְהַנּוֹתָר מִן־הַשֶּׁמֶן אֲשֶׁר עַל־כַּף הַכֹּהֵן יִתֵּן עַל־רֹאשׁ הַמִּטַּהֵר
לְכַפֵּר עָלָיו לִפְנֵי יְהוָה׃
ל וְעָשָׂה אֶת־הָאֶחָד מִן־הַתֹּרִים אוֹ מִן־בְּנֵי הַיּוֹנָה מֵאֲשֶׁר תַּשִּׂיג
יָדוֹ׃
לא אֵת אֲשֶׁר־תַּשִּׂיג יָדוֹ אֶת־הָאֶחָד חַטָּאת וְאֶת־הָאֶחָד עֹלָה
עַל־הַמִּנְחָה וְכִפֶּר הַכֹּהֵן עַל הַמִּטַּהֵר לִפְנֵי יְהוָה׃
לב זֹאת תּוֹרַת אֲשֶׁר־בּוֹ נֶגַע צָרָעַת אֲשֶׁר לֹא־תַשִּׂיג יָדוֹ
בְּטָהֳרָתוֹ׃ פ

לג וַיְדַבֵּר יְהוָה אֶל־מֹשֶׁה וְאֶל־אַהֲרֹן לֵאמֹר׃
לד כִּי תָבֹאוּ אֶל־אֶרֶץ כְּנַעַן אֲשֶׁר אֲנִי נֹתֵן לָכֶם לַאֲחֻזָּה וְנָתַתִּי
נֶגַע צָרַעַת בְּבֵית אֶרֶץ אֲחֻזַּתְכֶם׃
לה וּבָא אֲשֶׁר־לוֹ הַבַּיִת וְהִגִּיד לַכֹּהֵן לֵאמֹר כְּנֶגַע נִרְאָה לִי

21 Se for pobre, e as suas posses não lhe permitirem trazer
tanto, tomará um cordeiro para uma oferta pela culpa como
oferta movida, a fim de fazer expiação por ele, e uma dízima de
um efa de flor de farinha amassada com azeite como uma oferta
de cereais, e um logue de azeite; 22 e duas rolas ou dois pombi-
nhos, conforme as suas posses permitirem, um dos quais será
uma oferta pelo pecado, e o outro, para o holocausto. 23 Ao oitavo
dia, os trará pela sua purificação ao sacerdote, à entrada da tenda
da revelação, diante de Jeová. 24 O sacerdote tomará o cordeiro
da oferta pela culpa e o logue de azeite e os oferecerá por oferta
movida diante de Jeová. 25 Matará o cordeiro da oferta pela culpa,
e tomará do sangue da oferta pela culpa, e pô-lo-á sobre a ponta
da orelha direita daquele que se há de purificar, e sobre o dedo
polegar da sua mão direita, e sobre o dedo polegar do seu pé di-
reito. 26 Deitará do azeite na palma da mão esquerda; 27 e, com o
dedo direito, aspergirá diante de Jeová sete vezes do azeite que
está na mão esquerda. 28 Do azeite que está na mão porá sobre a
ponta da orelha direita daquele que se há de purificar, e sobre o
dedo polegar da sua mão direita, e sobre o dedo polegar de seu
pé direito, por cima do sangue da oferta pela culpa. 29 O restante
do azeite que está na mão porá sobre a cabeça daquele que se há
de purificar, para fazer expiação por ele diante de Jeová. 30 Ofe-
recerá uma das rolas, ou um dos pombinhos, conforme as suas
posses lhe permitirem, 31 sim, conforme as suas posses: um para
oferta pelo pecado, e o outro para holocausto, juntamente com
a oferta de cereais; e o sacerdote fará expiação diante de Jeová
por aquele que se há de purificar. 32 Esta é a lei daquele em quem
está a praga da lepra, e cujas posses não lhe permitirem trazer o
que pertence à sua purificação.

### *A lei acerca da lepra numa casa*

33 Disse mais Jeová a Moisés e a Arão: 34 Quando entrardes
na terra de Canaã, que eu vos hei de dar a vós em possessão, e
eu puser a praga da lepra numa casa da terra da vossa posses-
são, 35 o dono da casa irá e informará ao sacerdote, dizendo:

בַּבָּיִת׃
לו וְצִוָּה הַכֹּהֵן וּפִנּוּ אֶת־הַבַּיִת בְּטֶרֶם יָבֹא הַכֹּהֵן לִרְאוֹת אֶת־
הַנֶּגַע וְלֹא יִטְמָא כָּל־אֲשֶׁר בַּבָּיִת וְאַחַר כֵּן יָבֹא הַכֹּהֵן לִרְאוֹת
אֶת־הַבָּיִת׃
לז וְרָאָה אֶת־הַנֶּגַע וְהִנֵּה הַנֶּגַע בְּקִירֹת הַבַּיִת שְׁקַעֲרוּרֹת
יְרַקְרַקֹּת אוֹ אֲדַמְדַּמֹּת וּמַרְאֵיהֶן שָׁפָל מִן־הַקִּיר׃
לח וְיָצָא הַכֹּהֵן מִן־הַבַּיִת אֶל־פֶּתַח הַבָּיִת וְהִסְגִּיר אֶת־הַבַּיִת
שִׁבְעַת יָמִים׃ לט וְשָׁב הַכֹּהֵן בַּיּוֹם הַשְּׁבִיעִי וְרָאָה וְהִנֵּה פָּשָׂה
הַנֶּגַע בְּקִירֹת הַבָּיִת׃ מ וְצִוָּה הַכֹּהֵן וְחִלְּצוּ אֶת־הָאֲבָנִים אֲשֶׁר
בָּהֵן הַנָּגַע וְהִשְׁלִיכוּ אֶתְהֶן אֶל־מִחוּץ לָעִיר אֶל־מָקוֹם טָמֵא׃
מא וְאֶת־הַבַּיִת יַקְצִעַ מִבַּיִת סָבִיב וְשָׁפְכוּ אֶת־הֶעָפָר אֲשֶׁר הִקְצוּ
אֶל־מִחוּץ לָעִיר אֶל־מָקוֹם טָמֵא׃
מב וְלָקְחוּ אֲבָנִים אֲחֵרוֹת וְהֵבִיאוּ אֶל־תַּחַת הָאֲבָנִים וְעָפָר
אַחֵר יִקַּח וְטָח אֶת־הַבָּיִת׃
מג וְאִם־יָשׁוּב הַנֶּגַע וּפָרַח בַּבַּיִת אַחַר חִלֵּץ אֶת־הָאֲבָנִים וְאַחֲרֵי
הִקְצוֹת אֶת־הַבַּיִת וְאַחֲרֵי הִטּוֹחַ׃
מד וּבָא הַכֹּהֵן וְרָאָה וְהִנֵּה פָּשָׂה הַנֶּגַע בַּבָּיִת צָרַעַת מַמְאֶרֶת
הִוא בַּבַּיִת טָמֵא הוּא׃
מה וְנָתַץ אֶת־הַבַּיִת אֶת־אֲבָנָיו וְאֶת־עֵצָיו וְאֵת כָּל־עֲפַר הַבָּיִת
וְהוֹצִיא אֶל־מִחוּץ לָעִיר אֶל־מָקוֹם טָמֵא׃
מו וְהַבָּא אֶל־הַבַּיִת כָּל־יְמֵי הִסְגִּיר אֹתוֹ יִטְמָא עַד־הָעָרֶב׃
מז וְהַשֹּׁכֵב בַּבַּיִת יְכַבֵּס אֶת־בְּגָדָיו וְהָאֹכֵל בַּבַּיִת יְכַבֵּס אֶת־
בְּגָדָיו׃
מח וְאִם־בֹּא יָבֹא הַכֹּהֵן וְרָאָה וְהִנֵּה לֹא־פָשָׂה הַנֶּגַע בַּבַּיִת אַחֲרֵי
הִטֹּחַ אֶת־הַבָּיִת וְטִהַר הַכֹּהֵן אֶת־הַבַּיִת כִּי נִרְפָּא הַנָּגַע׃
מט וְלָקַח לְחַטֵּא אֶת־הַבַּיִת שְׁתֵּי צִפֳּרִים וְעֵץ אֶרֶז וּשְׁנִי תוֹלַעַת
וְאֵזֹב׃
נ וְשָׁחַט אֶת־הַצִּפֹּר הָאֶחָת אֶל־כְּלִי־חֶרֶשׂ עַל־מַיִם חַיִּים׃
נא וְלָקַח אֶת־עֵץ־הָאֶרֶז וְאֶת־הָאֵזֹב וְאֵת| שְׁנִי הַתּוֹלַעַת וְאֵת
הַצִּפֹּר הַחַיָּה וְטָבַל אֹתָם בְּדַם הַצִּפֹּר הַשְּׁחוּטָה וּבַמַּיִם הַחַיִּים
וְהִזָּה אֶל־הַבַּיִת שֶׁבַע פְּעָמִים׃
נב וְחִטֵּא אֶת־הַבַּיִת בְּדַם הַצִּפּוֹר וּבַמַּיִם הַחַיִּים וּבַצִּפֹּר הַחַיָּה
וּבְעֵץ הָאֶרֶז וּבָאֵזֹב וּבִשְׁנִי הַתּוֹלָעַת׃
נג וְשִׁלַּח אֶת־הַצִּפֹּר הַחַיָּה אֶל־מִחוּץ לָעִיר אֶל־פְּנֵי הַשָּׂדֶה וְכִפֶּר
עַל־הַבַּיִת וְטָהֵר׃
נד זֹאת הַתּוֹרָה לְכָל־נֶגַע הַצָּרַעַת וְלַנָּתֶק׃
נה וּלְצָרַעַת הַבֶּגֶד וְלַבָּיִת׃

Parece-me que há como praga em minha casa. 36 O sacerdote
ordenará que despejem a casa, antes que entre para examinar
a praga, para que não fique imundo tudo o que está na casa.
Depois, entrará para examinar a casa; 37 examiná-la-á, e, se a
praga estiver nas paredes da casa em cavidades verdes ou ver-
melhas e parecer mais funda que a parede, 38 o sacerdote sairá
da casa até a porta dela e a fechará por sete dias. 39 Voltará ao
sétimo dia, e a examinará. Se a praga se tiver espalhado nas
paredes da casa, 40 ele ordenará que se arranquem as pedras
em que está a praga, e que as lancem fora da cidade num lugar
imundo. 41 Fará raspar a casa por dentro ao redor, e a argamas-
sa que houverem raspado deitarão fora da cidade num lugar
imundo; 42 tomarão outras pedras e as porão no lugar dessas
pedras; tomará outra argamassa e rebocará a casa.

43 Se a praga voltar a brotar na casa, depois de arrancadas
as pedras, raspada a casa e de novo rebocada; 44 o sacerdote
entrará e a examinará. Se a praga se tiver espalhado na casa, é
lepra roedora na casa: é imunda. 45 Derrubar-se-á a casa, as suas
pedras e a sua madeira, e toda a argamassa da casa; e se levará
para fora da cidade a um lugar imundo. 46 Também aquele que
entrar na casa, enquanto estiver fechada, será imundo até à
tarde. 47 Aquele que se deitar na casa lavará os seus vestidos; e
quem comer na casa lavará os seus vestidos.

48 Porém, se o sacerdote entrar e a examinar, e a praga não
se tiver espalhado na casa, depois que tiver sido rebocada;
declará-la-á limpa, porque a praga está curada. 49 Para puri-
ficar a casa, tomará duas aves, e pau de cedro, e escarlata e
hissopo. 50 Matará uma das aves num vaso de barro sobre águas
vivas; 51 tomará o pau de cedro, e o hissopo, e a escarlata e a
ave viva, e os molhará no sangue da ave morta, e nas águas
vivas, e aspergirá a casa sete vezes. 52 Purificará a casa com o
sangue da ave, com as águas vivas, com a ave viva, com o pau
de cedro, com o hissopo e com a escarlata; 53 mas soltará a ave
viva para fora da cidade sobre a face do campo. Assim fará
expiação pela casa; e será limpa.

54 Esta é a lei de toda sorte de praga de lepra e de tinha; 55 da
lepra dos vestidos e das casas; 56 das inchações, das pústulas

נו וְלַשְׂאֵת וְלַסַּפַּחַת וְלַבֶּהָרֶת׃
נז לְהוֹרֹת בְּיוֹם הַטָּמֵא וּבְיוֹם הַטָּהֹר זֹאת תּוֹרַת הַצָּרָעַת׃ ס

א וַיְדַבֵּר יְהוָה אֶל־מֹשֶׁה וְאֶל־אַהֲרֹן לֵאמֹר׃
ב דַּבְּרוּ אֶל־בְּנֵי יִשְׂרָאֵל וַאֲמַרְתֶּם אֲלֵהֶם אִישׁ אִישׁ כִּי יִהְיֶה זָב
מִבְּשָׂרוֹ זוֹבוֹ טָמֵא הוּא׃
ג וְזֹאת תִּהְיֶה טֻמְאָתוֹ בְּזוֹבוֹ רָר בְּשָׂרוֹ אֶת־זוֹבוֹ אוֹ־הֶחְתִּים
בְּשָׂרוֹ מִזּוֹבוֹ טֻמְאָתוֹ הִוא׃
ד כָּל־הַמִּשְׁכָּב אֲשֶׁר יִשְׁכַּב עָלָיו הַזָּב יִטְמָא וְכָל־הַכְּלִי אֲשֶׁר־
יֵשֵׁב עָלָיו יִטְמָא׃
ה וְאִישׁ אֲשֶׁר יִגַּע בְּמִשְׁכָּבוֹ יְכַבֵּס בְּגָדָיו וְרָחַץ בַּמַּיִם וְטָמֵא עַד־
הָעָרֶב׃
ו וְהַיֹּשֵׁב עַל־הַכְּלִי אֲשֶׁר־יֵשֵׁב עָלָיו הַזָּב יְכַבֵּס בְּגָדָיו וְרָחַץ
בַּמַּיִם וְטָמֵא עַד־הָעָרֶב׃
ז וְהַנֹּגֵעַ בִּבְשַׂר הַזָּב יְכַבֵּס בְּגָדָיו וְרָחַץ בַּמַּיִם וְטָמֵא עַד־הָעָרֶב׃
ח וְכִי־יָרֹק הַזָּב בַּטָּהוֹר וְכִבֶּס בְּגָדָיו וְרָחַץ בַּמַּיִם וְטָמֵא עַד־
הָעָרֶב׃
ט וְכָל־הַמֶּרְכָּב אֲשֶׁר יִרְכַּב עָלָיו הַזָּב יִטְמָא׃
י וְכָל־הַנֹּגֵעַ בְּכֹל אֲשֶׁר יִהְיֶה תַחְתָּיו יִטְמָא עַד־הָעָרֶב וְהַנּוֹשֵׂא
אוֹתָם יְכַבֵּס בְּגָדָיו וְרָחַץ בַּמַּיִם וְטָמֵא עַד־הָעָרֶב׃
יא וְכֹל אֲשֶׁר יִגַּע־בּוֹ הַזָּב וְיָדָיו לֹא־שָׁטַף בַּמָּיִם וְכִבֶּס בְּגָדָיו
וְרָחַץ בַּמַּיִם וְטָמֵא עַד־הָעָרֶב׃
יב וּכְלִי־חֶרֶשׂ אֲשֶׁר־יִגַּע־בּוֹ הַזָּב יִשָּׁבֵר וְכָל־כְּלִי־עֵץ יִשָּׁטֵף
בַּמָּיִם׃

יג וְכִי־יִטְהַר הַזָּב מִזּוֹבוֹ וְסָפַר לוֹ שִׁבְעַת יָמִים לְטָהֳרָתוֹ וְכִבֶּס
בְּגָדָיו וְרָחַץ בְּשָׂרוֹ בְּמַיִם חַיִּים וְטָהֵר׃
יד וּבַיּוֹם הַשְּׁמִינִי יִקַּח־לוֹ שְׁתֵּי תֹרִים אוֹ שְׁנֵי בְּנֵי יוֹנָה וּבָא׀ לִפְנֵי
יְהוָה אֶל־פֶּתַח אֹהֶל מוֹעֵד וּנְתָנָם אֶל־הַכֹּהֵן׃
טו וְעָשָׂה אֹתָם הַכֹּהֵן אֶחָד חַטָּאת וְהָאֶחָד עֹלָה וְכִפֶּר עָלָיו
הַכֹּהֵן לִפְנֵי יְהוָה מִזּוֹבוֹ׃ ס

e das manchas lustrosas; 57 para ensinar quando for imundo e quando for limpo: esta é a lei da lepra.

*Imundícias do homem e da mulher*

15 1 Disse Jeová a Moisés e a Arão: 2 Falai aos filhos de Israel, e dizei-lhes: Quando um homem tiver fluxo da sua carne, por causa do seu fluxo está imundo. 3 Esta será a sua imundícia no seu fluxo: quer a sua carne deixe vazar o fluxo, quer o retenha, é sua imundícia. 4 Qualquer cama em que se deitar aquele que tiver o fluxo será imunda; e tudo sobre o que se assentar será imundo. 5 Todo o que tocar na cama dele lavará os seus vestidos, banhar-se-á em água e ficará imundo até à tarde. 6 Quem se assentar sobre aquilo em que se assentou o que tem o fluxo lavará os seus vestidos, banhar-se-á em água e ficará imundo até à tarde. 7 Quem tocar na carne daquele que tem o fluxo lavará os seus vestidos, banhar-se-á em água e ficará imundo até à tarde. 8 Se o homem que tiver o fluxo cuspir sobre aquele que é limpo, lavará este os seus vestidos, banhar-se-á em água e ficará imundo até à tarde. 9 Qualquer sela sobre que cavalgar o que tem o fluxo será imunda. 10 Todo o que tocar em alguma coisa que tenha estado debaixo dele ficará imundo até à tarde; quem levar alguma dessas coisas lavará os seus vestidos, banhar-se-á em água e ficará imundo até à tarde. 11 Também todo aquele a quem tocar o que tiver o fluxo, sem ter antes lavado as mãos em água, lavará os seus vestidos, banhar-se-á em água e ficará imundo até à tarde. 12 O vaso de barro em que tocar o que tiver o fluxo será quebrado; e todo vaso de pau será lavado em água.

13 Quando o que tiver o fluxo estiver limpo do seu fluxo, contará para si sete dias para a sua purificação e lavará os seus vestidos, banhará o seu corpo em águas vivas e será limpo. 14 Ao oitavo dia, tomará para si duas rolas e dois pombinhos, e virá perante Jeová à entrada da tenda da revelação. Dá-los-á ao sacerdote, 15 que os oferecerá, um para oferta pelo pecado, e o outro para holocausto; e fará expiação por ele diante de Jeová por causa do seu fluxo.

טז וְאִישׁ כִּי־תֵצֵא מִמֶּנּוּ שִׁכְבַת־זָרַע וְרָחַץ בַּמַּיִם אֶת־כָּל־
בְּשָׂרוֹ וְטָמֵא עַד־הָעָרֶב׃ יז וְכָל־בֶּגֶד וְכָל־עוֹר אֲשֶׁר־יִהְיֶה עָלָיו
שִׁכְבַת־זָרַע וְכֻבַּס בַּמַּיִם וְטָמֵא עַד־הָעָרֶב׃ פ
יח וְאִשָּׁה אֲשֶׁר יִשְׁכַּב אִישׁ אֹתָהּ שִׁכְבַת־זָרַע וְרָחֲצוּ בַמַּיִם
וְטָמְאוּ עַד־הָעָרֶב׃
יט וְאִשָּׁה כִּי־תִהְיֶה זָבָה דָּם יִהְיֶה זֹבָהּ בִּבְשָׂרָהּ שִׁבְעַת יָמִים
תִּהְיֶה בְנִדָּתָהּ וְכָל־הַנֹּגֵעַ בָּהּ יִטְמָא עַד־הָעָרֶב׃
כ וְכֹל אֲשֶׁר תִּשְׁכַּב עָלָיו בְּנִדָּתָהּ יִטְמָא וְכֹל אֲשֶׁר־תֵּשֵׁב עָלָיו
יִטְמָא׃
כא וְכָל־הַנֹּגֵעַ בְּמִשְׁכָּבָהּ יְכַבֵּס בְּגָדָיו וְרָחַץ בַּמַּיִם וְטָמֵא עַד־
הָעָרֶב׃
כב וְכָל־הַנֹּגֵעַ בְּכָל־כְּלִי אֲשֶׁר־תֵּשֵׁב עָלָיו יְכַבֵּס בְּגָדָיו וְרָחַץ
בַּמַּיִם וְטָמֵא עַד־הָעָרֶב׃
כג וְאִם עַל־הַמִּשְׁכָּב הוּא אוֹ עַל־הַכְּלִי אֲשֶׁר־הִוא יֹשֶׁבֶת־עָלָיו
בְּנָגְעוֹ־בוֹ יִטְמָא עַד־הָעָרֶב׃
כד וְאִם שָׁכֹב יִשְׁכַּב אִישׁ אֹתָהּ וּתְהִי נִדָּתָהּ עָלָיו וְטָמֵא שִׁבְעַת
יָמִים וְכָל־הַמִּשְׁכָּב אֲשֶׁר־יִשְׁכַּב עָלָיו יִטְמָא׃ פ

כה וְאִשָּׁה כִּי־יָזוּב זוֹב דָּמָהּ יָמִים רַבִּים בְּלֹא עֶת־נִדָּתָהּ אוֹ כִי־
תָזוּב עַל־נִדָּתָהּ כָּל־יְמֵי זוֹב טֻמְאָתָהּ כִּימֵי נִדָּתָהּ תִּהְיֶה טְמֵאָה
הִוא׃
כו כָּל־הַמִּשְׁכָּב אֲשֶׁר־תִּשְׁכַּב עָלָיו כָּל־יְמֵי זוֹבָהּ כְּמִשְׁכַּב נִדָּתָהּ
יִהְיֶה־לָּהּ וְכָל־הַכְּלִי אֲשֶׁר תֵּשֵׁב עָלָיו טָמֵא יִהְיֶה כְּטֻמְאַת
נִדָּתָהּ׃
כז וְכָל־הַנּוֹגֵעַ בָּם יִטְמָא וְכִבֶּס בְּגָדָיו וְרָחַץ בַּמַּיִם וְטָמֵא עַד־
הָעָרֶב׃
כח וְאִם־טָהֲרָה מִזּוֹבָהּ וְסָפְרָה לָּהּ שִׁבְעַת יָמִים וְאַחַר תִּטְהָר׃
כט וּבַיּוֹם הַשְּׁמִינִי תִּקַּח־לָהּ שְׁתֵּי תֹרִים אוֹ שְׁנֵי בְּנֵי יוֹנָה
וְהֵבִיאָה אוֹתָם אֶל־הַכֹּהֵן אֶל־פֶּתַח אֹהֶל מוֹעֵד׃
ל וְעָשָׂה הַכֹּהֵן אֶת־הָאֶחָד חַטָּאת וְאֶת־הָאֶחָד עֹלָה וְכִפֶּר עָלֶיהָ
הַכֹּהֵן לִפְנֵי יְהוָה מִזּוֹב טֻמְאָתָהּ׃

לא וְהִזַּרְתֶּם אֶת־בְּנֵי־יִשְׂרָאֵל מִטֻּמְאָתָם וְלֹא יָמֻתוּ בְּטֻמְאָתָם
בְּטַמְּאָם אֶת־מִשְׁכָּנִי אֲשֶׁר בְּתוֹכָם׃

לב זֹאת תּוֹרַת הַזָּב וַאֲשֶׁר תֵּצֵא מִמֶּנּוּ שִׁכְבַת־זֶרַע לְטָמְאָה־בָהּ׃

16 Se sair dum homem o seu sêmen, banhará o seu corpo todo
em água e ficará imundo até à tarde. 17 Todo vestido e toda pele
sobre o que houver o sêmen serão lavados com água e ficarão
imundos até à tarde. 18 Se um homem se ajuntar com uma mu-
lher, ambos se banharão em água e ficarão imundos até à tarde.

19 Se a mulher tiver um fluxo, e o seu fluxo na sua carne for
sangue, ficará na sua impureza por sete dias; todo aquele que
a tocar será imundo até à tarde. 20 Tudo sobre que ela se deitar
na sua impureza será imundo; e tudo sobre que se assentar
será imundo. 21 Quem tocar no leito dela lavará os seus vesti-
dos, banhar-se-á em água e ficará imundo até à tarde. 22 Quem
tocar alguma coisa sobre que ela se tiver assentado lavará os
seus vestidos, banhar-se-á em água e ficará imundo até à tarde.
23 Se o sangue estiver sobre a cama, ou sobre alguma coisa sobre
que ela se assentar, quando o homem o tocar, ficará imundo
até à tarde. 24 Se um homem se deitar com ela e a sua impureza
estiver sobre ele, será imundo sete dias; e toda a cama sobre
que ele se deitar será imunda.

25 Se uma mulher tiver um fluxo do seu sangue por muitos
dias fora do tempo da sua impureza, ou se o fluxo passar além
do tempo da sua impureza, por todos os dias do fluxo da sua
imundícia ela estará como nos dias da sua impureza; ela está
imunda. 26 Toda cama sobre que ela se deitar durante todos os
dias do seu fluxo, ser-lhe-á como a cama da sua impureza; e
tudo sobre que se assentar será imundo, como a imundícia da
sua impureza. 27 Quem tocar estas coisas será imundo, lavará
os seus vestidos, banhar-se-á em água e ficará imundo até à
tarde. 28 Mas, se for limpa do seu fluxo, contará para si sete
dias, e depois será limpa. 29 Ao oitavo dia, tomará para si duas
rolas ou dois pombinhos e os trará ao sacerdote, à entrada da
tenda da revelação. 30 O sacerdote oferecerá um para oferta pelo
pecado, e outro para holocausto; fará expiação por ela diante
de Jeová por causa do fluxo da sua imundícia.

31 Assim, separareis os filhos de Israel da sua imundícia, para
que não morram na sua imundícia, quando contaminarem o
meu tabernáculo que está no meio deles.

32 Esta é a lei daquele que tem o fluxo e daquele de quem sai

לג וְהַדָּוָה בְּנִדָּתָהּ וְהַזָּב אֶת־זוֹבוֹ לַזָּכָר וְלַנְּקֵבָה וּלְאִישׁ אֲשֶׁר
יִשְׁכַּב עִם־טְמֵאָה׃ פ

א וַיְדַבֵּר יְהוָה אֶל־מֹשֶׁה אַחֲרֵי מוֹת שְׁנֵי בְּנֵי אַהֲרֹן בְּקָרְבָתָם
לִפְנֵי־יְהוָה וַיָּמֻתוּ׃
ב וַיֹּאמֶר יְהוָה אֶל־מֹשֶׁה דַּבֵּר אֶל־אַהֲרֹן אָחִיךָ וְאַל־יָבֹא בְכָל־
עֵת אֶל־הַקֹּדֶשׁ מִבֵּית לַפָּרֹכֶת אֶל־פְּנֵי הַכַּפֹּרֶת אֲשֶׁר עַל־הָאָרֹן
וְלֹא יָמוּת כִּי בֶּעָנָן אֵרָאֶה עַל־הַכַּפֹּרֶת׃
ג בְּזֹאת יָבֹא אַהֲרֹן אֶל־הַקֹּדֶשׁ בְּפַר בֶּן־בָּקָר לְחַטָּאת וְאַיִל
לְעֹלָה׃
ד כְּתֹנֶת־בַּד קֹדֶשׁ יִלְבָּשׁ וּמִכְנְסֵי־בַד יִהְיוּ עַל־בְּשָׂרוֹ וּבְאַבְנֵט בַּד
יַחְגֹּר וּבְמִצְנֶפֶת בַּד יִצְנֹף בִּגְדֵי־קֹדֶשׁ הֵם וְרָחַץ בַּמַּיִם אֶת־בְּשָׂרוֹ
וּלְבֵשָׁם׃
ה וּמֵאֵת עֲדַת בְּנֵי יִשְׂרָאֵל יִקַּח שְׁנֵי־שְׂעִירֵי עִזִּים לְחַטָּאת וְאַיִל
אֶחָד לְעֹלָה׃

ו וְהִקְרִיב אַהֲרֹן אֶת־פַּר הַחַטָּאת אֲשֶׁר־לוֹ וְכִפֶּר בַּעֲדוֹ וּבְעַד
בֵּיתוֹ׃
ז וְלָקַח אֶת־שְׁנֵי הַשְּׂעִירִם וְהֶעֱמִיד אֹתָם לִפְנֵי יְהוָה פֶּתַח אֹהֶל
מוֹעֵד׃
ח וְנָתַן אַהֲרֹן עַל־שְׁנֵי הַשְּׂעִירִם גּוֹרָלוֹת גּוֹרָל אֶחָד לַיהוָה וְגוֹרָל
אֶחָד לַעֲזָאזֵל׃
ט וְהִקְרִיב אַהֲרֹן אֶת־הַשָּׂעִיר אֲשֶׁר עָלָה עָלָיו הַגּוֹרָל לַיהוָה
וְעָשָׂהוּ חַטָּאת׃
י וְהַשָּׂעִיר אֲשֶׁר עָלָה עָלָיו הַגּוֹרָל לַעֲזָאזֵל יָעֳמַד־חַי לִפְנֵי יְהוָה
לְכַפֵּר עָלָיו לְשַׁלַּח אֹתוֹ לַעֲזָאזֵל הַמִּדְבָּרָה׃

יא וְהִקְרִיב אַהֲרֹן אֶת־פַּר הַחַטָּאת אֲשֶׁר־לוֹ וְכִפֶּר בַּעֲדוֹ וּבְעַד
בֵּיתוֹ וְשָׁחַט אֶת־פַּר הַחַטָּאת אֲשֶׁר־לוֹ׃

o sêmen, de maneira que por eles se torna imundo; 33 daquela
que está enferma com a sua impureza, daquele que tem o fluxo,
do homem, e da mulher, e daquele que se deitar com aquela
que está imunda.

### *Ritual de expiação anual*

16 1 Falou Jeová a Moisés, depois da morte dos dois
filhos de Arão, quando se chegaram diante de
Jeová e morreram. 2 Disse Jeová a Moisés: Fala
a Arão, teu irmão, que não entre em todo tempo no santo
lugar dentro do véu, diante do propiciatório que está sobre a
arca, para que não morra; porque aparecerei na nuvem sobre
o propiciatório. 3 Com estes entrará Arão no santo lugar: com
um novilho para oferta pelo pecado e um carneiro para holo-
causto 4 Vestir-se-á da sagrada túnica de linho, terá as calças
de linho sobre a sua carne, cingir-se-á com o cinto de linho e
porá na cabeça a mitra de linho: estas são as vestes sagradas.
Banhará o seu corpo em água, e delas se vestirá. 5 Da congre-
gação dos filhos de Israel tomará dois bodes para oferta pelo
pecado e um carneiro para holocausto.

6 Arão apresentará o novilho que é a sua oferta pelo pecado
e fará expiação por si e pela sua casa. 7 Também tomará os dois
bodes e pô-los-á diante de Jeová, à entrada da tenda da reve-
lação. 8 Deitará sortes sobre os dois bodes; uma "para Jeová"
e outra "para Azazel". 9 Apresentará o bode sobre que caiu a
sorte "para Jeová" e oferecê-lo-á como oferta pelo pecado.
10 Mas o bode sobre que caiu a sorte "para Azazel" pôr-se-á vivo
diante de Jeová, para fazer expiação por ele, a fim de enviá-lo
ao deserto para Azazel.

### *O sacrifício pelo próprio sumo sacerdote*

11 Arão apresentará o novilho que é a sua oferta pelo pecado
e fará expiação por si e pela sua casa. Matará o novilho que é a

יב וְלָקַח מְלֹא־הַמַּחְתָּה גַּחֲלֵי־אֵשׁ מֵעַל הַמִּזְבֵּחַ מִלִּפְנֵי יְהוָה
וּמְלֹא חָפְנָיו קְטֹרֶת סַמִּים דַּקָּה וְהֵבִיא מִבֵּית לַפָּרֹכֶת׃
יג וְנָתַן אֶת־הַקְּטֹרֶת עַל־הָאֵשׁ לִפְנֵי יְהוָה וְכִסָּה ׀ עֲנַן הַקְּטֹרֶת
אֶת־הַכַּפֹּרֶת אֲשֶׁר עַל־הָעֵדוּת וְלֹא יָמוּת׃
יד וְלָקַח מִדַּם הַפָּר וְהִזָּה בְאֶצְבָּעוֹ עַל־פְּנֵי הַכַּפֹּרֶת קֵדְמָה וְלִפְנֵי
הַכַּפֹּרֶת יַזֶּה שֶׁבַע־פְּעָמִים מִן־הַדָּם בְּאֶצְבָּעוֹ׃

טו וְשָׁחַט אֶת־שְׂעִיר הַחַטָּאת אֲשֶׁר לָעָם וְהֵבִיא אֶת־דָּמוֹ אֶל־
מִבֵּית לַפָּרֹכֶת וְעָשָׂה אֶת־דָּמוֹ כַּאֲשֶׁר עָשָׂה לְדַם הַפָּר וְהִזָּה
אֹתוֹ עַל־הַכַּפֹּרֶת וְלִפְנֵי הַכַּפֹּרֶת׃
טז וְכִפֶּר עַל־הַקֹּדֶשׁ מִטֻּמְאֹת בְּנֵי יִשְׂרָאֵל וּמִפִּשְׁעֵיהֶם לְכָל־
חַטֹּאתָם וְכֵן יַעֲשֶׂה לְאֹהֶל מוֹעֵד הַשֹּׁכֵן אִתָּם בְּתוֹךְ טֻמְאֹתָם׃
יז וְכָל־אָדָם לֹא־יִהְיֶה ׀ בְּאֹהֶל מוֹעֵד בְּבֹאוֹ לְכַפֵּר בַּקֹּדֶשׁ עַד־
צֵאתוֹ וְכִפֶּר בַּעֲדוֹ וּבְעַד בֵּיתוֹ וּבְעַד כָּל־קְהַל יִשְׂרָאֵל׃
יח וְיָצָא אֶל־הַמִּזְבֵּחַ אֲשֶׁר לִפְנֵי־יְהוָה וְכִפֶּר עָלָיו וְלָקַח מִדַּם
הַפָּר וּמִדַּם הַשָּׂעִיר וְנָתַן עַל־קַרְנוֹת הַמִּזְבֵּחַ סָבִיב׃
יט וְהִזָּה עָלָיו מִן־הַדָּם בְּאֶצְבָּעוֹ שֶׁבַע פְּעָמִים וְטִהֲרוֹ וְקִדְּשׁוֹ
מִטֻּמְאֹת בְּנֵי יִשְׂרָאֵל׃

כ וְכִלָּה מִכַּפֵּר אֶת־הַקֹּדֶשׁ וְאֶת־אֹהֶל מוֹעֵד וְאֶת־הַמִּזְבֵּחַ
וְהִקְרִיב אֶת־הַשָּׂעִיר הֶחָי׃
כא וְסָמַךְ אַהֲרֹן אֶת־שְׁתֵּי (יָדוֹ) [יָדָיו] עַל רֹאשׁ הַשָּׂעִיר הַחַי
וְהִתְוַדָּה עָלָיו אֶת־כָּל־עֲוֺנֹת בְּנֵי יִשְׂרָאֵל וְאֶת־כָּל־פִּשְׁעֵיהֶם
לְכָל־חַטֹּאתָם וְנָתַן אֹתָם עַל־רֹאשׁ הַשָּׂעִיר וְשִׁלַּח בְּיַד־אִישׁ
עִתִּי הַמִּדְבָּרָה׃
כב וְנָשָׂא הַשָּׂעִיר עָלָיו אֶת־כָּל־עֲוֺנֹתָם אֶל־אֶרֶץ גְּזֵרָה וְשִׁלַּח
אֶת־הַשָּׂעִיר בַּמִּדְבָּר׃

sua oferta pelo pecado 12 e tomará um incensário cheio de bra-
sas de fogo de sobre o altar, diante de Jeová, e dois punhados
de incenso aromático bem moído e os trará para dentro do
véu. 13 Porá o incenso sobre o fogo, diante de Jeová, para que
a nuvem do incenso cubra o propiciatório que está sobre o
testemunho, a fim de que ele não morra. 14 Tomará do sangue
do novilho e o aspergirá com o dedo sobre o propiciatório ao
lado oriental; e, diante do propiciatório, aspergirá do sangue
sete vezes com o dedo.

### *O sacrifício pelo povo*

15 Então, matará o bode que é a oferta pelo pecado do povo e
trará o sangue do bode para dentro do véu. Fará com o sangue
dele como fez com o sangue do novilho e o aspergirá sobre o
propiciatório e diante do propiciatório. 16 Fará expiação pelo
santo lugar, por causa das imundícias dos filhos de Israel e por
causa das suas transgressões, a saber, todos os seus pecados.
Da mesma maneira fará pela tenda da revelação, que com eles
permanece no meio das suas imundícias. 17 Não haverá homem
algum na tenda da revelação, quando entrar Arão para fazer
expiação no santo lugar, até que saia depois de ter feito expiação
por si, e pela sua casa, e por toda a assembleia de Israel. 18 Então,
sairá ao altar que está diante de Jeová e fará expiação pelo altar.
Tomará do sangue do novilho, e do sangue do bode, e pô-lo-á
sobre os chifres do altar ao redor. 19 Do sangue aspergirá com
o dedo sete vezes sobre o altar, e purificá-lo-á, e santificá-lo-á
das imundícias dos filhos de Israel.

20 Havendo acabado de fazer expiação pelo santo lugar, pela
tenda da congregação e pelo altar, apresentará o bode vivo. 21 Porá
ambas as mãos sobre a cabeça do bode vivo e sobre ele confessará
todas as iniquidades dos filhos de Israel e todas as suas transgres-
sões, a saber, todos os seus pecados. Pô-los-á sobre a cabeça do bode
e enviá-lo-á ao deserto por mão dum homem que está encarregado
disso. 22 O bode levará sobre si todas as iniquidades deles para uma
região solitária; e o homem soltará o bode no deserto.

כג וּבָא אַהֲרֹן אֶל־אֹהֶל מוֹעֵד וּפָשַׁט אֶת־בִּגְדֵי הַבָּד אֲשֶׁר לָבַשׁ
בְּבֹאוֹ אֶל־הַקֹּדֶשׁ וְהִנִּיחָם שָׁם׃
כד וְרָחַץ אֶת־בְּשָׂרוֹ בַמַּיִם בְּמָקוֹם קָדוֹשׁ וְלָבַשׁ אֶת־בְּגָדָיו וְיָצָא
וְעָשָׂה אֶת־עֹלָתוֹ וְאֶת־עֹלַת הָעָם וְכִפֶּר בַּעֲדוֹ וּבְעַד הָעָם׃
כה וְאֵת חֵלֶב הַחַטָּאת יַקְטִיר הַמִּזְבֵּחָה׃
כו וְהַמְשַׁלֵּחַ אֶת־הַשָּׂעִיר לַעֲזָאזֵל יְכַבֵּס בְּגָדָיו וְרָחַץ אֶת־בְּשָׂרוֹ
בַּמָּיִם וְאַחֲרֵי־כֵן יָבוֹא אֶל־הַמַּחֲנֶה׃
כז וְאֵת פַּר הַחַטָּאת וְאֵת ׀ שְׂעִיר הַחַטָּאת אֲשֶׁר הוּבָא אֶת־דָּמָם
לְכַפֵּר בַּקֹּדֶשׁ יוֹצִיא אֶל־מִחוּץ לַמַּחֲנֶה וְשָׂרְפוּ בָאֵשׁ אֶת־עֹרֹתָם
וְאֶת־בְּשָׂרָם וְאֶת־פִּרְשָׁם׃
כח וְהַשֹּׂרֵף אֹתָם יְכַבֵּס בְּגָדָיו וְרָחַץ אֶת־בְּשָׂרוֹ בַּמָּיִם וְאַחֲרֵי־כֵן
יָבוֹא אֶל־הַמַּחֲנֶה׃

כט וְהָיְתָה לָכֶם לְחֻקַּת עוֹלָם בַּחֹדֶשׁ הַשְּׁבִיעִי בֶּעָשׂוֹר לַחֹדֶשׁ
תְּעַנּוּ אֶת־נַפְשֹׁתֵיכֶם וְכָל־מְלָאכָה לֹא תַעֲשׂוּ הָאֶזְרָח וְהַגֵּר הַגָּר
בְּתוֹכְכֶם׃
ל כִּי־בַיּוֹם הַזֶּה יְכַפֵּר עֲלֵיכֶם לְטַהֵר אֶתְכֶם מִכֹּל חַטֹּאתֵיכֶם
לִפְנֵי יְהוָה תִּטְהָרוּ׃
לא שַׁבַּת שַׁבָּתוֹן הִיא לָכֶם וְעִנִּיתֶם אֶת־נַפְשֹׁתֵיכֶם חֻקַּת עוֹלָם׃
לב וְכִפֶּר הַכֹּהֵן אֲשֶׁר־יִמְשַׁח אֹתוֹ וַאֲשֶׁר יְמַלֵּא אֶת־יָדוֹ לְכַהֵן
תַּחַת אָבִיו וְלָבַשׁ אֶת־בִּגְדֵי הַבָּד בִּגְדֵי הַקֹּדֶשׁ׃
לג וְכִפֶּר אֶת־מִקְדַּשׁ הַקֹּדֶשׁ וְאֶת־אֹהֶל מוֹעֵד וְאֶת־הַמִּזְבֵּחַ יְכַפֵּר
וְעַל הַכֹּהֲנִים וְעַל־כָּל־עַם הַקָּהָל יְכַפֵּר׃
לד וְהָיְתָה־זֹּאת לָכֶם לְחֻקַּת עוֹלָם לְכַפֵּר עַל־בְּנֵי יִשְׂרָאֵל מִכָּל־
חַטֹּאתָם אַחַת בַּשָּׁנָה וַיַּעַשׂ כַּאֲשֶׁר צִוָּה יְהוָה אֶת־מֹשֶׁה׃ פ

23 Depois, Arão entrará na tenda da revelação e despirá as suas
vestes de linho, que havia vestido quando entrou no santo lugar,
e as deixará ali. 24 Banhará o seu corpo em água num lugar santo
e, tomando os seus vestidos, sairá, oferecerá o seu holocausto e
o do povo e fará expiação por si e pelo povo. 25 Queimará sobre
o altar a gordura da oferta pelo pecado. 26 E aquele que solta o
bode para Azazel lavará os seus vestidos, banhará o seu corpo em
água e, depois, entrará no arraial. 27 Mas o novilho da oferta pelo
pecado e o bode da oferta pelo pecado, cujo sangue foi trazido
para fazer expiação no santo lugar, serão levados para fora do
arraial; queimar-se-ão no fogo as suas peles, as suas carnes e o
seu excremento. 28 Aquele que os queimar lavará os seus vestidos,
banhará o seu corpo em água e, depois, entrará no arraial.

### *A festa anual das expiações*

29 Isso vos será por estatuto perpétuo: no sétimo mês, aos
dez dias do mês, afligireis as vossas almas, e não fareis trabalho
algum, nem o natural nem o estrangeiro que peregrina entre
vós; 30 pois nesse dia se fará expiação por vós, para vos purifi-
car; de todos os vossos pecados sereis limpos diante de Jeová.
31 É sábado de descanso solene para vós, e afligireis as vossas
almas; é estatuto perpétuo. 32 O sacerdote que for ungido e que
for sagrado para exercer as funções do sacerdócio no lugar de
seu pai fará a expiação, e vestir-se-á dos vestidos de linho, a
saber, das vestes sagradas. 33 Fará expiação pelo santuário, pela
tenda da revelação e pelo altar; igualmente fará expiação pelos
sacerdotes e por todo o povo da assembleia. 34 Isto vos será por
estatuto perpétuo, para fazer expiação uma vez cada ano pelos
filhos de Israel, por causa dos seus pecados. Fez Arão como
Jeová havia ordenado a Moisés.

א וַיְדַבֵּר יְהוָה אֶל־מֹשֶׁה לֵּאמֹר׃
ב דַּבֵּר אֶל־אַהֲרֹן וְאֶל־בָּנָיו וְאֶל כָּל־בְּנֵי יִשְׂרָאֵל וְאָמַרְתָּ אֲלֵיהֶם
זֶה הַדָּבָר אֲשֶׁר־צִוָּה יְהוָה לֵאמֹר׃
ג אִישׁ אִישׁ מִבֵּית יִשְׂרָאֵל אֲשֶׁר יִשְׁחַט שׁוֹר אוֹ־כֶשֶׂב אוֹ־עֵז
בַּמַּחֲנֶה אוֹ אֲשֶׁר יִשְׁחַט מִחוּץ לַמַּחֲנֶה׃
ד וְאֶל־פֶּתַח אֹהֶל מוֹעֵד לֹא הֱבִיאוֹ לְהַקְרִיב קָרְבָּן לַיהוָה לִפְנֵי
מִשְׁכַּן יְהוָה דָּם יֵחָשֵׁב לָאִישׁ הַהוּא דָּם שָׁפָךְ וְנִכְרַת הָאִישׁ
הַהוּא מִקֶּרֶב עַמּוֹ׃
ה לְמַעַן אֲשֶׁר יָבִיאוּ בְּנֵי יִשְׂרָאֵל אֶת־זִבְחֵיהֶם אֲשֶׁר הֵם זֹבְחִים
עַל־פְּנֵי הַשָּׂדֶה וֶהֱבִאֻם לַיהוָה אֶל־פֶּתַח אֹהֶל מוֹעֵד אֶל־הַכֹּהֵן
וְזָבְחוּ זִבְחֵי שְׁלָמִים לַיהוָה אוֹתָם׃
ו וְזָרַק הַכֹּהֵן אֶת־הַדָּם עַל־מִזְבַּח יְהוָה פֶּתַח אֹהֶל מוֹעֵד
וְהִקְטִיר הַחֵלֶב לְרֵיחַ נִיחֹחַ לַיהוָה׃
ז וְלֹא־יִזְבְּחוּ עוֹד אֶת־זִבְחֵיהֶם לַשְּׂעִירִם אֲשֶׁר הֵם זֹנִים אַחֲרֵיהֶם
חֻקַּת עוֹלָם תִּהְיֶה־זֹּאת לָהֶם לְדֹרֹתָם׃

ח וַאֲלֵהֶם תֹּאמַר אִישׁ אִישׁ מִבֵּית יִשְׂרָאֵל וּמִן־הַגֵּר אֲשֶׁר־יָגוּר
בְּתוֹכָם אֲשֶׁר־יַעֲלֶה עֹלָה אוֹ־זָבַח׃
ט וְאֶל־פֶּתַח אֹהֶל מוֹעֵד לֹא יְבִיאֶנּוּ לַעֲשׂוֹת אֹתוֹ לַיהוָה וְנִכְרַת
הָאִישׁ הַהוּא מֵעַמָּיו׃

י וְאִישׁ אִישׁ מִבֵּית יִשְׂרָאֵל וּמִן־הַגֵּר הַגָּר בְּתוֹכָם אֲשֶׁר יֹאכַל
כָּל־דָּם וְנָתַתִּי פָנַי בַּנֶּפֶשׁ הָאֹכֶלֶת אֶת־הַדָּם וְהִכְרַתִּי אֹתָהּ
מִקֶּרֶב עַמָּהּ׃
יא כִּי נֶפֶשׁ הַבָּשָׂר בַּדָּם הִוא וַאֲנִי נְתַתִּיו לָכֶם עַל־הַמִּזְבֵּחַ לְכַפֵּר
עַל־נַפְשֹׁתֵיכֶם כִּי־הַדָּם הוּא בַּנֶּפֶשׁ יְכַפֵּר׃
יב עַל־כֵּן אָמַרְתִּי לִבְנֵי יִשְׂרָאֵל כָּל־נֶפֶשׁ מִכֶּם לֹא־תֹאכַל דָּם
וְהַגֵּר הַגָּר בְּתוֹכְכֶם לֹא־יֹאכַל דָּם׃ ס
יג וְאִישׁ אִישׁ מִבְּנֵי יִשְׂרָאֵל וּמִן־הַגֵּר הַגָּר בְּתוֹכָם אֲשֶׁר יָצוּד
צֵיד חַיָּה אוֹ־עוֹף אֲשֶׁר יֵאָכֵל וְשָׁפַךְ אֶת־דָּמוֹ וְכִסָּהוּ בֶּעָפָר׃

*Leis referentes à matança dos animais*

17 1 Disse Jeová a Moisés: 2 Fala a Arão, e a seus filhos, e a
todos os filhos de Israel e dize-lhes: Isto é o que Jeová
tem ordenado: 3 Qualquer homem da casa de Israel
que matar boi, ou cordeiro, ou cabra no arraial, ou fora do ar-
raial, 4 e o não trouxer à entrada da tenda da revelação para o
oferecer como oblação a Jeová diante do tabernáculo de Jeová,
a esse homem será imputado sangue (esse homem derramou
sangue, e será exterminado dentre o seu povo); 5 a fim de que
os filhos de Israel tragam os seus sacrifícios, que oferecem nos
campos, sim, a fim de que os tragam a Jeová, à entrada da tenda
da revelação, ao sacerdote, e os ofereçam como sacrifício de
ofertas pacíficas a Jeová. 6 O sacerdote aspergirá o sangue so-
bre o altar de Jeová, à entrada da tenda da revelação, e queima-
rá a gordura por suave cheiro a Jeová. 7 Nunca mais oferecerão
os seus sacrifícios aos demônios, aos quais idolatram. Isso lhes
será por estatuto perpétuo nas suas gerações.

8 Dir-lhes-ás também: Qualquer homem da casa de Israel,
ou dos estrangeiros que entre eles peregrinam, que oferecer
holocausto ou sacrifício, 9 e não o trouxer à entrada da tenda
da revelação, para o oferecer a Jeová, esse homem será exter-
minado do seu povo.

*A proibição de comer sangue*

10 Qualquer homem da casa de Israel ou dos estrangeiros que
entre eles peregrinam que comer sangue, contra ele porei o meu
rosto e o cortarei dentre o seu povo. 11 Porque a vida da carne
está no sangue. Eu vo-lo dei sobre o altar, para fazer expiação
pelas vossas almas, porquanto é o sangue que faz expiação em
virtude da vida. 12 Portanto, eu disse aos filhos de Israel: Nenhum
de vós comerá sangue, nem o estrangeiro que peregrina entre
vós. 13 Qualquer homem da casa de Israel ou dos estrangeiros que
entre eles peregrinam que tomar em caçada alguma fera ou ave
que se podem comer derramará o sangue dela e o cobrirá com pó.

יד כִּי־נֶפֶשׁ כָּל־בָּשָׂר דָּמוֹ בְנַפְשׁוֹ הוּא וָאֹמַר לִבְנֵי יִשְׂרָאֵל דַּם
כָּל־בָּשָׂר לֹא תֹאכֵלוּ כִּי נֶפֶשׁ כָּל־בָּשָׂר דָּמוֹ הִוא כָּל־אֹכְלָיו
יִכָּרֵת׃
טו וְכָל־נֶפֶשׁ אֲשֶׁר תֹּאכַל נְבֵלָה וּטְרֵפָה בָּאֶזְרָח וּבַגֵּר וְכִבֶּס
בְּגָדָיו וְרָחַץ בַּמַּיִם וְטָמֵא עַד־הָעֶרֶב וְטָהֵר׃
טז וְאִם לֹא יְכַבֵּס וּבְשָׂרוֹ לֹא יִרְחָץ וְנָשָׂא עֲוֹנוֹ׃ פ

א וַיְדַבֵּר יְהוָה אֶל־מֹשֶׁה לֵּאמֹר׃
ב דַּבֵּר אֶל־בְּנֵי יִשְׂרָאֵל וְאָמַרְתָּ אֲלֵהֶם אֲנִי יְהוָה אֱלֹהֵיכֶם׃
ג כְּמַעֲשֵׂה אֶרֶץ־מִצְרַיִם אֲשֶׁר יְשַׁבְתֶּם־בָּהּ לֹא תַעֲשׂוּ וּכְמַעֲשֵׂה
אֶרֶץ־כְּנַעַן אֲשֶׁר אֲנִי מֵבִיא אֶתְכֶם שָׁמָּה לֹא תַעֲשׂוּ וּבְחֻקֹּתֵיהֶם
לֹא תֵלֵכוּ׃
ד אֶת־מִשְׁפָּטַי תַּעֲשׂוּ וְאֶת־חֻקֹּתַי תִּשְׁמְרוּ לָלֶכֶת בָּהֶם אֲנִי יְהוָה
אֱלֹהֵיכֶם׃
ה וּשְׁמַרְתֶּם אֶת־חֻקֹּתַי וְאֶת־מִשְׁפָּטַי אֲשֶׁר יַעֲשֶׂה אֹתָם הָאָדָם
וָחַי בָּהֶם אֲנִי יְהוָה׃ ס
ו אִישׁ אִישׁ אֶל־כָּל־שְׁאֵר בְּשָׂרוֹ לֹא תִקְרְבוּ לְגַלּוֹת עֶרְוָה אֲנִי
יְהוָה׃ ס
ז עֶרְוַת אָבִיךָ וְעֶרְוַת אִמְּךָ לֹא תְגַלֵּה אִמְּךָ הִוא לֹא תְגַלֶּה
עֶרְוָתָהּ׃ ס
ח עֶרְוַת אֵשֶׁת־אָבִיךָ לֹא תְגַלֵּה עֶרְוַת אָבִיךָ הִוא׃ ס
ט עֶרְוַת אֲחוֹתְךָ בַת־אָבִיךָ אוֹ בַת־אִמֶּךָ מוֹלֶדֶת בַּיִת אוֹ מוֹלֶדֶת
חוּץ לֹא תְגַלֶּה עֶרְוָתָן׃ ס
י עֶרְוַת בַּת־בִּנְךָ אוֹ בַת־בִּתְּךָ לֹא תְגַלֶּה עֶרְוָתָן כִּי עֶרְוָתְךָ הֵנָּה׃
ס
יא עֶרְוַת בַּת־אֵשֶׁת אָבִיךָ מוֹלֶדֶת אָבִיךָ אֲחוֹתְךָ הִוא לֹא תְגַלֶּה
עֶרְוָתָהּ׃ ס
יב עֶרְוַת אֲחוֹת־אָבִיךָ לֹא תְגַלֵּה שְׁאֵר אָבִיךָ הִוא׃ ס
יג עֶרְוַת אֲחוֹת־אִמְּךָ לֹא תְגַלֵּה כִּי־שְׁאֵר אִמְּךָ הִוא׃ ס
יד עֶרְוַת אֲחִי־אָבִיךָ לֹא תְגַלֵּה אֶל־אִשְׁתּוֹ לֹא תִקְרָב דֹּדָתְךָ הִוא׃
ס

14 Quanto à vida de toda carne, o seu sangue é uma e a mesma coisa com a sua vida; portanto, eu disse aos filhos de Israel: Não comereis o sangue de qualquer carne que seja; porquanto a vida de toda carne é o seu sangue: todo o que comer dele será cortado. 15 Todo homem, quer natural, quer estrangeiro, que comer o que morre por si ou o que é dilacerado por feras lavará os seus vestidos, banhar-se-á em água e ficará imundo até à tarde; então, será limpo. 16 Mas, se não os lavar, nem banhar o seu corpo, levará sobre si a sua iniquidade.

### *Casamentos ilícitos*

**18** 1 Disse Jeová a Moisés: 2 Fala aos filhos de Israel e dize-lhes: Eu sou Jeová, vosso Deus. 3 Não fareis segundo as obras da terra do Egito, em que habitastes; não fareis segundo as obras da terra de Canaã, na qual eu vos hei de introduzir; nem andareis segundo os seus estatutos. 4 Cumprireis os meus juízos e guardareis os meus estatutos, para neles andardes; eu sou Jeová, vosso Deus. 5 Guardareis, pois, os meus estatutos e os meus juízos; fazendo os quais, o homem viverá por eles: eu sou Jeová.

6 Nenhum de vós se chegará àquela que lhe é próxima por sangue, para descobrir a sua nudez; eu sou Jeová. 7 Não descobrirás a nudez de teu pai, isto é, a nudez de tua mãe. Ela é tua mãe; não descobrirás a sua nudez. 8 Não descobrirás a nudez da mulher de teu pai; é nudez de teu pai. 9 A nudez de tua irmã por parte de pai ou por parte de mãe, nascida em casa ou fora de casa, sim, a nudez dela, não a descobrirás. 10 A nudez da filha de teu filho; ou filha de tua filha, sim, a nudez delas, não a descobrirás; porque a sua nudez é a tua. 11 A nudez da filha da mulher de teu pai, gerada por teu pai, ela é tua irmã, não descobrirás a sua nudez. 12 Não descobrirás a nudez da irmã de teu pai; ela é parenta bem chegada de teu pai. 13 Não descobrirás a nudez da irmã de tua mãe; porque ela é parenta bem chegada de tua mãe. 14 Não descobrirás a nudez do irmão de teu pai, não te chegarás à sua mulher; ela é tua tia. 15 Não descobrirás a nudez de tua

טו עֶרְוַת כַּלָּתְךָ לֹא תְגַלֵּה אֵשֶׁת בִּנְךָ הִוא לֹא תְגַלֶּה עֶרְוָתָהּ: ס
טז עֶרְוַת אֵשֶׁת־אָחִיךָ לֹא תְגַלֵּה עֶרְוַת אָחִיךָ הִוא: ס
יז עֶרְוַת אִשָּׁה וּבִתָּהּ לֹא תְגַלֵּה אֶת־בַּת־בְּנָהּ וְאֶת־בַּת־בִּתָּהּ לֹא
תִקַּח לְגַלּוֹת עֶרְוָתָהּ שַׁאֲרָה הֵנָּה זִמָּה הִוא:
יח וְאִשָּׁה אֶל־אֲחֹתָהּ לֹא תִקָּח לִצְרֹר לְגַלּוֹת עֶרְוָתָהּ עָלֶיהָ
בְּחַיֶּיהָ:

יט וְאֶל־אִשָּׁה בְּנִדַּת טֻמְאָתָהּ לֹא תִקְרַב לְגַלּוֹת עֶרְוָתָהּ:
כ וְאֶל־אֵשֶׁת עֲמִיתְךָ לֹא־תִתֵּן שְׁכָבְתְּךָ לְזָרַע לְטָמְאָה־בָהּ:
כא וּמִזַּרְעֲךָ לֹא־תִתֵּן לְהַעֲבִיר לַמֹּלֶךְ וְלֹא תְחַלֵּל אֶת־שֵׁם אֱלֹהֶיךָ
אֲנִי יְהוָה:
כב וְאֶת־זָכָר לֹא תִשְׁכַּב מִשְׁכְּבֵי אִשָּׁה תּוֹעֵבָה הִוא:
כג וּבְכָל־בְּהֵמָה לֹא־תִתֵּן שְׁכָבְתְּךָ לְטָמְאָה־בָהּ וְאִשָּׁה לֹא־תַעֲמֹד
לִפְנֵי בְהֵמָה לְרִבְעָהּ תֶּבֶל הוּא:

כד אַל־תִּטַּמְּאוּ בְּכָל־אֵלֶּה כִּי בְכָל־אֵלֶּה נִטְמְאוּ הַגּוֹיִם אֲשֶׁר־
אֲנִי מְשַׁלֵּחַ מִפְּנֵיכֶם:
כה וַתִּטְמָא הָאָרֶץ וָאֶפְקֹד עֲוֺנָהּ עָלֶיהָ וַתָּקִא הָאָרֶץ אֶת־יֹשְׁבֶיהָ:
כו וּשְׁמַרְתֶּם אַתֶּם אֶת־חֻקֹּתַי וְאֶת־מִשְׁפָּטַי וְלֹא תַעֲשׂוּ מִכֹּל
הַתּוֹעֵבֹת הָאֵלֶּה הָאֶזְרָח וְהַגֵּר הַגָּר בְּתוֹכְכֶם:
כז כִּי אֶת־כָּל־הַתּוֹעֵבֹת הָאֵל עָשׂוּ אַנְשֵׁי־הָאָרֶץ אֲשֶׁר לִפְנֵיכֶם
וַתִּטְמָא הָאָרֶץ:
כח וְלֹא־תָקִיא הָאָרֶץ אֶתְכֶם בְּטַמַּאֲכֶם אֹתָהּ כַּאֲשֶׁר קָאָה אֶת־
הַגּוֹי אֲשֶׁר לִפְנֵיכֶם:
כט כִּי כָּל־אֲשֶׁר יַעֲשֶׂה מִכֹּל הַתּוֹעֵבוֹת הָאֵלֶּה וְנִכְרְתוּ הַנְּפָשׁוֹת
הָעֹשֹׂת מִקֶּרֶב עַמָּם:
ל וּשְׁמַרְתֶּם אֶת־מִשְׁמַרְתִּי לְבִלְתִּי עֲשׂוֹת מֵחֻקּוֹת הַתּוֹעֵבֹת
אֲשֶׁר נַעֲשׂוּ לִפְנֵיכֶם וְלֹא תִטַּמְּאוּ בָּהֶם אֲנִי יְהוָה אֱלֹהֵיכֶם: פ

nora; ela é mulher de teu filho. 16 Não descobrirás a nudez da
mulher de teu irmão; é nudez de teu irmão. 17 Não descobrirás
a nudez duma mulher e de sua filha; não tomarás a filha de seu
filho, nem a filha de sua filha, para descobrir a sua nudez: elas
são parentas bem chegadas; maldade é. 18 Não tomarás uma
mulher juntamente com sua irmã, de modo que lhe seja rival,
descobrindo a sua nudez ao lado da outra durante a sua vida.

*Uniões abomináveis*

19 Não te chegarás a uma mulher para lhe descobrires a nudez,
enquanto for impura em virtude da sua menstruação. 20 Não te
deitarás com a mulher do teu próximo, para te contaminares
com ela. 21 Não darás nenhum de teus filhos para os fazeres
passar pelo fogo a Moloque, nem profanarás o nome de teu
Deus; eu sou Jeová. 22 Não te deitarás com o homem, como se
fosse mulher; é uma abominação. 23 Não te deitarás com algum
animal para te contaminares com ele; nem a mulher se porá
diante dum animal, para se ajuntar com ele: confusão é.

24 Não vos contamineis com nenhuma destas coisas, pois
com todas elas são contaminadas as nações que eu hei de ex-
pulsar de diante de vós. 25 A terra está contaminada; portanto,
visito nela as suas iniquidades, e ela vomita os seus habitantes.
26 Vós guardareis os meus estatutos e os meus juízos, e não
cometereis nenhuma destas abominações, nem o natural, nem
o estrangeiro que peregrina entre vós 27 (porque todas estas
abominações cometeram os homens da terra, que foram antes
de vós, e a terra está contaminada). 28 Não suceda que a terra,
sendo contaminada por vós, vos vomite também a vós, como
vomitou a nação que foi antes de vós. 29 Todo o que cometer
alguma destas abominações, sim, aqueles que a cometerem,
serão cortados dentre o seu povo. 30 Portanto, guardareis o meu
mandamento, para que não caiais em alguns destes abomináveis

א וַיְדַבֵּר יְהוָה אֶל־מֹשֶׁה לֵּאמֹר׃
ב דַּבֵּר אֶל־כָּל־עֲדַת בְּנֵי־יִשְׂרָאֵל וְאָמַרְתָּ אֲלֵהֶם קְדֹשִׁים תִּהְיוּ
כִּי קָדוֹשׁ אֲנִי יְהוָה אֱלֹהֵיכֶם׃
ג אִישׁ אִמּוֹ וְאָבִיו תִּירָאוּ וְאֶת־שַׁבְּתֹתַי תִּשְׁמֹרוּ אֲנִי יְהוָה
אֱלֹהֵיכֶם׃ ד אַל־תִּפְנוּ אֶל־הָאֱלִילִם וֵאלֹהֵי מַסֵּכָה לֹא תַעֲשׂוּ
לָכֶם אֲנִי יְהוָה אֱלֹהֵיכֶם׃
ה וְכִי תִזְבְּחוּ זֶבַח שְׁלָמִים לַיהוָה לִרְצֹנְכֶם תִּזְבָּחֻהוּ׃
ו בְּיוֹם זִבְחֲכֶם יֵאָכֵל וּמִמָּחֳרָת וְהַנּוֹתָר עַד־יוֹם הַשְּׁלִישִׁי בָּאֵשׁ
יִשָּׂרֵף׃
ז וְאִם הֵאָכֹל יֵאָכֵל בַּיּוֹם הַשְּׁלִישִׁי פִּגּוּל הוּא לֹא יֵרָצֶה׃
ח וְאֹכְלָיו עֲוֺנוֹ יִשָּׂא כִּי־אֶת־קֹדֶשׁ יְהוָה חִלֵּל וְנִכְרְתָה הַנֶּפֶשׁ
הַהִוא מֵעַמֶּיהָ׃

ט וּבְקֻצְרְכֶם אֶת־קְצִיר אַרְצְכֶם לֹא תְכַלֶּה פְּאַת שָׂדְךָ לִקְצֹר
וְלֶקֶט קְצִירְךָ לֹא תְלַקֵּט׃
י וְכַרְמְךָ לֹא תְעוֹלֵל וּפֶרֶט כַּרְמְךָ לֹא תְלַקֵּט לֶעָנִי וְלַגֵּר תַּעֲזֹב
אֹתָם אֲנִי יְהוָה אֱלֹהֵיכֶם׃

יא לֹא תִּגְנֹבוּ וְלֹא־תְכַחֲשׁוּ וְלֹא־תְשַׁקְּרוּ אִישׁ בַּעֲמִיתוֹ׃ יב וְלֹא־
תִשָּׁבְעוּ בִשְׁמִי לַשָּׁקֶר וְחִלַּלְתָּ אֶת־שֵׁם אֱלֹהֶיךָ אֲנִי יְהוָה׃

יג לֹא־תַעֲשֹׁק אֶת־רֵעֲךָ וְלֹא תִגְזֹל לֹא־תָלִין פְּעֻלַּת שָׂכִיר אִתְּךָ
עַד־בֹּקֶר׃
יד לֹא־תְקַלֵּל חֵרֵשׁ וְלִפְנֵי עִוֵּר לֹא תִתֵּן מִכְשֹׁל וְיָרֵאתָ מֵּאֱלֹהֶיךָ
אֲנִי יְהוָה׃
טו לֹא־תַעֲשׂוּ עָוֶל בַּמִּשְׁפָּט לֹא־תִשָּׂא פְנֵי־דָל וְלֹא תֶהְדַּר פְּנֵי
גָדוֹל בְּצֶדֶק תִּשְׁפֹּט עֲמִיתֶךָ׃
טז לֹא־תֵלֵךְ רָכִיל בְּעַמֶּיךָ לֹא תַעֲמֹד עַל־דַּם רֵעֶךָ אֲנִי יְהוָה׃

יז לֹא־תִשְׂנָא אֶת־אָחִיךָ בִּלְבָבֶךָ הוֹכֵחַ תּוֹכִיחַ אֶת־עֲמִיתֶךָ וְלֹא־
תִשָּׂא עָלָיו חֵטְא׃

costumes, que antes de vós foram seguidos, e para que vos não
contamineis com eles: eu sou Jeová.

*A repetição de diversas leis*

19 1 Disse Jeová a Moisés: 2 Fala a toda a congregação
dos filhos de Israel e dize-lhes: Sereis santos; pois
eu, Jeová, vosso Deus, sou santo. 3 Temereis cada
um a sua mãe e a seu pai e guardareis os meus sábados; eu sou
Jeová, vosso Deus. 4 Não vos volteis a ídolos, nem façais para
vós deuses fundidos: eu sou Jeová, vosso Deus.

5 Quando oferecerdes a Jeová um sacrifício de ofertas pacíficas,
oferecê-lo-eis para que sejais aceitos. 6 Comer-se-á no mesmo dia
em que o oferecerdes, e no dia seguinte; se sobejar alguma coisa
até ao terceiro dia, queimar-se-á com fogo. 7 Se for comido ao
terceiro dia, é uma abominação, e não será aceito; 8 mas todo o
que comer dele levará sobre si a sua iniquidade, porque profanou
coisa santa de Jeová. Essa alma será cortada do seu povo.

9 Quando segares as messes da tua terra, não segarás total-
mente os cantos do teu campo, nem colherás o rabisco da tua
sega. 10 Não rabiscarás a tua vinha, nem colherás os bagos caídos
da tua vinha; mas deixá-los-ás para o pobre e para o estrangeiro:
eu sou Jeová, vosso Deus.

11 Não furtareis, nem enganareis, nem mentireis uns aos ou-
tros. 12 Não jurareis falso pelo meu nome, de sorte que profaneis
o nome de vosso Deus: eu sou Jeová.

13 Não oprimirás o teu próximo, nem o roubarás; a paga de
um jornaleiro não ficará contigo até pela manhã. 14 Não amaldi-
çoarás o surdo, nem porás tropeço diante do cego, mas temerás
o teu Deus: eu sou Jeová.

15 Não farás injustiça no juízo; não terás respeito à pessoa do po-
bre, nem honrarás a pessoa do poderoso; mas com justiça julgarás
o teu próximo. 16 Não andarás como mexeriqueiro entre o teu povo,
nem conspirarás contra o sangue do teu próximo: eu sou Jeová.

17 Não aborrecerás a teu irmão no teu coração; não deixarás
de repreender o teu próximo e não levarás sobre ti pecado por

יח לֹא־תִקֹּם וְלֹא־תִטֹּר אֶת־בְּנֵי עַמֶּךָ וְאָהַבְתָּ לְרֵעֲךָ כָּמוֹךָ אֲנִי
יְהוָה׃

יט אֶת־חֻקֹּתַי תִּשְׁמֹרוּ בְּהֶמְתְּךָ לֹא־תַרְבִּיעַ כִּלְאַיִם שָׂדְךָ לֹא־
תִזְרַע כִּלְאָיִם וּבֶגֶד כִּלְאַיִם שַׁעַטְנֵז לֹא יַעֲלֶה עָלֶיךָ׃ פ
כ וְאִישׁ כִּֽי־יִשְׁכַּב אֶת־אִשָּׁה שִׁכְבַת־זֶרַע וְהִוא שִׁפְחָה נֶחֱרֶפֶת
לְאִישׁ וְהָפְדֵּה לֹא נִפְדָּתָה אוֹ חֻפְשָׁה לֹא נִתַּן־לָהּ בִּקֹּרֶת תִּהְיֶה
לֹא יוּמְתוּ כִּי־לֹא חֻפָּשָׁה׃
כא וְהֵבִיא אֶת־אֲשָׁמוֹ לַיהוָה אֶל־פֶּתַח אֹהֶל מוֹעֵד אֵיל אָשָׁם׃
כב וְכִפֶּר עָלָיו הַכֹּהֵן בְּאֵיל הָאָשָׁם לִפְנֵי יְהוָה עַל־חַטָּאתוֹ אֲשֶׁר
חָטָא וְנִסְלַח לוֹ מֵחַטָּאתוֹ אֲשֶׁר חָטָא׃ פ

כג וְכִי־תָבֹאוּ אֶל־הָאָרֶץ וּנְטַעְתֶּם כָּל־עֵץ מַאֲכָל וַעֲרַלְתֶּם
עָרְלָתוֹ אֶת־פִּרְיוֹ שָׁלֹשׁ שָׁנִים יִהְיֶה לָכֶם עֲרֵלִים לֹא יֵאָכֵל׃
כד וּבַשָּׁנָה הָרְבִיעִת יִהְיֶה כָּל־פִּרְיוֹ קֹדֶשׁ הִלּוּלִים לַיהוָה׃
כה וּבַשָּׁנָה הַחֲמִישִׁת תֹּאכְלוּ אֶת־פִּרְיוֹ לְהוֹסִיף לָכֶם תְּבוּאָתוֹ
אֲנִי יְהוָה אֱלֹהֵיכֶם׃

כו לֹא תֹאכְלוּ עַל־הַדָּם לֹא תְנַחֲשׁוּ וְלֹא תְעוֹנֵנוּ׃
כז לֹא תַקִּפוּ פְּאַת רֹאשְׁכֶם וְלֹא תַשְׁחִית אֵת פְּאַת זְקָנֶךָ׃
כח וְשֶׂרֶט לָנֶפֶשׁ לֹא תִתְּנוּ בִּבְשַׂרְכֶם וּכְתֹבֶת קַעֲקַע לֹא תִתְּנוּ
בָּכֶם אֲנִי יְהוָה׃

כט אַל־תְּחַלֵּל אֶת־בִּתְּךָ לְהַזְנוֹתָהּ וְלֹא־תִזְנֶה הָאָרֶץ וּמָלְאָה
הָאָרֶץ זִמָּה׃
ל אֶת־שַׁבְּתֹתַי תִּשְׁמֹרוּ וּמִקְדָּשִׁי תִּירָאוּ אֲנִי יְהוָה׃

לא אַל־תִּפְנוּ אֶל־הָאֹבֹת וְאֶל־הַיִּדְּעֹנִים אַל־תְּבַקְשׁוּ לְטָמְאָה
בָהֶם אֲנִי יְהוָה אֱלֹהֵיכֶם׃

לב מִפְּנֵי שֵׂיבָה תָּקוּם וְהָדַרְתָּ פְּנֵי זָקֵן וְיָרֵאתָ מֵּאֱלֹהֶיךָ אֲנִי
יְהוָה׃ פ
לג וְכִֽי־יָגוּר אִתְּךָ גֵּר בְּאַרְצְכֶם לֹא תוֹנוּ אֹתוֹ׃
לד כְּאֶזְרָח מִכֶּם יִהְיֶה לָכֶם הַגֵּר ׀ הַגָּר אִתְּכֶם וְאָהַבְתָּ לוֹ כָּמוֹךָ

causa dele. 18 Não te vingarás nem guardarás ira contra os filhos
do teu povo, mas amarás o teu próximo como a ti mesmo: eu
sou Jeová.

19 Guardarás os meus estatutos. Não permitirás que os teus
animais se ajuntem com os de espécie diversa; não semearás o
teu campo com diversa semente; nem vestirás vestido de dois
estofos misturados. 20 Se alguém se deitar com uma mulher
escrava, desposada com um homem, e que não for resgatada,
nem posta em liberdade, serão ambos açoitados; não os farão
morrer, porque ela não era livre. 21 O homem trará a sua oferta
pela culpa a Jeová, até a entrada da tenda da revelação, a saber,
um carneiro para oferta pela culpa. 22 Com o carneiro da oferta
pela culpa, fará o sacerdote expiação por ele diante de Jeová,
por causa do pecado que cometeu; e ser-lhe-á perdoado o pe-
cado que cometeu.

23 Quando entrardes na terra e tiverdes plantado toda sorte
de árvores para delas comerdes, tereis o seu fruto como in-
circuncisão; por três anos vos será como incircunciso; não se
comerá. 24 No quarto ano, porém, todo o seu fruto será santo,
ações de graças a Jeová. 25 No quinto ano, comereis o seu fruto,
para que vos produza a sua carga: eu sou Jeová, vosso Deus.

26 Não comereis coisa alguma com sangue; nem usareis de
encantamentos, nem de agouros. 27 Não cortareis os cabelos em
redondo, nem destruireis os cantos da barba. 28 Pelos mortos
não fareis incisões em vossa carne, nem no vosso corpo impri-
mireis marca alguma: eu sou Jeová.

29 Não profanarás tua filha, fazendo-a prostituta; para que a
terra não seja entregue à fornicação e não se encha de maldade.
30 Guardareis os meus sábados e reverenciareis o meu santuário:
eu sou Jeová.

31 Não vos voltareis para os que consultam os mortos, nem
para os feiticeiros; não os busqueis, para serdes contaminados
por eles: eu sou Jeová, vosso Deus.

32 Diante das cãs te levantarás, honrarás a face do ancião, e
temerás o teu Deus: eu sou Jeová.

33 Se um estrangeiro peregrinar convosco na vossa terra, não
lhe fareis mal. 34 Como o natural entre vós será o estrangeiro

כִּֽי־גֵרִים הֱיִיתֶם בְּאֶרֶץ מִצְרָיִם אֲנִי יְהוָה אֱלֹהֵיכֶֽם׃

לה לֹא־תַעֲשׂוּ עָוֶל בַּמִּשְׁפָּט בַּמִּדָּה בַּמִּשְׁקָל וּבַמְּשׂוּרָֽה׃
לו מֹאזְנֵי צֶדֶק אַבְנֵי־צֶדֶק אֵיפַת צֶדֶק וְהִין צֶדֶק יִהְיֶה לָכֶם אֲנִי
יְהוָה אֱלֹהֵיכֶם אֲשֶׁר־הוֹצֵאתִי אֶתְכֶם מֵאֶרֶץ מִצְרָֽיִם׃
לז וּשְׁמַרְתֶּם אֶת־כָּל־חֻקֹּתַי וְאֶת־כָּל־מִשְׁפָּטַי וַעֲשִׂיתֶם אֹתָם אֲנִי
יְהוָֽה׃ פ

א וַיְדַבֵּר יְהוָה אֶל־מֹשֶׁה לֵּאמֹֽר׃
ב וְאֶל־בְּנֵי יִשְׂרָאֵל תֹּאמַר אִישׁ אִישׁ מִבְּנֵי יִשְׂרָאֵל וּמִן־הַגֵּר ׀
הַגָּר בְּיִשְׂרָאֵל אֲשֶׁר יִתֵּן מִזַּרְעוֹ לַמֹּלֶךְ מוֹת יוּמָת עַם הָאָרֶץ
יִרְגְּמֻהוּ בָאָֽבֶן׃
ג וַאֲנִי אֶתֵּן אֶת־פָּנַי בָּאִישׁ הַהוּא וְהִכְרַתִּי אֹתוֹ מִקֶּרֶב עַמּוֹ כִּי
מִזַּרְעוֹ נָתַן לַמֹּלֶךְ לְמַעַן טַמֵּא אֶת־מִקְדָּשִׁי וּלְחַלֵּל אֶת־שֵׁם
קָדְשִֽׁי׃
ד וְאִם הַעְלֵם יַעְלִימוּ עַם הָאָרֶץ אֶת־עֵינֵיהֶם מִן־הָאִישׁ הַהוּא
בְּתִתּוֹ מִזַּרְעוֹ לַמֹּלֶךְ לְבִלְתִּי הָמִית אֹתֽוֹ׃
ה וְשַׂמְתִּי אֲנִי אֶת־פָּנַי בָּאִישׁ הַהוּא וּבְמִשְׁפַּחְתּוֹ וְהִכְרַתִּי אֹתוֹ
וְאֵת ׀ כָּל־הַזֹּנִים אַחֲרָיו לִזְנוֹת אַחֲרֵי הַמֹּלֶךְ מִקֶּרֶב עַמָּֽם׃

ו וְהַנֶּפֶשׁ אֲשֶׁר תִּפְנֶה אֶל־הָאֹבֹת וְאֶל־הַיִּדְּעֹנִים לִזְנוֹת אַחֲרֵיהֶם
וְנָתַתִּי אֶת־פָּנַי בַּנֶּפֶשׁ הַהִוא וְהִכְרַתִּי אֹתוֹ מִקֶּרֶב עַמּֽוֹ׃
ז וְהִתְקַדִּשְׁתֶּם וִהְיִיתֶם קְדֹשִׁים כִּי אֲנִי יְהוָה אֱלֹהֵיכֶֽם׃
ח וּשְׁמַרְתֶּם אֶת־חֻקֹּתַי וַעֲשִׂיתֶם אֹתָם אֲנִי יְהוָה מְקַדִּשְׁכֶֽם׃
ט כִּֽי־אִישׁ אִישׁ אֲשֶׁר יְקַלֵּל אֶת־אָבִיו וְאֶת־אִמּוֹ מוֹת יוּמָת אָבִיו
וְאִמּוֹ קִלֵּל דָּמָיו בּֽוֹ׃

י וְאִישׁ אֲשֶׁר יִנְאַף אֶת־אֵשֶׁת אִישׁ אֲשֶׁר יִנְאַף אֶת־אֵשֶׁת רֵעֵהוּ
מֽוֹת־יוּמַת הַנֹּאֵף וְהַנֹּאָֽפֶת׃
יא וְאִישׁ אֲשֶׁר יִשְׁכַּב אֶת־אֵשֶׁת אָבִיו עֶרְוַת אָבִיו גִּלָּה מֽוֹת־
יוּמְתוּ שְׁנֵיהֶם דְּמֵיהֶם בָּֽם׃
יב וְאִישׁ אֲשֶׁר יִשְׁכַּב אֶת־כַּלָּתוֹ מוֹת יוּמְתוּ שְׁנֵיהֶם תֶּבֶל עָשׂוּ
דְּמֵיהֶם בָּֽם׃

que peregrina convosco, e amá-lo-ás como a ti mesmo, porque
fostes estrangeiros na terra do Egito: eu sou Jeová, vosso Deus.
35 Não fareis injustiça no juízo, nem na vara, nem no peso,
nem na medida. 36 Balanças justas, pesos justos, efa justo e justo
him tereis: eu sou Jeová, vosso Deus, que vos trouxe da terra do
Egito. 37 Observareis todos os meus estatutos e todos os meus
juízos e os cumprireis: eu sou Jeová.

*Proibição do culto a Moloque e de outros pecados*

20 1 Disse Jeová a Moisés: 2 Também dirás aos fi-
lhos de Israel: Qualquer dos filhos de Israel, ou
dos estrangeiros que peregrinarem em Israel,
que der de seus filhos a Moloque certamente será morto; o
povo da terra o apedrejará. 3 Eu porei o meu rosto contra esse
homem, e o cortarei dentre o seu povo; porque deu de seus
filhos a Moloque, para contaminar o meu santuário e para
profanar o meu santo nome. 4 Se o povo da terra fechar os
olhos para não ver esse homem, quando der de seus filhos a
Moloque, e não o fizer morrer, 5 eu porei o meu rosto contra
esse homem e contra a sua família, do seu povo o cortarei a
ele e a todos os que após ele idolatrarem a Moloque.
6 O homem que se voltar para os necromantes e os feiticeiros,
para idolatrar com eles, contra esse homem porei o meu rosto e
o cortarei dentre o seu povo. 7 Santificai-vos e sede santos; pois
eu sou Jeová, vosso Deus. 8 Guardareis os meus estatutos, e os
cumprireis: eu sou Jeová, que vos santifico. 9 Quem amaldiçoar a
seu pai ou a sua mãe certamente será morto.

Amaldiçoou a seu pai ou a sua mãe; o seu sangue recairá sobre ele.

10 Se um homem cometer adultério com mulher casada,
isto é, se cometer adultério com a mulher do seu próximo,
certamente serão mortos o adúltero e a adúltera. 11 Se um
homem se deitar com a mulher de seu pai, terá descoberto
a nudez de seu pai; ambos certamente serão mortos; o seu
sangue recairá sobre eles. 12 Se um homem se deitar com a

יג וְאִישׁ אֲשֶׁר יִשְׁכַּב אֶת־זָכָר מִשְׁכְּבֵי אִשָּׁה תּוֹעֵבָה עָשׂוּ
שְׁנֵיהֶם מוֹת יוּמָתוּ דְּמֵיהֶם בָּם׃
יד וְאִישׁ אֲשֶׁר יִקַּח אֶת־אִשָּׁה וְאֶת־אִמָּהּ זִמָּה הִוא בָּאֵשׁ יִשְׂרְפוּ
אֹתוֹ וְאֶתְהֶן וְלֹא־תִהְיֶה זִמָּה בְּתוֹכְכֶם׃
טו וְאִישׁ אֲשֶׁר יִתֵּן שְׁכָבְתּוֹ בִּבְהֵמָה מוֹת יוּמָת וְאֶת־הַבְּהֵמָה
תַּהֲרֹגוּ׃
טז וְאִשָּׁה אֲשֶׁר תִּקְרַב אֶל־כָּל־בְּהֵמָה לְרִבְעָה אֹתָהּ וְהָרַגְתָּ אֶת־
הָאִשָּׁה וְאֶת־הַבְּהֵמָה מוֹת יוּמָתוּ דְּמֵיהֶם בָּם׃

יז וְאִישׁ אֲשֶׁר־יִקַּח אֶת־אֲחֹתוֹ בַּת־אָבִיו אוֹ בַת־אִמּוֹ וְרָאָה
אֶת־עֶרְוָתָהּ וְהִיא־תִרְאֶה אֶת־עֶרְוָתוֹ חֶסֶד הוּא וְנִכְרְתוּ לְעֵינֵי
בְּנֵי עַמָּם עֶרְוַת אֲחֹתוֹ גִּלָּה עֲוֺנוֹ יִשָּׂא׃
יח וְאִישׁ אֲשֶׁר־יִשְׁכַּב אֶת־אִשָּׁה דָּוָה וְגִלָּה אֶת־עֶרְוָתָהּ אֶת־
מְקֹרָהּ הֶעֱרָה וְהִיא גִּלְּתָה אֶת־מְקוֹר דָּמֶיהָ וְנִכְרְתוּ שְׁנֵיהֶם
מִקֶּרֶב עַמָּם׃
יט וְעֶרְוַת אֲחוֹת אִמְּךָ וַאֲחוֹת אָבִיךָ לֹא תְגַלֵּה כִּי אֶת־שְׁאֵרוֹ
הֶעֱרָה עֲוֺנָם יִשָּׂאוּ׃
כ וְאִישׁ אֲשֶׁר יִשְׁכַּב אֶת־דֹּדָתוֹ עֶרְוַת דֹּדוֹ גִּלָּה חֶטְאָם יִשָּׂאוּ
עֲרִירִים יָמֻתוּ׃
כא וְאִישׁ אֲשֶׁר יִקַּח אֶת־אֵשֶׁת אָחִיו נִדָּה הִוא עֶרְוַת אָחִיו גִּלָּה
עֲרִירִים יִהְיוּ׃

כב וּשְׁמַרְתֶּם אֶת־כָּל־חֻקֹּתַי וְאֶת־כָּל־מִשְׁפָּטַי וַעֲשִׂיתֶם
אֹתָם וְלֹא־תָקִיא אֶתְכֶם הָאָרֶץ אֲשֶׁר אֲנִי מֵבִיא
אֶתְכֶם שָׁמָּה לָשֶׁבֶת בָּהּ׃

sua nora, ambos certamente serão mortos; cometeram uma
confusão; o seu sangue recairá sobre eles. 13 Se um homem
se deitar com outro homem, como se faz com uma mulher,
ambos terão praticado uma abominação; certamente serão
mortos, e o seu sangue recairá sobre eles. 14 Se um homem
tomar uma mulher e a mãe dela, maldade é: serão queimados
com o fogo, tanto ele como elas, para que não haja maldade
no meio de vós. 15 Se um homem se ajuntar com um animal,
certamente será morto; também matareis o animal. 16 Se uma
mulher se chegar a um animal e se ajuntar com ele, matarás
a mulher e bem assim o animal; certamente serão mortos, e
o seu sangue recairá sobre eles.

### *Leis contra a incontinência*

17 Se um homem tomar sua irmã, por parte de pai ou por parte
de mãe, e vir a nudez dela, e ela vir a nudez dele, é uma coisa
vergonhosa. Serão exterminados à vista dos filhos do seu povo;
descobriu a nudez de sua irmã; ele levará sobre si a sua iniqui-
dade. 18 Se um homem se deitar com uma mulher no tempo da
enfermidade dela e descobrir a sua nudez, ele desnudou a fonte
dela, e ela descobriu a fonte de seu sangue: ambos serão exter-
minados dentre o seu povo. 19 Não descobrirás a nudez da irmã
de tua mãe, nem da irmã de teu pai; porque isso será descobrir a
nudez de tua parenta chegada: levarão sobre si a sua iniquidade.
20 Se um homem se deitar com a mulher de seu tio, descobriu a
nudez de seu tio; levarão sobre si o seu pecado; morrerão sem
filhos. 21 Se um homem tomar a mulher de seu irmão, é uma
impureza; descobriu a nudez de seu irmão; eles não terão filhos.

### *Ordem para observar as leis da pureza*

22 Guardareis todos os meus estatutos e todos os meus juízos
e os cumprireis, para que não vos vomite a terra na qual vos hei
de introduzir para nela morardes. 23 Não andareis nos costu-

כג וְלֹא תֵֽלְכוּ בְּחֻקֹּת הַגּוֹי אֲשֶׁר־אֲנִי מְשַׁלֵּחַ מִפְּנֵיכֶם כִּי אֶת־
כָּל־אֵלֶּה עָשׂוּ וָאָקֻץ בָּֽם:
כד וָאֹמַר לָכֶם אַתֶּם תִּֽירְשׁוּ אֶת־אַדְמָתָם וַאֲנִי אֶתְּנֶנָּה לָכֶם
לָרֶשֶׁת אֹתָהּ אֶרֶץ זָבַת חָלָב וּדְבָשׁ אֲנִי יְהוָה אֱלֹהֵיכֶם אֲשֶׁר־
הִבְדַּלְתִּי אֶתְכֶם מִן־הָֽעַמִּֽים:
כה וְהִבְדַּלְתֶּם בֵּֽין־הַבְּהֵמָה הַטְּהֹרָה לַטְּמֵאָה וּבֵֽין־הָעוֹף הַטָּמֵא
לַטָּהֹר וְלֹֽא־תְשַׁקְּצוּ אֶת־נַפְשֹׁתֵיכֶם בַּבְּהֵמָה וּבָעוֹף וּבְכֹל אֲשֶׁר
תִּרְמֹשׂ הָֽאֲדָמָה אֲשֶׁר־הִבְדַּלְתִּי לָכֶם לְטַמֵּֽא:
כו וִהְיִיתֶם לִי קְדֹשִׁים כִּי קָדוֹשׁ אֲנִי יְהוָה וָאַבְדִּל אֶתְכֶם מִן־
הָעַמִּים לִהְיוֹת לִֽי:
כז וְאִישׁ אֽוֹ־אִשָּׁה כִּֽי־יִהְיֶה בָהֶם אוֹב אוֹ יִדְּעֹנִי מוֹת יוּמָתוּ
בָּאֶבֶן יִרְגְּמוּ אֹתָם דְּמֵיהֶם בָּֽם: פ

א וַיֹּאמֶר יְהוָה אֶל־מֹשֶׁה אֱמֹר אֶל־הַכֹּהֲנִים בְּנֵי אַהֲרֹן וְאָמַרְתָּ
אֲלֵהֶם לְנֶפֶשׁ לֹֽא־יִטַּמָּא בְּעַמָּֽיו:
ב כִּי אִם־לִשְׁאֵרוֹ הַקָּרֹב אֵלָיו לְאִמּוֹ וּלְאָבִיו וְלִבְנוֹ וּלְבִתּוֹ
וּלְאָחִֽיו:
ג וְלַאֲחֹתוֹ הַבְּתוּלָה הַקְּרוֹבָה אֵלָיו אֲשֶׁר לֹא־הָיְתָה לְאִישׁ לָהּ
יִטַּמָּֽא:
ד לֹא יִטַּמָּא בַּעַל בְּעַמָּיו לְהֵֽחַלּֽוֹ:
ה לֹֽא־(יקרחה) [יִקְרְחוּ] קָרְחָה בְּרֹאשָׁם וּפְאַת זְקָנָם לֹא יְגַלֵּחוּ
וּבִבְשָׂרָם לֹא יִשְׂרְטוּ שָׂרָֽטֶת:
ו קְדֹשִׁים יִהְיוּ לֵֽאלֹהֵיהֶם וְלֹא יְחַלְּלוּ שֵׁם אֱלֹהֵיהֶם כִּי אֶת־אִשֵּׁי
יְהוָה לֶחֶם אֱלֹהֵיהֶם הֵם מַקְרִיבִם וְהָיוּ קֹֽדֶשׁ:
ז אִשָּׁה זֹנָה וַחֲלָלָה לֹא יִקָּחוּ וְאִשָּׁה גְּרוּשָׁה מֵאִישָׁהּ לֹא יִקָּחוּ
כִּֽי־קָדֹשׁ הוּא לֵאלֹהָֽיו:
ח וְקִדַּשְׁתּוֹ כִּֽי־אֶת־לֶחֶם אֱלֹהֶיךָ הוּא מַקְרִיב קָדֹשׁ יִֽהְיֶה־לָּךְ כִּי
קָדוֹשׁ אֲנִי יְהוָה מְקַדִּשְׁכֶֽם:
ט וּבַת אִישׁ כֹּהֵן כִּי תֵחֵל לִזְנוֹת אֶת־אָבִיהָ הִיא מְחַלֶּלֶת בָּאֵשׁ
תִּשָּׂרֵֽף: ס

י וְהַכֹּהֵן הַגָּדוֹל מֵאֶחָיו אֲשֶׁר־יוּצַק עַל־רֹאשׁוֹ | שֶׁמֶן הַמִּשְׁחָה
וּמִלֵּא אֶת־יָדוֹ לִלְבֹּשׁ אֶת־הַבְּגָדִים אֶת־רֹאשׁוֹ לֹא יִפְרָע וּבְגָדָיו

mes da nação que eu hei de expulsar de diante de vós, porque
fizeram todas estas coisas e, por isso, os aborreci. 24 Mas a vós
vos tenho dito: Herdareis a sua terra, e eu vo-la darei para a
possuirdes, uma terra que mana leite e mel. Eu sou Jeová, que
vos separei dos povos. 25 Fareis separação entre os animais
limpos e imundos; e não fareis as vossas almas abomináveis
por causa de animais, ou de aves, ou de tudo de que está cheia
a terra, as quais coisas apartei de vós como imundas. 26 Sereis
para mim santos, porque eu, Jeová, sou santo e vos separei dos
povos, para serdes meus.

27 O homem (ou mulher) que for necromante ou feiticeiro
certamente será morto; apedrejá-lo-ão, o seu sangue recairá
sobre eles.

### *Leis gerais para os sacerdotes*

21 1 Disse Jeová a Moisés: Fala aos sacerdotes, filhos
de Arão, e dize-lhes: Nenhum sacerdote se con-
taminará por causa dum morto entre o seu povo,
2 salvo por seus parentes mais chegados: por sua mãe, e por seu
pai, e por seu filho, e por sua filha, e por seu irmão; 3 por sua
irmã virgem, que lhe é chegada, que ainda não teve marido, por
ela pode contaminar-se. 4 Ele, sendo homem principal entre
o seu povo, não se contaminará, para se profanar. 5 Não farão
calva na cabeça, nem rasparão os cantos da barba, nem farão
incisões na carne. 6 Serão santos para seu Deus e não profana-
rão o nome de seu Deus. As ofertas queimadas de Jeová, o pão
do seu Deus, eles as oferecem; portanto, serão santos. 7 Não
tomarão mulher que seja prostituta ou profana; nem tomarão
mulher divorciada de seu marido; pois o sacerdote é santo para
o seu Deus. 8 Portanto, o santificarás, porque oferece o pão do
teu Deus. Ele vos será santo; pois eu, Jeová, que vos santifico,
sou santo. 9 Se a filha de um sacerdote se profanar, tornando-se
prostituta, profana a seu pai: será queimada com fogo.

10 Aquele que é o sumo sacerdote entre os seus irmãos, sobre
cuja cabeça é derramado o óleo da unção, e que é consagrado

לֹא יִפְרֹם:
יא וְעַל כָּל־נַפְשֹׁת מֵת לֹא יָבֹא לְאָבִיו וּלְאִמּוֹ לֹא יִטַּמָּא:
יב וּמִן־הַמִּקְדָּשׁ לֹא יֵצֵא וְלֹא יְחַלֵּל אֵת מִקְדַּשׁ אֱלֹהָיו כִּי נֵזֶר
שֶׁמֶן מִשְׁחַת אֱלֹהָיו עָלָיו אֲנִי יְהוָה:
יג וְהוּא אִשָּׁה בִבְתוּלֶיהָ יִקָּח:
יד אַלְמָנָה וּגְרוּשָׁה וַחֲלָלָה זֹנָה אֶת־אֵלֶּה לֹא יִקָּח כִּי אִם־בְּתוּלָה
מֵעַמָּיו יִקַּח אִשָּׁה:
טו וְלֹא־יְחַלֵּל זַרְעוֹ בְּעַמָּיו כִּי אֲנִי יְהוָה מְקַדְּשׁוֹ: פ

טז וַיְדַבֵּר יְהוָה אֶל־מֹשֶׁה לֵּאמֹר:
יז דַּבֵּר אֶל־אַהֲרֹן לֵאמֹר אִישׁ מִזַּרְעֲךָ לְדֹרֹתָם אֲשֶׁר יִהְיֶה בוֹ
מוּם לֹא יִקְרַב לְהַקְרִיב לֶחֶם אֱלֹהָיו:
יח כִּי כָל־אִישׁ אֲשֶׁר־בּוֹ מוּם לֹא יִקְרָב אִישׁ עִוֵּר אוֹ פִסֵּחַ אוֹ
חָרֻם אוֹ שָׂרוּעַ:
יט אוֹ אִישׁ אֲשֶׁר־יִהְיֶה בוֹ שֶׁבֶר רָגֶל אוֹ שֶׁבֶר יָד:
כ אוֹ־גִבֵּן אוֹ־דַק אוֹ תְּבַלֻּל בְּעֵינוֹ אוֹ גָרָב אוֹ יַלֶּפֶת אוֹ מְרוֹחַ
אָשֶׁךְ:
כא כָּל־אִישׁ אֲשֶׁר־בּוֹ מוּם מִזֶּרַע אַהֲרֹן הַכֹּהֵן לֹא יִגַּשׁ לְהַקְרִיב
אֶת־אִשֵּׁי יְהוָה מוּם בּוֹ אֵת לֶחֶם אֱלֹהָיו לֹא יִגַּשׁ לְהַקְרִיב:
כב לֶחֶם אֱלֹהָיו מִקָּדְשֵׁי הַקֳּדָשִׁים וּמִן־הַקֳּדָשִׁים יֹאכֵל:
כג אַךְ אֶל־הַפָּרֹכֶת לֹא יָבֹא וְאֶל־הַמִּזְבֵּחַ לֹא יִגַּשׁ כִּי־מוּם בּוֹ
וְלֹא יְחַלֵּל אֶת־מִקְדָּשַׁי כִּי אֲנִי יְהוָה מְקַדְּשָׁם:
כד וַיְדַבֵּר מֹשֶׁה אֶל־אַהֲרֹן וְאֶל־בָּנָיו וְאֶל־כָּל־בְּנֵי יִשְׂרָאֵל: פ

א וַיְדַבֵּר יְהוָה אֶל־מֹשֶׁה לֵּאמֹר:
ב דַּבֵּר אֶל־אַהֲרֹן וְאֶל־בָּנָיו וְיִנָּזְרוּ מִקָּדְשֵׁי בְנֵי־יִשְׂרָאֵל וְלֹא
יְחַלְּלוּ אֶת־שֵׁם קָדְשִׁי אֲשֶׁר הֵם מַקְדִּשִׁים לִי אֲנִי יְהוָה:
ג אֱמֹר אֲלֵהֶם לְדֹרֹתֵיכֶם כָּל־אִישׁ | אֲשֶׁר־יִקְרַב מִכָּל־זַרְעֲכֶם
אֶל־הַקֳּדָשִׁים אֲשֶׁר יַקְדִּישׁוּ בְנֵי־יִשְׂרָאֵל לַיהוָה וְטֻמְאָתוֹ עָלָיו

para se vestir das vestes sagradas, não descobrirá a cabeça, nem
rasgará os seus vestidos; 11 não se chegará a cadáver algum, nem
se contaminará por causa de seu pai, ou de sua mãe; 12 não sairá
do santuário, nem profanará o santuário do seu Deus; porque a
coroa do óleo da unção de seu Deus está sobre ele: eu sou Jeová.
13 Ele tomará por mulher uma virgem. 14 Viúva, ou divorciada, ou
profana, que é prostituta, não tomará; mas tomará por mulher
uma donzela do seu povo. 15 Ele não profanará a sua semente
entre o povo, pois eu sou Jeová, que o santifico.

### *Qualificações necessárias ao sacerdócio*

16 Disse Jeová a Moisés: 17 Fala a Arão e dize-lhe: Qualquer dos
teus descendentes por todas as suas gerações que tiver defeito
não se chegará para oferecer o pão do seu Deus. 18 Quem quer
que seja que tiver defeito não se chegará: se for cego, ou coxo,
ou de nariz chato, ou tiver alguma coisa supérflua, 19 ou tiver o
pé quebrado, ou mão quebrada, 20 ou for corcovado, ou anão, ou
tiver um defeito na vista, ou sarna, ou impigens, ou que tiver os
testículos quebrados. 21 Nenhum homem da semente de Arão, o
sacerdote, que tiver defeito, se chegará para oferecer as ofertas
queimadas de Jeová. Ele tem defeito; não se chegará para ofe-
recer o pão do seu Deus. 22 Comerá o pão do seu Deus, tanto do
santíssimo como do santo. 23 Somente não entrará até o véu,
nem chegará ao altar, porque tem defeito; para que não profane
os meus santuários, pois eu sou Jeová, que os santifico. 24 Assim
falou Moisés a Arão, aos filhos dele e a todos os filhos de Israel.

### *A lei acerca de comer coisas santas*

22 1 Disse Jeová a Moisés: 2 Fala a Arão e a seus fi-
lhos que se abstenham das coisas santas, con-
sagradas a mim pelos filhos de Israel, e que não
profanem o meu santo nome: eu sou Jeová. 3 Dize-lhes: Qual-
quer de vossos filhos pelas vossas gerações que, tendo sobre

וְנִכְרְתָה הַנֶּפֶשׁ הַהִוא מִלְּפָנַי אֲנִי יְהוָה׃
ד אִישׁ אִישׁ מִזֶּרַע אַהֲרֹן וְהוּא צָרוּעַ אוֹ זָב בַּקֳּדָשִׁים לֹא יֹאכַל
עַד אֲשֶׁר יִטְהָר וְהַנֹּגֵעַ בְּכָל־טְמֵא־נֶפֶשׁ אוֹ אִישׁ אֲשֶׁר־תֵּצֵא
מִמֶּנּוּ שִׁכְבַת־זָרַע׃
ה אוֹ־אִישׁ אֲשֶׁר יִגַּע בְּכָל־שֶׁרֶץ אֲשֶׁר יִטְמָא־לוֹ אוֹ בְאָדָם אֲשֶׁר
יִטְמָא־לוֹ לְכֹל טֻמְאָתוֹ׃
ו נֶפֶשׁ אֲשֶׁר תִּגַּע־בּוֹ וְטָמְאָה עַד־הָעָרֶב וְלֹא יֹאכַל מִן־הַקֳּדָשִׁים
כִּי אִם־רָחַץ בְּשָׂרוֹ בַּמָּיִם׃
ז וּבָא הַשֶּׁמֶשׁ וְטָהֵר וְאַחַר יֹאכַל מִן־הַקֳּדָשִׁים כִּי לַחְמוֹ הוּא׃
ח נְבֵלָה וּטְרֵפָה לֹא יֹאכַל לְטָמְאָה־בָהּ אֲנִי יְהוָה׃
ט וְשָׁמְרוּ אֶת־מִשְׁמַרְתִּי וְלֹא־יִשְׂאוּ עָלָיו חֵטְא וּמֵתוּ בוֹ כִּי
יְחַלְּלֻהוּ אֲנִי יְהוָה מְקַדְּשָׁם׃

י וְכָל־זָר לֹא־יֹאכַל קֹדֶשׁ תּוֹשַׁב כֹּהֵן וְשָׂכִיר לֹא־יֹאכַל קֹדֶשׁ׃
יא וְכֹהֵן כִּי־יִקְנֶה נֶפֶשׁ קִנְיַן כַּסְפּוֹ הוּא יֹאכַל בּוֹ וִילִיד בֵּיתוֹ הֵם
יֹאכְלוּ בְלַחְמוֹ׃
יב וּבַת־כֹּהֵן כִּי תִהְיֶה לְאִישׁ זָר הִוא בִּתְרוּמַת הַקֳּדָשִׁים לֹא
תֹאכֵל׃
יג וּבַת־כֹּהֵן כִּי תִהְיֶה אַלְמָנָה וּגְרוּשָׁה וְזֶרַע אֵין לָהּ וְשָׁבָה אֶל־
בֵּית אָבִיהָ כִּנְעוּרֶיהָ מִלֶּחֶם אָבִיהָ תֹּאכֵל וְכָל־זָר לֹא־יֹאכַל בּוֹ׃
ס
יד וְאִישׁ כִּי־יֹאכַל קֹדֶשׁ בִּשְׁגָגָה וְיָסַף חֲמִשִׁיתוֹ עָלָיו וְנָתַן לַכֹּהֵן
אֶת־הַקֹּדֶשׁ׃
טו וְלֹא יְחַלְּלוּ אֶת־קָדְשֵׁי בְּנֵי יִשְׂרָאֵל אֵת אֲשֶׁר־יָרִימוּ לַיהוָה׃
טז וְהִשִּׂיאוּ אוֹתָם עֲוֺן אַשְׁמָה בְּאָכְלָם אֶת־קָדְשֵׁיהֶם כִּי אֲנִי
יְהוָה מְקַדְּשָׁם׃ פ

יז וַיְדַבֵּר יְהוָה אֶל־מֹשֶׁה לֵּאמֹר׃
יח דַּבֵּר אֶל־אַהֲרֹן וְאֶל־בָּנָיו וְאֶל כָּל־בְּנֵי יִשְׂרָאֵל וְאָמַרְתָּ אֲלֵהֶם

si a sua imundícia, se chegar às coisas santas, consagradas a
mim pelos filhos de Israel, essa alma será cortada de diante de
mim: eu sou Jeová. 4 Todo homem da descendência de Arão
que for leproso ou que tiver fluxo, esse não comerá das coisas
sagradas, até que seja limpo. Quem tocar em alguma coisa que
está imunda por causa de um morto ou aquele de quem sair o
sêmen; 5 qualquer que tocar em algum animal que se arrasta,
pelo qual se pode tornar imundo, ou num homem, pelo qual se
pode tornar imundo, seja qual for a sua imundícia; 6 a pessoa
que tocar em tais coisas será imunda até à tarde e não comerá
das coisas sagradas se não banhar o seu corpo em água. 7 Posto
o sol, será limpa e, depois, comerá das coisas sagradas, porque
é o seu pão. 8 Do animal que morre por si, ou é dilacerado por
feras, não comerá para se contaminar: eu sou Jeová. 9 Guarda-
rão o meu mandado, para que não levem sobre si pecado, e não
morram, profanando-o: eu sou Jeová, que os santifico.

10 Nenhum estrangeiro comerá das coisas sagradas: o hós-
pede do sacerdote, ou o jornaleiro, não comerão delas. 11 Mas,
se um sacerdote comprar um escravo com o seu dinheiro, esse
comerá delas; os que nascerem na sua casa, esses comerão do
seu pão. 12 Se a filha dum sacerdote for casada com um estran-
geiro, não comerá da oferta movida das coisas sagradas. 13 Mas,
se a filha dum sacerdote for viúva, ou divorciada, e não tiver
filhos, e tiver voltado à casa de seu pai, como na sua mocidade,
comerá do pão de seu pai; porém nenhum estrangeiro comerá
dele. 14 Se alguém, por ignorância, comer das coisas sagradas,
ajuntar-se-lhes-á a sua quinta parte, e dará as coisas sagradas
ao sacerdote. 15 Não profanarão as coisas sagradas que os fi-
lhos de Israel oferecem a Jeová; 16 assim os farão levar sobre
si a iniquidade que os torna culpados, comendo as suas coisas
sagradas: eu sou Jeová, que os santifico.

### *Os animais para o sacrifício devem ser sem defeito*

17 Disse mais Jeová a Moisés: 18 Fala a Arão, e a seus filhos, e
a todos os filhos de Israel e dize-lhes: Todo homem da casa de

אִישׁ אִישׁ מִבֵּית יִשְׂרָאֵל וּמִן־הַגֵּר בְּיִשְׂרָאֵל אֲשֶׁר יַקְרִיב קָרְבָּנוֹ
לְכָל־נִדְרֵיהֶם וּלְכָל־נִדְבוֹתָם אֲשֶׁר־יַקְרִיבוּ לַיהוָה לְעֹלָה׃
יט לִרְצֹנְכֶם תָּמִים זָכָר בַּבָּקָר בַּכְּשָׂבִים וּבָעִזִּים׃
כ כֹּל אֲשֶׁר־בּוֹ מוּם לֹא תַקְרִיבוּ כִּי־לֹא לְרָצוֹן יִהְיֶה לָכֶם׃
כא וְאִישׁ כִּי־יַקְרִיב זֶבַח־שְׁלָמִים לַיהוָה לְפַלֵּא־נֶדֶר אוֹ לִנְדָבָה
בַּבָּקָר אוֹ בַצֹּאן תָּמִים יִהְיֶה לְרָצוֹן כָּל־מוּם לֹא יִהְיֶה־בּוֹ׃
כב עַוֶּרֶת אוֹ שָׁבוּר אוֹ־חָרוּץ אוֹ־יַבֶּלֶת אוֹ גָרָב אוֹ יַלֶּפֶת לֹא־
תַקְרִיבוּ אֵלֶּה לַיהוָה וְאִשֶּׁה לֹא־תִתְּנוּ מֵהֶם עַל־הַמִּזְבֵּחַ לַיהוָה׃
כג וְשׁוֹר וָשֶׂה שָׂרוּעַ וְקָלוּט נְדָבָה תַּעֲשֶׂה אֹתוֹ וּלְנֵדֶר לֹא יֵרָצֶה׃
כד וּמָעוּךְ וְכָתוּת וְנָתוּק וְכָרוּת לֹא תַקְרִיבוּ לַיהוָה וּבְאַרְצְכֶם
לֹא תַעֲשׂוּ׃
כה וּמִיַּד בֶּן־נֵכָר לֹא תַקְרִיבוּ אֶת־לֶחֶם אֱלֹהֵיכֶם מִכָּל־אֵלֶּה כִּי
מָשְׁחָתָם בָּהֶם מוּם בָּם לֹא יֵרָצוּ לָכֶם׃ פ

כו וַיְדַבֵּר יְהוָה אֶל־מֹשֶׁה לֵּאמֹר׃
כז שׁוֹר אוֹ־כֶשֶׂב אוֹ־עֵז כִּי יִוָּלֵד וְהָיָה שִׁבְעַת יָמִים תַּחַת אִמּוֹ
וּמִיּוֹם הַשְּׁמִינִי וָהָלְאָה יֵרָצֶה לְקָרְבַּן אִשֶּׁה לַיהוָה׃
כח וְשׁוֹר אוֹ־שֶׂה אֹתוֹ וְאֶת־בְּנוֹ לֹא תִשְׁחֲטוּ בְּיוֹם אֶחָד׃
כט וְכִי־תִזְבְּחוּ זֶבַח־תּוֹדָה לַיהוָה לִרְצֹנְכֶם תִּזְבָּחוּ׃
ל בַּיּוֹם הַהוּא יֵאָכֵל לֹא־תוֹתִירוּ מִמֶּנּוּ עַד־בֹּקֶר אֲנִי יְהוָה׃
לא וּשְׁמַרְתֶּם מִצְוֺתַי וַעֲשִׂיתֶם אֹתָם אֲנִי יְהוָה׃
לב וְלֹא תְחַלְּלוּ אֶת־שֵׁם קָדְשִׁי וְנִקְדַּשְׁתִּי בְּתוֹךְ בְּנֵי יִשְׂרָאֵל אֲנִי
יְהוָה מְקַדִּשְׁכֶם׃
לג הַמּוֹצִיא אֶתְכֶם מֵאֶרֶץ מִצְרַיִם לִהְיוֹת לָכֶם לֵאלֹהִים אֲנִי
יְהוָה׃ פ

Israel, ou dos estrangeiros em Israel, que oferecer a sua oblação,
quer seja algum de seus votos, quer seja alguma de suas ofertas
voluntárias, que oferecerem a Jeová para holocausto, 19 para
que sejais aceitos, oferecereis um macho sem defeito, ou dos
bois, ou das ovelhas, ou das cabras. 20 Porém todo o que tiver
defeito, a esse não oferecereis; porque não será aceito a vosso
favor. 21 Todo o que oferecer a Jeová um sacrifício de ofertas
pacíficas para cumprir um voto, ou para oferta voluntária, quer
do gado vacum, quer do gado miúdo, o animal deverá ser per-
feito, para que seja aceito; não haverá nele defeito algum. 22 Se
for cego, ou quebrado, ou aleijado, ou tiver úlceras, ou sarna, ou
impigens, não os oferecereis a Jeová, nem deles poreis ofertas
queimadas a Jeová sobre o altar. 23 Um novilho, ou um cordeiro,
que tenha membros supérfluos, ou que for falto de membros, a
esse poderás oferecer para oferta voluntária; mas para cumprir
um voto não será aceito. 24 Não oferecereis a Jeová um animal
que tiver os testículos machucados, ou moídos, ou quebrados,
ou cortados; nem fareis isso na vossa terra. 25 Nem da mão do
estrangeiro oferecereis de alguma dessas coisas o pão do vosso
Deus; porque a sua corrupção está nelas, há nelas defeito: não
serão aceitas a vosso favor.

26 Disse mais Jeová a Moisés: 27 Quando nascer um boi, ou
uma ovelha, ou uma cabra, por sete dias ficará debaixo de sua
mãe; do oitavo em diante será aceito para oblação de uma oferta
queimada a Jeová. 28 Ou seja vaca, ou seja ovelha, não a matarás
a ela e a sua cria, ambos no mesmo dia. 29 Quando oferecerdes
a Jeová um sacrifício de ação de graças, oferecê-lo-eis para
que sejais aceitos. 30 No mesmo dia, será comido; e dele nada
deixareis até pela manhã: eu sou Jeová. 31 Guardareis os meus
mandamentos e os cumprireis: eu sou Jeová. 32 Não profanareis
o meu santo nome; mas sereis santificado entre os filhos de
Israel: eu sou Jeová, que vos santifico, 33 que vos tirei da terra
do Egito, para ser o vosso Deus: eu sou Jeová.

א וַיְדַבֵּר יְהוָה אֶל־מֹשֶׁה לֵּאמֹר:
ב דַּבֵּר אֶל־בְּנֵי יִשְׂרָאֵל וְאָמַרְתָּ אֲלֵהֶם מוֹעֲדֵי יְהוָה אֲשֶׁר־
תִּקְרְאוּ אֹתָם מִקְרָאֵי קֹדֶשׁ אֵלֶּה הֵם מוֹעֲדָי:
ג שֵׁשֶׁת יָמִים תֵּעָשֶׂה מְלָאכָה וּבַיּוֹם הַשְּׁבִיעִי שַׁבַּת שַׁבָּתוֹן
מִקְרָא־קֹדֶשׁ כָּל־מְלָאכָה לֹא תַעֲשׂוּ שַׁבָּת הִוא לַיהוָה בְּכֹל
מוֹשְׁבֹתֵיכֶם: פ

ד אֵלֶּה מוֹעֲדֵי יְהוָה מִקְרָאֵי קֹדֶשׁ אֲשֶׁר־תִּקְרְאוּ אֹתָם בְּמוֹעֲדָם:
ה בַּחֹדֶשׁ הָרִאשׁוֹן בְּאַרְבָּעָה עָשָׂר לַחֹדֶשׁ בֵּין הָעַרְבָּיִם פֶּסַח
לַיהוָה:
ו וּבַחֲמִשָּׁה עָשָׂר יוֹם לַחֹדֶשׁ הַזֶּה חַג הַמַּצּוֹת לַיהוָה שִׁבְעַת
יָמִים מַצּוֹת תֹּאכֵלוּ:
ז בַּיּוֹם הָרִאשׁוֹן מִקְרָא־קֹדֶשׁ יִהְיֶה לָכֶם כָּל־מְלֶאכֶת עֲבֹדָה לֹא
תַעֲשׂוּ:
ח וְהִקְרַבְתֶּם אִשֶּׁה לַיהוָה שִׁבְעַת יָמִים בַּיּוֹם הַשְּׁבִיעִי מִקְרָא־
קֹדֶשׁ כָּל־מְלֶאכֶת עֲבֹדָה לֹא תַעֲשׂוּ: פ

ט וַיְדַבֵּר יְהוָה אֶל־מֹשֶׁה לֵּאמֹר:
י דַּבֵּר אֶל־בְּנֵי יִשְׂרָאֵל וְאָמַרְתָּ אֲלֵהֶם כִּי־תָבֹאוּ אֶל־הָאָרֶץ אֲשֶׁר
אֲנִי נֹתֵן לָכֶם וּקְצַרְתֶּם אֶת־קְצִירָהּ וַהֲבֵאתֶם אֶת־עֹמֶר רֵאשִׁית
קְצִירְכֶם אֶל־הַכֹּהֵן:
יא וְהֵנִיף אֶת־הָעֹמֶר לִפְנֵי יְהוָה לִרְצֹנְכֶם מִמָּחֳרַת הַשַּׁבָּת יְנִיפֶנּוּ
הַכֹּהֵן:
יב וַעֲשִׂיתֶם בְּיוֹם הֲנִיפְכֶם אֶת־הָעֹמֶר כֶּבֶשׂ תָּמִים בֶּן־שְׁנָתוֹ
לְעֹלָה לַיהוָה:
יג וּמִנְחָתוֹ שְׁנֵי עֶשְׂרֹנִים סֹלֶת בְּלוּלָה בַשֶּׁמֶן אִשֶּׁה לַיהוָה רֵיחַ
נִיחֹחַ וְנִסְכֹּה יַיִן רְבִיעִת הַהִין:
יד וְלֶחֶם וְקָלִי וְכַרְמֶל לֹא תֹאכְלוּ עַד־עֶצֶם הַיּוֹם הַזֶּה עַד
הֲבִיאֲכֶם אֶת־קָרְבַּן אֱלֹהֵיכֶם חֻקַּת עוֹלָם לְדֹרֹתֵיכֶם בְּכֹל

### *As leis referentes às festas solenes do Senhor — O sábado*

23 1 Disse Jeová a Moisés: 2 Fala aos filhos de Israel e di-
ze-lhes: As festas fixas de Jeová, que proclamarem se-
rem santas convocações, serão as minhas festas fixas.
3 Seis dias trabalho se fará; porém ao sétimo dia é um sábado de
descanso solene, santa convocação: não fareis nenhum traba-
lho; é sábado de Jeová em todas as vossas moradas.

### *A Páscoa*

4 Estas são as festas fixas de Jeová, santas convocações que
proclamareis no seu tempo determinado. 5 No primeiro mês,
aos quatorze dias do mês, à tardinha, é a Páscoa de Jeová. 6 Aos
quinze dias do mesmo mês é a Festa dos Pães Asmos de Jeová;
sete dias comereis pães asmos. 7 No primeiro dia, tereis uma
santa convocação; não fareis obra alguma servil. 8 Mas por sete
dias oferecereis uma oferta queimada a Jeová; no sétimo dia,
haverá uma santa convocação; não fareis obra alguma servil.

### *As primícias*

9 Disse mais Jeová a Moisés: 10 Fala aos filhos de Israel e
dize-lhes: Quando entrardes na terra que eu vos hei de dar, e
comerdes as suas searas, trareis ao sacerdote um molho das
primícias da vossa seara. 11 Ele moverá o molho diante de Jeová,
para que seja aceito a vosso favor; no dia depois do sábado o
moverá. 12 No mesmo dia em que moverdes o molho, oferecereis
um cordeiro de um ano, sem defeito, em holocausto a Jeová.
13 A sua oferta de cereais será duas dízimas de um efa de flor
de farinha, amassada com azeite, uma oferta queimada a Jeová
por suave cheiro; a sua oferta de libação será de vinho, a quarta
parte de um him. 14 Não comereis pão, nem trigo torrado, nem
espigas verdes, até este mesmo dia, até que tenhais trazido a

מֹשְׁבֹתֵיכֶם: ס

טו וּסְפַרְתֶּם לָכֶם מִמָּחֳרַת הַשַּׁבָּת מִיּוֹם הֲבִיאֲכֶם אֶת־עֹמֶר
הַתְּנוּפָה שֶׁבַע שַׁבָּתוֹת תְּמִימֹת תִּהְיֶינָה:
טז עַד מִמָּחֳרַת הַשַּׁבָּת הַשְּׁבִיעִת תִּסְפְּרוּ חֲמִשִּׁים יוֹם וְהִקְרַבְתֶּם
מִנְחָה חֲדָשָׁה לַיהוָה:
יז מִמּוֹשְׁבֹתֵיכֶם תָּבִיאוּ| לֶחֶם תְּנוּפָה שְׁתַּיִם שְׁנֵי עֶשְׂרֹנִים סֹלֶת
תִּהְיֶינָה חָמֵץ תֵּאָפֶינָה בִּכּוּרִים לַיהוָה:
יח וְהִקְרַבְתֶּם עַל־הַלֶּחֶם שִׁבְעַת כְּבָשִׂים תְּמִימִם בְּנֵי שָׁנָה וּפַר
בֶּן־בָּקָר אֶחָד וְאֵילִם שְׁנָיִם יִהְיוּ עֹלָה לַיהוָה וּמִנְחָתָם וְנִסְכֵּיהֶם
אִשֵּׁה רֵיחַ־נִיחֹחַ לַיהוָה:
יט וַעֲשִׂיתֶם שְׂעִיר־עִזִּים אֶחָד לְחַטָּאת וּשְׁנֵי כְבָשִׂים בְּנֵי שָׁנָה
לְזֶבַח שְׁלָמִים:
כ וְהֵנִיף הַכֹּהֵן| אֹתָם עַל לֶחֶם הַבִּכּוּרִים תְּנוּפָה לִפְנֵי יְהוָה עַל־
שְׁנֵי כְּבָשִׂים קֹדֶשׁ יִהְיוּ לַיהוָה לַכֹּהֵן:
כא וּקְרָאתֶם בְּעֶצֶם| הַיּוֹם הַזֶּה מִקְרָא־קֹדֶשׁ יִהְיֶה לָכֶם כָּל־
מְלֶאכֶת עֲבֹדָה לֹא תַעֲשׂוּ חֻקַּת עוֹלָם בְּכָל־מוֹשְׁבֹתֵיכֶם
לְדֹרֹתֵיכֶם:

כב וּבְקֻצְרְכֶם אֶת־קְצִיר אַרְצְכֶם לֹא־תְכַלֶּה פְּאַת שָׂדְךָ בְּקֻצְרֶךָ
וְלֶקֶט קְצִירְךָ לֹא תְלַקֵּט לֶעָנִי וְלַגֵּר תַּעֲזֹב אֹתָם אֲנִי יְהוָה
אֱלֹהֵיכֶם: ס
כג וַיְדַבֵּר יְהוָה אֶל־מֹשֶׁה לֵּאמֹר:
כד דַּבֵּר אֶל־בְּנֵי יִשְׂרָאֵל לֵאמֹר בַּחֹדֶשׁ הַשְּׁבִיעִי בְּאֶחָד לַחֹדֶשׁ
יִהְיֶה לָכֶם שַׁבָּתוֹן זִכְרוֹן תְּרוּעָה מִקְרָא־קֹדֶשׁ:
כה כָּל־מְלֶאכֶת עֲבֹדָה לֹא תַעֲשׂוּ וְהִקְרַבְתֶּם אִשֶּׁה לַיהוָה: ס

כו וַיְדַבֵּר יְהוָה אֶל־מֹשֶׁה לֵּאמֹר:
כז אַךְ בֶּעָשׂוֹר לַחֹדֶשׁ הַשְּׁבִיעִי הַזֶּה יוֹם הַכִּפֻּרִים הוּא מִקְרָא־
קֹדֶשׁ יִהְיֶה לָכֶם וְעִנִּיתֶם אֶת־נַפְשֹׁתֵיכֶם וְהִקְרַבְתֶּם אִשֶּׁה

oblação do vosso Deus; é um estatuto perpétuo pelas vossas
gerações em todos as vossas moradas.
15 Contareis para vós desde o dia depois do sábado, desde o
dia em que tiverdes trazido o molho da oferta movida. Haverá
sete sábados completos: 16 até ao dia seguinte ao sétimo sába-
do, contareis cinquenta dias; e oferecereis uma nova oferta de
cereais a Jeová. 17 Das vossas habitações trareis dois pães para
serem movidos, de duas dízimas de um efa; serão de flor de
farinha, levedados se cozerão: são primícias a Jeová. 18 Apre-
sentareis com o pão sete cordeiros de um ano, sem defeito,
e um novilho, e dois carneiros: serão um holocausto a Jeová,
com a sua oferta de cereais e com as suas ofertas de libação, a
saber, uma oferta queimada de suave cheiro a Jeová. 19 Também
oferecereis um bode para oferta pelo pecado, e dois cordeiros
de um ano para sacrifício de ofertas pacíficas. 20 Então, o sa-
cerdote os oferecerá, juntamente com o pão das primícias, por
uma oferta movida diante de Jeová, com dois cordeiros; santos
serão a Jeová para o uso do sacerdote. 21 Fareis proclamação no
mesmo dia. Haverá para vós uma santa convocação; não fareis
obra alguma servil: é um estatuto perpétuo em todas as vossas
moradas pelas vossas gerações.
22 Quando segardes as searas da vossa terra, não segareis
totalmente os cantos do vosso campo, nem colhereis o rabisco
da vossa seara; para o pobre e para o estrangeiro o deixareis:
eu sou Jeová, vosso Deus.
23 Disse mais Jeová a Moisés: 24 Fala aos filhos de Israel: No
sétimo mês, no primeiro dia do mês, haverá para vós um des-
canso solene, um memorial, de sonidos de trombetas, uma santa
convocação. 25 Não fareis obra alguma servil; e oferecereis uma
oferta queimada a Jeová.

### *O Dia da Expiação*

26 Disse mais Jeová a Moisés: 27 Mas, aos dez dias deste sétimo
mês, é o Dia da Expiação: será para vós uma santa convocação
e afligireis as vossas almas; oferecereis uma oferta queimada a

לַיהוָה׃
כח וְכָל־מְלָאכָה לֹא תַעֲשׂוּ בְּעֶצֶם הַיּוֹם הַזֶּה כִּי יוֹם כִּפֻּרִים הוּא
לְכַפֵּר עֲלֵיכֶם לִפְנֵי יְהוָה אֱלֹהֵיכֶם׃
כט כִּי כָל־הַנֶּפֶשׁ אֲשֶׁר לֹא־תְעֻנֶּה בְּעֶצֶם הַיּוֹם הַזֶּה וְנִכְרְתָה
מֵעַמֶּיהָ׃
ל וְכָל־הַנֶּפֶשׁ אֲשֶׁר תַּעֲשֶׂה כָּל־מְלָאכָה בְּעֶצֶם הַיּוֹם הַזֶּה
וְהַאֲבַדְתִּי אֶת־הַנֶּפֶשׁ הַהִוא מִקֶּרֶב עַמָּהּ׃
לא כָּל־מְלָאכָה לֹא תַעֲשׂוּ חֻקַּת עוֹלָם לְדֹרֹתֵיכֶם בְּכֹל
מֹשְׁבֹתֵיכֶם׃
לב שַׁבַּת שַׁבָּתוֹן הוּא לָכֶם וְעִנִּיתֶם אֶת־נַפְשֹׁתֵיכֶם בְּתִשְׁעָה
לַחֹדֶשׁ בָּעֶרֶב מֵעֶרֶב עַד־עֶרֶב תִּשְׁבְּתוּ שַׁבַּתְּכֶם׃ פ

לג וַיְדַבֵּר יְהוָה אֶל־מֹשֶׁה לֵּאמֹר׃
לד דַּבֵּר אֶל־בְּנֵי יִשְׂרָאֵל לֵאמֹר בַּחֲמִשָּׁה עָשָׂר יוֹם לַחֹדֶשׁ
הַשְּׁבִיעִי הַזֶּה חַג הַסֻּכּוֹת שִׁבְעַת יָמִים לַיהוָה׃
לה בַּיּוֹם הָרִאשׁוֹן מִקְרָא־קֹדֶשׁ כָּל־מְלֶאכֶת עֲבֹדָה לֹא תַעֲשׂוּ׃
לו שִׁבְעַת יָמִים תַּקְרִיבוּ אִשֶּׁה לַיהוָה בַּיּוֹם הַשְּׁמִינִי מִקְרָא־קֹדֶשׁ
יִהְיֶה לָכֶם וְהִקְרַבְתֶּם אִשֶּׁה לַיהוָה עֲצֶרֶת הִוא כָּל־מְלֶאכֶת
עֲבֹדָה לֹא תַעֲשׂוּ׃
לז אֵלֶּה מוֹעֲדֵי יְהוָה אֲשֶׁר־תִּקְרְאוּ אֹתָם מִקְרָאֵי קֹדֶשׁ לְהַקְרִיב
אִשֶּׁה לַיהוָה עֹלָה וּמִנְחָה זֶבַח וּנְסָכִים דְּבַר־יוֹם בְּיוֹמוֹ׃
לח מִלְּבַד שַׁבְּתֹת יְהוָה וּמִלְּבַד מַתְּנוֹתֵיכֶם וּמִלְּבַד כָּל־נִדְרֵיכֶם
וּמִלְּבַד כָּל־נִדְבוֹתֵיכֶם אֲשֶׁר תִּתְּנוּ לַיהוָה׃

לט אַךְ בַּחֲמִשָּׁה עָשָׂר יוֹם לַחֹדֶשׁ הַשְּׁבִיעִי בְּאָסְפְּכֶם אֶת־
תְּבוּאַת הָאָרֶץ תָּחֹגּוּ אֶת־חַג־יְהוָה שִׁבְעַת יָמִים בַּיּוֹם הָרִאשׁוֹן
שַׁבָּתוֹן וּבַיּוֹם הַשְּׁמִינִי שַׁבָּתוֹן׃
מ וּלְקַחְתֶּם לָכֶם בַּיּוֹם הָרִאשׁוֹן פְּרִי עֵץ הָדָר כַּפֹּת תְּמָרִים וַעֲנַף
עֵץ־עָבֹת וְעַרְבֵי־נָחַל וּשְׂמַחְתֶּם לִפְנֵי יְהוָה אֱלֹהֵיכֶם שִׁבְעַת
יָמִים׃
מא וְחַגֹּתֶם אֹתוֹ חַג לַיהוָה שִׁבְעַת יָמִים בַּשָּׁנָה חֻקַּת עוֹלָם
לְדֹרֹתֵיכֶם בַּחֹדֶשׁ הַשְּׁבִיעִי תָּחֹגּוּ אֹתוֹ׃
מב בַּסֻּכֹּת תֵּשְׁבוּ שִׁבְעַת יָמִים כָּל־הָאֶזְרָח בְּיִשְׂרָאֵל יֵשְׁבוּ
בַּסֻּכֹּת׃
מג לְמַעַן יֵדְעוּ דֹרֹתֵיכֶם כִּי בַסֻּכּוֹת הוֹשַׁבְתִּי אֶת־בְּנֵי יִשְׂרָאֵל

Jeová. 28 Nesse mesmo dia, não fareis obra alguma servil, pois é
dia de expiação, em que se faça expiação por vós diante de Jeová,
vosso Deus. 29 Pois toda alma que se não afligir nesse mesmo dia
será cortada do seu povo. 30 Toda alma que fizer alguma obra nesse
mesmo dia, essa alma destruirei dentre o seu povo. 31 Não fareis
obra alguma: é estatuto perpétuo pelas vossas gerações em todas
as vossas moradas. 32 Será para vós sábado de descanso solene,
e afligireis as vossas almas; no dia nono, desde a tardinha, duma
a outra tarde, guardareis o vosso sábado.

*A Festa dos Tabernáculos*

33 Disse mais Jeová a Moisés: 34 Fala aos filhos de Israel: Aos
quinze dias deste sétimo mês, haverá a Festa dos Tabernáculos
por sete dias a Jeová. 35 No primeiro dia, haverá uma santa convo-
cação; não fareis obra alguma servil. 36 Por sete dias oferecereis
uma oferta queimada a Jeová. No oitavo dia, haverá para vós
uma santa convocação; e oferecereis uma oferta queimada a
Jeová; é uma assembleia solene; não fareis obra alguma servil.

37 Estas são as festas fixas de Jeová, que proclamarei serem
santas convocações, em que se ofereça uma oferta queimada
a Jeová, um holocausto, uma oferta de cereais, um sacrifício e
ofertas de libação, cada coisa no seu dia; 38 além dos sábados
de Jeová, e além dos vossos dons, e além dos vossos votos, e
além de todas as vossas ofertas voluntárias que derdes a Jeová.

39 Aos quinze dias do sétimo mês, quando tiverdes recolhido os
frutos da terra, celebrareis a festa de Jeová, sete dias: no primeiro
dia haverá um descanso solene, também no oitavo dia haverá um
descanso solene. 40 No primeiro dia, tomareis para vós o fruto de
árvores formosas, ramos de palmeiras, ramos de árvores frondo-
sas e salgueiros de ribeiras; e vos alegrareis diante de Jeová, vosso
Deus, por sete dias. 41 Celebrareis esta como uma festa a Jeová,
por sete dias no ano: é um estatuto perpétuo nas vossas gerações;
celebrá-lo-eis no sétimo mês. 42 Habitareis em tendas de ramos sete
dias; todos os naturais em Israel habitarão em tendas de ramos,
43 para que as vossas gerações saibam que eu fiz habitar os filhos

בְּהוֹצִיאִי אוֹתָם מֵאֶרֶץ מִצְרָיִם אֲנִי יְהוָה אֱלֹהֵיכֶם׃
מד וַיְדַבֵּר מֹשֶׁה אֶת־מֹעֲדֵי יְהוָה אֶל־בְּנֵי יִשְׂרָאֵל׃ פ

א וַיְדַבֵּר יְהוָה אֶל־מֹשֶׁה לֵּאמֹר׃
ב צַו אֶת־בְּנֵי יִשְׂרָאֵל וְיִקְחוּ אֵלֶיךָ שֶׁמֶן זַיִת זָךְ כָּתִית לַמָּאוֹר
לְהַעֲלֹת נֵר תָּמִיד׃
ג מִחוּץ לְפָרֹכֶת הָעֵדֻת בְּאֹהֶל מוֹעֵד יַעֲרֹךְ אֹתוֹ אַהֲרֹן מֵעֶרֶב
עַד־בֹּקֶר לִפְנֵי יְהוָה תָּמִיד חֻקַּת עוֹלָם לְדֹרֹתֵיכֶם׃
ד עַל הַמְּנֹרָה הַטְּהֹרָה יַעֲרֹךְ אֶת־הַנֵּרוֹת לִפְנֵי יְהוָה תָּמִיד׃ פ

ה וְלָקַחְתָּ סֹלֶת וְאָפִיתָ אֹתָהּ שְׁתֵּים עֶשְׂרֵה חַלּוֹת שְׁנֵי עֶשְׂרֹנִים
יִהְיֶה הַחַלָּה הָאֶחָת׃
ו וְשַׂמְתָּ אוֹתָם שְׁתַּיִם מַעֲרָכוֹת שֵׁשׁ הַמַּעֲרָכֶת עַל הַשֻּׁלְחָן
הַטָּהֹר לִפְנֵי יְהוָה׃
ז וְנָתַתָּ עַל־הַמַּעֲרֶכֶת לְבֹנָה זַכָּה וְהָיְתָה לַלֶּחֶם לְאַזְכָּרָה אִשֶּׁה
לַיהוָה׃
ח בְּיוֹם הַשַּׁבָּת בְּיוֹם הַשַּׁבָּת יַעַרְכֶנּוּ לִפְנֵי יְהוָה תָּמִיד מֵאֵת בְּנֵי־
יִשְׂרָאֵל בְּרִית עוֹלָם׃
ט וְהָיְתָה לְאַהֲרֹן וּלְבָנָיו וַאֲכָלֻהוּ בְּמָקוֹם קָדֹשׁ כִּי קֹדֶשׁ קָדָשִׁים
הוּא לוֹ מֵאִשֵּׁי יְהוָה חָק־עוֹלָם׃ ס

י וַיֵּצֵא בֶּן־אִשָּׁה יִשְׂרְאֵלִית וְהוּא בֶּן־אִישׁ מִצְרִי בְּתוֹךְ בְּנֵי
יִשְׂרָאֵל וַיִּנָּצוּ בַּמַּחֲנֶה בֶּן הַיִּשְׂרְאֵלִית וְאִישׁ הַיִּשְׂרְאֵלִי׃
יא וַיִּקֹּב בֶּן־הָאִשָּׁה הַיִּשְׂרְאֵלִית אֶת־הַשֵּׁם וַיְקַלֵּל וַיָּבִיאוּ אֹתוֹ
אֶל־מֹשֶׁה וְשֵׁם אִמּוֹ שְׁלֹמִית בַּת־דִּבְרִי לְמַטֵּה־דָן׃
יב וַיַּנִּיחֻהוּ בַּמִּשְׁמָר לִפְרֹשׁ לָהֶם עַל־פִּי יְהוָה׃ פ

de Israel em tendas de ramos, quando os tirei da terra do Egito:
eu sou Jeová, vosso Deus. 44 Moisés declarou aos filhos de Israel
as festas fixas de Jeová.

*A lei acerca das lâmpadas*

24 1 Disse Jeová a Moisés: 2 Ordena aos filhos de Is-
rael que te tragam azeite puro de oliveira, espre-
mido num gral, para o candeeiro, para fazer arder
uma lâmpada continuamente. 3 Fora do véu do Testemunho,
na tenda da revelação colocá-la-á Arão diante de Jeová con-
tinuamente, desde a tarde até pela manhã: será um estatuto
perpétuo pelas vossas gerações. 4 Sobre o candeeiro puro co-
locará as lâmpadas diante de Jeová continuamente.

*Acerca do pão para a mesa do Senhor*

5 Também tomarás flor de farinha e dela cozerás doze pães, cada
um dos quais terá duas dízimas de um efa. 6 Pô-los-ás sobre a mesa
para diante de Jeová, em duas fileiras, seis em cada fileira. 7 Porás
sobre cada fileira incenso puro, a fim de que seja sobre o pão como
memorial, isto é, como oferta queimada a Jeová. 8 Todos os sábados,
serão dispostos diante de Jeová continuamente; é a favor dos filhos
de Israel um estatuto perpétuo. 9 Pertencerão a Arão e a seus filhos;
eles os comerão num lugar santo, pois são para ele coisa santíssima
das ofertas queimadas, de Jeová, por estatuto perpétuo.

*A pena do pecado de blasfêmia*

10 Dentre os filhos de Israel saiu o filho duma mulher israe-
lita, o qual teve por pai um egípcio. Houve uma contenda no
arraial entre o filho da mulher israelita e um homem de Israel;
11 o filho da mulher israelita blasfemou o Nome e praguejou.
Trouxeram-no a Moisés. Ora, o nome de sua mãe era Selomite,

יג וַיְדַבֵּר יְהוָה אֶל־מֹשֶׁה לֵּאמֹר:
יד הוֹצֵא אֶת־הַֽמְקַלֵּל אֶל־מִחוּץ לַֽמַּחֲנֶה וְסָמְכוּ כָֽל־הַשֹּׁמְעִים
אֶת־יְדֵיהֶם עַל־רֹאשׁוֹ וְרָגְמוּ אֹתוֹ כָּל־הָעֵדָה:
טו וְאֶל־בְּנֵי יִשְׂרָאֵל תְּדַבֵּר לֵאמֹר אִישׁ אִישׁ כִּֽי־יְקַלֵּל אֱלֹהָיו
וְנָשָׂא חֶטְאוֹ:
טז וְנֹקֵב שֵׁם־יְהוָה מוֹת יוּמָת רָגוֹם יִרְגְּמוּ־בוֹ כָּל־הָעֵדָה כַּגֵּר
כָּֽאֶזְרָח בְּנָקְבוֹ־שֵׁם יוּמָת:
יז וְאִישׁ כִּי יַכֶּה כָּל־נֶפֶשׁ אָדָם מוֹת יוּמָת:
יח וּמַכֵּה נֶֽפֶשׁ־בְּהֵמָה יְשַׁלְּמֶנָּה נֶפֶשׁ תַּחַת נָֽפֶשׁ:
יט וְאִישׁ כִּֽי־יִתֵּן מוּם בַּעֲמִיתוֹ כַּאֲשֶׁר עָשָׂה כֵּן יֵעָשֶׂה לּֽוֹ:
כ שֶׁבֶר תַּחַת שֶׁבֶר עַיִן תַּחַת עַיִן שֵׁן תַּחַת שֵׁן כַּאֲשֶׁר יִתֵּן מוּם
בָּֽאָדָם כֵּן יִנָּתֶן בּֽוֹ:
כא וּמַכֵּה בְהֵמָה יְשַׁלְּמֶנָּה וּמַכֵּה אָדָם יוּמָת:
כב מִשְׁפַּט אֶחָד יִהְיֶה לָכֶם כַּגֵּר כָּאֶזְרָח יִהְיֶה כִּי אֲנִי יְהוָה
אֱלֹהֵיכֶֽם:
כג וַיְדַבֵּר מֹשֶׁה אֶל־בְּנֵי יִשְׂרָאֵל וַיּוֹצִיאוּ אֶת־הַֽמְקַלֵּל אֶל־מִחוּץ
לַֽמַּחֲנֶה וַיִּרְגְּמוּ אֹתוֹ אָבֶן וּבְנֵֽי־יִשְׂרָאֵל עָשׂוּ כַּֽאֲשֶׁר צִוָּה יְהוָה
אֶת־מֹשֶֽׁה: פ

א וַיְדַבֵּר יְהוָה אֶל־מֹשֶׁה בְּהַר סִינַי לֵאמֹר:
ב דַּבֵּר אֶל־בְּנֵי יִשְׂרָאֵל וְאָמַרְתָּ אֲלֵהֶם כִּי תָבֹאוּ אֶל־הָאָרֶץ
אֲשֶׁר אֲנִי נֹתֵן לָכֶם וְשָׁבְתָה הָאָרֶץ שַׁבָּת לַיהוָֽה:
ג שֵׁשׁ שָׁנִים תִּזְרַע שָׂדֶךָ וְשֵׁשׁ שָׁנִים תִּזְמֹר כַּרְמֶךָ וְאָסַפְתָּ אֶת־
תְּבוּאָתָֽהּ:
ד וּבַשָּׁנָה הַשְּׁבִיעִת שַׁבַּת שַׁבָּתוֹן יִהְיֶה לָאָרֶץ שַׁבָּת לַיהוָה שָֽׂדְךָ
לֹא תִזְרָע וְכַרְמְךָ לֹא תִזְמֹֽר:
ה אֵת סְפִיחַ קְצִֽירְךָ לֹא תִקְצוֹר וְאֶת־עִנְּבֵי נְזִירֶךָ לֹא תִבְצֹר
שְׁנַת שַׁבָּתוֹן יִהְיֶה לָאָֽרֶץ:
ו וְהָיְתָה שַׁבַּת הָאָרֶץ לָכֶם לְאָכְלָה לְךָ וּלְעַבְדְּךָ וְלַאֲמָתֶךָ
וְלִשְׂכִֽירְךָ וּלְתוֹשָׁבְךָ הַגָּרִים עִמָּֽךְ:
ז וְלִבְהֶמְתְּךָ וְלַֽחַיָּה אֲשֶׁר בְּאַרְצֶךָ תִּהְיֶה כָל־תְּבוּאָתָהּ לֶאֱכֹֽל: ס

filha de Dibri, da tribo de Dã. 12 Puseram-no em prisão, para que
viesse a sentença da boca de Jeová.

13 Disse Jeová a Moisés: 14 Tira o que blasfemou para fora do ar-
raial; todos os que o ouviram porão as mãos sobre a cabeça dele, e
toda a congregação o apedrejará. 15 Dirás aos filhos de Israel: Todo
homem que amaldiçoar ao seu Deus, levará sobre si o seu pecado.
16 Aquele que blasfemar o nome de Jeová certamente será morto;
toda a congregação o apedrejará. Será morto tanto o estrangeiro
como o natural, quando blasfemar o Nome. 17 Quem matar a al-
guém certamente será morto; 18 e quem matar a um animal por
este fará restituição: vida por vida. 19 Se alguém causar um defeito
em seu próximo, como fez, assim se lhe fará a ele: 20 quebradura
por quebradura, olho por olho, dente por dente; como causou um
defeito num homem, assim se lhe retribuirá a ele. 21 Quem matar
a um animal por este fará restituição; quem matar a um homem
certamente será morto. 22 Uma e a mesma lei tereis, tanto para o
estrangeiro como para o natural; pois eu sou Jeová, vosso Deus.
23 Então, falou Moisés aos filhos de Israel; eles tiraram aquele que
praguejara para fora do arraial e o apedrejaram. Fizeram os filhos
de Israel como Jeová ordenou a Moisés.

### *O Ano Sabático*

25 1 Disse Jeová a Moisés no monte Sinai: 2 Fala aos fi-
lhos de Israel e dize-lhes: Quando entrardes na terra
que vos hei de dar, a terra terá o descanso de um
sábado a Jeová. 3 Seis anos semearás o teu campo, e seis anos
podarás a tua vinha, e recolherás os seus frutos; 4 mas, no séti-
mo ano, haverá sábado de descanso solene para a terra, sábado
de Jeová: não semearás o teu campo, nem podarás a tua vinha.
5 Não segarás o que nascer de si mesmo da tua seara, nem co-
lherás as uvas da tua vinha não podada; ano de descanso solene
será para a terra. 6 O produto do descanso da terra servir-vos-á
para alimento: a ti, ao teu servo, ao teu jornaleiro e ao estran-
geiro que peregrina contigo. 7 Ao teu gado e aos animais que
estão na tua terra, tudo o que ela produzir será para alimento.

ח וְסָפַרְתָּ לְךָ שֶׁבַע שַׁבְּתֹת שָׁנִים שֶׁבַע שָׁנִים שֶׁבַע פְּעָמִים וְהָיוּ
לְךָ יְמֵי שֶׁבַע שַׁבְּתֹת הַשָּׁנִים תֵּשַׁע וְאַרְבָּעִים שָׁנָה׃
ט וְהַעֲבַרְתָּ שׁוֹפַר תְּרוּעָה בַּחֹדֶשׁ הַשְּׁבִעִי בֶּעָשׂוֹר לַחֹדֶשׁ בְּיוֹם
הַכִּפֻּרִים תַּעֲבִירוּ שׁוֹפָר בְּכָל־אַרְצְכֶם׃
י וְקִדַּשְׁתֶּם אֵת שְׁנַת הַחֲמִשִּׁים שָׁנָה וּקְרָאתֶם דְּרוֹר בָּאָרֶץ
לְכָל־יֹשְׁבֶיהָ יוֹבֵל הִוא תִּהְיֶה לָכֶם וְשַׁבְתֶּם אִישׁ אֶל־אֲחֻזָּתוֹ
וְאִישׁ אֶל־מִשְׁפַּחְתּוֹ תָּשֻׁבוּ׃
יא יוֹבֵל הִוא שְׁנַת הַחֲמִשִּׁים שָׁנָה תִּהְיֶה לָכֶם לֹא תִזְרָעוּ וְלֹא
תִקְצְרוּ אֶת־סְפִיחֶיהָ וְלֹא תִבְצְרוּ אֶת־נְזִרֶיהָ׃
יב כִּי יוֹבֵל הִוא קֹדֶשׁ תִּהְיֶה לָכֶם מִן־הַשָּׂדֶה תֹּאכְלוּ אֶת־
תְּבוּאָתָהּ׃

יג בִּשְׁנַת הַיּוֹבֵל הַזֹּאת תָּשֻׁבוּ אִישׁ אֶל־אֲחֻזָּתוֹ׃
יד וְכִי־תִמְכְּרוּ מִמְכָּר לַעֲמִיתֶךָ אוֹ קָנֹה מִיַּד עֲמִיתֶךָ אַל־תּוֹנוּ
אִישׁ אֶת־אָחִיו׃
טו בְּמִסְפַּר שָׁנִים אַחַר הַיּוֹבֵל תִּקְנֶה מֵאֵת עֲמִיתֶךָ בְּמִסְפַּר שְׁנֵי־
תְבוּאֹת יִמְכָּר־לָךְ׃
טז לְפִי רֹב הַשָּׁנִים תַּרְבֶּה מִקְנָתוֹ וּלְפִי מְעֹט הַשָּׁנִים תַּמְעִיט
מִקְנָתוֹ כִּי מִסְפַּר תְּבוּאֹת הוּא מֹכֵר לָךְ׃
יז וְלֹא תוֹנוּ אִישׁ אֶת־עֲמִיתוֹ וְיָרֵאתָ מֵאֱלֹהֶיךָ כִּי אֲנִי יְהֹוָה
אֱלֹהֵיכֶם׃

יח וַעֲשִׂיתֶם אֶת־חֻקֹּתַי וְאֶת־מִשְׁפָּטַי תִּשְׁמְרוּ וַעֲשִׂיתֶם אֹתָם
וִישַׁבְתֶּם עַל־הָאָרֶץ לָבֶטַח׃ יט וְנָתְנָה הָאָרֶץ פִּרְיָהּ וַאֲכַלְתֶּם
לָשֹׂבַע וִישַׁבְתֶּם לָבֶטַח עָלֶיהָ׃ כ וְכִי תֹאמְרוּ מַה־נֹּאכַל בַּשָּׁנָה
הַשְּׁבִיעִת הֵן לֹא נִזְרָע וְלֹא נֶאֱסֹף אֶת־תְּבוּאָתֵנוּ׃
כא וְצִוִּיתִי אֶת־בִּרְכָתִי לָכֶם בַּשָּׁנָה הַשִּׁשִּׁית וְעָשָׂת אֶת־הַתְּבוּאָה
לִשְׁלֹשׁ הַשָּׁנִים׃
כב וּזְרַעְתֶּם אֵת הַשָּׁנָה הַשְּׁמִינִת וַאֲכַלְתֶּם מִן־הַתְּבוּאָה יָשָׁן עַד ׀
הַשָּׁנָה הַתְּשִׁיעִת עַד־בּוֹא תְּבוּאָתָהּ תֹּאכְלוּ יָשָׁן׃

כג וְהָאָרֶץ לֹא תִמָּכֵר לִצְמִתֻת כִּי־לִי הָאָרֶץ כִּי־גֵרִים וְתוֹשָׁבִים

*O Ano do Jubileu*

8 Contarás sete sábados de anos, sete vezes sete anos; e te serão os dias de sete sábados de anos, isto é, quarenta e nove anos. 9 Fareis soar a trombeta sonora aos dez dias do sétimo mês; no Dia da Expiação fareis soar a trombeta em toda a vossa terra. 10 Santificareis o ano quinquagésimo e proclamareis liberdade por toda a terra a todos os seus habitantes: ano de jubileu será para vós. Voltareis, cada um à sua possessão, e voltareis, cada um para a sua família. 11 Esse quinquagésimo ano será para vós ano de jubileu; não semeareis, nem segareis o que nascer de si mesmo neste ano, nem colhereis nele as uvas da vinha não podada. 12 Pois é ano de jubileu: santo será para vós; comereis o que o campo produzir nesse ano.

13 Neste ano de jubileu voltareis cada um à sua possessão. 14 Se venderes alguma coisa ao teu próximo, ou da mão do teu próximo comprares alguma coisa, não vos agravareis uns aos outros. 15 Segundo o número de anos decorridos desde o Jubileu, a comprarás ao teu próximo; e, segundo o número dos anos das messes, ele ta venderá. 16 Conforme são muitos os anos, aumentarás o preço da compra, e conforme são poucos os anos, diminuirás o seu preço; porque ele te vende o número das messes. 17 Ninguém oprimirá ao seu próximo, mas temerás o teu Deus: pois eu sou Jeová, vosso Deus.

18 Pelo que observareis os meus estatutos, e guardareis os meus juízos, e os cumprireis; e habitareis seguros na terra. 19 A terra dará os seus frutos, e comereis até vos fartar, e nela habitareis seguros. 20 Se disserdes: Que comeremos no sétimo ano? Eis que não havemos de semear, nem recolher o que a terra nos produzir; 21 então, vos mandarei a minha bênção no sexto ano, e a terra produzirá fruto bastante para os três anos. 22 No oitavo ano, semeareis e comereis dos frutos velhos; até o nono ano, até que a terra produza os frutos novos, comereis dos velhos.

23 Também a terra não se venderá em perpetuidade, porque a

אַתֶּם עִמָּדִי:
כד וּבְכֹל אֶרֶץ אֲחֻזַּתְכֶם גְּאֻלָּה תִּתְּנוּ לָאָרֶץ: ס
כה כִּי־יָמוּךְ אָחִיךָ וּמָכַר מֵאֲחֻזָּתוֹ וּבָא גֹאֲלוֹ הַקָּרֹב אֵלָיו וְגָאַל
אֵת מִמְכַּר אָחִיו:
כו וְאִישׁ כִּי לֹא יִהְיֶה־לּוֹ גֹּאֵל וְהִשִּׂיגָה יָדוֹ וּמָצָא כְּדֵי גְאֻלָּתוֹ:
כז וְחִשַּׁב אֶת־שְׁנֵי מִמְכָּרוֹ וְהֵשִׁיב אֶת־הָעֹדֵף לָאִישׁ אֲשֶׁר מָכַר־
לוֹ וְשָׁב לַאֲחֻזָּתוֹ:
כח וְאִם לֹא־מָצְאָה יָדוֹ דֵּי הָשִׁיב לוֹ וְהָיָה מִמְכָּרוֹ בְּיַד הַקֹּנֶה
אֹתוֹ עַד שְׁנַת הַיּוֹבֵל וְיָצָא בַּיֹּבֵל וְשָׁב לַאֲחֻזָּתוֹ:

כט וְאִישׁ כִּי־יִמְכֹּר בֵּית־מוֹשַׁב עִיר חוֹמָה וְהָיְתָה גְּאֻלָּתוֹ עַד־תֹּם
שְׁנַת מִמְכָּרוֹ יָמִים תִּהְיֶה גְאֻלָּתוֹ:
ל וְאִם לֹא־יִגָּאֵל עַד־מְלֹאת לוֹ שָׁנָה תְמִימָה וְקָם הַבַּיִת אֲשֶׁר־
בָּעִיר אֲשֶׁר־(לֹא) [לוֹ] חֹמָה לַצְּמִיתֻת לַקֹּנֶה אֹתוֹ לְדֹרֹתָיו לֹא
יֵצֵא בַּיֹּבֵל:
לא וּבָתֵּי הַחֲצֵרִים אֲשֶׁר אֵין־לָהֶם חֹמָה סָבִיב עַל־שְׂדֵה הָאָרֶץ
יֵחָשֵׁב גְּאֻלָּה תִּהְיֶה־לּוֹ וּבַיֹּבֵל יֵצֵא:
לב וְעָרֵי הַלְוִיִּם בָּתֵּי עָרֵי אֲחֻזָּתָם גְּאֻלַּת עוֹלָם תִּהְיֶה לַלְוִיִּם:
לג וַאֲשֶׁר יִגְאַל מִן־הַלְוִיִּם וְיָצָא מִמְכַּר־בַּיִת וְעִיר אֲחֻזָּתוֹ בַּיֹּבֵל
כִּי בָתֵּי עָרֵי הַלְוִיִּם הִוא אֲחֻזָּתָם בְּתוֹךְ בְּנֵי יִשְׂרָאֵל:
לד וּשְׂדֵה מִגְרַשׁ עָרֵיהֶם לֹא יִמָּכֵר כִּי־אֲחֻזַּת עוֹלָם הוּא לָהֶם: ס

terra é minha; pois vós sois estrangeiros e peregrinos juntamen-
te comigo. 24 Em toda a terra da vossa possessão concedereis
que a terra seja remida. 25 Se teu irmão se tornar pobre e vender
uma parte da sua possessão, virá o seu parente mais chegado e
remirá o que seu irmão vendeu. 26 Se alguém não tiver remidor,
mas ele mesmo se tornar rico e achar o bastante com que a remir,
27 contará os anos desde que fez a venda, e o que ficar do preço
da compra restituirá ao homem a quem a vendeu; e voltará à
sua possessão. 28 Mas, se as suas posses não lhe permitirem
reavê-la, o que ele vendeu ficará na mão de quem o comprou
até o Ano do Jubileu; no Ano do Jubileu sairá do poder deste,
e aquele voltará à sua possessão.

### *Redenção de terras e casas*

29 Se um homem vender uma casa de moradia numa cidade
murada, poderá remi-la dentro dum ano inteiro depois que a
casa se vendeu; por um ano inteiro terá o direito de a remir.
30 Se a casa não for remida dentro do prazo de um ano inteiro,
a casa que está na cidade murada ficará em perpetuidade per-
tencente a quem a comprou, pelas suas gerações; não sairá do
poder dele no Ano do Jubileu. 31 Mas as casas das aldeias que
não têm muros ao redor serão estimadas como os campos do
país: poderão ser remidas, e sairão do poder do comprador
no ano do jubileu. 32 Contudo, as cidades dos levitas, as casas
das cidades da sua possessão, os levitas poderão remi-las em
qualquer tempo. 33 Se um dos levitas remir uma casa, a casa
que se vendeu (e a cidade da sua possessão), sairá do poder do
comprador no Ano do Jubileu; pois as casas das cidades dos
levitas são a sua possessão entre os filhos de Israel. 34 Mas o
campo dos arrabaldes das suas cidades não se poderá vender,
porque é a sua possessão perpétua.

לה וְכִי־יָמוּךְ אָחִיךָ וּמָטָה יָדוֹ עִמָּךְ וְהֶחֱזַקְתָּ בּוֹ גֵּר וְתוֹשָׁב וָחַי
עִמָּךְ׃
לו אַל־תִּקַּח מֵאִתּוֹ נֶשֶׁךְ וְתַרְבִּית וְיָרֵאתָ מֵאֱלֹהֶיךָ וְחֵי אָחִיךָ
עִמָּךְ׃
לז אֶת־כַּסְפְּךָ לֹא־תִתֵּן לוֹ בְּנֶשֶׁךְ וּבְמַרְבִּית לֹא־תִתֵּן אָכְלֶךָ׃
לח אֲנִי יְהוָה אֱלֹהֵיכֶם אֲשֶׁר־הוֹצֵאתִי אֶתְכֶם מֵאֶרֶץ מִצְרָיִם
לָתֵת לָכֶם אֶת־אֶרֶץ כְּנַעַן לִהְיוֹת לָכֶם לֵאלֹהִים׃ ס

לט וְכִי־יָמוּךְ אָחִיךָ עִמָּךְ וְנִמְכַּר־לָךְ לֹא־תַעֲבֹד בּוֹ עֲבֹדַת עָבֶד׃
מ כְּשָׂכִיר כְּתוֹשָׁב יִהְיֶה עִמָּךְ עַד־שְׁנַת הַיֹּבֵל יַעֲבֹד עִמָּךְ׃
מא וְיָצָא מֵעִמָּךְ הוּא וּבָנָיו עִמּוֹ וְשָׁב אֶל־מִשְׁפַּחְתּוֹ וְאֶל־אֲחֻזַּת
אֲבֹתָיו יָשׁוּב׃
מב כִּי־עֲבָדַי הֵם אֲשֶׁר־הוֹצֵאתִי אֹתָם מֵאֶרֶץ מִצְרָיִם לֹא יִמָּכְרוּ
מִמְכֶּרֶת עָבֶד׃
מג לֹא־תִרְדֶּה בוֹ בְּפָרֶךְ וְיָרֵאתָ מֵאֱלֹהֶיךָ׃
מד וְעַבְדְּךָ וַאֲמָתְךָ אֲשֶׁר יִהְיוּ־לָךְ מֵאֵת הַגּוֹיִם אֲשֶׁר סְבִיבֹתֵיכֶם
מֵהֶם תִּקְנוּ עֶבֶד וְאָמָה׃
מה וְגַם מִבְּנֵי הַתּוֹשָׁבִים הַגָּרִים עִמָּכֶם מֵהֶם תִּקְנוּ וּמִמִּשְׁפַּחְתָּם
אֲשֶׁר עִמָּכֶם אֲשֶׁר הוֹלִידוּ בְּאַרְצְכֶם וְהָיוּ לָכֶם לַאֲחֻזָּה׃
מו וְהִתְנַחַלְתֶּם אֹתָם לִבְנֵיכֶם אַחֲרֵיכֶם לָרֶשֶׁת אֲחֻזָּה לְעֹלָם
בָּהֶם תַּעֲבֹדוּ וּבְאַחֵיכֶם בְּנֵי־יִשְׂרָאֵל אִישׁ בְּאָחִיו לֹא־תִרְדֶּה בוֹ
בְּפָרֶךְ׃ ס

מז וְכִי תַשִּׂיג יַד גֵּר וְתוֹשָׁב עִמָּךְ וּמָךְ אָחִיךָ עִמּוֹ וְנִמְכַּר לְגֵר
תּוֹשָׁב עִמָּךְ אוֹ לְעֵקֶר מִשְׁפַּחַת גֵּר׃
מח אַחֲרֵי נִמְכַּר גְּאֻלָּה תִּהְיֶה־לּוֹ אֶחָד מֵאֶחָיו יִגְאָלֶנּוּ׃
מט אוֹ־דֹדוֹ אוֹ בֶן־דֹּדוֹ יִגְאָלֶנּוּ אוֹ־מִשְּׁאֵר בְּשָׂרוֹ מִמִּשְׁפַּחְתּוֹ
יִגְאָלֶנּוּ אוֹ־הִשִּׂיגָה יָדוֹ וְנִגְאָל׃
נ וְחִשַּׁב עִם־קֹנֵהוּ מִשְּׁנַת הִמָּכְרוֹ לוֹ עַד שְׁנַת הַיֹּבֵל וְהָיָה כֶּסֶף
מִמְכָּרוֹ בְּמִסְפַּר שָׁנִים כִּימֵי שָׂכִיר יִהְיֶה עִמּוֹ׃

*O receber usura é proibido*

35 Se teu irmão se tornar pobre e as suas mãos se enfra-
quecerem junto a ti, sustentá-lo-ás. Ele viverá contigo como
estrangeiro e peregrino. 36 Não receberás dele usura nem
ganho; mas temerás o teu Deus, para que teu irmão viva
contigo. 37 Não lhe darás o teu dinheiro a usura, nem lhe da-
rás os teus víveres por amor de lucro. 38 Eu sou Jeová, vosso
Deus, que vos tirei da terra do Egito, para vos dar a terra de
Canaã, para ser o vosso Deus.

39 Se teu irmão se tornar pobre junto a ti e se se vender a ti,
não o farás servir como escravo. 40 Como jornaleiro e peregrino
estará contigo; servir-te-á até o Ano do Jubileu. 41 Então, sairá
de ti, ele e seus filhos, e voltará à sua família e às possessões
de seus pais. 42 Porque são meus servos, que tirei da terra do
Egito; não serão vendidos como escravos. 43 Não dominarás
sobre ele com rigor, mas temerás o teu Deus. 44 Quanto aos
escravos e às escravas que tiveres: das nações que estão ao
redor de vós, delas comprareis escravos e escravas. 45 Também
dos filhos dos estrangeiros que peregrinam entre vós, deles
os comprareis, e bem assim das suas famílias que estão con-
vosco, as quais eles geraram na vossa terra; e serão a vossa
possessão. 46 Deixá-los-eis por herança a vossos filhos depois
de vós, para terem como possessão; desses tomareis os vossos
escravos para sempre, mas sobre vossos irmãos, os filhos de
Israel, não dominareis com rigor, uns sobre os outros.

*Redenção dos servos*

47 Se o estrangeiro ou peregrino junto a ti se tornar rico, e teu
irmão se tornar pobre junto a ele e for vendido ao estrangeiro
ou ao peregrino que está contigo, ou a um membro da família
do estrangeiro, 48 depois de se vender, pode ser remido. Um de
seus irmãos pode remi-lo: 49 seu tio, ou o filho de seu tio, pode
remi-lo, ou qualquer parente chegado da sua família o pode
fazer; se ele se tiver tornado rico, pode remir-se a si mesmo.

נא אִם־עוֹד רַבּוֹת בַּשָּׁנִים לְפִיהֶן יָשִׁיב גְּאֻלָּתוֹ מִכֶּסֶף מִקְנָתוֹ׃
נב וְאִם־מְעַט נִשְׁאַר בַּשָּׁנִים עַד־שְׁנַת הַיֹּבֵל וְחִשַּׁב־לוֹ כְּפִי שָׁנָיו
יָשִׁיב אֶת־גְּאֻלָּתוֹ׃
נג כִּשְׂכִיר שָׁנָה בְּשָׁנָה יִהְיֶה עִמּוֹ לֹא־יִרְדֶּנּוּ בְּפֶרֶךְ לְעֵינֶיךָ׃
נד וְאִם־לֹא יִגָּאֵל בְּאֵלֶּה וְיָצָא בִּשְׁנַת הַיֹּבֵל הוּא וּבָנָיו עִמּוֹ׃
נה כִּי־לִי בְנֵי־יִשְׂרָאֵל עֲבָדִים עֲבָדַי הֵם אֲשֶׁר־הוֹצֵאתִי אוֹתָם
מֵאֶרֶץ מִצְרָיִם אֲנִי יְהוָה אֱלֹהֵיכֶם׃

א לֹא־תַעֲשׂוּ לָכֶם אֱלִילִם וּפֶסֶל וּמַצֵּבָה לֹא־תָקִימוּ לָכֶם וְאֶבֶן
מַשְׂכִּית לֹא תִתְּנוּ בְּאַרְצְכֶם לְהִשְׁתַּחֲוֺת עָלֶיהָ כִּי אֲנִי יְהוָה
אֱלֹהֵיכֶם׃
ב אֶת־שַׁבְּתֹתַי תִּשְׁמֹרוּ וּמִקְדָּשִׁי תִּירָאוּ אֲנִי יְהוָה׃ ס

ג אִם־בְּחֻקֹּתַי תֵּלֵכוּ וְאֶת־מִצְוֺתַי תִּשְׁמְרוּ וַעֲשִׂיתֶם אֹתָם׃
ד וְנָתַתִּי גִשְׁמֵיכֶם בְּעִתָּם וְנָתְנָה הָאָרֶץ יְבוּלָהּ וְעֵץ הַשָּׂדֶה יִתֵּן
פִּרְיוֹ׃
ה וְהִשִּׂיג לָכֶם דַּיִשׁ אֶת־בָּצִיר וּבָצִיר יַשִּׂיג אֶת־זָרַע וַאֲכַלְתֶּם
לַחְמְכֶם לָשֹׂבַע וִישַׁבְתֶּם לָבֶטַח בְּאַרְצְכֶם׃
ו וְנָתַתִּי שָׁלוֹם בָּאָרֶץ וּשְׁכַבְתֶּם וְאֵין מַחֲרִיד וְהִשְׁבַּתִּי חַיָּה רָעָה
מִן־הָאָרֶץ וְחֶרֶב לֹא־תַעֲבֹר בְּאַרְצְכֶם׃
ז וּרְדַפְתֶּם אֶת־אֹיְבֵיכֶם וְנָפְלוּ לִפְנֵיכֶם לֶחָרֶב׃
ח וְרָדְפוּ מִכֶּם חֲמִשָּׁה מֵאָה וּמֵאָה מִכֶּם רְבָבָה יִרְדֹּפוּ וְנָפְלוּ
אֹיְבֵיכֶם לִפְנֵיכֶם לֶחָרֶב׃
ט וּפָנִיתִי אֲלֵיכֶם וְהִפְרֵיתִי אֶתְכֶם וְהִרְבֵּיתִי אֶתְכֶם וַהֲקִימֹתִי
אֶת־בְּרִיתִי אִתְּכֶם׃
י וַאֲכַלְתֶּם יָשָׁן נוֹשָׁן וְיָשָׁן מִפְּנֵי חָדָשׁ תּוֹצִיאוּ׃
יא וְנָתַתִּי מִשְׁכָּנִי בְּתוֹכְכֶם וְלֹא־תִגְעַל נַפְשִׁי אֶתְכֶם׃

50 Com aquele que o comprou fará a conta desde o ano em que
se lhe vendeu a si mesmo até o Ano do Jubileu; e o preço da
sua venda será conforme o número dos anos; conforme os dias
dum jornaleiro estará com ele. 51 Se ainda faltarem muitos anos,
conforme eles restituirá do dinheiro pelo qual foi comprado
o preço da sua redenção. 52 Se faltarem só poucos anos até o
Ano do Jubileu, fará a conta com ele; e conforme os seus anos
restituirá o preço da sua redenção. 53 Como quem está alugado
de ano em ano, estará com ele; o comprador não dominará
com rigor sobre ele à tua vista. 54 Se não for remido por estes
meios, sairá livre no Ano do Jubileu, ele e seus filhos. 55 Porque
os filhos de Israel são meus servos, são meus servos que tirei
da terra do Egito: eu sou Jeová, vosso Deus.

### *Mandamentos, promessas e ameaças*

**26** 1 Não fareis para vós ídolos, nem vos levanta-
reis imagem de escultura, nem coluna, nem na
vossa terra poreis alguma pedra com figuras,
para vos prostrardes diante dela; porque eu sou Jeová, vosso
Deus. 2 Guardareis os meus sábados e reverenciareis o meu
santuário: eu sou Jeová.

3 Se andardes nos meus estatutos, e guardardes os meus
mandamentos, e os cumprirdes, 4 dar-vos-ei as vossas chuvas
a seus tempos, e a terra dará as suas produções, e as árvores
dos campos darão os seus frutos. 5 A debulha das vossas messes
continuará até a vindima, e a vindima continuará até a semen-
teira; comereis o vosso pão até vos fartar e habitareis seguros
na vossa terra. 6 Darei paz na terra, e vos deitareis, e ninguém
vos amedrontará; fareis desaparecer da terra as feras nocivas,
nem passará a espada pela vossa terra. 7 Perseguireis os vossos
inimigos, e ao fio da espada cairão diante de vós. 8 Cinco de vós
perseguirão a um cento deles, e cem de vós perseguirão a dez
mil; e os vossos inimigos ao fio da espada cairão diante de vós.
9 Olharei para vós, e far-vos-ei frutificar, e vos multiplicarei; e
estabelecerei a minha aliança convosco. 10 Comereis os frutos

יב וְהִתְהַלַּכְתִּי בְּתוֹכְכֶם וְהָיִיתִי לָכֶם לֵאלֹהִים וְאַתֶּם תִּהְיוּ־לִי
לְעָם׃
יג אֲנִי יְהוָה אֱלֹהֵיכֶם אֲשֶׁר הוֹצֵאתִי אֶתְכֶם מֵאֶרֶץ מִצְרַיִם
מִהְיֹת לָהֶם עֲבָדִים וָאֶשְׁבֹּר מֹטֹת עֻלְּכֶם וָאוֹלֵךְ אֶתְכֶם
קוֹמְמִיּוּת׃ פ

יד וְאִם־לֹא תִשְׁמְעוּ לִי וְלֹא תַעֲשׂוּ אֵת כָּל־הַמִּצְוֹת הָאֵלֶּה׃
טו וְאִם־בְּחֻקֹּתַי תִּמְאָסוּ וְאִם אֶת־מִשְׁפָּטַי תִּגְעַל נַפְשְׁכֶם לְבִלְתִּי
עֲשׂוֹת אֶת־כָּל־מִצְוֹתַי לְהַפְרְכֶם אֶת־בְּרִיתִי׃
טז אַף־אֲנִי אֶעֱשֶׂה־זֹּאת לָכֶם וְהִפְקַדְתִּי עֲלֵיכֶם בֶּהָלָה אֶת־
הַשַּׁחֶפֶת וְאֶת־הַקַּדַּחַת מְכַלּוֹת עֵינַיִם וּמְדִיבֹת נָפֶשׁ וּזְרַעְתֶּם
לָרִיק זַרְעֲכֶם וַאֲכָלֻהוּ אֹיְבֵיכֶם׃
יז וְנָתַתִּי פָנַי בָּכֶם וְנִגַּפְתֶּם לִפְנֵי אֹיְבֵיכֶם וְרָדוּ בָכֶם שֹׂנְאֵיכֶם
וְנַסְתֶּם וְאֵין־רֹדֵף אֶתְכֶם׃ ס
יח וְאִם־עַד־אֵלֶּה לֹא תִשְׁמְעוּ לִי וְיָסַפְתִּי לְיַסְּרָה אֶתְכֶם שֶׁבַע
עַל־חַטֹּאתֵיכֶם׃
יט וְשָׁבַרְתִּי אֶת־גְּאוֹן עֻזְּכֶם וְנָתַתִּי אֶת־שְׁמֵיכֶם כַּבַּרְזֶל וְאֶת־
אַרְצְכֶם כַּנְּחֻשָׁה׃
כ וְתַם לָרִיק כֹּחֲכֶם וְלֹא־תִתֵּן אַרְצְכֶם אֶת־יְבוּלָהּ וְעֵץ הָאָרֶץ
לֹא יִתֵּן פִּרְיוֹ׃

כא וְאִם־תֵּלְכוּ עִמִּי קֶרִי וְלֹא תֹאבוּ לִשְׁמֹעַ לִי וְיָסַפְתִּי עֲלֵיכֶם
מַכָּה שֶׁבַע כְּחַטֹּאתֵיכֶם׃
כב וְהִשְׁלַחְתִּי בָכֶם אֶת־חַיַּת הַשָּׂדֶה וְשִׁכְּלָה אֶתְכֶם וְהִכְרִיתָה
אֶת־בְּהֶמְתְּכֶם וְהִמְעִיטָה אֶתְכֶם וְנָשַׁמּוּ דַּרְכֵיכֶם׃

כג וְאִם־בְּאֵלֶּה לֹא תִוָּסְרוּ לִי וַהֲלַכְתֶּם עִמִּי קֶרִי׃
כד וְהָלַכְתִּי אַף־אֲנִי עִמָּכֶם בְּקֶרִי וְהִכֵּיתִי אֶתְכֶם גַּם־אָנִי שֶׁבַע
עַל־חַטֹּאתֵיכֶם׃
כה וְהֵבֵאתִי עֲלֵיכֶם חֶרֶב נֹקֶמֶת נְקַם־בְּרִית וְנֶאֱסַפְתֶּם אֶל־
עָרֵיכֶם וְשִׁלַּחְתִּי דֶבֶר בְּתוֹכְכֶם וְנִתַּתֶּם בְּיַד־אוֹיֵב׃
כו בְּשִׁבְרִי לָכֶם מַטֵּה־לֶחֶם וְאָפוּ עֶשֶׂר נָשִׁים לַחְמְכֶם בְּתַנּוּר
אֶחָד וְהֵשִׁיבוּ לַחְמְכֶם בַּמִּשְׁקָל וַאֲכַלְתֶּם וְלֹא תִשְׂבָּעוּ׃ ס
כז וְאִם־בְּזֹאת לֹא תִשְׁמְעוּ לִי וַהֲלַכְתֶּם עִמִּי בְּקֶרִי׃
כח וְהָלַכְתִּי עִמָּכֶם בַּחֲמַת־קֶרִי וְיִסַּרְתִּי אֶתְכֶם אַף־אָנִי שֶׁבַע
עַל־חַטֹּאתֵיכֶם׃

velhos, há muito guardados, e por causa dos frutos novos tira-
reis para fora os velhos. 11 Porei o meu tabernáculo entre vós;
e a minha alma não vos aborrecerá. 12 Andarei entre vós e serei
o vosso Deus, e vós sereis o meu povo. 13 Eu sou Jeová, vosso
Deus, que vos tirei da terra do Egito, para que não fôsseis seus
escravos; quebrei os canzis do vosso jugo e vos fiz andar de
cabeça levantada.

14 Porém, se me não ouvirdes, e não cumprirdes todos estes
mandamentos; 15 se rejeitardes os meus estatutos, e se a vossa
alma aborrecer os meus juízos, de sorte que não cumprais todos
os meus mandamentos, mas violeis a minha aliança; 16 eu tam-
bém vos farei isto: porei sobre vós o terror, a saber, a tísica e a
febre ardente, que consumirão os olhos e farão definhar a vida;
e baldadamente semeareis a vossa semente, porque os vossos
inimigos a comerão. 17 Porei o meu rosto contra vós, e sereis fe-
ridos diante dos vossos inimigos; os que vos odeiam dominarão
sobre vós, e fugireis sem que ninguém vos persiga. 18 Se nem ainda
assim me ouvirdes, castigar-vos-ei sete vezes mais por causa dos
vossos pecados. 19 Quebrarei a soberba do vosso poder e vos farei
o céu como ferro, e terra como cobre. 20 Inutilmente se gastará a
vossa força, pois a vossa terra não dará as suas produções, nem
as árvores da terra darão os seus frutos.

21 Se andardes em oposição a mim e não quiserdes ouvir-me,
trarei sobre vós pragas sete vezes mais conforme os vossos
pecados. 22 Enviarei entre vós as feras do campo, que vos des-
filharão, e destruirão o vosso gado, e vos reduzirão a pequeno
número; e os vossos caminhos se tornarão ermos.

23 Se nem ainda assim vos reformardes e voltardes a mim,
porém andardes em oposição a mim, 24 eu também andarei em
oposição a vós: eu, sim, eu mesmo, vos ferirei sete vezes por
causa dos vossos pecados. 25 Farei cair sobre vós a espada vin-
gadora da aliança. Sereis ajuntados dentro das vossas cidades,
e enviarei a peste entre vós; sereis entregues nas mãos dos ini-
migos. 26 Quando eu vos quebrar o báculo do pão, dez mulheres
cozerão o vosso pão num só forno e entregarão o vosso pão por
peso; comereis, porém não ficareis satisfeitos. 27 Se ainda depois
disto me não ouvirdes, mas andardes em oposição a mim, 28 eu

כט וַאֲכַלְתֶּם בְּשַׂר בְּנֵיכֶם וּבְשַׂר בְּנֹתֵיכֶם תֹּאכֵלוּ׃
ל וְהִשְׁמַדְתִּי אֶת־בָּמֹתֵיכֶם וְהִכְרַתִּי אֶת־חַמָּנֵיכֶם וְנָתַתִּי אֶת־
פִּגְרֵיכֶם עַל־פִּגְרֵי גִּלּוּלֵיכֶם וְגָעֲלָה נַפְשִׁי אֶתְכֶם׃
לא וְנָתַתִּי אֶת־עָרֵיכֶם חָרְבָּה וַהֲשִׁמּוֹתִי אֶת־מִקְדְּשֵׁיכֶם וְלֹא
אָרִיחַ בְּרֵיחַ נִיחֹחֲכֶם׃
לב וַהֲשִׁמֹּתִי אֲנִי אֶת־הָאָרֶץ וְשָׁמְמוּ עָלֶיהָ אֹיְבֵיכֶם הַיֹּשְׁבִים בָּהּ׃
לג וְאֶתְכֶם אֱזָרֶה בַגּוֹיִם וַהֲרִיקֹתִי אַחֲרֵיכֶם חָרֶב וְהָיְתָה אַרְצְכֶם
שְׁמָמָה וְעָרֵיכֶם יִהְיוּ חָרְבָּה׃

לד אָז תִּרְצֶה הָאָרֶץ אֶת־שַׁבְּתֹתֶיהָ כֹּל יְמֵי הֳשַׁמָּה וְאַתֶּם בְּאֶרֶץ
אֹיְבֵיכֶם אָז תִּשְׁבַּת הָאָרֶץ וְהִרְצָת אֶת־שַׁבְּתֹתֶיהָ׃
לה כָּל־יְמֵי הָשַּׁמָּה תִּשְׁבֹּת אֵת אֲשֶׁר לֹא־שָׁבְתָה בְּשַׁבְּתֹתֵיכֶם
בְּשִׁבְתְּכֶם עָלֶיהָ׃
לו וְהַנִּשְׁאָרִים בָּכֶם וְהֵבֵאתִי מֹרֶךְ בִּלְבָבָם בְּאַרְצֹת אֹיְבֵיהֶם
וְרָדַף אֹתָם קוֹל עָלֶה נִדָּף וְנָסוּ מְנֻסַת־חֶרֶב וְנָפְלוּ וְאֵין רֹדֵף׃
לז וְכָשְׁלוּ אִישׁ־בְּאָחִיו כְּמִפְּנֵי־חֶרֶב וְרֹדֵף אָיִן וְלֹא־תִהְיֶה לָכֶם
תְּקוּמָה לִפְנֵי אֹיְבֵיכֶם׃
לח וַאֲבַדְתֶּם בַּגּוֹיִם וְאָכְלָה אֶתְכֶם אֶרֶץ אֹיְבֵיכֶם׃
לט וְהַנִּשְׁאָרִים בָּכֶם יִמַּקּוּ בַּעֲוֺנָם בְּאַרְצֹת אֹיְבֵיכֶם וְאַף בַּעֲוֺנֹת
אֲבֹתָם אִתָּם יִמָּקּוּ׃

מ וְהִתְוַדּוּ אֶת־עֲוֺנָם וְאֶת־עֲוֺן אֲבֹתָם בְּמַעֲלָם אֲשֶׁר מָעֲלוּ־בִי
וְאַף אֲשֶׁר־הָלְכוּ עִמִּי בְּקֶרִי׃
מא אַף־אֲנִי אֵלֵךְ עִמָּם בְּקֶרִי וְהֵבֵאתִי אֹתָם בְּאֶרֶץ אֹיְבֵיהֶם
אוֹ־אָז יִכָּנַע לְבָבָם הֶעָרֵל וְאָז יִרְצוּ אֶת־עֲוֺנָם׃
מב וְזָכַרְתִּי אֶת־בְּרִיתִי יַעֲקוֹב וְאַף אֶת־בְּרִיתִי יִצְחָק וְאַף
אֶת־בְּרִיתִי אַבְרָהָם אֶזְכֹּר וְהָאָרֶץ אֶזְכֹּר׃
מג וְהָאָרֶץ תֵּעָזֵב מֵהֶם וְתִרֶץ אֶת־שַׁבְּתֹתֶיהָ בָּהְשַׁמָּה
מֵהֶם וְהֵם יִרְצוּ אֶת־עֲוֺנָם יַעַן וּבְיַעַן בְּמִשְׁפָּטַי
מָאָסוּ וְאֶת־חֻקֹּתַי גָּעֲלָה נַפְשָׁם׃
מד וְאַף־גַּם־זֹאת בִּהְיוֹתָם בְּאֶרֶץ אֹיְבֵיהֶם
לֹא־מְאַסְתִּים וְלֹא־גְעַלְתִּים לְכַלֹּתָם לְהָפֵר בְּרִיתִי
אִתָּם כִּי אֲנִי יְהוָה אֱלֹהֵיהֶם׃

andarei com furor em oposição a vós; também vos castigarei
sete vezes por causa dos vossos pecados. 29 Comereis a carne de
vossos filhos, comereis a carne de vossas filhas. 30 Destruirei os
vossos altos, e derrubarei as vossas imagens do sol, e lançarei
os vossos cadáveres sobre os cadáveres dos vossos ídolos, e a
minha alma se enfadará de vós. 31 Reduzirei as vossas cidades a
solidão, e assolarei os vossos santuários, e não cheirarei o vosso
suave cheiro. 32 Eu assolarei a terra; e pasmarão sobre ela os
vossos inimigos que nela habitam. 33 Espalhar-vos-ei por entre
as nações, e desembainharei a espada e vos perseguirei; a vossa
terra será assolada, e as vossas cidades se tornarão em solidão.

34 Então, a terra gozará os seus sábados, todos os dias da sua
assolação, e estareis na terra dos vossos inimigos; nesse tem-
po, descansará a terra e gozará os seus sábados. 35 Nos dias de
assolação terá descanso, a saber, o descanso que não teve nos
vossos sábados, quando nela moráveis. 36 Quanto aos que de
vós ficarem, eu lhes meterei no coração timidez nas terras dos
seus inimigos: o ruído de uma folha agitada os porá em fuga;
fugirão como quem foge da espada; e cairão sem que ninguém
os persiga. 37 Sem que ninguém os persiga, tropeçarão uns sobre
os outros, como se fugissem de diante da espada; não podereis
resistir aos vossos inimigos. 38 Perecereis entre as nações, e a
terra dos vossos inimigos vos devorará. 39 Os que de vós ficarem
definharão pela sua iniquidade nas terras dos vossos inimigos;
também pelas iniquidades de seus pais definharão com eles.

40 Confessarão a sua iniquidade, e a de seus pais, nas suas
transgressões que cometeram contra mim; confessarão que,
por terem andado em oposição a mim, 41 eu também andei em
oposição a eles e os trouxe para a terra dos seus inimigos. Se,
então, o seu coração incircuncidado se humilhar, e se aceitarem
o castigo da sua iniquidade, 42 lembrar-me-ei da minha aliança
com Jacó, também da minha aliança com Isaque, também da
minha aliança com Abraão me lembrarei, e da terra me lembra-
rei. 43 A terra também será deixada por eles e sem eles gozará
os seus sábados na sua assolação. Eles aceitarão o castigo da
sua iniquidade, porque, sim, porque rejeitaram os meus juízos,
e as suas almas aborreceram os meus estatutos. 44 Também

מה וְזָכַרְתִּי לָהֶם בְּרִית רִאשֹׁנִים אֲשֶׁר הוֹצֵאתִי־אֹתָם מֵאֶרֶץ
מִצְרַיִם לְעֵינֵי הַגּוֹיִם לִהְיֹת לָהֶם לֵאלֹהִים אֲנִי יְהוָה׃

מו אֵלֶּה הַחֻקִּים וְהַמִּשְׁפָּטִים וְהַתּוֹרֹת אֲשֶׁר נָתַן יְהוָה בֵּינוֹ וּבֵין
בְּנֵי יִשְׂרָאֵל בְּהַר סִינַי בְּיַד־מֹשֶׁה׃ פ

א וַיְדַבֵּר יְהוָה אֶל־מֹשֶׁה לֵּאמֹר׃
ב דַּבֵּר אֶל־בְּנֵי יִשְׂרָאֵל וְאָמַרְתָּ אֲלֵהֶם אִישׁ כִּי יַפְלִא נֶדֶר
בְּעֶרְכְּךָ נְפָשֹׁת לַיהוָה׃
ג וְהָיָה עֶרְכְּךָ הַזָּכָר מִבֶּן עֶשְׂרִים שָׁנָה וְעַד בֶּן־שִׁשִּׁים שָׁנָה וְהָיָה
עֶרְכְּךָ חֲמִשִּׁים שֶׁקֶל כֶּסֶף בְּשֶׁקֶל הַקֹּדֶשׁ׃
ד וְאִם־נְקֵבָה הִוא וְהָיָה עֶרְכְּךָ שְׁלֹשִׁים שָׁקֶל׃
ה וְאִם מִבֶּן־חָמֵשׁ שָׁנִים וְעַד בֶּן־עֶשְׂרִים שָׁנָה וְהָיָה עֶרְכְּךָ הַזָּכָר
עֶשְׂרִים שְׁקָלִים וְלַנְּקֵבָה עֲשֶׂרֶת שְׁקָלִים׃
ו וְאִם מִבֶּן־חֹדֶשׁ וְעַד בֶּן־חָמֵשׁ שָׁנִים וְהָיָה עֶרְכְּךָ הַזָּכָר חֲמִשָּׁה
שְׁקָלִים כָּסֶף וְלַנְּקֵבָה עֶרְכְּךָ שְׁלֹשֶׁת שְׁקָלִים כָּסֶף׃
ז וְאִם מִבֶּן־שִׁשִּׁים שָׁנָה וָמַעְלָה אִם־זָכָר וְהָיָה עֶרְכְּךָ חֲמִשָּׁה
עָשָׂר שָׁקֶל וְלַנְּקֵבָה עֲשָׂרָה שְׁקָלִים׃
ח וְאִם־מָךְ הוּא מֵעֶרְכֶּךָ וְהֶעֱמִידוֹ לִפְנֵי הַכֹּהֵן וְהֶעֱרִיךְ אֹתוֹ
הַכֹּהֵן עַל־פִּי אֲשֶׁר תַּשִּׂיג יַד הַנֹּדֵר יַעֲרִיכֶנּוּ הַכֹּהֵן׃ ס

ט וְאִם־בְּהֵמָה אֲשֶׁר יַקְרִיבוּ מִמֶּנָּה קָרְבָּן לַיהוָה כֹּל אֲשֶׁר יִתֵּן
מִמֶּנּוּ לַיהוָה יִהְיֶה־קֹּדֶשׁ׃
י לֹא יַחֲלִיפֶנּוּ וְלֹא־יָמִיר אֹתוֹ טוֹב בְּרָע אוֹ־רַע בְּטוֹב וְאִם־הָמֵר
יָמִיר בְּהֵמָה בִּבְהֵמָה וְהָיָה־הוּא וּתְמוּרָתוֹ יִהְיֶה־קֹּדֶשׁ׃
יא וְאִם כָּל־בְּהֵמָה טְמֵאָה אֲשֶׁר לֹא־יַקְרִיבוּ מִמֶּנָּה קָרְבָּן לַיהוָה
וְהֶעֱמִיד אֶת־הַבְּהֵמָה לִפְנֵי הַכֹּהֵן׃
יב וְהֶעֱרִיךְ הַכֹּהֵן אֹתָהּ בֵּין טוֹב וּבֵין רָע כְּעֶרְכְּךָ הַכֹּהֵן כֵּן יִהְיֶה׃
יג וְאִם־גָּאֹל יִגְאָלֶנָּה וְיָסַף חֲמִישִׁתוֹ עַל־עֶרְכֶּךָ׃

ainda assim não os rejeitarei, quando estiverem na terra dos
seus inimigos, nem os aborrecerei, para os consumir de todo
e violar a minha aliança com eles; pois eu sou Jeová, seu Deus.
45 Mas, por amor deles, me lembrarei da aliança com os seus
antepassados, a quem tirei da terra do Egito à vista das nações,
para ser o seu Deus: eu sou Jeová.

46 Estes são os estatutos, juízos e leis que Jeová deu entre si
e os filhos de Israel, no monte Sinai, por intermédio de Moisés.

*Votos particulares e a avaliação deles*

27 1 Disse Jeová a Moisés: 2 Fala aos filhos de Israel e
dize-lhes: Quando alguém cumprir um voto, se for
de pessoas, serão de Jeová segundo a tua avalia-
ção. 3 A tua avaliação será do homem da idade de vinte anos
até a idade de sessenta anos, a tua avaliação será de cinquenta
siclos de prata, segundo o siclo do santuário. 4 Se for mulher,
a tua avaliação será de trinta siclos. 5 Se a idade for de cinco
até vinte anos, a tua avaliação do homem será de vinte siclos,
e da mulher, de dez siclos. 6 Se a idade for de um mês até cinco
anos, a tua avaliação do homem será de cinco siclos de prata,
e da mulher a tua avaliação será de três siclos de prata. 7 Se for
a idade de sessenta anos e daí para cima, se for homem, a tua
avaliação será de quinze siclos, e pela mulher, de dez siclos.
8 Mas, se for mais pobre do que a tua avaliação, será apresen-
tado perante o sacerdote, e o sacerdote o avaliará; conforme
as posses daquele que fez o voto, o avaliará o sacerdote.

9 Se for um animal dos que se oferecem em oblação a Jeová,
destes serão santos todos quantos alguém oferecer a Jeová. 10 Não
o mudará, nem o trocará, bom por mau, ou mau por bom; mas,
se ele trocar animal por animal, tanto o que for trocado como
aquele por que se trocou, serão santos. 11 Se for um animal dos que
não se oferecem em oblação a Jeová, será apresentado perante o
sacerdote. 12 O sacerdote o avaliará, quer seja bom, quer seja mau:
conforme tu, sacerdote, o avalias, assim será. 13 Porém, se o homem
o quiser remir, ajuntará a quinta parte sobre a tua avaliação.

יד וְאִישׁ כִּֽי־יַקְדִּשׁ אֶת־בֵּיתוֹ קֹדֶשׁ לַיהוָה וְהֶעֱרִיכוֹ הַכֹּהֵן בֵּין
טוֹב וּבֵין רָע כַּאֲשֶׁר יַעֲרִיךְ אֹתוֹ הַכֹּהֵן כֵּן יָקוּם׃
טו וְאִם־הַמַּקְדִּישׁ יִגְאַל אֶת־בֵּיתוֹ וְיָסַף חֲמִישִׁית כֶּסֶף־עֶרְכְּךָ
עָלָיו וְהָיָה לוֹ׃

טז וְאִם ׀ מִשְּׂדֵה אֲחֻזָּתוֹ יַקְדִּישׁ אִישׁ לַיהוָה וְהָיָה עֶרְכְּךָ לְפִי
זַרְעוֹ זֶרַע חֹמֶר שְׂעֹרִים בַּחֲמִשִּׁים שֶׁקֶל כָּסֶף׃
יז אִם־מִשְּׁנַת הַיֹּבֵל יַקְדִּישׁ שָׂדֵהוּ כְּעֶרְכְּךָ יָקוּם׃
יח וְאִם־אַחַר הַיֹּבֵל יַקְדִּישׁ שָׂדֵהוּ וְחִשַּׁב־לוֹ הַכֹּהֵן אֶת־הַכֶּסֶף
עַל־פִּי הַשָּׁנִים הַנּוֹתָרֹת עַד שְׁנַת הַיֹּבֵל וְנִגְרַע מֵעֶרְכֶּךָ׃
יט וְאִם־גָּאֹל יִגְאַל אֶת־הַשָּׂדֶה הַמַּקְדִּישׁ אֹתוֹ וְיָסַף חֲמִשִׁית
כֶּסֶף־עֶרְכְּךָ עָלָיו וְקָם לוֹ׃
כ וְאִם־לֹא יִגְאַל אֶת־הַשָּׂדֶה וְאִם־מָכַר אֶת־הַשָּׂדֶה לְאִישׁ אַחֵר
לֹא יִגָּאֵל עוֹד׃
כא וְהָיָה הַשָּׂדֶה בְּצֵאתוֹ בַיֹּבֵל קֹדֶשׁ לַיהוָה כִּשְׂדֵה הַחֵרֶם לַכֹּהֵן
תִּהְיֶה אֲחֻזָּתוֹ׃
כב וְאִם אֶת־שְׂדֵה מִקְנָתוֹ אֲשֶׁר לֹא מִשְּׂדֵה אֲחֻזָּתוֹ יַקְדִּישׁ
לַיהוָה׃
כג וְחִשַּׁב־לוֹ הַכֹּהֵן אֵת מִכְסַת הָעֶרְכְּךָ עַד שְׁנַת הַיֹּבֵל וְנָתַן
אֶת־הָעֶרְכְּךָ בַּיּוֹם הַהוּא קֹדֶשׁ לַיהוָה׃
כד בִּשְׁנַת הַיּוֹבֵל יָשׁוּב הַשָּׂדֶה לַאֲשֶׁר קָנָהוּ מֵאִתּוֹ לַאֲשֶׁר־לוֹ
אֲחֻזַּת הָאָרֶץ׃
כה וְכָל־עֶרְכְּךָ יִהְיֶה בְּשֶׁקֶל הַקֹּדֶשׁ עֶשְׂרִים גֵּרָה יִהְיֶה הַשָּׁקֶל׃ ס

כו אַךְ־בְּכוֹר אֲשֶׁר־יְבֻכַּר לַיהוָה בִּבְהֵמָה לֹא־יַקְדִּישׁ אִישׁ אֹתוֹ
אִם־שׁוֹר אִם־שֶׂה לַיהוָה הוּא׃
כז וְאִם בַּבְּהֵמָה הַטְּמֵאָה וּפָדָה בְעֶרְכֶּךָ וְיָסַף חֲמִשִׁתוֹ עָלָיו
וְאִם־לֹא יִגָּאֵל וְנִמְכַּר בְּעֶרְכֶּךָ׃

14 Quando alguém santificar a sua casa para ser santa a Jeová, o sacerdote a avaliará, seja boa ou seja má; como o sacerdote a avaliar, assim será. 15 Se aquele que a santificou quiser remir a sua casa, ajuntará a quinta parte do dinheiro sobre a tua avaliação, e terá a casa.

*Voto dum campo e o resgate dele*

16 Se alguém santificar a Jeová uma parte do campo que possui, a tua avaliação será conforme a semente necessária para semeá-lo: o que leva um ômer de cevada será avaliado em cinquenta siclos de prata. 17 Se ele santificar o seu campo a partir do Ano do Jubileu, conforme a tua avaliação ficará. 18 Mas, se santificar o seu campo em período posterior ao jubileu, o sacerdote lhe contará o dinheiro segundo os anos que restam até o Ano do Jubileu, e isso se abaterá da tua avaliação. 19 Se aquele que santificou o campo quiser remi-lo, ajuntará a quinta parte do dinheiro sobre a tua avaliação, e lhe ficará assegurado. 20 Se não quiser remir o campo, ou se houver vendido o campo a outro homem, nunca mais se poderá remir; 21 mas o campo, quando sair livre no jubileu, será santo a Jeová, como campo consagrado: a possessão dele pertencerá ao sacerdote. 22 Se alguém santificar a Jeová um campo que comprou, o qual não é parte do campo da sua possessão, 23 o sacerdote lhe contará o valor da tua avaliação até o Ano do Jubileu; e ele dará a tua avaliação naquele dia, como coisa santa a Jeová. 24 No Ano do Jubileu voltará o campo àquele de quem foi comprado, a saber, aquele a quem pertence a possessão da terra. 25 Todas as tuas avaliações serão segundo o siclo do santuário; o siclo será de vinte óbolos.

26 Somente o primogênito entre os animais, que como primogênito já pertence a Jeová, ninguém o santificará; ou seja boi, ou seja ovelha, pertence a Jeová. 27 Se o primogênito for de um animal imundo, remir-se-á segundo a tua avaliação, e sobre ela ajuntará a quinta parte; se não for remido, será vendido segundo a tua avaliação.

כח אַךְ־כָּל־חֵ֫רֶם אֲשֶׁר יַחֲרִם אִישׁ לַיהוָה מִכָּל־אֲשֶׁר־לוֹ מֵאָדָם
וּבְהֵמָה וּמִשְּׂדֵה אֲחֻזָּתוֹ לֹא יִמָּכֵר וְלֹא יִגָּאֵל כָּל־חֵ֫רֶם קֹדֶשׁ־
קָֽדָשִׁים הוּא לַיהוָֽה:
כט כָּל־חֵ֫רֶם אֲשֶׁר יָחֳרַם מִן־הָאָדָם לֹא יִפָּדֶה מוֹת יוּמָֽת:

ל וְכָל־מַעְשַׂר הָאָ֫רֶץ מִזֶּ֫רַע הָאָ֫רֶץ מִפְּרִי הָעֵץ לַיהוָה הוּא קֹ֫דֶשׁ
לַֽיהוָֽה:
לא וְאִם־גָּאֹל יִגְאַל אִישׁ מִמַּֽעַשְׂרוֹ חֲמִשִׁיתוֹ יֹסֵף עָלָֽיו:
לב וְכָל־מַעְשַׂר בָּקָר וָצֹאן כֹּל אֲשֶׁר־יַעֲבֹר תַּ֫חַת הַשָּׁ֫בֶט הָֽעֲשִׂירִי
יִֽהְיֶה־קֹּ֫דֶשׁ לַֽיהוָֽה:
לג לֹא יְבַקֵּר בֵּֽין־טוֹב לָרַע וְלֹא יְמִירֶ֫נּוּ וְאִם־הָמֵר יְמִירֶ֫נּוּ וְהָֽיָה־
הוּא וּתְמוּרָתוֹ יִֽהְיֶה־קֹּ֫דֶשׁ לֹא יִגָּאֵֽל:
לד אֵ֫לֶּה הַמִּצְוֺת אֲשֶׁר צִוָּה יְהוָה אֶת־מֹשֶׁה אֶל־בְּנֵי יִשְׂרָאֵל
בְּהַר סִינָֽי:

*Não há resgate para as coisas devotadas*

28 Todavia, nenhuma coisa devotada, que a Jeová consagrar
alguém de tudo quanto tem, de homem, ou de animal, ou do
campo que possui, será vendido ou se poderá remir; toda coi-
sa devotada será santíssima a Jeová. 29 Nenhuma pessoa que
dentre os homens for devotada será resgatada, certamente
será morta.

30 Todos os dízimos da terra, ou sejam da semente da terra,
ou sejam das frutas das árvores, pertencem a Jeová: santos são
a Jeová. 31 Se alguém quiser remir parte dos seus dízimos, ajun-
tar-lhe-á uma quinta parte. 32 Todos os dízimos do gado ou do
rebanho, de tudo o que passa debaixo da vara, a décima parte
será santa a Jeová. 33 Não se procurará saber se é bom ou mau,
nem se trocará; se se trocar, tanto o que foi trocado como o por
que se trocou, será santo; não se poderá remir.

34 Estes são os mandamentos que Jeová deu a Moisés para
os filhos de Israel no monte Sinai.

# Comentário ao livro de Levítico

## Capítulo 1

O holocausto, conforme descrito em Levítico 1, não é apenas o primeiro sacrifício do sistema ritual israelita, mas também o mais abrangente em sua lógica teológica. Ele não está restrito à expiação, mas configura-se como uma oferta de devoção irrestrita a YHWH, pois o animal é completamente consumido pelo fogo, um sinal visível da entrega total do ofertante. O ritual inicia-se com a escolha do animal, um ato que já estabelece a natureza do culto:

> *ʾim-ʿōlâ qorbānô min-habbaqqār zāḵār tāmîm yaqriḇennû*
> "Se a sua oferta for um holocausto do gado, um macho sem defeito ele oferecerá" (Lv 1,3).

A exigência de um *zāḵār tāmîm* (macho sem defeito) não é uma regra arbitrária, mas reflete a centralidade da integridade na relação cultual. O animal, que representa o ofertante, deve estar isento de falha, pois aquilo que se oferece a YHWH não pode ser fragmentário ou residual, mas completo e excelente. O local do sacrifício também é determinado:

> *ʾel-petaḥ ʾōhel môʿēd yaqriḇ ʾōtô lərəṣōnô ləpanê YHWH*

> "Ele o trará à entrada da Tenda do Encontro para ser aceito perante YHWH" (Lv 1,3).

O verbo *yaqriḇ* sugere um movimento de aproximação, uma ação deliberada. O culto israelita não ocorre de maneira automática; ele exige uma disposição intencional do adorador. O objetivo dessa oferta não é apenas a obediência ritual, mas a aceitação (*lərəṣōnô*), evidenciando que a presença de Deus entre Seu povo está vinculada à aliança e não a uma relação mecânica de do ut des. O rito continua com um gesto significativo:

> *wəsāmăḵ yāḏô ʿal-rōʾš hāʿōlâ wənērṣā lô ləkaṯēr ʿālāyw*
> "Ele porá sua mão sobre a cabeça do holocausto, e ele será aceito para fazer expiação por ele" (Lv 1,4).

A imposição de mãos (*səmîḵāh*) não é um mero gesto formal, mas um ato de transferência. O ofertante, ao tocar o animal, projeta sua identidade sobre ele, tornando o sacrifício uma ação pessoal e relacional. O termo *nērṣā* (ser aceito) sublinha que esse ato não é automático; ele exige um reconhecimento divino. Embora Levítico posteriormente enfatize o papel do sangue na expiação (Lv 17,11), aqui o holocausto assume um caráter de consagração absoluta. Segue-se a imolação:

> *wəšāḥaṭ ʾeṯ-ben-habbaqqār ləpənê YHWH*
> "E degolará o novilho perante YHWH" (Lv 1,5).

A menção de *ləpənê* YHWH (diante de YHWH) sugere que o sacrifício não é um ato isolado, mas um evento que ocorre sob o olhar divino. O sangue do animal, portador da vida (*nefeš*), é então derramado e aspergido no altar:

> *wəzāraqû bənê-ʾahărōn hakkōhănîm ʾeṯ-haddām ʿal-hammizbēaḥ sāḇîḇ*
> "E os filhos de Arão, os sacerdotes, aspergirão o sangue ao redor do altar" (Lv 1,5).

O uso da expressão *bənê-ʾahărōn* (filhos de Arão) ressalta que a mediação sacerdotal é necessária. O sangue, como elemento vital, não apenas expia, mas estabelece uma conexão ritual entre Deus e o ofertante. Esse processo leva à preparação meticulosa do sacrifício:

> *wəhipšîṭ ʾeṯ-hāʿōlâ wəniṯaḥ ʾōtāh ləniṯḥêhā*
> "E esfolará o holocausto e o cortará em seus pedaços" (Lv 1,6).

Cada parte do animal deve ser tratada com precisão. A ordem não pode ser quebrada, pois cada etapa tem um significado dentro da economia do culto. Os pedaços são então organizados sobre o altar:

> *wənātənû bənê-ʾahărōn hakkōhănîm ʾēš ʿal-hammizbēaḥ*
> *wəʿārəḵû ʿēṣîm ʿal-hāʾēš*
> "E os filhos de Arão, os sacerdotes, colocarão fogo sobre o altar e arrumarão lenha sobre o fogo" (Lv 1,7).

O fogo, símbolo da presença divina, não pode ser tratado de qualquer forma. A lenha deve ser disposta corretamente, pois o sacrifício é um ato de ordem e não de caos. O animal é então queimado por completo:

> *wəʿārəḵû bənê-ʾahărōn hakkōhănîm ʾeṯ-hanniṯaḥîm*
> *wəʾeṯ-harōʾš wəʾeṯ-happāḏēr ʿal-hāʿēṣîm ʾăšer ʿal-hāʾēš*
> *ʾăšer ʿal-hammizbēaḥ*
> "E arrumarão os pedaços, a cabeça e a gordura sobre a lenha que está sobre o fogo do altar" (Lv 1,8).

O termo *pāḏēr*, traduzido como "gordura", representa a porção mais valiosa do animal, enfatizando que a Deus deve ser oferecido o melhor. A purificação continua com a lavagem das entranhas e das pernas:

> *wəqirbô ûrəḡlāyw yirḥaṣ bammāyim*
> "Porém as entranhas e as pernas lavar-se-ão com água" (Lv 1,9).

A pureza ritual não se limita ao exterior; ela também envolve o interior do sacrifício. Apenas então o sacerdote procede com a queima final:

> *wəhiqṭîr hakkōhēn ʾeṯ-hakkōl hammizbēḥāh ʿōlâ hîʾ ʾišê rēaḥ-nîḥōaḥ lăYHWH*
> "Então o sacerdote queimará tudo sobre o altar; holocausto é, oferta queimada, aroma agradável a YHWH" (Lv 1,9).

A repetição da expressão *ʿōlâ hîʾ ʾišê rēaḥ-nîḥōaḥ* enfatiza que esse sacrifício é um gesto de totalidade. O que sobe ao céu como fumaça não é apenas o corpo do animal, mas a própria vida do ofertante, agora entregue completamente a YHWH. Assim, o holocausto não é apenas um rito de sangue e fogo, mas um ato de confiança radical: oferecer tudo a Deus, sem reservas. Os versículos 10-13 introduzem uma variação no holocausto, demonstrando que a aproximação a YHWH não é privilégio de uma elite com grandes rebanhos, mas uma realidade aberta a toda a comunidade:

> *wəʾim-min-haṣṣōʾn qorbānô min-hakkəbāśîm ʾō min-hāʿizzîm ləʿōlâ zāḵār tāmîm yaqriḇennû*
> "E se sua oferta for do rebanho, das ovelhas ou das cabras, para holocausto, um macho sem defeito oferecerá" (Lv 1,10).

A presença da alternativa entre *hakkəbāśîm* (cordeiros) e *hāʿizzîm* (cabras) evidencia a flexibilidade dentro da estrutura ritual. A lógica do holocausto não está ancorada na natureza do animal, mas na seriedade do gesto e na intencionalidade do ofertante. A mesma estrutura de sacrifício é mantida – o animal deve ser *zāḵār tāmîm* (macho sem defeito), pois o culto a YHWH exige o melhor. Assim, a sacralidade do rito não está na materialidade da oferta, mas na fidelidade à ordem divina. A progressão continua no versículo 14, onde o texto dá um passo além na acessibilidade, permitindo que até os mais pobres possam participar:

> *wəʾim-min-hāʿôp ʿōlâ qorbānô lăYHWH wəhiqriḇ min-hattōrîm ʾō min-bənê-hayyônâ*

> "E se a sua oferta for holocausto de aves a YHWH, então oferecerá sua oferta das rolas ou dos pombinhos" (Lv 1,14).

Aqui, o holocausto se expande para aqueles que não possuem gado nem rebanhos. A possibilidade de oferecer *hattōrîm* (rolas) ou *bənê-hayyônâ* (pombinhos) revela que a adoração a YHWH não pode ser um sistema de exclusão econômica. No entanto, o rito se adapta à natureza da oferta, pois o sacrifício de aves exige um procedimento distinto:

> *wəmālăq ʾeṯ-rōʾšô wəhiqṭîr ʾal-hammizbēaḥ wənimmāṣ dāmô ʾel-qîr hammizbēaḥ*
> "E o sacerdote torcerá sua cabeça e a queimará sobre o altar, e o sangue será espremido contra a parede do altar" (Lv 1,15).

Ao invés da tradicional degola do gado e dos rebanhos, a ave é sacrificada através de *məlîqâ* (torcer o pescoço), uma técnica exclusiva dos sacerdotes. Essa distinção ritual assegura que, mesmo em ofertas mais modestas, a santidade do sacrifício não é comprometida. A manipulação do sangue, espremido contra o altar, mantém o princípio da expiação por meio do *nefeš* (vida), garantindo que a oferta menor não seja espiritualmente inferior. O capítulo se encerra reafirmando a essência teológica do holocausto:

> *ʿōlâ hîʾ ʾišê rēaḥ-nîḥōaḥ lăYHWH*
> "Holocausto é, oferta queimada, aroma agradável a YHWH" (Lv 1,17).

A repetição dessa fórmula não é um detalhe estilístico, mas um reforço da função do sacrifício. A ideia de *rēaḥ-nîḥōaḥ* (aroma agradável) não implica um apaziguamento divino baseado em uma necessidade física de Deus, mas uma resposta de aceitação dentro da estrutura da aliança. O holocausto não é um mecanismo de manipulação do divino, mas um paradigma de entrega total, onde o ofertante, independentemente de seus recursos, é chamado a se aproximar de YHWH em uma postura de confiança radical.

Levítico 1 estabelece, assim, um princípio fundamental: a adoração não é determinada pela riqueza ou pela posse de bens materiais, mas pela disposição do coração em oferecer tudo. O holocausto, seja de gado, rebanho ou aves, não é um ato mecânico de culto, mas um testemunho visível da relação entre o Criador e Seu povo, uma relação que exige obediência, pureza e consagração total.

## Capítulo 2

Levítico 2 introduz a *minḥâ*, oferta de cereais, como um complemento ao *ʿōlâ*, expandindo o escopo do culto israelita para além do sacrifício animal. Essa oferenda não se limita à expiação, mas expressa gratidão e reconhecimento da provisão divina. A teologia do culto aqui se desdobra em uma economia da aliança, onde tudo o que se produz pertence a YHWH e deve ser oferecido em sua melhor forma. O capítulo inicia com a prescrição básica:

> *wənep̄eš kî-taqrîḇ qorbān minḥâ lăYHWH, soleṯ yihyê qorbānô*
> "Quando uma pessoa trouxer uma oferta de cereais a YHWH, sua oferta será de flor de farinha" (Lv 2,1).

A escolha de *soleṯ* (flor de farinha) reforça um princípio essencial da teologia sacrificial: apenas o melhor deve ser entregue. Assim como o animal sem defeito no *ʿōlâ, a minḥâ* exige um produto refinado, sem impurezas, indicando que a adoração não pode ser realizada de maneira descuidada. Essa oferta demonstra que a fidelidade a YHWH não se expressa apenas no sangue do sacrifício, mas também no trabalho humano consagrado.

A oferta é enriquecida com azeite e incenso:

> *wəyāṣaq ʿālêhā šemen wənātan ʿālêhā ləḇônâ*
> "E sobre ela derramará azeite e colocará incenso sobre ela" (Lv 2,1).

O azeite, um elemento associado à unção e à bênção, simboliza a consagração do dom, enquanto o incenso estabelece uma conexão direta com a dimensão celestial do culto. O uso de *ləḇônâ* (incenso) indica que a oferta de cereais, apesar de não envolver sangue, não é menos espiritual; ela sobe ao céu como um testemunho visível do reconhecimento da soberania divina sobre todas as esferas da vida. A *minḥâ* é então entregue ao sacerdote:

> *wəhēḇîʾāh el-bənê ʾahărōn hakkōhănîm*
> "E a trará aos filhos de Arão, os sacerdotes" (Lv 2,2).

A mediação sacerdotal garante que a oferta seja realizada corretamente e aceite diante de Deus. A queima parcial da oferta no altar marca sua entrega formal:

> *wəhiqṭîr hakkōhēn ʾeṯ-ʾazkārātāh hammizbēaḥāh*
> "E queimará o sacerdote como memorial sobre o altar" (Lv 2,2).

O termo *ʾazkārâ* (memorial) não é meramente figurativo; ele sugere que a oferta atua como um lembrete perante Deus da relação de aliança entre YHWH e Israel. A *minḥâ* não é um presente isolado, mas uma afirmação contínua da fidelidade à aliança. A porção restante da oferta é designada para os sacerdotes:

> *wəhannôtereṯ min-hamminḥâ ləʾahărōn ûləḇānāyw qōḏeš qōḏāšîm mēʾišê YHWH*
> "E o restante da oferta será para Arão e seus filhos, coisa santíssima das ofertas queimadas a YHWH" (Lv 2,3).

Essa designação reafirma o sustento do sacerdócio por meio do culto. O sacerdócio não se sustenta pelo acúmulo de riqueza, mas pela participação direta naquilo que é dedicado a Deus. A *minḥâ*, portanto, não apenas representa gratidão, mas sustenta a estrutura do culto israelita. Os versículos seguintes apresentam variações da *minḥâ*, incluindo oferendas cozidas:

> *wəʾim-taqrîḇ qorbān minḥâ maʾăpeh tannûr*
> "Se ofereceres uma oferta de cereais cozida no forno" (Lv 2,4).

A oferta pode assumir a forma de bolos assados sem fermento (*maṣṣôt*), que são preparados com azeite. A exclusão do fermento é reiterada mais adiante:

> *kāl-hamminḥâ ʾăšer taqrîḇu lăYHWH lōʾ-tēʿāśeh ḥāmēṣ*
> "Nenhuma oferta de cereais que trareis a YHWH será feita com fermento" (Lv 2,11).

O fermento, frequentemente associado à corrupção e ao pecado, é excluído das oferendas, assegurando que a oferta permaneça pura. Essa pureza ritual ressalta que o culto não pode estar misturado com aquilo que representa a deterioração ou o comprometimento da santidade. Outras formas de preparação incluem:

> *ʿal-hammaḥaḇaṯ*
> "na assadeira" (Lv 2,5)

> *ḇammarḥešeṯ*
> "na panela" (Lv 2,7)

A flexibilidade no modo de preparação demonstra que, dentro dos limites da ordem divina, há espaço para diversidade na expressão do culto. A adoração a YHWH não é rígida, mas é moldada por princípios de pureza, excelência e reconhecimento da aliança. Um princípio fundamental emerge no versículo 11:

> *kāl-hamminḥâ ʾăšer-taqrîḇû lăYHWH lōʾ-tēʿāśeh ḥāmēṣ*
> "Nenhuma oferta de cereais que oferecerdes a YHWH será feita com fermento" (Lv 2,11).

Essa proibição transcende a mera questão culinária; ela carrega um profundo significado teológico. O fermento, um agente de decomposição e transformação, é frequentemente associado à corrupção e ao pecado (cf. Êx 12,15; 1Co 5,6-8). Ao excluir o fermento da *minḥâ*, o texto enfatiza a necessidade de que o culto a YHWH seja marcado pela pureza, sem mistura de elementos que representem degradação ou comprometimento da santidade. A adoração não pode ser contaminada por aquilo que simboliza a deterioração espiritual. O versículo 13 introduz um outro elemento essencial:

> *wəkāl-qorbān minḥâ bammelaḥ timlaḥ*
> "Toda oferta de cereais será salgada com sal" (Lv 2,13).

O sal (*melaḥ*) é símbolo da aliança e da incorruptibilidade, frequentemente associado à preservação e à fidelidade duradoura. No Antigo Oriente Próximo, o conceito de uma "aliança de sal" (*bərît melaḥ*) denotava um pacto perpétuo e inquebrantável (cf. Nm 18,19; 2Cr 13,5). A exigência de que toda oferta fosse salgada reforça a ideia de que o relacionamento entre Deus e Israel deve ser caracterizado por lealdade e permanência. O culto não é um evento efêmero; ele se insere na estrutura de uma aliança que deve ser mantida sem corrupção. O capítulo se encerra com a regulamentação da *minḥâ* oferecida como primícias (*bikkûrîm*):

> *wə'im-taqrîḇ minḥaṯ bikkûrîm lăYHWH*
> "Se ofereceres uma oferta de cereais dos primeiros frutos a YHWH" (Lv 2,14).

Essa oferta, proveniente da primeira colheita, deveria ser composta de grãos tostados e moídos, acompanhados de azeite e incenso. A queima de uma parte como memorial (*'azkārâ*) simbolizava o reconhecimento de que toda a produção da terra era dom de Deus. O ofertante não consumia primeiro e depois dava a Deus uma porção; ao contrário, ele entregava o primeiro e o melhor, reafirmando a soberania divina sobre toda a sua vida e trabalho.

Levítico 2 amplia a compreensão do culto ao permitir ofertas que não envolvem sacrifício animal, destacando que a adoração a YHWH não está restrita a uma única forma. No entanto, a estrutura teológica permanece inalterada: qualquer oferta deve ser pura, bem preparada e realizada segundo as diretrizes divinas. Esse capítulo reforça a ideia de que o culto não é apenas um ato externo, mas uma expressão concreta da obediência e da aliança com Deus. A *minḥâ* se torna, assim, um paradigma de um relacionamento de dependência e gratidão, onde o adorador reconhece que tudo o que possui vem das mãos de YHWH.

## Capítulo 3

Esse capítulo introduz a *zebaḥ šəlāmîm*, a oferta de comunhão ou sacrifício pacífico. Diferente do *ʿōlâ*, que era completamente consumido pelo fogo, e da *minḥâ*, que consistia em cereais, o *šəlāmîm* permitia que partes do sacrifício fossem consumidas pelo ofertante e sua família em uma refeição sagrada. Essa dinâmica reflete não apenas um ato de adoração, mas um modelo de relacionamento com Deus, onde a comunhão se manifesta tanto no altar quanto na mesa. O capítulo começa com a instrução:

> *wəʾim-zebaḥ šəlāmîm qorbānô ʾim min-habbaqqār hûʾ maqriḇ*
> "Se a oferta de sua oblação for sacrifício pacífico, se a trouxer do gado" (Lv 3,1).

A palavra *šəlāmîm* deriva da raiz *šlm*, que denota paz, bem-estar e plenitude. Esse tipo de sacrifício não enfatiza a expiação pelo pecado, mas a harmonia entre Deus e o ofertante, bem como a comunhão dentro da comunidade. Ao contrário do holocausto, no qual o sacrifício era inteiramente queimado, aqui há uma partilha: Deus recebe uma porção, enquanto o adorador e seus convidados desfrutam da outra. Essa estrutura sacrificial sublinha a visão de que o culto não é apenas um dever, mas um evento de celebração e partilha. O animal oferecido pode ser macho ou fêmea, mas, como nos sacrifícios anteriores, deve ser sem defeito:

> *zāḵār ʾō nəqēḇā tāmîm yaqriḇennû ləpənê YHWH*
> "Macho ou fêmea, sem defeito oferecerá perante YHWH" (Lv 3,1).

Essa especificação difere do *ʿōlâ*, no qual apenas machos eram permitidos (Lv 1,3), sugerindo uma maior acessibilidade e inclusão na oferta de comunhão. Entretanto, a exigência de perfeição do animal reafirma que o culto a Deus demanda o melhor do ofertante, sem concessões à mediocridade. A qualidade da oferta reflete a seriedade da relação do ofertante com YHWH. Assim como no holocausto, há a imposição de mãos sobre a cabeça do animal:

> *wəsāmăḵ yāḏô ʿal-rōʾš qorbānô wəšāḥaṭ ʾōtô petaḥ ʾōhel mô ʿēd*
> "E porá sua mão sobre a cabeça da oferta e a degolará à entrada da Tenda do Encontro" (Lv 3,2).

Esse gesto (*səmîḵāh*) indica identificação com o sacrifício e a intenção de participação na comunhão com Deus. Não há transferência de culpa, como no sacrifício pelo pecado (*ḥaṭṭāʾt*, Lv 4), mas um reconhecimento de que o ofertante se aproxima de YHWH como parte de uma relação pactuada. O sangue do animal é então derramado e aspergido no altar:

> *wəzāraqû bənê ʾahărōn hakkōhănîm ʾeṯ-haddām ʿal-hammizbēaḥ sāḇîḇ*
> "E os filhos de Arão, os sacerdotes, aspergirão o sangue ao redor do altar" (Lv 3,2).

Esse ato reafirma o papel central do sangue na teologia sacrificial de Israel, pois, como afirmado posteriormente:

> *kî-nəp̄eš habbāśār baddām hiʾ wəʾănî nəṯattî ʾōṯô lākem ʿal-hammizbēaḥ ləkaṯēr ʿal-nafšōṯêkem*
> "Porque a vida da carne está no sangue, e eu vo-lo dei sobre o altar, para fazer expiação por vossas almas" (Lv 17,11).

O sangue simboliza a vida e pertence exclusivamente a Deus. No *šəlāmîm*, sua aspersão sobre o altar estabelece a dimensão sacra da refeição, santificando o momento de comunhão.

A seguir, são especificadas as partes do animal que devem ser queimadas sobre o altar:

> *wəhikrîḇ mi-zebaḥ haššəlāmîm ʾišê lăYHWH*
> "E oferecerá do sacrifício pacífico uma oferta queimada a YHWH" (Lv 3,3).

A oferta inclui a gordura ao redor das vísceras, os rins e a gordura sobre o fígado. Esses elementos, considerados as partes mais ricas do animal, são reservados exclusivamente para Deus. Isso reforça um padrão consistente no sistema sacrificial: o melhor pertence a YHWH. Essa ideia é repetida no versículo 16:

> *kāl-ḥēleḇ lăYHWH*
> "Toda gordura pertence a YHWH" (Lv 3,16).

A designação da gordura (*ḥēleḇ*) como porção divina sublinha que o culto não é um ato de sobras ou conveniência, mas de entrega plena. A gordura, frequentemente associada à abundância e ao melhor da criação, é uma metáfora do que é reservado ao Senhor. Os versículos 6 a 11 regulam a oferta de comunhão no caso de animais do rebanho:

> *wəʾim min-haṣṣōʾn qorbānô ləzebaḥ šəlāmîm lăYHWH*
> "Se a sua oferta for do rebanho para sacrifício pacífico a YHWH" (Lv 3,6).

Aqui, as regras são idênticas às do gado, reafirmando que a procedência do animal não altera os princípios do sacrifício. A estrutura do rito é repetida quase de forma idêntica: a imposição de mãos, a degola diante do altar, a aspersão do sangue e a queima das partes selecionadas. A gordura, os rins e o lóbulo do fígado são queimados no altar, enquanto o restante do animal pode ser consumido pelo ofertante e seus convidados. Essa partilha reforça a ideia de que o *šəlāmîm* é uma refeição sagrada, um encontro entre Deus e Seu povo. O texto sublinha que essa oferta é recebida por Deus como um gesto de devoção e gratidão:

*ʾišê rēaḥ-nîḥōaḥ lăYHWH*
"Uma oferta queimada de aroma agradável a YHWH" (Lv 3,11).

O termo *rēaḥ-nîḥōaḥ*, frequentemente traduzido como "aroma agradável", não significa apenas uma aceitação mecânica do sacrifício, mas aponta para uma resposta divina de satisfação e comunhão. O culto em Israel não é um ritual vazio; ele é um evento de relacionamento, onde a aliança é continuamente reafirmada. Os versículos 12 a 16 abordam a possibilidade de o sacrifício ser um cabrito:

*wəʾim-śəʿîr min-hāʿizzîm qorbānô ləzebaḥ šəlāmîm*
"Se sua oferta for um bode para sacrifício pacífico" (Lv 3,12).

O sacrifício de um bode segue as mesmas normas do boi ou do cordeiro, demonstrando que a essência do *šəlāmîm* não está no tipo de animal, mas no princípio de oferecer o melhor a Deus. O sistema sacrificial não funciona como uma hierarquia de ofertas, onde um animal teria maior valor do que outro por sua espécie, mas como um mecanismo de acessibilidade: ricos e pobres podem se aproximar do altar com uma oferta de acordo com suas posses. O versículo 16 traz uma afirmação teológica fundamental:

*kāl-ḥēleḇ lăYHWH*
"Toda a gordura pertence a YHWH" (Lv 3,16).

Essa designação da gordura (*ḥēleḇ*) como porção divina sublinha um princípio que percorre todo o sistema sacrificial: o melhor deve ser oferecido a Deus. A gordura, considerada a parte mais rica do animal, pertence exclusivamente ao altar, enquanto o restante pode ser consumido pelos ofertantes. A partilha do sacrifício não implica uma negociação com Deus, mas um reconhecimento de que Ele é a fonte da abundância e da vida. O capítulo se encerra com a proibição absoluta de consumir gordura e sangue:

*ḥuqqat ʿôlām lədōrōṯêḵem bəḵāl môšəḇōṯêḵem lōʾ tōḵəlû*
*kāl-ḥēleḇ wəkāl-dām*
"Estatuto perpétuo para vossas gerações, em todas as

> vossas habitações: não comereis nenhuma gordura nem sangue" (Lv 3,17).

Essa interdição enfatiza a sacralidade do sangue como portador da vida e a necessidade de separar aquilo que pertence exclusivamente a Deus do que pode ser utilizado pelos seres humanos. O sangue não é um elemento comum da dieta, mas um símbolo da vitalidade que deve ser devolvida ao Criador. Essa proibição será reiterada posteriormente em Levítico 17,11:

> *kî-nəp̄eš habbāśār baddām hiʾ wəʾănî nəṯattî ʾōṯô lākem ʿal-hammizbēaḥ ləkaṯēr ʿal-naf̄šōṯêkem*
> "Porque a vida da carne está no sangue, e eu vo-lo dei sobre o altar, para fazer expiação por vossas almas" (Lv 17,11).

O sangue, como essência da vida, pertence a YHWH e jamais pode ser apropriado pelo ser humano para consumo. O *šəlāmîm*, portanto, não é apenas uma refeição sagrada, mas uma expressão da ordem divina, onde cada elemento tem seu lugar e sua função.

Levítico 3 apresenta uma teologia do sacrifício centrada na comunhão entre Deus e Seu povo. Diferente do holocausto, que era um ato de entrega total, e da oferta de cereais, que simbolizava a consagração do trabalho humano, o sacrifício pacífico permitia um momento de celebração sagrada, onde Deus, sacerdotes e ofertantes compartilhavam da mesma oferta. O capítulo ressalta que a adoração a YHWH não é apenas um ato de renúncia, mas também um convite à participação e ao relacionamento, onde o povo de Israel reafirma sua aliança com Deus através da partilha do alimento consagrado. O princípio central permanece o mesmo: a adoração exige ordem, pureza e a oferta das melhores porções a Deus, pois Ele é o Senhor da vida e de toda a criação. O *šəlāmîm* estabelece que o culto a YHWH não é um exercício de privação, mas um evento de festa e gratidão, no qual a comunhão entre Deus e Seu povo se manifesta concretamente.

## Capítulo 4

O conceito do *ḥaṭṭā'ṯ*, a oferta pelo pecado, introduz uma nova dimensão na teologia sacrificial de Israel. Diferente do *'ōlâ*, que expressa entrega total, e do *šəlāmîm*, que celebra a comunhão, o *ḥaṭṭā'ṯ* lida com a ruptura da relação entre o ofertante e YHWH causada por uma transgressão involuntária. Esse sistema pressupõe que, mesmo sem intenção, o pecado compromete a santidade do povo e exige reparação. O capítulo inicia-se com a ordem divina:

> *wayədabbēr YHWH 'el-Mōšeh lēmōr*
> "E YHWH falou a Moisés, dizendo" (Lv 4,1).

O versículo 2 estabelece o princípio central da oferta pelo pecado:

> *nəpeš kî-ṯeḥeṭā' bišəgāgâ mikkāl-miṣwōṯ YHWH 'ăšer lō' tē'āśenâ wə'āśâ mē'aḥăṯ məhēnâ*
> "Se uma pessoa pecar por erro, contra qualquer um dos mandamentos de YHWH que não se devem fazer, e fizer uma delas" (Lv 4,2).

A palavra *šəgāgâ* (erro", "deslize) indica um pecado não intencional, resultado da ignorância ou negligência. Mesmo sem dolo, a transgressão compromete a santidade e exige expiação. A legislação sacrificial não trata o pecado como uma questão meramente ética, mas como uma realidade cultual que afeta toda a comunidade. O primeiro caso abordado é o do sumo sacerdote:

> *'im-hakkōhēn hammāšîaḥ yeḥeṭā' lə'ašmat hā'ām wəhiqrîḇ 'al-ḥaṭṭā'ṯô 'eṯ-pār bēn-bāqqār tāmîm lăYHWH ləḥaṭṭā'ṯ*
> "Se o sacerdote ungido pecar, trazendo culpa sobre o povo, então oferecerá pelo seu pecado um novilho sem defeito a YHWH como oferta pelo pecado" (Lv 4,3).

O sacerdote não é apenas um indivíduo; ele representa Israel diante de Deus. Seu pecado não é isolado, mas afeta toda a congregação, tornando necessária uma expiação proporcional. O animal exigido – um novilho sem defeito – é o mesmo usado na consagração sacerdotal (Êx 29,10), indicando a gravidade da falha. O rito começa com a imposição de mãos sobre a cabeça do animal:

> *wəsāmăḵ yāḏô ʿal-rōʾš hap̄p̄ār wəšāḥaṭ ʾeṯ-hap̄p̄ār ləpənê YHWH*
> "E colocará sua mão sobre a cabeça do novilho e o imolará perante YHWH" (Lv 4,4).

A *səmîḵāh*, o ato de impor as mãos, não é um mero gesto simbólico, mas a transferência ritual da culpa para o animal. O pecado não desaparece, mas é deslocado para o substituto sacrificial. O termo *ləpənê* YHWH (perante YHWH) destaca que esse ato ocorre sob o olhar divino, reforçando a seriedade do momento. O sangue do novilho, elemento central do rito, é manipulado cuidadosamente:

> *wəlaqăḥ hakkōhēn hammāšîaḥ middām hap̄p̄ār wəhēbîʾô ʾel-ʾōhel môʿēd*
> "E o sacerdote ungido tomará do sangue do novilho e o levará à Tenda do Encontro" (Lv 4,5).

Ao contrário de outros sacrifícios, onde o sangue é aspergido sobre o altar do holocausto, aqui ele é levado para dentro do santuário, sublinhando a necessidade de purificação no próprio espaço sagrado. A aspersão do sangue segue um padrão preciso:

> *wəhizzâ min-haddām šebaʿ peʿāmîm ləp̄nê YHWH ʾeṯ-p̄nê p̄arōḵeṯ haqqōḏeš*
> "E aspergirá do sangue sete vezes perante YHWH, diante do véu do Santo" (Lv 4,6).

O número sete simboliza plenitude e restauração. A aplicação do sangue no véu do Santo dos Santos sugere que o pecado do sacerdote ameaça diretamente a morada divina, tornando necessária a purificação do santuário. Além da aspersão, parte do sangue deve ser aplicada ao altar do incenso:

> *wənātan hakkōhēn min-haddām ʿal-qarnōṯ mizbaḥ qəṭōreṯ hassāmîm ləp̄nê YHWH ʾăšer bəʾōhel môʿēd*
> "E o sacerdote colocará do sangue sobre os chifres do altar do incenso aromático, perante YHWH, que está na Tenda do Encontro" (Lv 4,7).

O altar do incenso, situado diante do Santo dos Santos, é o ponto onde as orações de Israel ascendem a Deus (Sl 141,2). A presença do sangue nesse altar indica que o pecado sacerdotal compromete a intercessão do povo, tornando necessário um ato específico de purificação. O capítulo continua abordando o sacrifício pelo pecado (*ḥaṭṭāʾṯ*), agora focalizando os líderes civis e os indivíduos comuns dentro da comunidade de Israel. Cada grupo tem sua responsabilidade específica e um nível distinto de impacto espiritual, o que se reflete nas diferenças nas exigências rituais.

A primeira categoria considerada é a de um líder (*nāśîʾ*), cuja função envolve governança e tomada de decisões. Quando um príncipe peca involuntariamente, ele deve apresentar uma oferta que corresponda ao seu status, mas que não seja tão exigente quanto a de um sumo sacerdote ou da congregação inteira:

> *ʾašer nāśîʾ yeḥeṭāʾ wəʿāśâ ʾaḥăṯ mik-kāl-miṣwōṯ YHWH ʾĕlōhāyw ʾăšer lōʾ-tēʿāśenâ bišəgāḡâ wəʾāšəm*
> "Quando um príncipe pecar, e fizer algo contra qualquer dos mandamentos de YHWH, seu Deus, que não se deve fazer, por erro, tornando-se culpado." (Lv 4,22)

Aqui, como nas ofertas anteriores, o pecado cometido sem intenção ainda exige reparação. A noção de responsabilidade não se baseia apenas na intenção, mas na santidade da relação entre YHWH e Israel. O líder deve apresentar um bode sem defeito como oferta pelo pecado:

> *wəhēḇîʾ ʾeṯ-qorbānô śəʿîr ʿizzîm tāmîm wəsāmăḵ yāḏô ʿal-rōʾš haśśəʿîr wəšāḥaṭ ʾōtô bimqōm ʾăšer yišḥaṭ ʾeṯ-haʿōlâ ləp̄nê YHWH*
> "E trará sua oferta, um bode sem defeito, e porá sua mão

> sobre a cabeça do bode, e o imolará no local onde se imola
> o holocausto perante YHWH." (Lv 4,23-24)

A imposição de mãos transmite a culpa ao animal, e o sacrifício ocorre no mesmo espaço do holocausto (*ʿōlâ*), estabelecendo uma continuidade no processo de adoração e reparação. No entanto, há uma diferença notável: neste caso, o sangue não entra no Lugar Santo. O sacerdote aplica o sangue nos chifres do altar do holocausto e derrama o restante na base do altar:

> *wəlāqaḥ hakkōhēn min-haddām haśśəʿîr wənātan ʿal-qarnōṯ mizbaḥ haʿōlâ wəʾeṯ-dāmô yišpōḵ ʾel-yəsōd mizbaḥ haʿōlâ*
> "E o sacerdote tomará do sangue do bode e o porá sobre os chifres do altar do holocausto, e derramará todo o seu sangue na base do altar do holocausto." (Lv 4,25)

Diferente do sacrifício pelo pecado do sumo sacerdote ou da congregação inteira, em que o sangue era levado para dentro do santuário e aspergido diante do véu, aqui ele permanece no átrio, enfatizando que o impacto espiritual do pecado do líder, embora sério, não alcança o nível de contaminação que exigiria a purificação do santuário interior. A gordura do animal é então queimada no altar:

> *wəʾeṯ-kāl-ḥelebô yaqṭîr hammizbēḥāh kəḥēleb zebaḥ haššəlāmîm wəḏāḇār wəkappēr ʿālāyw hakkōhēn mēḥaṭṭāʾṯô wənislaḥ lô*
> "E queimará toda a sua gordura sobre o altar, como a gordura do sacrifício pacífico, e assim o sacerdote fará expiação por ele quanto ao seu pecado, e ele será perdoado." (Lv 4,26)

A expressão *wənislaḥ lô* (e ele será perdoado) reforça que o sacrifício não é apenas um gesto simbólico, mas um meio eficaz de restauração. O pecado cometido é real, mas há um caminho ordenado por Deus para sua remissão. A partir do versículo 27, a legislação se aplica ao israelita comum, estabelecendo uma estrutura similar à do príncipe, mas com uma diferença no tipo de animal oferecido:

> *wəʾim-nəp̄eš ʾaḥaṯ meʿām hāʾāreṣ ṯeḥeṭāʾ bišəgāgâ bəʿăśōṯāh ʾaḥăṯ mik-kāl-miṣwōṯ YHWH ʾăšer lōʾ-tēʿāśenâ wəʾāšəmâ*
> "E se uma pessoa do povo da terra pecar por erro, ao fazer algo contra qualquer dos mandamentos de YHWH, que não se deve fazer, tornando-se culpada." (Lv 4,27)

Aqui, o texto reafirma que todos, independentemente de posição social, estão sujeitos à santidade da lei divina. A exigência do sacrifício pelo pecado não é um privilégio dos governantes, mas uma responsabilidade compartilhada por toda a comunidade. O ofertante deve trazer uma cabra fêmea sem defeito:

> *wəhēḇîʾ qorbānô śəʿîrăṯ ʿizzîm təmîmâ ʿal-ḥaṭṭāʾṯ*
> "E trará sua oferta, uma cabra fêmea sem defeito, como oferta pelo pecado." (Lv 4,28)

A oferta de um animal menor, como uma cabra fêmea, sugere que a gravidade do pecado individual é menor do que a de um líder ou do sumo sacerdote. Entretanto, o ritual continua essencialmente o mesmo: imposição de mãos, imolação e aplicação do sangue no altar do holocausto. O sacerdote, então, queima a gordura do animal e faz expiação pelo ofertante:

> *wəʾeṯ-kāl-ḥēleḇô yāsîr kʾăšer-hûsār ḥēleḇ mēʿal-zebaḥ haššəlāmîm wəhiqṭîr hakkōhēn hammizbēḥāh ləréaḥ-nîḥōaḥ lăYHWH wəḏāḇār wəkappēr ʿālāyw hakkōhēn wənislaḥ lô*
> "E removerá toda a gordura, como foi removida a gordura do sacrifício pacífico, e o sacerdote queimará sobre o altar como aroma agradável a YHWH. Assim o sacerdote fará expiação por ele, e ele será perdoado." (Lv 4,31)

Essa repetição da fórmula *wənislaḥ lô* sublinha a eficácia do sacrifício. A ênfase na remoção da gordura e sua queima como *rêaḥ-nîḥōaḥ* (aroma agradável) reforça que a expiação não é apenas uma questão de purificação, mas também de restauração da comunhão entre Deus e Seu povo.

A seção final do capítulo 4 trata das opções de sacrifício para um israelita comum que pecou por erro, mas não tem condições de oferecer um bode ou uma cabra como oferta pelo pecado. O texto reforça que o sistema sacrificial acomoda diferentes níveis econômicos, garantindo que todos tenham um meio de expiação acessível.

O versículo 32 introduz uma alternativa à cabra:

> *wə'im-kebes yāḇî' qorbānô ləḥaṭṭā'ṯ nəqēḇā təmîmâ yəḇî'ennâ*
> "E se trouxer um cordeiro como sua oferta pelo pecado, trará uma fêmea sem defeito." (Lv 4,32)

A possibilidade de oferecer um cordeiro fêmea mostra que Deus não exige uma oferta que esteja além das posses do ofertante. O princípio da santidade e da expiação permanece, mas a Torá demonstra sensibilidade às circunstâncias econômicas do povo. Essa flexibilidade reafirma a acessibilidade da aliança: todos podem ser reconciliados com Deus, independentemente de sua condição social.

O rito segue o mesmo padrão das ofertas anteriores:

> *wəsāmăḵ yāḏô ʿal-rō'š hāḥaṭṭā'ṯ wəšāḥaṭ 'ōtāh ləmîqōm 'ăšer-yišḥaṭ 'eṯ-hāʿōlâ*
> "E porá sua mão sobre a cabeça da oferta pelo pecado e a imolará no lugar onde se imola o holocausto." (Lv 4,33)

A imposição de mãos (*səmîḵāh*) mantém sua importância teológica, reforçando a ideia da transferência de culpa. O sangue é então manipulado ritualmente:

> *wəlāqaḥ hakkōhēn min-haddām haḥaṭṭā'ṯ wənātan ʿal-qarnōṯ mizbaḥ haʿōlâ wə'eṯ-kāl-dāmô yišpōḵ 'el-yəsōd hamizbēaḥ*

> "E o sacerdote tomará do sangue da oferta pelo pecado e o porá sobre os chifres do altar do holocausto, e todo o restante do sangue derramará na base do altar." (Lv 4,34)

Essa descrição reflete um padrão já estabelecido nos sacrifícios pelos pecados individuais e dos líderes civis. O sangue não entra no santuário, o que indica que a transgressão não afeta diretamente a santidade do Lugar Santo. No entanto, ainda é necessário purificar o ofertante e restaurar sua comunhão com Deus. A gordura do animal é removida e queimada:

> *wəʾeṯ-kāl-ḥēleḇ yāsîr kʾăšer-hûsār ḥēleḇ hāššəlāmîm wəhiqṭîr hakkōhēn hammizbēḥāh ʾal-ʾišê YHWH*
> "E removerá toda a gordura, como foi removida a gordura do sacrifício pacífico, e o sacerdote queimará sobre o altar como oferta queimada a YHWH." (Lv 4,35)

O paralelo com o *šəlāmîm* (sacrifício de comunhão) sugere que, mesmo no contexto da expiação, há um elemento de restauração da relação entre o ofertante e Deus. A ideia de queimar a gordura como *ʾišê* YHWH (oferta queimada a YHWH) reforça que o que é consagrado a Deus deve ser inteiramente dedicado a Ele. O capítulo se encerra com a repetição da fórmula da expiação:

> *wəḏāḇār wəkappēr ʿālāyw hakkōhēn ʿal-ḥaṭṭāʾṯ ʾăšer-ḥāṭāʾ wənislaḥ lô*
> "Assim o sacerdote fará expiação por ele quanto ao pecado que cometeu, e ele será perdoado." (Lv 4,35)

A ênfase no perdão (*wənislaḥ lô*) reafirma que a oferta pelo pecado não é um mero ritual formal, mas um meio eficaz de restauração espiritual. Deus concede perdão, mas esse perdão está vinculado ao arrependimento expresso no ato de oferecer o sacrifício. Levítico 4, portanto, estabelece um modelo para a justiça restaurativa dentro do culto israelita: o pecado não pode ser ignorado, mas também não condena irrevogavelmente o indivíduo. Há um caminho para o perdão, estruturado por Deus, onde a expiação e a mediação sacerdotal permitem que Israel continue sendo um povo santo, separado para a presença de YHWH.

## Capítulo 5

A legislação sobre o *ḥaṭṭā'ṯ*, a oferta pelo pecado, continua em Levítico 5, ampliando a compreensão da responsabilidade moral e ritual no culto israelita. Essa seção não apenas regula transgressões involuntárias, mas também introduz o conceito de omissão como algo que requer reparação. A culpa não está restrita a atos cometidos contra a lei, mas também ao fracasso em agir de maneira justa e consciente. Assim, a Torá apresenta uma visão sofisticada do pecado, onde até mesmo o silêncio e a negligência podem quebrar a comunhão com Deus. O primeiro caso abordado é o da omissão de testemunho:

> *wənep̄eš kî-teḥeṭā' ləšām'a qol-'ālâ wəhû' 'ēd 'ō-rā'â 'ō-yāḏa' 'im-lō' yaḡîḏ wənāśā' 'ăwōnô*
> "Se uma pessoa pecar ouvindo uma maldição pública e for testemunha, tendo visto ou sabido, e não o declarar, levará sua iniquidade." (Lv 5,1)

Aqui, a falha não consiste em um ato errado, mas em se calar quando se deveria falar. A justiça na sociedade de Israel dependia do testemunho verdadeiro, e reter uma informação relevante era considerado um ato de injustiça. O verbo *nāśā' 'ăwōnô* (levará sua iniquidade) indica que a omissão não é apenas um erro social, mas uma ofensa diante de Deus. O segundo caso trata da impureza ritual:

> *'ō-nep̄eš 'ăšer-tigga' bəḵāl-ṭāmē' 'ō-bənəḇēlâ 'ō-bəṭamē' ṯamē' wəne'lam mimmennû wəhû' ṯāmē' wə'āšēm*
> "Ou se uma pessoa tocar qualquer coisa impura, seja um cadáver de animal impuro ou qualquer outro objeto impuro, e isso lhe for oculto, tornando-se impura e culpada." (Lv 5,2)

O conceito de impureza (*ṭāmē'*) não significa pecado em si, mas sua negligência se torna um problema. A contaminação ritual rompe a santidade da comunidade e impede o acesso ao culto. Assim, a pessoa que ignora sua impureza, mesmo que sem intenção, precisa de expiação ao tomar consciência do fato. O mesmo princípio se aplica à impureza humana:

> *ʾō-kî-yiggaʿ bəṭumʾaṯ ʾāḏām ləḵāl-ṭumʾāṯô ʾăšer-yiṭmaʾ bāh wəneʿlam mimmennû wəhûʾ yāḏaʿ wəʾāšēm*
> "Ou se tocar em impureza humana, qualquer impureza pela qual se torne impuro, e isso lhe for oculto, depois venha a saber, então será culpado." (Lv 5,3)

Esse versículo reforça a responsabilidade de buscar a purificação ao perceber a contaminação. A impureza não pode ser ignorada indefinidamente sem afetar a relação da pessoa com Deus. O terceiro caso envolve juramentos impensados:

> *ʾō-nep̄eš kî-tiššāḇaʿ ləḇaṭēʾ biśəp̄āṯayim ləharaʿ ʾō-ləhêṭîḇ ləḵāl ʾăšer-yəḇaṭēʾ hāʾāḏām bəʾiššāʾ wəneʿlam mimmennû wəhûʾ yāḏaʿ wəʾāšēm ləʾaḥaṯ mēʾēlleh*
> "Ou se uma pessoa jurar irrefletidamente com seus lábios, para fazer o mal ou para fazer o bem, sobre qualquer coisa que uma pessoa declare precipitadamente em um juramento, e isso lhe for oculto, depois venha a saber, então será culpado por um desses." (Lv 5,4)

O problema aqui não está no juramento em si, mas na falta de discernimento ao proferi-lo. A ênfase está na palavra *ləḇaṭēʾ*, que implica em falar de maneira precipitada, sem considerar as consequências. O juramento é uma obrigação sagrada, e quebrá-lo ou se comprometer com algo injusto exige reparação. O próximo passo após a consciência da culpa é a confissão:

> *wəhāyâ kî-yeʾšām ləʾaḥaṯ mēʾēlleh wəhiṯwăddâʾ ʾăšer-ḥāṭāʾ ʿālêyhā*
> "E será, quando ele se tornar culpado de uma dessas coisas, confessará aquilo que pecou." (Lv 5,5)

A confissão (*hitwădâʾ*) é um elemento crucial do processo de expiação. Diferente de um rito automático, a oferta pelo pecado requer um reconhecimento verbal da falha. Esse detalhe destaca que o sacrifício não é apenas uma formalidade, mas um meio de transformação espiritual. O sacrifício prescrito para esses pecados é um animal do rebanho:

> *wəhēbîʾ ʾeṯ-ʾašāmô lăYHWH ʿal-ḥaṭṭāʾtô nəqēḇâ min-haṣṣōʾn*
> "E trará sua oferta pela culpa a YHWH por seu pecado, uma fêmea do rebanho." (Lv 5,6)

O uso de um animal fêmea sugere um sacrifício menos custoso do que o exigido para pecados mais graves, como os de um sumo sacerdote ou da comunidade inteira (Lv 4). Isso demonstra que a gravidade da transgressão influencia a exigência do sacrifício, mantendo um equilíbrio entre justiça e misericórdia. No entanto, se a pessoa não puder oferecer um animal, há uma provisão alternativa:

> *wəʾim-lōʾ taśîg yāḏô ḏeśeh wəhēbîʾ ʾeṯ-ʾašāmô ʾăšer-ḥāṭāʾ šətê ṭōrîm ʾō-šənê bənê yônâ lăYHWH*
> "Se a sua mão não alcançar um cordeiro, trará como sua oferta pela culpa dois rolas ou dois pombos a YHWH." (Lv 5,7)

Essa provisão demonstra a compaixão de Deus, garantindo que até os mais pobres tenham acesso à expiação. O sistema sacrificial de Israel não era um fardo que excluía os menos favorecidos, mas uma estrutura que permitia que todos buscassem a purificação e o perdão. Se a pessoa não puder nem mesmo oferecer aves, pode trazer uma oferta de farinha:

> *wəʾim-lōʾ taśîg yāḏô ləšətê ṭōrîm ʾō ləšnê bənê-yônâ wəhēbîʾ qorbānô ʾăšîrît hāʾēp̄āh soleṯ ləḥaṭṭāʾt*
> "Se sua mão não alcançar duas rolas ou dois pombos, então trará como sua oferta a décima parte de um efá de flor de farinha pelo pecado." (Lv 5,11)

A inclusão dessa possibilidade dentro do sistema sacrificial revela a sensibilidade de YHWH à condição econômica de Seu povo. No mundo antigo, as ofertas de animais eram custosas e podiam ser inviáveis para os mais pobres. Ao permitir que alguém ofereça farinha em vez de um animal, a lei sacrificial assegura que ninguém seja excluído da reconciliação com Deus por falta de recursos. Diferente de *minḥâ* (oferta de cereais), que era acompanhada de azeite e incenso como um tributo festivo a YHWH, essa oferta pelo pecado deve ser entregue sem esses elementos:

> *lōʾ-yāśîm ʿālāyhā šemen wəlōʾ-yittēn ʿālāyhā ləḇōnâ kî ḥaṭṭāʾt hîʾ*
> "Não colocará azeite sobre ela, nem porá incenso sobre ela, porque é uma oferta pelo pecado." (Lv 5,11)

A ausência de azeite e incenso reforça a distinção entre a celebração e a expiação. A *ḥaṭṭāʾt* não é um presente de adoração, mas um meio de lidar com a realidade do pecado e restaurar a comunhão com Deus. Esse detalhe sublinha um princípio essencial: nem toda oferta é um ato de alegria; algumas expressam a necessidade de purificação e arrependimento. O sacerdote toma um punhado da farinha como *ʾazkārâ* (memorial) e a queima no altar.

> *wəhēḇîʾ ʾeṯ-ʾăšāmô lăYHWH wəqōmēṣ hakkōhēn mimmenâ məlōʾ qəmāṣô ʾeṯ-ʾazkārātāh wəhiqṭîr hammizbēḥāh ʿal-ʾišê YHWH*
> "E o sacerdote tomará dela um punhado, sua porção memorial, e a queimará sobre o altar, sobre as ofertas queimadas a YHWH." (Lv 5,12)

A queima da porção memorial reflete um gesto de entrega, transformando um elemento comum (farinha) em um sacrifício aceito. O restante da oferta pertence ao sacerdote, garantindo que aqueles que servem no santuário também sejam sustentados pelo sistema sacrificial:

> *wəhannôtereṯ min-hāminḥâ lăkōhēn kəminḥâ*

"E o restante da oferta de cereais será para o sacerdote, como na oferta de cereais." (Lv 5,13)

Essa regulamentação ecoa a teologia do culto como uma realidade interdependente: o povo traz sua oferta para expiação, e o sacerdote, que ministra em favor do povo, recebe uma porção como provisão. O sistema sacrificial, portanto, não é apenas um meio de expiação, mas também um modelo de sustento e responsabilidade comunitária. A partir do versículo 14, o texto muda para tratar da *ʾāšām*, a oferta de reparação. Diferente da *ḥaṭṭāʾt*, que lida com o pecado como uma ofensa contra a santidade de Deus, a *ʾāšām* trata de transgressões específicas que exigem reparação material ou compensação por dano causado ao santuário ou ao próximo. O versículo 14 estabelece essa distinção:

> *wədabbēr YHWH ʾel-Mōšeh lēmōr, nep̄eš kî-tiḇʿāl māʿal wəḥāṭəʾ bəšəgāgâ miqqəḏōšê YHWH*
> "E YHWH falou a Moisés, dizendo: 'Se uma pessoa cometer uma transgressão e pecar por erro nas coisas sagradas de YHWH'." (Lv 5,14-15)

O verbo *māʿal*, traduzido como "cometer uma transgressão", sugere um ato de traição ou deslealdade. A expressão *miqqəḏōšê* YHWH (nas coisas sagradas de YHWH) pode abranger diferentes infrações, como o uso indevido de ofertas, a falha em pagar dízimos ou a apropriação de algo dedicado a Deus. A oferta requerida para a *ʾāšām* é um carneiro sem defeito, sublinhando a gravidade da transgressão:

> *wəhēbîʾ ʾeṯ-ʾašāmô lăYHWH*
> "E trará a sua oferta de reparação a YHWH." (Lv 5,15)

Além do sacrifício, a pessoa deve restituir aquilo que tomou indevidamente e acrescentar um quinto do valor original como penalidade.

> *wəʾeṯ-ʾăšer-ḥāṭāʾ mən-hăqqōḏeš yāšîḇ wəḥamišîṯô yōsēp̄ ʿālāyw*
> "E restituirá o que tomou das coisas sagradas, acrescentando um quinto do seu valor." (Lv 5,16)

Esse princípio enfatiza que o pecado não é apenas uma questão espiritual, mas também pode causar dano concreto. A restauração da comunhão com Deus não ocorre apenas através do altar, mas também pela reparação do que foi prejudicado. O ofertante não pode simplesmente confiar no sacrifício como uma solução automática; ele deve assumir a responsabilidade pelo que fez. O sacerdote então realiza a expiação em favor do ofertante:

> *wəkippēr ʿālāyw hakkōhēn bəʾēl hāʾāšām wənislaḥ lô*
> "E o sacerdote fará expiação por ele com o carneiro da oferta pela culpa, e ele será perdoado." (Lv 5,16)

O texto amplia a aplicação da *ʾāšām*, abrangendo pecados que a pessoa pode ter cometido sem plena consciência:

> *wəʾim-nep̄eš kî-teḥeṭāʾ wəʿāśəṯā ʾaḥăṯ mik̄āl-miṣwōṯ YHWH ʾăšer-lōʾ tēʿāśenâ wəlōʾ yādaʿ wəʾāšēm wənāśāʾ ʿăwōnô*
> "E se uma pessoa pecar e cometer qualquer um dos mandamentos de YHWH que não se devem fazer, sem saber, e se tornar culpada, então levará sua iniquidade." (Lv 5,17)

Aqui, vemos uma distinção entre pecado consciente e inconsciente, mas ambos exigem expiação. A ignorância não isenta a culpa, pois a santidade de YHWH é absoluta e não pode ser violada sem consequências. O ofertante deve trazer um carneiro sem defeito, conforme o valor exigido, e o sacerdote realizará a expiação:

> *wəhēbîʾ ʾayil tāmîm min-hāṣṣōʾn bəʾărk̲ək̲ā ləʾāšām ʾel-hakkōhēn wəkippēr ʿālāyw hakkōhēn ʿal šiğğāgāṯô*
> "E trará um carneiro sem defeito do rebanho, conforme a tua avaliação, como oferta de reparação ao sacerdote, e o sacerdote fará expiação por ele pelo erro cometido." (Lv 5,18)

O capítulo conclui afirmando que essas infrações geram culpa diante de Deus, exigindo reparação:

> *ʾašām hûʾ ʾāšōm ʾāšam lăYHWH*
> "É uma oferta de reparação; ele certamente se tornou culpado diante de YHWH" (Lv 5,19).

Levítico 5 estabelece um padrão para a vida ética de Israel. O culto a Deus não é apenas uma questão de sacrifícios e rituais, mas de honestidade, responsabilidade e compromisso com a aliança. O pecado não é algo que pode ser tratado de maneira superficial ou negligente, mas precisa ser enfrentado, confessado e, quando necessário, reparado. A oferta pelo pecado e a oferta de reparação não são meros rituais antigos, mas expressões de uma teologia em que o relacionamento com Deus é inseparável da integridade moral e do cuidado com aquilo que é sagrado.

## Capítulo 6

O capítulo 6 de Levítico aprofunda as regulamentações sobre o sacrifício de reparação (*ʾāšām*), detalhando não apenas o aspecto cultual da expiação, mas também a dimensão ética da justiça e da restituição. A introdução do capítulo estabelece um princípio teológico fundamental: o pecado não é apenas uma falha contra outro ser humano, mas uma violação direta da aliança com Deus. Assim, as transgressões que afetam o próximo não podem ser tratadas apenas em termos de dano social ou econômico, mas como atos que perturbam a ordem sagrada estabelecida por YHWH.

A seção começa reafirmando essa conexão entre o pecado social e a responsabilidade perante Deus:

> *nep̄eš kî-teḥeṭāʾ ûmāʿal māʿal băYHWH*
> "Se uma pessoa pecar e cometer uma transgressão contra YHWH" (Lv 6,2).

O verbo *māʿal* implica traição, violação de confiança ou infidelidade. O texto sugere que enganar um semelhante ou fraudar bens não são apenas infrações contra o próximo, mas atos que rompem a ordem sagrada da comunidade, porque a justiça e a verdade são valores intrínsecos ao caráter divino. O versículo 3 lista exemplos concretos dessas transgressões:

> "Se alguém enganar seu próximo quanto a um depósito ou penhor, ou roubar, ou extorquir seu próximo, ou encontrar algo perdido e mentir sobre isso, ou jurar falsamente a respeito de qualquer uma dessas coisas em que uma pessoa pode pecar" (Lv 6,3).

Aqui, o texto apresenta um espectro de pecados que vão desde a apropriação indevida até a fraude ativa. O fato de incluir tanto o roubo quanto o falso testemunho demonstra que, na concepção israelita, o pecado não se limita à ação direta de prejudicar outro, mas inclui a desonestidade e a negação da verdade como elementos que corrompem a estrutura da comunidade.

A resposta prescrita para esses atos não é apenas sacrificial, mas também judicial e moral. A pessoa culpada deve devolver o que tomou, mas não apenas isso. O versículo 5 introduz um elemento adicional de reparação:

> *wəhēšîḇ ʾeṯ-haggəzēlā ʾăšer gāzal ʾō ʾeṯ-hāʿōšeq ʾăšer ʿāšaq ʾō ʾeṯ-happiqḏôn ʾăšer hûʾûp̄qăḏ lô ʾō ʾeṯ-hāʾăḇēḏâ ʾăšer māṣāʾ*
> "E restituirá o que roubou, ou o que extorquiu, ou o depósito que lhe foi confiado, ou o objeto perdido que encontrou" (Lv 6,4-5).

Essa restituição deve ser feita integralmente e com acréscimo de um quinto do valor:

> "E acrescentará a isso um quinto, e o entregará àquele a quem pertence no dia de sua oferta pela culpa" (Lv 6,5).

O acréscimo de 20% (*ḥamišîṯô yōsēp̄ ʿālāyw*) não é meramente uma penalidade econômica, mas um símbolo de justiça restaurativa. O objetivo não é apenas corrigir o erro cometido, mas também restaurar a harmonia social, garantindo que a vítima receba mais do que perdeu e que o transgressor reconheça a seriedade do que fez. Essa ênfase na reparação demonstra que a justiça em Israel não era apenas punitiva, mas profundamente voltada para a restauração. Entretanto, a reparação material não é suficiente. Depois de restituir o que tomou, o pecador deve trazer uma oferta para o altar:

> *wəʾeṯ-ʾăšāmô yāḇîʾ lăYHWH ʾayil tāmîm min-haṣṣōʾn*
> "E trará a sua oferta de reparação a YHWH, um carneiro sem defeito do rebanho" (Lv 6,6).

A necessidade de um *ʾayil tāmîm* (carneiro sem defeito) indica que o pecado tem uma dimensão teológica que precisa ser tratada separadamente da restituição. A justiça social não substitui a necessidade de reconciliação com Deus. O ato de pecar contra outro ser humano é um ato de desordem na criação, e essa desordem precisa ser tratada tanto no nível social quanto no nível espiritual. Finalmente, o versículo 7 confirma o resultado final desse processo:

> *wəkipper ʿālāyw hakkōhēn ləp̄nê YHWH wənislaḥ lô*
> "E o sacerdote fará expiação por ele perante YHWH, e lhe será perdoado" (Lv 6,7).

O perdão divino não é automático. Ele depende do reconhecimento da culpa, da restituição justa e da oferta sacrificial. Assim, Levítico 6 reforça que o culto israelita não é apenas um conjunto de rituais, mas um sistema que integra adoração, moralidade e responsabilidade social. A partir do versículo 8, Levítico 6 introduz um conjunto de regulamentações específicas para os sacerdotes em relação aos sacrifícios contínuos, garantindo a manutenção da santidade e da ordem dentro do sistema cultual de Israel. O foco inicial é o *ʿōlâ tāmîḏ*, o holocausto contínuo, que deveria permanecer queimando sobre o altar sem interrupção. Esse sacrifício não era uma oferta particular de um adorador, mas uma oferta perpétua da comunidade, sustentando a adoração ininterrupta a YHWH. O versículo 9 estabelece essa exigência:

> *hîʾ hāʿōlâ ʿal-môqəḏâ ʿal-hammizbēaḥ kōl-hāllāylâ ʿaḏ-habbōqer*

> "Este é o holocausto que ficará sobre o braseiro do altar toda a noite até a manhã" (Lv 6,9).

Essa instrução reflete a permanência da aliança entre YHWH e Israel. Diferente de outros sacrifícios que eram oferecidos em momentos específicos, o *ʿōlâ tāmîḏ* assegurava que a adoração e a intercessão nunca cessassem. A chama do altar deveria ser mantida continuamente acesa:

> *ʾēš hammizbēaḥ tûqad bô*
> "O fogo do altar arderá nele continuamente" (Lv 6,9).

Essa ordem se repete várias vezes ao longo do capítulo, enfatizando a centralidade do fogo no santuário. O fogo no altar não era apenas um elemento funcional para queimar as ofertas, mas um símbolo da presença divina. Em Êxodo 3, Deus Se manifesta a Moisés através da sarça ardente, e em Levítico 9, o fogo do altar é aceso diretamente por YHWH, indicando que a manutenção desse fogo é um ato de fidelidade sacerdotal. Além da manutenção do fogo, o sacerdote tinha a obrigação de remover as cinzas diariamente. O versículo 10 prescreve um ritual cuidadoso para essa tarefa:

> *wəlābaš hakkōhēn mīḏō bāḏ*
> "E o sacerdote vestirá sua túnica de linho" (Lv 6,10).

Esse detalhe mostra que até mesmo a remoção das cinzas era um ato sagrado, exigindo vestes adequadas. A separação entre o sagrado e o comum se torna ainda mais clara no versículo seguinte:

> *wəhôṣîʾ ʾeṯ-haddēšen ʾel-mîḥûṣ lam-maḥăneh ʾel-māqôm ṭāhôr*
> "E ele levará as cinzas para fora do acampamento, para um local puro" (Lv 6,11).

Mesmo as cinzas, resquícios do sacrifício, tinham de ser tratadas com respeito. Elas não podiam ser descartadas em qualquer lugar, mas deveriam ser levadas a um local ritualmente puro. Esse ato simbolizava que o fogo do altar, como manifestação da presença divina, não podia ser tratado com descaso. Ao remover as cinzas e manter o fogo sempre aceso, os sacerdotes garantiam que o altar permanecesse apto para receber novos sacrifícios. O versículo 13 reafirma a importância dessa chama inextinguível:

> *ʾēš tāmîḏ tûqad ʿal-hammizbēaḥ lōʾ tiḵbê*
> "Um fogo contínuo arderá sobre o altar, não se apagará" (Lv 6,13).

Essa repetição enfatiza que o fogo do altar não poderia ser tratado como um elemento comum. Seu significado ia além da combustão física; ele era um símbolo da presença ininterrupta de YHWH entre Seu povo. Nos versículos 14 a 18, o texto passa a tratar da oferta de cereais (*minḥâ*), que também envolvia um ritual específico. Parte dessa oferta era queimada no altar como *ʾazkārâ*, uma porção memorial apresentada a Deus, enquanto o restante era consumido pelos sacerdotes:

> *wəhannôtereṯ mimmenâ yōḵlû ʾahărōn ûḇānāyw*
> "E o restante dela comerão Arão e seus filhos" (Lv 6,16).

O consumo da oferta pelos sacerdotes não era apenas um meio de sustento, mas um ato que simbolizava sua participação na adoração e na mediação entre Deus e Israel. No entanto, essa porção deveria ser comida sem fermento (*māṣôt*, Lv 6,16), preservando a pureza do alimento sagrado. Isso ecoa o princípio da remoção do fermento durante a Páscoa, onde o *ḥāmēṣ* (fermento) simbolizava corrupção e impureza. A partir do versículo 19, surge uma regulamentação especial para o sumo sacerdote:

> *zê ṯōraṯ haqqōhēn hammāšîaḥ*
> "Esta é a lei do sacerdote ungido" (Lv 6,20).

O sumo sacerdote deveria oferecer uma *minḥâ* diária, sendo metade pela manhã e metade à tarde. Diferente da oferta de cereais comum, essa deveria ser completamente queimada no altar, sem que nenhuma parte fosse consumida pelos sacerdotes. Esse detalhe enfatiza que a posição do sumo sacerdote exigia um grau ainda maior de consagração. Ele não apenas intermediava a relação entre Deus e o povo, mas também se apresentava continuamente diante de YHWH, oferecendo-se simbolicamente por meio dessa oferta perpétua. Os últimos versículos de Levítico 6 (24-30) retornam às regulamentações sobre a oferta pelo pecado (*ḥaṭṭā'ṯ*), detalhando o tratamento ritualístico das porções do sacrifício e as regras para seu consumo pelos sacerdotes. Esses versículos reafirmam a seriedade desse sacrifício, estabelecendo limites sobre quem poderia comê-lo e quais casos exigiam sua completa destruição pelo fogo. Esta parte do texto se inicia com uma instrução divina direta a Moisés:

> *wayədabbēr YHWH 'el-Mōšeh lēmōr*
> "E YHWH falou a Moisés, dizendo" (Lv 6,24).

A repetição desse padrão discursivo marca uma nova seção dentro do código sacrificial, destacando que a santidade do sistema cultual provém da revelação divina e não de inovações humanas. O versículo 25 apresenta o princípio fundamental da regulamentação:

> *zō'ṯ tōraṯ haḥaṭṭā'ṯ bəmaqōm 'ăšer tiššāḥēṭ hā'ōlâ*
> *tiššāḥēṭ haḥaṭṭā'ṯ ləp̄ānê YHWH qōḏeš qŏḏāšîm hî'*
> "Esta é a lei da oferta pelo pecado: no lugar onde for degolado o holocausto, será degolada a oferta pelo pecado perante YHWH; coisa santíssima é" (Lv 6,25).

Esse verso estabelece que a *ḥaṭṭā'ṯ* deveria ser imolada no mesmo local que o holocausto, no lado norte do altar (cf. Lv 1,11). O termo *qōḏeš qŏḏāšîm* (coisa santíssima) enfatiza seu caráter sagrado, indicando que apenas os sacerdotes poderiam manuseá-la e consumi-la. O versículo 26 determina que os sacerdotes deveriam comer essa oferta em um local separado:

> *hā'ōḵlâ 'ōṯāh yō'ḵəl bəmaqōm qādōš bəḥaṣar 'ōhel mô'ēd*
> "O sacerdote que a oferecer como expiação a comerá; num lugar sagrado a comerá, no átrio da Tenda do Encontro" (Lv 6,26).

Essa restrição reafirma que o sacrifício pelo pecado não era uma refeição comum, mas parte da mediação sacerdotal. O consumo da carne pelos sacerdotes simbolizava a transferência e a remoção do pecado da comunidade. O versículo 27 apresenta um detalhe sobre a santidade contagiosa do sacrifício:

> *kōl 'ăšer-yiggâḇ baḇəśārāh yiqḏāš wə'ăšer yizza min-dāmāh 'al-habbegeḏ 'ăšer yizza 'ālāyw təḵabbēs bəmaqōm qādōš*
> "Tudo o que tocar a sua carne será santo, e quando do seu sangue cair sobre uma veste, lavar-se-á em lugar sagrado" (Lv 6,27).

Esse princípio destaca que a santidade não é apenas um conceito abstrato, mas uma força que se transmite fisicamente. Qualquer objeto ou pessoa que entrasse em contato com a carne do sacrifício adquiria um status especial, devendo ser tratado com o devido cuidado. O versículo 28 estabelece regras para os recipientes usados no preparo da carne:

> *wəkallî 'ašer yəbŭššal-bô yĭššāḇēr wə'im-bəḵlî nəḥōšeṯ bəšullâ wəmŭrāqâ wəšŭṭāp̄â bāmāyim*
> "E o vaso de barro em que for cozida será quebrado; porém, se for cozida num vaso de bronze, será esfregado e lavado com água" (Lv 6,28).

Os vasos de barro absorviam partículas do sacrifício, tornando-se impuros, motivo pelo qual deveriam ser quebrados. Já os recipientes de bronze, que não absorvem impureza da mesma forma, poderiam ser lavados e reutilizados.

O versículo 29 reforça a exclusividade sacerdotal no consumo da oferta:

> *kōl-zāḵār bak-kōhănîm yō'ḵəl 'ōṯāh qōḏeš qŏḏāšîm hî'*
> "Todo varão entre os sacerdotes a comerá; coisa santíssima é" (Lv 6,29).

Essa restrição assegura que apenas aqueles consagrados ao serviço do santuário poderiam participar da refeição sagrada, mantendo a separação entre o profano e o sagrado. Por fim, o versículo 30 apresenta uma exceção crucial:

> *wəkāl-ḥaṭṭā᾽ṯ ᾽ăšer yûḇā᾽ middāmâ ᾽el-᾽ōhel mô῾ēd*
> *ləḵappēr baqqōḏeš lō᾽ tē᾽āḵēl bâ᾽ēš tiśśārēp̄*
> "E toda oferta pelo pecado cujo sangue for levado para a Tenda do Encontro para expiação no santuário, não será comida, será queimada no fogo" (Lv 6,30).

Se o sangue do sacrifício fosse aspergido dentro do santuário para purificação do Lugar Santo, a carne do animal não poderia ser consumida. Em vez disso, deveria ser completamente queimada fora do acampamento (cf. Lv 4,12). Esse regulamento cria uma distinção entre os sacrifícios comuns e os que envolvem expiação do santuário, sublinhando que certas formas de pecado contaminavam não apenas o ofertante, mas o próprio espaço sagrado.

Essas regras enfatizam a santidade do sistema sacrificial e a necessidade de um culto ordenado. A distinção entre os sacrifícios consumidos pelos sacerdotes e aqueles que deveriam ser totalmente queimados reflete diferentes graus de impureza e diferentes níveis de reparação exigidos. Assim, Levítico 6 conclui reafirmando a complexa interação entre expiação, santidade e responsabilidade sacerdotal no culto a YHWH. A exigência de restituição antes do sacrifício, conforme descrito em Levítico 6, demonstra que a adoração a YHWH não pode ser separada da justiça social e da responsabilidade moral. O sistema sacrificial não serve como um meio mecânico de expiação, mas como uma forma de ensino, moldando Israel para viver em fidelidade à aliança. O perdão divino não é concedido sem que haja uma reparação do dano causado, reforçando que o arrependimento genuíno deve ser acompanhado de ações concretas.

O holocausto contínuo (*῾ōlâ tāmîḏ*) e a manutenção do fogo sobre o altar sublinham a ininterrupta presença de Deus no meio do povo. Esse fogo perpétuo simboliza a aliança imutável entre YHWH e Israel, um lembrete de que a adoração não se limita a momentos específicos, mas deve ser uma realidade constante. A ordem para que o fogo nunca se apague (*ʾēš tāmîḏ tûqad ʿal-hammizbēaḥ lōʾ tiḵbê*, Lv 6,13) reforça que a relação entre Deus e Seu povo requer vigilância e dedicação contínuas.

O consumo das ofertas pelos sacerdotes não apenas assegura seu sustento, mas também reflete seu papel como mediadores da aliança. A comida proveniente das ofertas pertence a Deus, e ao serem autorizados a comê-la, os sacerdotes participam diretamente da santidade divina. Esse ato simboliza a proximidade especial entre Deus e os que servem no santuário, mas também impõe sobre eles um padrão mais elevado de pureza e conduta.

A estrutura de Levítico 6, portanto, não apenas regula o culto, mas ensina princípios teológicos essenciais. A adoração a YHWH exige integridade moral, responsabilidade social e compromisso contínuo com Sua presença. A relação com Deus não pode ser reduzida a rituais externos; ela deve se manifestar na vida cotidiana, por meio da justiça, da santidade e da fidelidade constante à aliança.

## Capítulo 7

Levítico 7 dá continuidade ao detalhado código sacrificial, estabelecendo não apenas a lógica interna da oferta pela culpa (*ʾāšām*), mas também sua relação com o sacerdócio e a economia do culto. O capítulo inicia-se com uma reafirmação da santidade inerente a esse sacrifício, que não é um gesto comum ou um rito genérico, mas um ato carregado de significado e exigências rigorosas:

> *zōʾṯ tôraṯ hāʾāšām qōdeš qodāšîm hûʾ*
> "Esta é a lei da oferta pela culpa; coisa santíssima é" (Lv 7,1).

A distinção *qōdeš qodāšîm*, um dos mais altos graus de santidade na estrutura ritual de Israel, delimita com precisão os que podem manipular esse sacrifício e como ele deve ser tratado. Não se trata apenas de uma questão litúrgica; a santidade implica separação, uma demarcação clara entre o que pertence a YHWH e o que pode ser tocado pelo comum.

O local do sacrifício é um detalhe significativo:

> *bəmaqôm ʾăšer yišḥaṭû ʾeṯ-hāʿōlâ yišḥəṭû ʾeṯ-hāʾāšām*
> "No lugar onde se abate o holocausto, abaterão a oferta pela culpa" (Lv 7,2).

Essa justaposição espacial entre o *ʾāšām* e o *ʿōlâ* não é acidental; ela sugere que o processo de expiação e o de consagração estão interligados. Não há separação entre reparar a culpa e reordenar a relação com Deus – expiação e dedicação são dois lados da mesma moeda. A manipulação do sangue reafirma a centralidade desse elemento no sistema sacrificial:

> *wəzāraq ʾăl-hammizbēaḥ sāḇîḇ*
> "E aspergirá o sangue ao redor do altar" (Lv 7,2).

O sangue não é derramado indiscriminadamente, mas direcionado ao altar, o ponto de convergência entre Deus e Israel. Esse ato não apenas purifica, mas também sela a reconciliação. A gordura (*ḥēleḇ*), considerada a porção mais rica e nobre do animal, pertence exclusivamente a YHWH:

> *wəhakkōhēn yaqṭîr ʾōtām hammizbēḥāh ʾišê lăYHWH*
> "E o sacerdote queimará sobre o altar, oferta queimada a YHWH" (Lv 7,5).

Enquanto a gordura sobe como uma oferta total a Deus, a carne do sacrifício é destinada ao sacerdote que o realiza:

> *hakkōhēn hammakriḇ ʾeṯ-hāʾāšām ʾîš lô yihyê*
> "O sacerdote que oferecer a oferta pela culpa, a carne pertencerá a ele" (Lv 7,7).

Esse detalhe evidencia que o sistema sacrificial não é apenas uma questão de teologia abstrata, mas também uma economia do sagrado. Os sacerdotes, mediadores do culto, não são apenas agentes espirituais, mas também recipientes da oferta. O culto a YHWH sustenta aqueles que ministram diante Dele.

Levítico 7, a partir do versículo 11, desloca o foco do culto sacrificial para um aspecto diferente da relação entre Israel e YHWH: a oferta pacífica (*šəlāmîm*). Ao contrário das ofertas pelo pecado (*ḥaṭṭā'ṯ*) e pela culpa (*'āšām*), que enfatizam expiação e restauração, a *šəlāmîm* é caracterizada pela partilha e pela comunhão. Esse sacrifício permite que o ofertante e sua família participem do consumo da carne, transformando o ritual em um banquete sagrado. Aqui, o culto não é apenas um meio de reparação, mas um ato de celebração e reconhecimento da aliança com Deus. O texto distingue três formas desse sacrifício:

> *wəzō'ṯ tôraṯ zebaḥ hašəlāmîm 'ăšer-yaqrîḇ lăYHWH*
> "E esta é a lei do sacrifício pacífico que se oferecerá a YHWH" (Lv 7,11).

A primeira modalidade é a oferta pacífica por ação de graças (*tôḏâ*), que expressa reconhecimento e louvor pela bondade divina. Esse tipo de sacrifício deve ser acompanhado por uma oferta de pães sem fermento e pães levedados:

> *'im-'al-tôḏâ yaqrîḇennû wəhiqrîḇ 'al-zebaḥ hatôḏâ ḥallōṯ məṣōṯ bəlûlōṯ baššemen ûrəqîqê məṣōṯ məšûḥîm baššemen wəsōleṯ mərbeḵeṯ ḥallōṯ bəlûlōṯ baššemen*
> "Se a sua oferta for por ação de graças, então oferecerá junto com o sacrifício de gratidão bolos sem fermento misturados com azeite, pães finos sem fermento untados com azeite e bolos de flor de farinha amassados com azeite" (Lv 7,12).

O detalhe surpreendente nesse ritual é a inclusão de pão fermentado, algo incomum nos sacrifícios:

> *'al-ḥallōṯ leḥem ḥāmēṣ yaqrîḇ qorbānô 'al-zebaḥ tôḏâ šəlāmâyw*
> "Com os bolos, oferecerá pão fermentado como oferta com o sacrifício pacífico por ação de graças" (Lv 7,13).

O fermento, geralmente associado à corrupção e ao pecado, aqui se torna parte legítima da celebração. Isso sugere uma teologia de plenitude e abrangência: o sacrifício de gratidão incorpora elementos contrastantes, talvez refletindo a complexidade da experiência humana diante de Deus. A carne do sacrifício por gratidão deve ser consumida no mesmo dia:

> *ûḇəśar-zebaḥ tôḏaṯ šəlāmâyw bəyôm-qarəḇô ʾet-qorəbānô yēʾākēl lōʾ-yānîaḥ mimmenû ʿaḏ-bōqer*
> "E a carne do sacrifício pacífico por ação de graças será comida no dia em que for oferecida; nada dela deixará até pela manhã" (Lv 7,15).

O tempo limitado para o consumo evita que a carne se corrompa, mas também reforça a urgência da gratidão. O culto a YHWH exige imediatismo e totalidade; ele não pode ser fragmentado ou prolongado além do tempo determinado. Já nos casos de sacrifícios por voto (*nēḏer*) ou de oferta voluntária (*nəḏāḇâ*), há maior flexibilidade:

> *wəʾim-nēḏer ʾō nəḏāḇâ zebāḥ qorbānô bəyôm-haqrîḇô ʾet-zibḥô yēʾākēl ûmimmaḥŏrāṯ wəhannōṯār mimmennû yēʾākēl*
> "Mas se a oferta for por voto ou voluntária, será comida no dia em que for oferecida, e no dia seguinte o que sobrar poderá ser comido" (Lv 7,16).

Porém, no terceiro dia, qualquer carne que restar deve ser queimada:

> *wəhannōṯār mibbəśar-hazzebaḥ bayyôm haššəlîšî bâʾēš yīśśārēp̄*
> "E o que sobrar da carne do sacrifício no terceiro dia será queimado no fogo" (Lv 7,17).

Esse limite rígido impõe uma disciplina sobre a oferta e protege o sacrifício da banalização. A oferta não pode ser tratada como um alimento comum armazenado para dias futuros. O que foi consagrado a Deus deve ser tratado com reverência e dentro do tempo estabelecido.

Além do tempo limitado para comer a carne, há exigências quanto à pureza ritual. O contato com impureza torna o alimento sagrado impróprio para o consumo:

> *wəhabbāśār ʾăšer-yiggaʿ bəḵāl-ṭāmēʾ lōʾ yēʾākēl bâʾēš yīśśārēp̄*
> "E a carne que tocar qualquer coisa impura não será comida, será queimada no fogo" (Lv 7,19).

Ainda mais severo é o castigo para quem, estando impuro, ousa comer a carne do sacrifício pacífico:

> *wəhannep̄eš ʾăšer-tōʾḵal bāśār mizzebaḥ haššəlāmîm ʾăšer lăYHWH ṭumʾātô ʿālāyw wənikrətâ hannəp̄eš hāhîʾ mēʿammêhā*
> "E a pessoa que comer a carne do sacrifício pacífico pertencente a YHWH estando impura, essa pessoa será eliminada do meio de seu povo" (Lv 7,20).

O verbo *nikrətâ* (ser eliminado) indica um julgamento severo, possivelmente um exílio ritual ou até uma condenação à morte. O culto a YHWH exige não apenas obediência aos regulamentos sacrificiais, mas também santidade pessoal. O ato de comer a carne sacrificada é mais do que um simples gesto alimentício; ele implica participação na santidade divina.

Diferente dos outros sacrifícios, a *šəlāmîm* não é um ritual de crise, mas de celebração. Ela reflete a alegria do povo na presença de Deus, transformando o culto em um banquete comunitário. Entretanto, essa celebração não é desordenada nem arbitrária; ela está estruturada por regras precisas que garantem a santidade do sacrifício e a separação entre o puro e o impuro.

A inclusão do fermento na oferta por gratidão destaca que nem todos os elementos da vida precisam ser purgados para serem oferecidos a Deus – em algumas situações, o fermento é bem-vindo. No entanto, há limites temporais rigorosos, enfatizando que a relação com YHWH é vivida no presente, sem ser estendida indefinidamente ou tratada como algo comum.

A necessidade de pureza na participação do sacrifício reforça a teologia de Levítico: santidade não é um conceito abstrato, mas um chamado prático para viver conforme a ordem de Deus. Comer a carne de forma inadequada ou impura significa romper com essa ordem, tornando-se indigno da comunhão com YHWH e com a comunidade.

Duas interdições fundamentais são reafirmadas nesse capítulo: a proibição do consumo de gordura e a proibição do consumo de sangue. O versículo 23 apresenta um decreto categórico:

> *kāl-ḥēleḇ šōr wəkhəśeḇ wəʿēz lōʾ tōḵəlû*
> "Nenhuma gordura de boi, carneiro ou cabra comereis" (Lv 7,23).

O *ḥēleḇ* (gordura) refere-se às partes mais ricas do animal, especialmente àquelas que cobrem os órgãos internos. Como essa gordura era sempre queimada no altar, o texto sacrificial enfatiza que ela pertence exclusivamente a Deus. Esse princípio reforça que YHWH recebe o melhor da oferta, enquanto os ofertantes e sacerdotes compartilham das demais partes do animal. O versículo 26 complementa essa interdição ao estender a proibição ao sangue:

> *wəḵāl-dām lōʾ tōḵəlû bəḵāl-mōšəḇōṯêḵem ləʿōp̄ wələbəhēmâ*
> "Nenhum sangue comereis em qualquer de vossas habitações, seja de ave ou de animal" (Lv 7,26).

O *dām* (sangue) é um elemento central na teologia sacrificial, pois é visto como o portador da vida. Mais adiante, em Levítico 17, esse princípio é explicitado:

> *kî nɛp̄ɛš habbāśār baddām hiʾ wəʾănî nəṯattî ʾōṯō lākem ʿal-hammizbēaḥ ləḵappēr ʿal-nafšōṯêḵem*
> "Pois a vida da carne está no sangue, e eu o dei a vocês sobre o altar para fazer expiação por suas vidas" (Lv 17,11).

Dessa forma, a interdição do consumo de sangue não é apenas um mandamento dietético, mas uma instrução teológica: o sangue pertence a Deus porque é o meio de expiação e reconciliação entre Ele e o povo.

Os versículos 28 a 36 tratam da redistribuição das porções sacrificiais entre os sacerdotes. Após a gordura ser queimada no altar, o ofertante deve apresentar ao sacerdote duas partes do animal:

> *wəḥēze hattanûp̄â wəšōq hattərûmâ ʾattemāh ṯəḇîʾû*
> "E trareis o peito da oferta movida e a coxa da oferta elevada" (Lv 7,30).

O *ḥēze hattanûp̄â* (peito da oferta movida) era erguido e movido ritualmente diante de Deus antes de ser entregue aos sacerdotes. O movimento do sacrifício diante do altar simbolizava sua apresentação a Deus, reforçando que a provisão sacerdotal provinha, antes de tudo, do próprio YHWH. O versículo 31 acrescenta que essa oferta pertence exclusivamente aos sacerdotes:

> *hannōṯēr mimmenû ləʾahărōn ûləḇānāyw*
> "O restante pertencerá a Arão e seus filhos" (Lv 7,31).

Esse sistema de redistribuição assegurava que os sacerdotes fossem sustentados pelo próprio culto, já que não possuíam terras ou meios de subsistência próprios. Assim, o sacerdócio dependia inteiramente da fidelidade do povo às instruções sacrificiais.

O versículo 34 explica a origem desse direito:

> *kî ʾɛṯ-ḥēze hattanûp̄â wəʾɛṯ-šōq hattərûmâ lōqaḥtî mēʾēṯ bənê-yiśrāʾēl*
> "Pois o peito da oferta movida e a coxa da oferta elevada eu tomei dos filhos de Israel" (Lv 7,34).

Dessa forma, a redistribuição dos sacrifícios não apenas assegura o sustento dos sacerdotes, mas também reforça a teologia do culto como um ato de obediência coletiva.

Os versículos finais do capítulo amarram todas as regulamentações sacrificiais, estabelecendo uma ordem precisa para cada tipo de sacrifício e reafirmando sua origem divina:

> *zōʾṯ hattōrâ lāʿōlâ ləminḥâ wəlaḥaṭṭāʾṯ wələʾāšām wələmillūʾîm wəlizebaḥ haššəlāmîm*
> "Esta é a lei do holocausto, da oferta de cereais, da oferta pelo pecado, da oferta pela culpa, da consagração e do sacrifício pacífico" (Lv 7,37).

Cada um desses sacrifícios tem uma função específica no sistema cúltico de Israel:

- *ʿōlâ* (holocausto): sacrifício de consagração total a Deus.
- *Minḥâ* (oferta de cereais): expressão de gratidão pela provisão divina.
- *Ḥaṭṭāʾṯ* (oferta pelo pecado): sacrifício de purificação por transgressões involuntárias.
- *ʾĀšām* (oferta pela culpa): expiação por pecados que envolvem restituição.
- *Millūʾîm* (sacrifícios de consagração): ofertas específicas para a ordenação sacerdotal.
- *Šəlāmîm* (oferta pacífica): sacrifício que celebra a comunhão entre Deus e o povo.

O capítulo encerra com a reafirmação da autoridade dessas instruções:

> *ʾăšer ṣîwwâ YHWH ʾeṯ-Mōšeh bəhar sînay bəyôm ṣawwōṯô ʾeṯ-bənê-yiśrāʾēl ləhaqrîḇ ʾeṯ-qorəbənêhem lăYHWH bəmidbar sînay*
> "As quais YHWH ordenou a Moisés no monte Sinai, no dia em que ordenou aos filhos de Israel que trouxessem suas ofertas a YHWH no deserto do Sinai" (Lv 7,38).

A menção ao monte Sinai reforça que o sistema sacrificial não é apenas uma prática litúrgica, mas um componente essencial da revelação divina. As ofertas são mais do que rituais: são expressões concretas da aliança entre YHWH e Israel.

## Capítulo 8

O oitavo capítulo de Levítico inaugura um momento decisivo na narrativa do livro: a consagração do sacerdócio. Até agora, as regulamentações sacrificiais foram estabelecidas, mas a intermediação entre YHWH e Israel ainda precisava ser formalmente instituída. O sacerdócio não é um ofício comum, nem uma função administrativa; é um chamado divino que exige uma separação radical da esfera ordinária da existência. Assim, a ordenação de Arão e seus filhos não é meramente um rito de iniciação, mas um ato teológico carregado de significado. A narrativa segue cuidadosamente as instruções previamente dadas em Êxodo 29, mas com um detalhe fundamental: agora, a teoria se torna realidade. A mediação entre o sagrado e o profano ganha forma concreta.

A cerimônia é iniciada com um mandamento divino, situando Moisés como o agente da santificação:

> *wayədabbēr YHWH ʾel-Mōšeh lēmōr*
> "E YHWH falou a Moisés, dizendo" (Lv 8,1).

O chamado divino não é genérico, mas direcionado especificamente a Moisés, o único que pode executar esse ato de transição. A ordenação não é deixada ao acaso, pois envolve elementos cuidadosamente preparados. Assim, YHWH detalha os itens que devem ser reunidos:

> *qaḥ ʾeṯ-ʾahărōn wəʾeṯ-bānāyw ʾiṯ-ô wəʾeṯ-habbəḡāḏîm wəʾeṯ-šemen-hammišḥāh wəʾeṯ-p̄ar haḥaṭṭāʾṯ wəʾeṯ-šənê-hāʾăyyîlîm wəʾeṯ-sal hammāṣôt*
> "Toma Arão e seus filhos com ele, as vestes, o óleo da unção, o novilho da oferta pelo pecado, os dois carneiros e o cesto de pães ázimos" (Lv 8,2).

Nada pode ser improvisado. O sacerdócio exige uma separação deliberada, e essa separação é ritualizada por meio desses elementos. As vestes sacerdotais, o óleo da unção e os sacrifícios são instrumentos que tornam visível o que está sendo estabelecido espiritualmente.

A solenidade da ocasião é enfatizada pelo fato de que toda a congregação deve ser reunida:

> *wəhaqəhēl ʾeṯ-kāl-hāʿēḏâ ʾel-petaḥ ʾōhel môʿēd*
> "E congrega toda a assembleia à entrada da Tenda do Encontro" (Lv 8,3).

O sacerdócio não pode ser uma realidade oculta ou privada. Ele deve ser publicamente reconhecido, pois o serviço dos sacerdotes impacta toda a comunidade. A presença do povo reforça a compreensão de que o sacerdócio não pertence à esfera individual de Arão e seus filhos, mas à aliança que YHWH estabeleceu com Israel.

A narrativa então se desloca para o ato de purificação, um pré-requisito para a vestimenta sacerdotal:

> *wayəraḥeṣ ʾōṯō bammāyim*
> "E lavou-o com água" (Lv 8,6).

A água, frequentemente associada à purificação e renovação na tradição bíblica, aqui marca a transição da condição secular para a condição sacerdotal. Essa lavagem não é apenas física, mas simbólica, indicando que o sacerdote deve estar livre de qualquer impureza antes de entrar no serviço sagrado.

Somente após essa purificação Arão pode ser vestido com as roupas sacerdotais, cada peça carregando um peso teológico:

> *wayyitten ʿālâyw ʾeṯ-hakuttōneṯ wayyaḥgōr ʾōṯô baʾabnēṭ*
> *wayyalbēš ʾōṯō ʾeṯ-hamәʿîl wayyitten ʿālâyw ʾeṯ-hāʾēpōḏ*
> *wayyaḥgōr ʾōṯô bəḥēšeḇ hāʾēpōḏ wayyaʾpōd lô bô*
> "E colocou sobre ele a túnica, e o cingiu com o cinto, e o vestiu com o manto azul, e colocou sobre ele o éfode, e cingiu-o com a faixa do éfode, e o ajustou com ela" (Lv 8,7).

Cada peça da vestimenta não é apenas um ornamento, mas um sinal visível da santidade do sacerdócio. O éfode, em particular, representa o peso da responsabilidade sacerdotal, conectando Arão à memória das doze tribos de Israel, cujos nomes estão inscritos sobre ele. O peitoral, colocado sobre o éfode, contém os urim e tumim, instrumentos de discernimento da vontade divina. Finalmente, o diadema de ouro com a inscrição sagrada é colocado sobre a testa de Arão:

> *wayyitten ʿal-mîṣnaṯ rōʾšô ʾeṯ-ṣîṣ hazzahāḇ nêzer*
> *haqqōḏeš kaʾăšer-ṣivvā YHWH ʾeṯ-Mōšeh*
> "E colocou sobre o turbante, na frente, a lâmina de ouro, a coroa sagrada, como YHWH ordenara a Moisés" (Lv 8,9).

A inscrição *qōḏeš lă*YHWH (Santo para YHWH) evidencia a separação definitiva de Arão para o serviço exclusivo do Altíssimo. O sacerdote não pertence mais a si mesmo nem ao povo; ele é, antes de tudo, um mediador da santidade divina. Agora, a atenção se volta para o óleo da unção, que deve ser derramado sobre Arão para consagrá-lo:

> *wayyiṣoq miššaḥa ʿal-rōʾš ʾahărōn wayəmšaḥ ʾōṯô ləqaḏšô*
> "E derramou o óleo da unção sobre a cabeça de Arão e ungiu-o para santificá-lo" (Lv 8,12).

A unção com óleo não é um mero detalhe ritual, mas um gesto que demarca a ação divina. O óleo simboliza a presença do Espírito de YHWH, permeando o sacerdócio com uma santidade que não pode ser fabricada pela iniciativa humana. A cerimônia prossegue com o primeiro sacrifício, que purifica o altar e inaugura oficialmente o ministério sacerdotal:

> *wayyaqrîḇ ʾeṯ-par haḥaṭṭāʾṯ*
> "E apresentou o novilho da oferta pelo pecado" (Lv 8,14).

O novilho é trazido, e Arão e seus filhos impõem as mãos sobre sua cabeça (*səmîḵāh*), um gesto carregado de significado. A imposição de mãos transfere simbolicamente a culpa para o animal, um ato que aponta para a substituição vicária. O sangue do sacrifício é então manipulado em um processo meticuloso:

> *wayyiqqaḥ Mōšeh ʾeṯ-haddām wayyitten ʿal-qarnōṯ*
> *hammizbēaḥ sabîḇ bəʾeṣbaʿô wayyəṭaḥēr ʾeṯ-hammizbēaḥ*

*wəʾeṯ-haddām yāṣaq ʾel-yesōḏ hammizbēaḥ wayəqaḏšēhû ləkapper ʿālāyw*

"E tomou Moisés do sangue, e o pôs sobre os chifres do altar ao redor com o seu dedo, e purificou o altar, e derramou o sangue na base do altar, e o santificou para fazer expiação sobre ele" (Lv 8,15).

A aplicação do sangue sela a separação do altar como o centro do culto a YHWH. Ele não será mais um objeto qualquer, mas um local santificado, onde o povo encontrará redenção e perdão. A ordenação de Arão e seus filhos não é um mero ritual, mas um evento que estabelece as bases da mediação sacerdotal, conectando o céu e a terra. A separação do sacerdote para o serviço sagrado é um lembrete constante de que a santidade não é apenas um ideal abstrato, mas uma realidade encarnada no meio da congregação. O segundo sacrifício da cerimônia de consagração é o holocausto, um ato de entrega total e irrevogável. O texto enfatiza a continuidade do rito com a apresentação do carneiro:

*wayyaqrîḇ ʾeṯ-hāʾāyîl ləʿōlâ*

"E apresentou o carneiro para o holocausto" (Lv 8,18).

Aqui, como no sacrifício pelo pecado, Arão e seus filhos realizam o gesto ritual da *səmîḵāh*, impondo as mãos sobre a cabeça do animal antes de sua imolação. Esse gesto, já presente no sacrifício anterior, sugere que a vida do ofertante e a do animal são, por um momento sagrado, interligadas. O sangue do carneiro é então aspergido ao redor do altar, marcando o espaço sagrado da mediação divina. O corpo do animal, diferente do novilho da oferta pelo pecado, não tem partes separadas para descarte; ele é queimado inteiramente sobre o altar:

*ʾišê rēaḥ-nîḥōaḥ lăYHWH*

"Oferta queimada, aroma agradável a YHWH" (Lv 8,21).

Essa queima total distingue o holocausto de outros sacrifícios, indicando que o sacerdote não apenas é purificado para o serviço, mas consagrado sem reservas. Sua vocação não é parcial, mas absoluta, e a fumaça ascendente representa essa entrega irrestrita. O terceiro sacrifício, que conclui a cerimônia, é o mais distinto e específico do rito de ordenação:

> *wayyaqrîḇ ʾeṯ-hāʾāyîl haššiqqîm*
> "E apresentou o carneiro da ordenação" (Lv 8,22).

Este não é um sacrifício comum. Diferente dos anteriores, cujo sangue era manipulado no altar, aqui o sangue é aplicado diretamente sobre os próprios sacerdotes, marcando seus corpos como instrumentos vivos da mediação divina:

> *wayyiqqaḥ Mōšeh middāmô wayyîṯēn ʿal-tənûḵ ʾōzen ʾahărōn hayyəmānît wəʿal-bəhōn yāḏô hayyəmānît wəʿal-bəhōn raglô hayyəmānît*
> "E Moisés tomou do sangue e colocou sobre a ponta da orelha direita de Arão, sobre o polegar da sua mão direita e sobre o polegar do seu pé direito" (Lv 8,23).

Este gesto não é meramente ritualista; ele carrega um significado profundo. A orelha do sacerdote é marcada primeiro, indicando que sua audição deve estar sempre atenta à voz de YHWH. Depois, a mão direita é consagrada, representando suas ações e serviço dentro do santuário. Finalmente, o sangue toca o polegar do pé direito, selando seu caminho como um andarilho da santidade, alguém que deve trilhar as veredas da obediência e retidão. Esse mesmo ritual se repete para os filhos de Arão, confirmando que a ordenação não é uma escolha pessoal, mas uma designação divina que se estende através das gerações. Os sacerdotes, a partir desse momento, tornam-se depositários do sagrado. O texto então descreve outro gesto altamente simbólico:

> *wayyiqqaḥ Mōšeh ʾeṯ-kol-ḥaləb wəʾeṯ-haʾalyâ wəʾeṯ-kāl-haḥēleḇ ʾăšer ʿal-haməʿayîm wəʾet-yōteret hakāḇēḏ wəʾet-šətê hakəlāyōṯ wəʾet-ḥēləḇēhən wəʾet-šōq hayyāmānî*
> "E Moisés tomou toda a gordura e a cauda gorda, e toda a gordura que estava sobre as entranhas, e o lóbulo do fígado, e os dois rins e sua gordura, e a coxa direita" (Lv 8,25).

Essas partes, tradicionalmente reservadas para YHWH nos sacrifícios, são combinadas com pães ázimos e colocadas nas mãos de Arão e seus filhos. A carne e os pães são então movidos diante de YHWH em um gesto de dedicação:

> *wayyasem ʾet-hakol ʿal-kappê ʾahărōn wəʿal-kappê ḇānāyw wayyēnîp̄ēm tənûp̄â ləp̄nê YHWH*
> "E colocou tudo nas mãos de Arão e nas mãos de seus filhos, e os movimentou como oferta movida perante YHWH" (Lv 8,27).

O ato de colocar os elementos nas mãos dos sacerdotes antes de queimá-los é crucial. Isso indica que os sacerdotes, antes de ministrarem os sacrifícios pelo povo, primeiro precisam se oferecer a si mesmos como uma oblação diante de Deus. A posição deles diante do altar nunca será a de meros oficiais de culto, mas de indivíduos completamente envolvidos na adoração e no sacrifício. A cerimônia então atinge sua culminação com um último gesto de santificação:

> *wayyiqqaḥ Mōšeh middām ʾăšer ʿal-hammizbēaḥ wəmiššem ha-mišḥāh wayyazzēh ʿal-ʾahărōn wəʿal-bəḡāḏāyw wəʿal-bānāyw wəʿal-bəḡāḏê ḇānāyw ʾittô wayəqaḏēš ʾet-ʾahărōn wəʾet-bəḡāḏāyw wəʾet-bānāyw wəʾet-bəḡāḏê ḇānāyw ʾittô*
> "E Moisés tomou do sangue que estava sobre o altar, e do óleo da unção, e aspergiu sobre Arão, e sobre suas vestes, e sobre seus filhos, e sobre as vestes de seus filhos com ele; e santificou a Arão, e suas vestes, e seus filhos, e as vestes de seus filhos com ele" (Lv 8,30).

Agora, Arão e seus filhos estão integralmente consagrados. Suas vestes, antes símbolos de status e distinção, agora carregam vestígios do sangue do sacrifício e do óleo da unção. O sacerdócio, portanto, não pode ser visto como um privilégio secular, mas como um chamado para carregar sobre si o peso da santidade e da expiação. A cerimônia se conclui com uma exigência peculiar:

> *ûmippetaḥ ʾōhel môʿēd lōʾ tēṣəʾû šibʿaṯ yāmîm ʿaḏ-yôm məlōʾṯ yəmê-milûʾēḵem*
> "E da entrada da Tenda do Encontro não saireis por sete dias, até que se completem os dias da vossa consagração" (Lv 8,33).

Este período de isolamento não é meramente um tempo de espera, mas um estágio de transição. Os novos sacerdotes não podem simplesmente voltar à normalidade; seu chamado exige uma reorientação completa de suas vidas. Durante sete dias, eles permanecem na entrada da Tenda do Encontro, como que suspensos entre dois mundos: o humano e o divino. Eles foram tirados do ordinário, mas ainda não assumiram plenamente suas funções. Esse tempo de liminaridade ecoa outros períodos de sete dias na tradição bíblica, representando um ciclo completo de santificação. Ao final desse processo, o sacerdócio estará instituído. Mas essa consagração não será um evento estático; será um chamado contínuo para viver dentro da tensão entre a santidade de Deus e a realidade humana. O sacerdote, agora marcado pelo sangue e pelo óleo, é uma testemunha viva de que a mediação entre YHWH e Israel não é meramente institucional, mas visceral, encarnada na própria existência dos que servem ao altar.

## Capítulo 9

O evento descrito em Levítico 9 não é apenas uma formalidade litúrgica, mas uma dramatização da teologia do culto israelita. O texto inicia com um indicativo temporal preciso:

> *bayyôm haššəmînî*
> "No oitavo dia" (Lv 9,1).

O oitavo dia simboliza algo novo, um rompimento com o ciclo anterior e a inauguração de uma nova realidade. Esse é o dia em que o sacerdócio, até então apenas instituído em teoria, entra plenamente em operação. O oitavo dia é um momento de transição, onde o que foi consagrado precisa agora ser provado no ato do culto. Moisés, como mediador entre Deus e o povo, convoca os principais atores desse evento inaugural:

> *wayyiqrāʾ Mōšeh ʾel-ʾahărōn wəʾel-bānāyw wəʾel-zəqnê yiśrāʾēl*
> "E Moisés chamou Arão, seus filhos e os anciãos de Israel" (Lv 9,1).

A presença dos anciãos reforça a dimensão comunitária do evento. O sacerdócio não é uma instituição isolada, mas parte integrante da estrutura de Israel como nação santa. A convocação pública assegura que a ordenação de Arão e seus filhos não se limite a um ritual fechado, mas seja reconhecida por aqueles que representam a autoridade tribal. Moisés, então, instrui Arão a oferecer sacrifícios específicos para si mesmo:

> *qāḥ-lekā ʿēgel ben-bāqqār ləḥaṭṭāʾṯ wəʾayil ləʿōlâ təmîmîm*
> "Toma para ti um bezerro para oferta pelo pecado e um carneiro para holocausto, ambos sem defeito" (Lv 9,2).

O fato de Arão precisar primeiro apresentar uma oferta pelo pecado antes de atuar em favor do povo enfatiza sua própria fragilidade diante de YHWH. O sacerdócio não isenta seus ministros da necessidade de expiação; pelo contrário, exige um reconhecimento ainda maior da santidade divina. A escolha do *ʿēgel* (bezerro) como oferta pelo pecado carrega uma forte carga simbólica. Esse é o mesmo animal que Arão moldou em ouro no pecado coletivo do bezerro de ouro (Êx 32). Agora, diante do altar legítimo de YHWH, Arão oferece um bezerro vivo, sugerindo uma redenção pessoal e uma confissão implícita de sua falha passada. A congregação, por sua vez, recebe instruções para trazer seus próprios sacrifícios:

> *wəʾel-bənê yiśrāʾēl tədabbēr lēʾmōr qəḥû śəʿîr ʿizzîm ləḥaṭṭāʾṯ wəʿēgel wəkəbāś bənê-šānâ təmîmîm ləʿōlâ*
> "E aos filhos de Israel dirás: Tomai um bode para oferta

pelo pecado, um bezerro e um cordeiro de um ano, sem defeito, para holocausto" (Lv 9,3).

Os sacrifícios da congregação espelham os de Arão, reforçando a ideia de que a expiação sacerdotal e a do povo estão interligadas. O bode (*śəʿîr ʿizzîm*) remete ao sistema sacrificial do Dia da Expiação (Lv 16), onde um animal semelhante carrega os pecados de Israel. O povo, assim como Arão, precisa de reconciliação com Deus antes que qualquer celebração possa ocorrer. O propósito último desse culto inaugural é revelado no versículo seguinte:

> *kî hayyôm YHWH nirʾâ ʾălêyḵem*
> "Porque hoje YHWH se manifestará a vós" (Lv 9,4).

Essa promessa estabelece uma ligação essencial entre a correta execução do culto e a presença divina. O povo não se reúne meramente para cumprir um ritual; eles esperam a *kāḇôḏ* YHWH, a glória de Deus. Esse versículo define o que está em jogo: se o culto for realizado corretamente, YHWH Se manifestará. Arão, agora plenamente investido de sua função, inicia os sacrifícios. O primeiro a ser oferecido é a oferta pelo pecado pessoal:

> *wayyišḥaṭ ʾet-ʿēgel haḥaṭṭāʾṯ ʾăšer-lô*
> "E imolou o bezerro da oferta pelo pecado que era por si" (Lv 9,8).

O sangue desse sacrifício é manipulado conforme o protocolo estabelecido em Levítico 4: é aplicado sobre os chifres do altar e derramado na base, sinalizando a purificação do espaço sagrado. A gordura e as partes internas são queimadas sobre o altar, enquanto o restante do animal é incinerado fora do acampamento, demonstrando que o pecado não pode ser simplesmente absorvido, mas precisa ser completamente removido. Em seguida, Arão procede com o holocausto:

> *wayyaqrîḇ ʾet-ʿōlâ wəyaʿaśêhā kammišpāṭ*
> "E apresentou o holocausto e o preparou segundo o estatuto" (Lv 9,12).

Diferente da oferta pelo pecado, o holocausto não é um sacrifício de expiação, mas de dedicação total. Sua queima completa representa a submissão absoluta ao domínio divino. Esse é o primeiro ato de culto público dos sacerdotes recém-consagrados, e seu significado não pode ser subestimado: Arão, antes um artífice do bezerro de ouro, agora age como o sumo sacerdote legítimo, mediando entre Deus e Israel.

Os sacrifícios seguem sua sequência ordenada, cada um refletindo uma dimensão diferente da relação entre YHWH e Seu povo. O culto, nesse sentido, não é um conjunto de rituais desconectados, mas uma estrutura cuidadosamente planejada que move a comunidade da expiação para a consagração, e da consagração para a comunhão. Esse padrão estabelece um paradigma para a adoração de Israel e antecipa a consumação da promessa do versículo 4: a manifestação da glória divina.

A narrativa prossegue com a sequência ordenada dos sacrifícios, enfatizando que cada um desempenha um papel crucial na restauração da comunhão entre YHWH e Israel. Após a oferta pelo pecado e o holocausto, Arão prossegue com o sacrifício de comunhão (*šəlāmîm*), estabelecendo um momento de celebração sagrada. O texto indica:

> *wayyaqrîḇ ʾet-minḥaṯ hāʿām wayyiqqaḥ ʾet-śəʿîr haḥaṭṭāʾṯ ʾăšer laʿām wayyišḥāṭhû wayəḥaṭṭēʾhû kammîšpāṭ*
> “E apresentou a oferta de cereais do povo, tomou o bode da oferta pelo pecado que era pelo povo e o imolou, e realizou a expiação conforme o estatuto” (Lv 9,15).

Esse momento marca a transição do culto, em que a purificação do santuário e dos sacerdotes se estende à congregação. A oferta pelo pecado precede os demais sacrifícios, pois a presença de Deus só pode se manifestar onde há santidade restaurada.

Arão então continua com os holocaustos:

> *wayyaqrîḇ ʾet-hāʿōlâ wayyaʿăśēhā kammîšpāṭ*
> “E apresentou o holocausto e o preparou conforme o estatuto” (Lv 9,16).

A ênfase na conformidade (*kammîšpāṭ*) sublinha a necessidade de precisão no culto. O sacrifício não é um ato improvisado, mas um ritual detalhado em que cada elemento tem seu devido lugar. A exatidão no cumprimento do rito reflete a seriedade da adoração em Israel. Seguindo a sequência estabelecida, Arão procede com a *minḥâ*, a oferta de cereais:

> *wayyaqrîḇ ʾet-hamminḥâ wayəmallēʾ kappô mimmennâ wayyaqṭēr ʿal-hammizbēaḥ*
> "E apresentou a oferta de cereais e encheu sua mão dela, e a queimou sobre o altar" (Lv 9,17).

Essa ação remete à consagração dos sacerdotes, em que a *minḥâ* é colocada em suas mãos como um sinal da dedicação total ao serviço de YHWH (Lv 8,26-28). O gesto de "encher a mão" sugere um sacerdócio que se entrega plenamente ao culto divino, sendo a oferta queimada um símbolo de que tudo pertence a Deus. O sacrifício pacífico segue, finalizando a série de ofertas:

> *wayyišḥaṭ ʾet-hāʾayil wəzibḥî haššəlāmîm ʾăšer laʿām wayyamṣîʾû bənê-ʾahărōn ʾeṯ-haddām ʾēlāyw wayyizrəqû ʿal-hammizbēaḥ sāḇîḇ*
> "E imolou o boi e o carneiro do sacrifício pacífico que era pelo povo. E os filhos de Arão entregaram-lhe o sangue, e ele aspergiu sobre o altar ao redor" (Lv 9,18).

Esse sacrifício é a culminação do culto, pois o *šəlāmîm* não apenas reafirma a reconciliação com Deus, mas permite que o ofertante e os sacerdotes participem do banquete sacrificial. O sistema sacrificial não é apenas um ato de purificação e submissão, mas também um convite à comunhão.

A gordura do sacrifício pacífico é queimada, conforme estipulado:

> *wəhāḥēleḇ min-habbaqqār ûmin-hāʾayil hăttərēṣ wəhakkəlōyōṯ wəyōtēr haḵāḇēḏ*
> "E a gordura do boi e do carneiro, a camada de gordura, os rins e a gordura sobre o fígado" (Lv 9,19).

O detalhe na escolha das partes sacrificiais reforça o princípio de que YHWH deve receber o melhor. A gordura representa a porção mais valiosa do animal, e sua queima é um símbolo da entrega das primícias a Deus. Os elementos do sacrifício pacífico são apresentados juntos sobre o altar:

> *wəśāmû ʾet-hahḥēleḇ ʿal-haḥazîr wayyaqṭîrû ʾēšēh lăYHWH*
> "E colocaram a gordura sobre os peitos e os queimaram como oferta queimada a YHWH" (Lv 9,20).

A menção aos "peitos" indica a porção que será reservada para os sacerdotes. A carne não é queimada por completo, pois a oferta pacífica envolve um elemento de partilha entre Deus e Seu povo. Com os sacrifícios finalizados, Arão, agora plenamente investido como sumo sacerdote, ergue suas mãos e abençoa a congregação:

> *wayyîśāʾ ʾahărōn ʾet-yāḏāyw ʾel-hāʿām wayəḇārəḵēm*
> "E Arão levantou as mãos sobre o povo e os abençoou" (Lv 9,22).

Esse gesto antecipa a bênção sacerdotal que será formalizada em Números 6,24-26, na qual os sacerdotes invocarão sobre Israel a paz e a presença divina. A bênção não é um mero formalismo, mas um ato litúrgico pelo qual YHWH concede graça ao Seu povo. O texto então narra um momento de grande solenidade:

> *wayyāḇōʾ Mōšeh wəʾahărōn ʾel-ʾōhel môʿēd wayyēṣəʾû wayəḇārəḵû ʾet-hāʿām*
> "E Moisés e Arão entraram na Tenda do Encontro, depois saíram e abençoaram o povo" (Lv 9,23).

Moisés, o mediador da aliança, e Arão, o sumo sacerdote, unem-se para marcar a consagração do santuário. Ao saírem da Tenda, a glória de Deus se manifesta:

> *wayyērāʾ kəḇōḏ YHWH ʾel-kāl-hāʿām*

"E apareceu a glória de YHWH a todo o povo" (Lv 9,23).

Esse é o clímax do capítulo. O fogo divino, símbolo da aprovação de Deus, irrompe do santuário e consome o sacrifício sobre o altar:

> *wayyēṣē' 'ēš miləp̄nê YHWH wattō'kal 'al-hammizbēaḥ 'et-hā'ōlâ wə'et-hāḥălōbîm*
> "E saiu fogo de diante de YHWH e consumiu sobre o altar o holocausto e a gordura" (Lv 9,24).

Esse fogo não é ordinário, mas divino. Diferente do fogo que Arão e seus filhos alimentaram no altar, este vem diretamente da presença de YHWH, validando os sacrifícios e confirmando a habitação divina no santuário. Esse momento se assemelha a outras manifestações de Deus, como no Sinai (Êx 19,18) e no Monte Carmelo, quando Elias desafia os profetas de Baal (1 Rs 18,38). A resposta do povo é imediata:

> *wayyārru 'āmm wayyippəlû 'al-pənêhem*
> "E todo o povo exultou e prostrou-se com o rosto em terra" (Lv 9,24).

Esse temor reverente não é apenas medo, mas um reconhecimento profundo da santidade de Deus e da eficácia do culto sacrificial. A ordem estabelecida foi seguida, os sacrifícios foram aceitos e a presença divina se manifestou – o sistema sacrificial é validado pela própria resposta de Deus. Esse evento sela a transição do sacerdócio de Moisés para Arão, confirmando que o novo mediador está autorizado a conduzir o culto em Israel.

## Capítulo 10

Levítico 10 se desenrola como uma narrativa de crise dentro da recém-estabelecida ordem sacerdotal. O capítulo se inicia abruptamente, sem qualquer transição, com a transgressão de Nadabe e Abiú, filhos de Arão. A sequência dos eventos sugere que, no auge da celebração do primeiro culto sob a nova ordem sacerdotal, um erro fatal ocorre, subvertendo a estrutura da mediação entre Deus e Israel. O texto descreve sua ação com precisão ritual:

> *wayyiqqəḥû bənê-ʾahărōn Nāḏāḇ wəʾAḇîhû ʾîš maḥtāṯô*
> *wayyāśîmû ḇāhēn ʾēš wayyāśîmû ʿālāyheh qəṭōreṯ*
> *wayyaqrîḇû ləp̄nê YHWH ʾēš zārâ ʾăšer lōʾ-ṣiwâ ʾōṯām*
> "E tomaram os filhos de Arão, Nadabe e Abiú, cada um o seu incensário, e puseram fogo neles, e colocaram incenso sobre ele, e ofereceram fogo estranho diante de YHWH, o que Ele não lhes ordenara" (Lv 10,1).

O verbo *wayyaqrîḇû* (trouxeram) denota um ato intencional, uma tentativa de se aproximar de Deus através do ritual. No entanto, o qualificativo *ʾēš zārâ* (fogo estranho) indica que a oferta não era legítima. A frase *ʾăšer lōʾ-ṣiwâ ʾōṯām* (o que Ele não lhes ordenara) enfatiza a natureza não autorizada do sacrifício. A questão central não é apenas o erro técnico, mas a presunção de que o sagrado pode ser manipulado fora dos limites da ordenança divina. A resposta de YHWH é imediata e devastadora:

> *wayyēṣēʾ ʾēš miləp̄nê YHWH wattōʾkal ʾōṯām wayyāmûtû ləp̄nê YHWH*
> "E saiu fogo de diante de YHWH e os consumiu, e morreram diante de YHWH" (Lv 10,2).

Esse evento espelha diretamente a manifestação da glória divina em Levítico 9,24, onde o fogo de YHWH consumiu o sacrifício, confirmando sua aceitação. Aqui, porém, o mesmo fogo não legitima, mas julga; não consome a oferta, mas os próprios sacerdotes. O poder divino não é neutro – ele pode ser bênção ou juízo, dependendo da fidelidade daqueles que se aproximam. Moisés, como mediador e porta-voz de YHWH, não responde com lamento, mas com uma palavra teológica que dá sentido ao evento:

> *wayyōʾmer Mōšeh ʾel-ʾahărōn hûʾ ʾăšer-dibbēr YHWH*
> *lēʾmōr bəqorbāy ʾeqqāḏēš wəʿal-pənê kāl-hāʿām ʾekkāḇēḏ*
> "E Moisés disse a Arão: 'Isto é o que YHWH falou, dizendo:

> 'Serei santificado naqueles que se aproximam de mim e serei glorificado diante de todo o povo'" (Lv 10,3).

A frase *bəqorbāy 'eqqādēš* (serei santificado naqueles que se aproximam de mim) estabelece um princípio fundamental: a santidade de YHWH não pode ser banalizada. O erro de Nadabe e Abiú não é apenas uma falha ritual, mas uma violação da natureza sagrada da presença divina. Deus não pode ser instrumentalizado; Ele exige que aqueles que o servem façam isso conforme Sua palavra, e não conforme seus próprios desejos ou intenções. A reação de Arão é de silêncio absoluto:

> *wayyiddōm 'ahărōn*
> "E Arão calou-se" (Lv 10,3).

Esse silêncio contrasta com outras passagens bíblicas onde líderes intercedem diante do juízo divino (como Abraão em Gênesis 18 ou Moisés em Êxodo 32). Arão não contesta, não lamenta em voz alta, não faz perguntas. Seu silêncio pode ser um sinal de submissão à justiça divina, mas também pode expressar um luto tão profundo que as palavras se tornam impossíveis. A remoção dos corpos de Nadabe e Abiú é realizada por seus primos, Misael e Elzafã:

> *wayyiqqərā' Mōšeh 'el-Mîšā'ēl wə'el-'Elṣāpān bənê 'Uzzî'ēl dōḏ 'ahărōn wayyō'mer 'ălêhem qirəḇû śə'û 'eṯ-'ăḥêḵem mē'ēṯ pənê haqqōḏeš 'el-mîḥûṣ lam-maḥăneh*
> "E Moisés chamou Misael e Elzafã, filhos de Uziel, tio de Arão, e disse-lhes: 'Aproximai-vos, carregai vossos irmãos para fora do santuário, para fora do acampamento'" (Lv 10,4).

O fato de Moisés não permitir que Arão ou seus filhos removam os corpos sugere que o contato com a morte os tornaria ritualmente impuros, impedindo-os de continuar no serviço sacerdotal. O santuário não pode ser contaminado por impureza, e a presença dos cadáveres não pode permanecer no recinto sagrado. Em seguida, Moisés ordena que Arão, Eleazar e Itamar não demonstrem luto público:

*rōʾšêḵem lōʾ tifrāʿû ûbəgəḏêḵem lōʾ tiqraʿû wəlōʾ tâmûtû*
"Não descubram suas cabeças, nem rasguem suas vestes, para que não morram" (Lv 10,6).

Essa proibição pode parecer severa, mas reforça que a função sacerdotal exige separação até mesmo das expressões naturais de dor. O luto público é um sinal de aflição e desordem, algo incompatível com a estabilidade que o sacerdócio deve manter. O serviço sacerdotal está acima da dor individual. Enquanto os sacerdotes devem manter a compostura, o restante do povo pode lamentar:

*wəkāl-bêt yiśrāʾēl yivkû ʾet-haśśərēp̄â ʾăšer-śārap̄ YHWH*
"E toda a casa de Israel lamentará o incêndio que YHWH causou" (Lv 10,6).

A tragédia de Nadabe e Abiú não é uma questão apenas para a família de Arão, mas para toda a comunidade. O povo de Israel deve aprender com esse evento que a santidade de Deus não pode ser manipulada ou tomada como algo trivial. Por fim, Moisés dá uma última ordem:

*ûmippetaḥ ʾōhel môʿēd lōʾ tēṣəʾû pen-tāmûtû kî-šemen mišḥaṯ YHWH ʿălêḵem*
"E da entrada da Tenda do Encontro não saireis, para que não morrais, pois o óleo da unção de YHWH está sobre vós" (Lv 10,7).

O sacerdócio é uma vocação sagrada e inescapável. Os sacerdotes pertencem ao serviço de YHWH, e qualquer violação do estatuto divino pode resultar em morte. O texto nos lembra que a proximidade com Deus exige responsabilidade extrema – a presença divina não pode ser tratada com descuido. A resposta de Arão e seus filhos é simples e reveladora:

*wayyaʿaśû kidḇar Mōšeh*
"E fizeram conforme a palavra de Moisés" (Lv 10,7).

Diante da morte, do julgamento e do luto, o sacerdócio continua. O serviço a Deus, mesmo diante do trauma, não pode ser interrompido. O versículo 9 introduz uma proibição crucial para o sacerdócio, diretamente ligada ao ambiente do culto:

> *yáyin wəšēḵār ʾal-tēšṭ atâ ûḇānêḵa ʾîtḵā bəḇōʾăḵem ʾel-ʾōhel môʿēd wəlōʾ tâmûtû*
> "Vinho e bebida forte não bebereis, nem tu nem teus filhos contigo, quando entrarem na Tenda do Encontro, para que não morram" (Lv 10,9).

Essa ordem sugere uma conexão implícita com a tragédia de Nadabe e Abiú. A menção imediata à proibição do álcool levanta a possibilidade de que os filhos de Arão tenham cometido sua transgressão sob o efeito da bebida, comprometendo sua clareza de julgamento e sua capacidade de distinguir entre o sagrado e o profano. A advertência contra a morte (*wəlōʾ tâmûtû*) ecoa a punição já sofrida, reforçando que o sacerdócio exige total vigilância e autocontrole. A proibição se expande para incluir um princípio mais amplo, essencial para o papel sacerdotal:

> *ûləhabdîl bēn haqqōḏeš ûḇēn hāḥōl ûḇēn hattāmēʾ ûḇēn haṭṭāhôr*
> "E para fazer distinção entre o santo e o profano, entre o impuro e o puro" (Lv 10,10).

O sacerdócio não é apenas uma função ritual; ele exige discernimento. Os sacerdotes são responsáveis por garantir que o culto seja conduzido conforme a vontade de Deus, distinguindo com precisão as fronteiras entre o que é aceitável e o que não é. O erro de Nadabe e Abiú pode ser visto como um fracasso nesse discernimento – um fracasso que custou suas vidas. A narrativa então se desloca para uma questão prática dentro do sistema sacrificial. Moisés, ao supervisionar a correta execução dos rituais, percebe que Arão e seus filhos Eleazar e Itamar não consumiram a carne da oferta pelo pecado, como era esperado:

> *maddûaʿ lōʾ ʾăḵaltem ʾeṯ-haḥaṭṭāʾṯ bimmaqōm haqqōḏeš kî-qōḏeš qŏḏāšîm hîʾ*
> "Por que não comestes a oferta pelo pecado no lugar sagrado? Pois é coisa santíssima" (Lv 10,17).

De acordo com as regulamentações de Levítico 6,26, os sacerdotes deveriam comer a carne da oferta pelo pecado dentro do espaço sagrado. Esse ato não era meramente uma questão de consumo, mas fazia parte do rito expiatório. Comer a carne significava, de certa forma, incorporar simbolicamente a culpa do povo, cumprindo o papel mediador do sacerdócio. A falha em cumprir essa obrigação levanta a indignação de Moisés, que exige explicações. A resposta de Arão revela um momento de profunda humanidade dentro do sistema ritual:

> *wəʾim ʾāḵaltî ḥaṭṭāʾṯ hayyôm hăyyîṭaḇ bəʿênê YHWH?*
> "Se eu tivesse comido a oferta pelo pecado hoje, teria sido isso bom aos olhos de YHWH?" (Lv 10,19).

Aqui, Arão rompe com a mecânica do ritual e expõe um dilema espiritual. A morte de seus filhos alterou radicalmente o contexto do culto. O rito exige que ele coma a carne da oferta pelo pecado, mas como poderia fazê-lo enquanto estava tomado pela dor e pela tragédia? O culto, apesar de altamente regulado, não é um ato mecânico – ele deve refletir a disposição interior daquele que o conduz. O versículo final desta seção mostra uma mudança na postura de Moisés:

> *wayyišmaʿ Mōšeh wayyîṭaḇ bəʿênāyw*
> "E Moisés ouviu e isso foi bom aos seus olhos" (Lv 10,20).

Moisés, que momentos antes repreendia Arão, agora aceita sua justificativa. Esse momento revela uma tensão presente em toda a teologia sacrificial: a obediência à lei é essencial, mas há circunstâncias em que a integridade espiritual se sobrepõe à rigidez do rito. Em meio à tragédia, Arão opta por não consumir a carne da oferta, e Moisés reconhece que esse ato, longe de ser uma transgressão, foi um gesto de respeito à presença divina.

## Capítulo 11

Levítico 11 introduz uma das distinções mais fundamentais no culto israelita: a separação entre animais puros e impuros. Essa categorização não se trata apenas de uma questão alimentar, mas de um princípio teológico que reflete a identidade de Israel como um povo separado para YHWH. O capítulo se inicia com a introdução divina ao tema:

> *wayədabbēr YHWH ʾel-Mōšeh wəʾel-ʾAhărōn lēʾmōr ʾălêhem*
> "E YHWH falou a Moisés e a Arão, dizendo-lhes" (Lv 11,1).

A menção de Arão aqui, diferentemente de outras seções da Torah, destaca que essas leis não afetam apenas a vida cotidiana dos israelitas, mas também têm implicações diretas para a santidade do culto e a mediação sacerdotal. O sumo sacerdote deve ser guardião da pureza do povo, garantindo que Israel mantenha uma separação nítida entre o puro e o impuro.

O versículo 2 apresenta o primeiro critério para determinar quais mamíferos terrestres podem ser consumidos:

> *ʾe̱t-zōʾ̱t haḥayyâ ʾăšer tōʾ̱kəlû mikāl-habbəhēmâ ʾăšer ʿal-hāʾāreṣ*
> "Esta é a criatura que comereis dentre todos os animais que há sobre a terra" (Lv 11,2).

O critério básico é duplo: o animal deve ter o casco totalmente fendido e ruminar. O texto segue dando exemplos de animais que possuem apenas uma dessas características e, por isso, são considerados impuros. O camelo (*haggāmāl*), por exemplo, rumina mas não tem o casco dividido:

> *ʾet-haggāmāl kî-māʿăleh gērāh hûʾ ûp̄arsâ ʾênennû map̄rîs ṯāmēʾ hûʾ lākem*
> "O camelo, porque rumina mas não tem o casco fendido, impuro é para vós" (Lv 11,4).

De modo semelhante, a lebre e o arganaz são considerados impuros pelo mesmo motivo (Lv 11,5-6). Já o porco (*haḥăzîr*), embora tenha casco fendido, não rumina e, portanto, é também classificado como impuro:

> *wəʾet-haḥăzîr kî-maṗrîs ṗarsâ hûʾ wəšōśēʿa šēsaʿ wəhûʾ gērāh lōʾ yiggār ṯāmēʾ hûʾ lākem*
> "E o porco, porque tem o casco fendido e a unha dividida, mas não rumina, impuro é para vós" (Lv 11,7).

O texto não fornece justificativas racionais para essa classificação. A distinção entre puro e impuro não segue um padrão sanitário evidente, mas sim um esquema que reflete a ordem divina. O que se apresenta aqui é uma teologia da separação – Israel é chamado a viver de acordo com critérios específicos que o diferenciam das demais nações. A impureza desses animais não se limita ao consumo; até mesmo tocá-los resulta em contaminação ritual:

> *mibbəśārām lōʾ tōʾḵəlû ûbəniblātām lōʾ tiggaʿû ṯāmēʾîm hēm lākem*
> "De sua carne não comereis, e de seus cadáveres não tocareis; impuros são para vós" (Lv 11,8).

Isso demonstra que a impureza não está apenas na ingestão, mas no próprio contato. Os corpos dos animais impuros carregam uma contaminação que se transfere para aqueles que os tocam. Esse conceito será expandido ao longo do livro de Levítico, onde o contato com a morte e com qualquer tipo de impureza pode desqualificar temporariamente alguém para o culto. Os versículos 9 a 12 aplicam o mesmo princípio às criaturas aquáticas. Aqui, o critério de distinção é claro:

> *ʾeṯ-zōʾṯ tōʾḵəlû mikāl-ʾăšer bam-māyim kol-ʾăšer-lô snaṯîr wəqasqeset bam-māyim bayyāmîm ûbannəḥālîm ʾōṯām tōʾḵēlû*
> "Disto comereis de tudo o que há nas águas: tudo o que tem barbatanas e escamas nas águas, nos mares e nos rios, isso comereis" (Lv 11,9).

Qualquer criatura aquática que não tenha barbatanas e escamas é considerada impura e deve ser evitada:

> *wəkol-ʾăšer-ʾên-lô snaṯîr wəqasqeset bayyāmîm*
> *ûbannəḥālîm mikāl-šereṣ hāmmāyim ûmikkāl-nep̄eš*
> *hāḥayyâ ʾăšer bam-māyim šēqeṣ hēm lākem*
> "Mas tudo o que não tem barbatanas e escamas nos mares e nos rios, de todos os enxames aquáticos e de toda criatura viva nas águas, será para vós uma abominação" (Lv 11,10).

Esse princípio exclui peixes como bagres e todas as formas de moluscos e crustáceos, incluindo camarões, lagostas e mariscos. O termo *šēqeṣ* (abominação) reforça a separação radical entre o que é permitido e o que deve ser rejeitado.

> *mibśārām lōʾ tōʾḵēlû wəniblātām tišqāṣû*
> "De sua carne não comereis, e seus cadáveres tereis por abominação" (Lv 11,11).

O princípio estabelecido é claro: a alimentação não é apenas uma questão de nutrição, mas um ato de identidade e santidade. Comer é um ato teológico, e o que Israel consome reflete sua relação com YHWH. Essas distinções fazem parte do chamado maior de Israel à santidade. O que está em jogo não é meramente um conjunto de proibições arbitrárias, mas um modo de vida que separa Israel das nações. A dieta do povo de Deus não é uma questão de gosto pessoal, mas uma expressão de sua vocação para ser santo, assim como YHWH é santo. Levítico 11 continua suas regulamentações sobre pureza alimentar, agora tratando das aves. Diferentemente dos mamíferos e peixes, onde o critério de distinção é explicado, aqui a abordagem é negativa: ao invés de listar quais aves podem ser consumidas, o texto apresenta uma lista das que são proibidas. O versículo 13 introduz essa nova categoria de impureza:

> *wəʾet-ʾēlleh tišqāṣû min-hāʿôp̄ lōʾ yēʾākəlû šēqeṣ hēm*
> "E estas tereis por abominação entre as aves; não serão comidas, abominação são" (Lv 11,13).

A lista começa com as aves de rapina, incluindo a águia (*hannešer*), o abutre (*hap-pereś*) e o falcão (*ha'ôzniyyâ*):

> *wə'et-hannešer wə'et-hap-pereś wə'et-ha'ôzniyyâ*
> "A águia, o abutre e o falcão" (Lv 11,13).

Essas aves são carnívoras e, frequentemente, se alimentam de presas vivas ou carcaças, reforçando um possível critério subjacente: a dieta israelita deveria evitar qualquer associação com a morte. A lista continua com corvos (*hā'ôrēḇ*), espécies de corujas (*hakkōs wəhaššālāḵ wəhannaṣ*), e aves aquáticas como o pelicano (*haq-qā'āṯ*) e a garça (*hanniṭś*):

> *wə'et-kāl-rāḇən ləmînô wə'et-hakkōs wə'et-haššālāḵ wə'et-hannaṣ*
> "E todo corvo segundo a sua espécie, e a coruja, e o corvo-marinho, e o mocho" (Lv 11,15-16).

O destaque para os corvos é notável. Na tradição bíblica, eles frequentemente estão associados a contextos de impureza e morte, como na história de Noé, onde o corvo não retorna para a arca (Gn 8,7), e na associação com lugares desolados e juízo divino (Is 34,11). Outro detalhe significativo é que a lista inclui o morcego (*ha'ăṭallēp̄*), o único mamífero alado. Ele aparece no final da lista:

> *wə'et-ha'ăṭallēp̄*
> "E o morcego" (Lv 11,19).

A menção ao morcego ressalta que a categorização das aves em Levítico não é feita com base em uma classificação biológica moderna, mas segundo critérios perceptíveis para os israelitas antigos. Qualquer criatura alada que se assemelhasse a uma ave era incluída nesta categoria. O critério que rege essa lista parece estar relacionado à dieta e ao comportamento das aves. Aves de rapina e necrófagas, que se alimentam de carne morta, são consideradas impuras, sugerindo que a pureza alimentar está intrinsecamente ligada a um ideal de vida e separação do mundo da morte. O povo de YHWH deveria manter-se distante de qualquer criatura que tivesse associação com a predação, a violência e a contaminação cadavérica. Levítico 11 continua a detalhar as distinções entre puro e impuro, agora tratando dos insetos e das leis de contaminação ritual. Os versículos 20 a 23 estabelecem que a maioria dos insetos é considerada impura, com exceção de alguns tipos específicos de gafanhotos. A permissão para o consumo desses insetos aparece em:

> *ʾeṯ-ʾēlleh tōʾḵəlû mikāl-šereṣ hāʿôp̄ hahōlēḵ ʿal-ʾarbaʿ*
> "Destes comereis de todos os insetos que andam sobre quatro patas" (Lv 11,22).

A especificação inclui gafanhotos, locustas e grilos, provavelmente devido ao seu papel na dieta de certas sociedades do Oriente Médio. João Batista, por exemplo, é descrito em Mateus 3,4 como se alimentando de gafanhotos e mel silvestre, um detalhe que pode refletir a continuidade dessa prática dentro do contexto judaico. Em contraste, os insetos que não possuem esses critérios são declarados impuros e proibidos para consumo:

> *wəkāl-šereṣ hāʿôp̄ ʾăšer-lôʾ ʾarbaʿ raglayim šēqeṣ hûʾ lākem*
> "E todo inseto alado que tem quatro patas será para vós abominação" (Lv 11,23).

Essa distinção demonstra que as leis dietéticas de Israel não seguem uma lógica apenas nutricional, mas uma organização que reflete categorias de pureza e impureza estabelecidas por YHWH.

A partir do versículo 24, o foco se desloca da ingestão de animais impuros para a contaminação causada pelo contato com seus cadáveres. Aqui, a impureza não é um estado moral, mas ritual, e qualquer um que tocar um animal morto se torna impuro até a tarde:

> *wəhannōgēaʿ bəniblatām yitmaʾ ʿaḏ-hāʿāreḇ*
> "E aquele que tocar em seus cadáveres será impuro até a tarde" (Lv 11,24).

A necessidade de esperar até o pôr do sol para a purificação demonstra que a impureza não é permanente, mas requer um período de afastamento e renovação antes que a pessoa possa participar do culto. Essa lógica reflete uma preocupação com a manutenção da santidade dentro da comunidade, separando o que pertence ao domínio da vida daquilo que está associado à morte. Além das pessoas, objetos que entram em contato com carcaças impuras também se tornam contaminados:

> *wəkāl-ʾašer yippōl-ʿālāyw məniblatām yitmaʾ*
> "E tudo sobre o que cair um de seus cadáveres será impuro" (Lv 11,32).

Isso inclui vasos, roupas e até alimentos. A ênfase na contaminação de utensílios usados no dia a dia reforça a noção de que a pureza não é apenas individual, mas comunitária. Se um objeto impuro não for purificado adequadamente, ele pode continuar propagando impureza dentro do espaço doméstico e, potencialmente, comprometer a santidade do povo como um todo.

Os versículos finais do capítulo trazem a justificativa teológica para essas leis, conectando a pureza alimentar à santidade de Israel. O povo de Deus deve refletir Seu caráter em todos os aspectos da vida, incluindo aquilo que come e com o que entra em contato:

> *kî ʾănî YHWH ʾĕlōhêḵem wəhiṯqaddaštəm wihyîṯem qədōšîm kî qādôš ʾănî*
> "Pois Eu sou YHWH, vosso Deus; santificai-vos e sede santos, porque Eu sou santo" (Lv 11,44).

A separação entre puro e impuro não é apenas uma questão de higiene ou saúde, mas um reflexo da identidade de Israel como um povo distinto, dedicado exclusivamente a YHWH. Ao obedecer a essas leis, Israel manifesta concretamente sua vocação para a santidade, demonstrando que a vida diante de Deus não se limita ao espaço do culto, mas se estende a todas as esferas da existência cotidiana.

## Capítulo 12

Levítico 12 introduz um conjunto específico de leis sobre pureza ritual, abordando o impacto do parto na condição da mulher dentro do sistema cultual de Israel. Essas regulamentações fazem parte de uma seção mais ampla de Levítico dedicada à distinção entre puro e impuro, enfatizando que até mesmo processos naturais do corpo humano devem ser considerados dentro do contexto da santidade. O capítulo inicia com uma fórmula familiar de revelação divina, destacando que essas instruções não são apenas prescrições culturais, mas diretivas de YHWH para seu povo:

> *wayədabbēr YHWH ʾel-Mōšeh lēmōr*
> "E YHWH falou a Moisés, dizendo" (Lv 12,1).

Esse padrão introdutório reforça que a legislação sobre pureza não é arbitrária, mas fundamentada na relação de Israel com Deus, um povo chamado a refletir a santidade divina até mesmo nos processos biológicos. O versículo seguinte estabelece a lei básica sobre a impureza pós-parto:

> *ʾîšâ kî tazrîaʿ wəyāldâ zāḵār wəṭāməʾâ šibʿaṯ yāmîm*
> "Se uma mulher conceber e der à luz um menino, será impura por sete dias" (Lv 12,2).

Aqui, a menção do verbo *tazrîaʿ* (conceber) sugere que o processo de gerar vida é, paradoxalmente, acompanhado por um período de impureza. Esse conceito reflete a lógica ritual do sistema levítico, onde a perda de fluidos corporais associados à vida exige um período de afastamento da esfera cultual. O número sete, que aparece frequentemente em contextos de purificação, indica um ciclo completo de transição entre a impureza e a reintegração. A impureza pós-parto é comparada diretamente à impureza menstrual:

> *kəmê niddaṯ duwwāṯâ ṭitmāʾ*
> "Como nos dias do fluxo da sua impureza, será impura" (Lv 12,2).

Essa analogia reforça que qualquer sangramento relacionado à reprodução está ligado a um período de separação. No sistema levítico, a impureza não implica pecado, mas denota um estado temporário que exige um rito de purificação antes da reaproximação do sagrado. O versículo 3 introduz a circuncisão do filho no oitavo dia:

> *ûḇayyôm haššəmînî yimmōl bəśar ʿarlaṯô*
> "E ao oitavo dia será circuncidada a carne do seu prepúcio" (Lv 12,3).

Essa prática remonta à aliança de Abraão (Gn 17,12) e funciona como um marcador fundamental da identidade israelita. O fato de a circuncisão ocorrer antes do término do período de purificação da mãe sugere que a relação do menino com a comunidade e com YHWH é estabelecida independentemente da condição materna. O oitavo dia é simbólico, pois representa um novo começo, transcende o ciclo da criação (sete dias) e marca a entrada do recém-nascido na aliança. Após o período inicial de sete dias, a mulher entra em uma fase mais longa de purificação:

> *ûšlōšîm yôm ûšlōšet yāmîm tēšēḇ bədām ṭahărâ*
> "E por trinta e três dias ficará no sangue de sua purificação" (Lv 12,4).

Durante esses trinta e três dias, a mulher não pode tocar em nada sagrado nem entrar no santuário. Essa restrição enfatiza a necessidade de separação temporária do espaço sagrado, garantindo que sua reintegração ocorra de maneira adequada. A expressão *bədām ṭahărâ* (no sangue da sua purificação) sugere que, embora o fluxo tenha cessado, o processo de restauração ainda está em curso. O versículo 5 apresenta uma distinção significativa para o nascimento de uma menina:

> *wə'im-nəqēḇâ tēlēḏ wəṭāmə'â šəḇuʿayim kəniddātâ*
> *wəšiššîm yôm wəšēšet yāmîm tēšēḇ ʿal-dām ṭahărâ*
> "Mas se der à luz uma menina, será impura por duas semanas, como na sua menstruação, e por sessenta e seis dias ficará no sangue da sua purificação" (Lv 12,5).

A duplicação do período de impureza inicial (de sete para quatorze dias) e do tempo total de purificação (de quarenta para oitenta dias) tem gerado debates exegéticos. O texto não explica explicitamente essa diferença, mas algumas interpretações sugerem que pode estar ligada à percepção da feminilidade e da transmissão da vida dentro da cultura da época. Outros veem nesse período estendido uma maior necessidade de recuperação física da mãe após o parto de uma menina.

Independentemente da razão exata, a estrutura do rito revela uma preocupação com a purificação gradual e com a reintegração plena ao convívio comunitário e ao santuário. O nascimento, embora seja um evento de grande importância na continuidade do povo de Israel, exige um período de separação antes da volta ao espaço sagrado, destacando a complexa relação entre a biologia humana e a santidade divina no sistema levítico.

Levítico 12 conclui a regulamentação sobre a purificação pós-parto estabelecendo o rito final de reintegração da mulher ao culto. Esse desfecho não apenas sublinha a importância da santidade dentro da comunidade, mas também reflete a equidade do sistema sacrificial, permitindo que todas as mulheres, independentemente de sua condição econômica, tenham acesso à purificação e à restauração de seu status ritual. A purificação culmina com a apresentação de uma oferta no santuário, conforme instruído:

> *ûḇimməlō᾽ yəmê ṭahărâhâ ləḇēn ᾽ō ləḇaṯ tāḇî᾽ kəḇeś ben-šənātô lə῾ōlâ ûḇen-yônâ ᾽ō tôr ləḥaṭṭā᾽ṯ*
>
> "E quando se completarem os dias da sua purificação, por um filho ou por uma filha, trará um cordeiro de um ano como holocausto e um pombinho ou rolinha como oferta pelo pecado" (Lv 12,6).

Aqui, dois tipos de sacrifício são requeridos. O holocausto (*῾ōlâ*) representa a consagração renovada da mulher a YHWH, marcando sua plena reintegração à comunidade sagrada. Já a oferta pelo pecado (*ḥaṭṭā᾽ṯ*) não indica culpa pessoal, mas serve para eliminar qualquer resíduo de impureza, enfatizando que o ciclo da vida, mesmo em sua expressão mais natural, precisa ser ritualmente reconciliado com a presença divina.

A legislação também assegura que a purificação seja acessível para todas as mulheres, independentemente de sua condição econômica:

> *wəʾim-lōʾ timṣāʾ yādāh dəy-śeh wəlāqaḥtā šətê tôrîm ʾō šənê bənê-yônâ ʾeḥāḏ ləʿōlâ wəʾeḥāḏ ləḥaṭṭāʾṯ*
> "Se sua mão não alcançar o preço de um cordeiro, então tomará duas rolas ou dois pombos, um para holocausto e outro para oferta pelo pecado" (Lv 12,8).

Essa provisão demonstra a justiça divina, permitindo que as mulheres mais pobres cumpram a exigência da Torá sem serem sobrecarregadas por um sacrifício que não poderiam oferecer. Esse princípio de equidade no culto é evidenciado no relato evangélico, onde Maria, mãe de Jesus, oferece essa alternativa mais simples no Templo após o nascimento de seu filho:

> "E, cumprindo-se os dias da purificação, segundo a Lei de Moisés, o levaram a Jerusalém para o apresentarem ao Senhor... e para darem a oferta segundo o que está escrito na Lei do Senhor: um par de rolas ou dois pombinhos." (Lc 2,22-24).

Essa conexão entre a tradição levítica e a narrativa do Novo Testamento destaca a continuidade do princípio da pureza e da santidade ao longo da história da fé. Em Levítico, a mulher é restaurada à comunhão por meio da purificação ritual; no Evangelho, esse rito é realizado com Jesus, que posteriormente se tornará a oferta suprema pela purificação de toda a humanidade.

## Capítulo 13

Levítico 13 introduz uma das seções mais detalhadas sobre impureza ritual, abordando a questão da *ṣārāʿat*, frequentemente traduzida como "lepra", mas que, na realidade, cobre uma ampla gama de afecções cutâneas, além de mofo em tecidos e até em casas (Lv 14). O foco aqui não é a patologia no sentido moderno, mas a relação entre pureza e impureza dentro da comunidade israelita, onde qualquer anomalia visível no corpo pode simbolizar uma ameaça à santidade coletiva. O capítulo começa com a instrução divina a Moisés e Arão:

> *wayədabbēr YHWH ʾel-Mōšeh wəʾel-ʾAhărōn lēʾmōr*
> "E YHWH falou a Moisés e a Arão, dizendo" (Lv 13,1).

A menção de Arão logo no início reforça que a avaliação da impureza não é apenas uma questão legal ou comunitária, mas uma responsabilidade sacerdotal. Os sacerdotes são os guardiões da pureza e da santidade, mediadores entre Deus e o povo, responsáveis por preservar a integridade do santuário e do culto. O versículo 2 apresenta a situação que requer exame:

> *ʾādām kî-yihyê bəʿōr-bəśārô śəʾēṯ ʾō-sappaḥaṯ ʾō-bahereṯ wəhāyâ bəʿōr-bəśārô lənegaʿ ṣārāʿat wəhûḇāʾ ʾel-ʾAhărōn hakkōhēn ʾō ʾel-ʾaḥaḏ mibənāyw hakkōhănîm*
> "Quando uma pessoa tiver na pele de seu corpo um inchaço, uma erupção ou uma mancha brilhante, e se tornar na pele do seu corpo uma praga de *ṣārāʿat*, será levado a Arão, o sacerdote, ou a um de seus filhos, os sacerdotes" (Lv 13,2).

A descrição dos sintomas sugere que a *ṣārāʿat* não é uma doença específica, mas uma categoria ampla que inclui qualquer alteração significativa da pele. O fato de a pessoa ser "levada" ao sacerdote sugere que essa condição tem implicações além do indivíduo – trata-se de um assunto de importância pública. A contaminação ritual não é uma questão meramente pessoal, mas comunitária. O sacerdote então examina a pele em busca de sinais específicos que determinam se a pessoa é declarada impura:

> *wərāʾā hakkōhēn ʾeṯ-hannegaʿ bəʿōr-habbāśār wəśəʿār bannegaʿ hāyāh lāḇān ûmărʾê hānegaʿ ʿāmōq məʿōr bəśārô negʿa ṣārāʿat hûʾ wərāʾāw hakkōhēn wəṭimēʾ ʾōṯô*
> "E o sacerdote verá a praga na pele do corpo; se o cabelo na praga se tornou branco e a aparência da praga for mais

> profunda do que a pele do corpo, é praga de *ṣārāʿat*, e o sacerdote o declarará impuro" (Lv 13,3).

Os dois critérios fundamentais para um diagnóstico imediato são:

1. O cabelo na área afetada mudou para branco.
2. A lesão parece estar mais profunda do que a pele.

Essa última característica é crucial. Uma erupção superficial pode ser apenas uma irritação temporária, mas se a anomalia atinge camadas mais profundas, a contaminação ritual é confirmada. Caso esses sinais não sejam conclusivos, o sacerdote opta pelo isolamento preventivo:

> *wəhisgîr hakkōhēn ʾeṯ-hannegaʿ šibʿaṯ yāmîm*
> "E o sacerdote o fechará por sete dias" (Lv 13,4).

O isolamento serve como um período de observação. A impureza não é declarada imediatamente; há uma espera para determinar se a condição se espalha ou se estabiliza. Isso evita julgamentos precipitados e, ao mesmo tempo, protege a comunidade de uma possível contaminação ritual. No sétimo dia, o sacerdote realiza uma nova avaliação:

> *wərāʾāw hakkōhēn bayyôm haššəbîʿî wəhinneh hănegaʿ ʿāmad bəʿēynāw lōʾ-pāśāʿ bannaggaʿ wəhisgîrō šibʿaṯ yāmîm šēnîṯ*
> "E o sacerdote o examinará no sétimo dia; se a praga permaneceu inalterada e não se espalhou na pele, então o sacerdote o isolará por mais sete dias" (Lv 13,5).

Essa extensão do isolamento enfatiza a prudência no diagnóstico. A impureza não pode ser declarada de forma leviana, mas, ao mesmo tempo, a possibilidade de contágio ritual requer um monitoramento rigoroso. Se, ao final do segundo período de sete dias, a condição não tiver se espalhado e parecer estar melhorando, a pessoa é declarada pura:

> *wəṭihărō hakkōhēn wəḵibəś bəḡāḏāyw wəṭāhēr*
> "E o sacerdote o declarará puro; e ele lavará suas roupas e será puro" (Lv 13,6).

A exigência de lavar as roupas sugere que, mesmo sem a confirmação de impureza, há um resquício de contaminação ritual que precisa ser removido. O ato de lavar simboliza uma transição da incerteza para a reintegração completa na comunidade. Dessa forma, os primeiros seis versículos de Levítico 13 estabelecem um protocolo detalhado para discernir entre impureza e pureza. A preocupação central não é com o diagnóstico clínico, mas com a santidade coletiva de Israel. O sistema sacrificial e as regras de pureza garantem que o povo permaneça em um estado adequado para habitar na presença de YHWH, onde a ordem, a plenitude e a santidade devem prevalecer sobre o caos e a desordem.

A narrativa continua a descrever as variações da *ṣārāʿat*, expandindo os critérios diagnósticos e os procedimentos para determinar a impureza ritual. O versículo 7 estabelece que, mesmo após um diagnóstico inicial de pureza, se a praga continuar a se espalhar, a pessoa deve retornar ao sacerdote para nova avaliação:

> *wəʾim-pāśōaḥ tīpśeḥ haṣārāʿat bāʿōr ʾaḥăr hērāʾōṯō ʾel-hakkōhēn ləṭaḥărōw wənirʾāh šēnît ʾel-hakkōhēn*
> "E se a *ṣārāʿat* se espalhar na pele, depois de ter sido mostrado ao sacerdote para ser declarado puro, será mostrado novamente ao sacerdote" (Lv 13,7).

Isso indica que a avaliação inicial não é definitiva. A impureza pode permanecer latente e se manifestar posteriormente, exigindo uma reavaliação. O princípio subjacente é que a impureza não pode ser tomada levianamente; ela precisa ser monitorada com atenção, pois qualquer contaminação pode se espalhar e afetar a santidade do povo. Se o sacerdote verificar a expansão da praga, a declaração de impureza é imediata:

> *wərāʾāw hakkōhēn wəhinneh pāśeṯāh haṣārāʿat bāʿōr wəṭimēʾō hakkōhēn ṣārāʿat hîʾ*

"E o sacerdote verá, e eis que a *ṣārāʿat* se espalhou na pele; então o sacerdote o declarará impuro, pois é *ṣārāʿat*" (Lv 13,8).

Os versículos seguintes apresentam diferentes tipos de erupções e lesões cutâneas que podem ser avaliadas como *ṣārāʿat*, cada uma com seus próprios critérios diagnósticos. Entre elas, está a úlcera que cicatriza e depois reaparece:

*wəśāʾînōw bāśār kî-yihyê bô məḥyaṯ śārōwḥet wəhāyâ bimqōm haśārōwḥet śəʾēṯ ləḇānâ ʾō-baḥereṯ ləḇānâ ʾăḏmummâ wənirʾāh ʾel-hakkōhēn*
"E se a pele da carne tiver um inchaço branco ou uma mancha brilhante, de tonalidade branca avermelhada, no local da cicatriz, será mostrado ao sacerdote" (Lv 13,10).

Se a praga parecer profunda e houver mudança de cor nos pelos da região afetada, o sacerdote declara a impureza. Caso contrário, a pessoa entra em quarentena e é reavaliada após sete dias (Lv 13,11-17). Isso demonstra um equilíbrio entre rigor e prudência: a impureza não pode ser negligenciada, mas também não pode ser declarada precipitadamente. A partir do versículo 18, o texto aborda *ṣārāʿat* que surge após uma queimadura:

*ûḇāśār kî-yihyê bəʿōrô məḵaṯ-ʾēš wəhāyəṯāh məḥyaṯ haməkkaʿ bəʾēṯ ʾăḏummâ ʾō-baḥereṯ ləḇānâ*
"E se a carne da pele tiver uma queimadura de fogo e a área queimada se tornar uma mancha brilhante, branca avermelhada ou branca" (Lv 13,24).

As queimaduras alteram a estrutura da pele, tornando-a mais suscetível a infecções. O sacerdote avalia se a mancha é um simples efeito da cicatrização ou se se trata de impureza. Aqui, mais uma vez, a função sacerdotal vai além da mediação no culto – ela inclui discernimento cuidadoso para preservar a pureza da comunidade.

Nos versículos 29 a 37, a legislação passa a lidar com infecções no couro cabeludo e na barba, descritas como *netheq* (possivelmente infecções fúngicas). Se houver perda de cabelo acompanhada de descoloração, o sacerdote deve proceder com isolamento e exames cuidadosos. Os versículos 40 a 44 tratam da calvície, uma condição natural que não torna a pessoa impura, a menos que esteja acompanhada de sinais claros de *ṣārāʿat*:

> *wəʾîš kî-yimmāraṭ rōʾšô qāraḥ hûʾ ṭāhôr hûʾ*
> "E se um homem perder o cabelo da cabeça, ele é calvo, mas é puro" (Lv 13,40).

Porém, se na área calva houver uma mancha avermelhada e afundada na pele, a impureza é confirmada:

> *wəʾîš kî-yimmāraṭ rōʾšô ʾaḥarê pānāyw gibbēaḥ hûʾ ṭāhôr hûʾ*
> "E se perder o cabelo na parte frontal da cabeça, ele é calvo na testa, mas é puro" (Lv 13,41).

Essas regulamentações garantem que apenas condições patológicas sejam consideradas impuras, evitando discriminação contra quem sofre de calvície natural. O próximo bloco (Lv 13,45-59) apresenta as consequências para aqueles declarados impuros e a impureza de tecidos e objetos. Assim, a impureza não é apenas uma condição física, mas também afeta a interação social e o ambiente da comunidade. O texto agora se desloca das regras de diagnóstico para as implicações sociais e rituais da impureza. O versículo 45 estabelece comportamentos específicos para aqueles diagnosticados com *ṣārāʿat*, indicando sua exclusão da comunidade e do culto:

> *wəhaṣārûaʿ ʾăšer-bô hannegaʿ bəḡāḏāyw yihyû pərûmîm wərōʾšô yihyê parûaʿ wəʿal-śāphām yʕattêh wəṭāmēʾ ṭāmēʾ yiqrāʾ*
> "E o que estiver com a praga de *ṣārāʿat* terá suas roupas rasgadas, sua cabeça descoberta, cobrirá o lábio superior e clamará: 'Impuro! Impuro!'" (Lv 13,45)

Essas ações – rasgar as vestes, deixar a cabeça descoberta e cobrir o rosto parcialmente – são gestos de luto e humilhação, semelhantes às práticas de lamentação no antigo Israel. O grito de *ṭāmēʾ ṭāmēʾ* (Impuro! Impuro!) serve tanto como aviso à comunidade quanto como um reconhecimento público da condição. Isso reforça que a impureza ritual não é apenas um estado pessoal, mas algo que impacta toda a coletividade. A exclusão social é formalizada no versículo seguinte:

> *kōl yəmê ʾăšer-hannegaʿ bô yitmaʾ ṭāmēʾ hûʾ bāḏāḏ yēšēḇ mîḥûṣ lam-maḥăneh môšāḇô*
> "Todos os dias em que a praga estiver sobre ele, será impuro; está impuro. Habitará sozinho; fora do acampamento será sua morada" (Lv 13,46).

Esse isolamento evita que a impureza contamine outros membros da comunidade e reforça a necessidade de reintegração apenas após a purificação adequada. A legislação aqui ecoa a teologia da presença divina no meio do povo: nada impuro pode permanecer onde YHWH habita. A partir do versículo 47, o texto introduz um novo tema: a *ṣārāʿat* em objetos, especialmente roupas e tecidos:

> *wəhabbeged kî-yihyê bô negaʿ ṣārāʿat bəḇeged-ṣemer ʾô bəḇeged-pīštîm*
> "E se houver uma praga de *ṣārāʿat* em uma veste de lã ou em uma veste de linho" (Lv 13,47).

Aqui, a impureza ritual se expande para o mundo material. A menção a lã e linho sugere que as leis se aplicam a tecidos comuns no vestuário israelita. A mancha pode aparecer como uma descoloração esverdeada ou avermelhada (Lv 13,49), e, assim como ocorre com as afecções na pele, o tecido é isolado por sete dias para observação (Lv 13,50). Se após esse período a praga se espalhar, a peça de roupa é declarada impura e deve ser destruída:

> *wəśārap̄ ʾeṯ-habbeged ʾô ʾeṯ-haʿôr ʾô ʾeṯ-hášetî ʾô ʾeṯ-háʿereb*
> "E queimará a veste, ou o couro, ou a urdidura, ou a trama" (Lv 13,52).

Essa destruição total reflete a necessidade de erradicar qualquer contaminação potencial, um princípio que reaparece em Levítico 14 com o tratamento de casas atingidas por *ṣārāʿat*. Se a mancha não se espalhar após o período de isolamento, o tecido pode ser lavado e reavaliado. Se a praga desaparecer, a peça é declarada pura (Lv 13,58). No entanto, se a praga reaparecer, a roupa deve ser completamente destruída (Lv 13,57). O capítulo encerra com um resumo da legislação:

> *zōʾṯ haṭṭôrāh ləḵāl-naggaʿ haṣārāʿat wəlanneṯeḳ*
> "Esta é a lei para toda praga de *ṣārāʿat* e para a infecção fúngica" (Lv 13,59).

Essa conclusão reforça que as leis de pureza ritual não são arbitrárias, mas parte de um sistema ordenado que visa preservar a santidade da comunidade e do culto. A impureza, seja no corpo ou nos objetos, deve ser identificada, isolada e, se necessário, eliminada completamente.

Dessa forma, Levítico 13 estabelece que a pureza ritual não se limita ao indivíduo, mas se estende ao meio social e material. A abordagem minuciosa revela uma teologia em que a santidade de Deus demanda atenção cuidadosa aos detalhes da vida cotidiana, separando aquilo que é puro daquilo que ameaça a ordem sagrada.

## Capítulo 14

Levítico 14 continua a discussão sobre *ṣārāʿat*, mas desloca o foco da impureza para o processo de purificação, enfatizando que a separação ritual não precisa ser permanente. O texto apresenta um ritual elaborado que não apenas reintegra o indivíduo à comunidade, mas também simboliza um retorno à ordem cósmica estabelecida por YHWH. Aqui, a pureza é mais do que um estado físico ou higiênico – é um princípio teológico que governa a relação entre Deus, Israel e o espaço sagrado. A introdução repete a fórmula revelacional típica:

> *wayədabbēr YHWH ʾel-Mōšeh lēʾmōr*
> "E YHWH falou a Moisés, dizendo" (Lv 14,1).

Essa abertura enfatiza a origem divina da legislação e reforça a mediação mosaica na comunicação da santidade de Deus ao povo. Note-se que, diferentemente de Levítico 13, Arão não é mencionado diretamente na introdução. A razão pode estar no fato de que o diagnóstico de *ṣārāʿat* (Lv 13) exigia a autoridade sacerdotal imediata, enquanto a purificação (Lv 14) envolve um processo mais complexo de reintegração e renovação, que primeiro precisa ser autorizado por Moisés, o legislador supremo. A passagem então apresenta a estrutura geral do ritual:

> *zōʾṯ ṯihyê ṯōraṯ hămǝṣōrāʿ bǝyôm ṯahărātô wǝhûḇāʾ ʾel-hakkōhēn*
> "Esta será a lei do leproso no dia de sua purificação: será levado ao sacerdote" (Lv 14,2).

A escolha do termo *bǝyôm ṯahărātô* (no dia da sua purificação) sugere que a reintegração é um evento pontual, mas dentro de um processo mais amplo. O fato de que o sacerdote precisa sair do acampamento para examinar o indivíduo (Lv 14,3) mostra que a impureza ainda é considerada perigosa até que haja uma verificação formal de cura. Se a condição do indivíduo tiver se resolvido, inicia-se um ritual altamente simbólico, envolvendo dois pássaros vivos, madeira de cedro, lã escarlate e hissopo:

> *wǝṣiwâ hakkōhēn wǝlāqaḥ lămmiṭṭahēr šǝtê-ṣippǝrîm ḥayyōṯ ṭǝhōrōṯ wǝʿēṣ-ʾerez wǝšǝnî ṭōlaʿaṯ wǝʾēzōḇ*
> "E o sacerdote ordenará que se tomem para aquele que será purificado dois pássaros vivos e puros, madeira de cedro, lã escarlate e hissopo" (Lv 14,4).

Cada um desses elementos possui um significado ritual profundo:

- Os pássaros representam a transição da impureza para a pureza e a restauração da vida.
- A madeira de cedro sugere durabilidade e proteção, possivelmente evocando o templo e a presença divina.
- A lã escarlate simboliza o sangue e o ciclo de renovação.

- O hissopo, frequentemente associado à purificação (Êx 12,22; Sl 51,7), representa um meio pelo qual a santidade é aplicada.

O primeiro pássaro é imolado sobre um vaso de barro contendo água viva:

> *wəšāḥaṭ ʾeṯ-hăṣippōr hăʾeḥāṯ ʾel-kĕlî-ḥeres ʿal-mayim-ḥayyîm*
> "E imolará um dos pássaros sobre um vaso de barro com água viva" (Lv 14,5).

Aqui, *mayim-ḥayyîm* (água viva) não se refere simplesmente a água potável, mas a água corrente, que simboliza a renovação perpétua. A ideia de usar um vaso de barro reflete a natureza transitória do recipiente, sugerindo que a impureza absorvida por ele não pode ser reciclada - por isso, ele deveria ser quebrado posteriormente. O pássaro vivo é então mergulhado no sangue do pássaro imolado, juntamente com os outros elementos rituais:

> *wəlāqaḥ ʾeṯ-hăṣippōr hăḥayyâ wəʾeṯ-ʿēṣ-hāʾerez wəʾeṯ-šənî-haṭōlaʿaṯ wəʾeṯ-hāʾēzōḇ wəṭāḇal ʾōṯām bəḏam-hăṣippōr hašəḥuṭâ ʿal-hammayim hăḥayyîm*
> "E tomará o pássaro vivo, a madeira de cedro, a lã escarlate e o hissopo, e os mergulhará no sangue do pássaro imolado sobre a água viva" (Lv 14,6).

Esse ato litúrgico unifica a vida e a morte dentro do mesmo processo de purificação. O sangue, símbolo da expiação e purificação em Levítico, é transferido para o pássaro vivo, que será solto, levando consigo a impureza removida. Após esse ritual inicial, o sangue misturado com água é aspergido sobre o indivíduo sete vezes:

> *wəhizzâ ʿal-hammittaher min-haṣṣāraʿat šebaʿ pəʿāmîm wəṭihrô*
> "E aspergirá aquele que será purificado da lepra sete vezes e o declarará puro" (Lv 14,7).

O número sete, frequentemente associado à completude e perfeição no pensamento bíblico, sugere a totalidade do processo de purificação. A menção explícita de que o sacerdote o declarará puro mostra que a impureza não é simplesmente uma questão biológica ou médica, mas envolve um reconhecimento formal dentro da comunidade de fé. A última fase do ritual envolve a libertação do pássaro sobrevivente:

> *wəšillaḥ ʾeṯ-hăṣippōr hăḥayyâ ʿal-pənê haśśāḏeh*
> "E soltará o pássaro vivo no campo aberto" (Lv 14,7).

Esse ato final sela a purificação, externalizando visualmente o conceito de que a impureza foi afastada para fora da comunidade. Esse princípio será retomado no *Yôm Kippûr* em Levítico 16, onde um bode é enviado ao deserto carregando as iniquidades de Israel. Aqui, no entanto, o pássaro não simboliza expiação pelo pecado, mas a remoção da impureza ritual.

Após o ritual inicial envolvendo os pássaros e a aspersão do sangue, o indivíduo que foi purificado da *ṣārāʿat* ainda não é imediatamente reintegrado à comunidade. O processo de purificação continua por meio de um período de transição, que inclui banhos rituais, mudança de vestes e a contagem de sete dias antes da reintegração completa. Esse prolongamento da purificação reflete a seriedade da impureza e o cuidado com que a santidade deve ser restaurada. A primeira exigência pós-ritual é que o indivíduo lave suas roupas, raspe todo o cabelo e tome banho em água pura:

> *wəḵibbes hammiṭṭahēr ʾet-bəḡāḏāyw wəgillaḥ ʾet-kāl-śaʿārô wərāḥaṣ bam-mayim wəṭāhēr*
> "E aquele que será purificado lavará suas vestes, rapará todo o cabelo e se banhará em água, e será puro" (Lv 14,8).

Essas ações simbolizam uma transformação completa. A remoção total dos pelos pode indicar uma renovação, um reinício, semelhante aos ritos de consagração dos levitas em Números 8,7. A lavagem das roupas e do corpo reforça a separação entre a antiga condição de impureza e a nova posição dentro da comunidade.

No entanto, apesar dessa purificação inicial, a pessoa não pode entrar imediatamente no acampamento:

> *wəʾaḥar yāḇōʾ ʾel-hammaḥăneh wəyāšab mîḥûṣ ləʾahălô šibʿaṯ yāmîm*
> "E depois entrará no acampamento, mas permanecerá fora de sua tenda por sete dias" (Lv 14,8).

Essa restrição indica que, embora a impureza tenha sido removida, a plena reintegração à vida cotidiana ainda requer um período de transição. O número sete, frequentemente associado à completude, sugere que esse período simboliza a restauração gradual da pessoa à vida em comunidade. No sétimo dia, a pessoa deve repetir parte do processo:

> *wəhāyâ bayyôm haššəḇîʿî yəgallaḥ ʾet-kāl-śaʿārô ʾet-rōʾšô wəʾet-zəqanô wəʾet-gabōṯ ʿênāyw wəʾet-kāl-śaʿārô yəgallaḥ wəḵibbes bəḡāḏāyw wərāḥaṣ ʾet-bəśārô bammayim wəṭāhēr*
> "E será no sétimo dia: rapará todo o seu cabelo, sua cabeça, sua barba, suas sobrancelhas e todo o seu cabelo rapará; lavará suas vestes e banhará sua carne em água, e será puro" (Lv 14,9).

Aqui, a repetição do barbear e do banho sugere que a purificação deve ser completa e minuciosa, assegurando que nenhuma impureza residual permaneça. O detalhe de raspar sobrancelhas e barba reforça que essa não é apenas uma limpeza superficial, mas um ritual que transforma a aparência da pessoa, destacando a renovação total que ocorreu. No oitavo dia, finalmente, a pessoa pode trazer suas ofertas ao santuário, marcando o ápice de sua reintegração:

> *ûḇayyôm haššəmînî yiqqaḥ šənê-kəḇāśîm təmîmîm ûḵəḇeśā ʾeḥāṯ baṯ-šənāṯâ təmîmâ ûšəlōšâ ʿiśśārōnê sōleṯ minḥâ bəlûlâ baššemen wəlōg šāmen*
> "E no oitavo dia tomará dois cordeiros sem defeito e uma cordeira de um ano sem defeito, três décimos de um efa de

> flor de farinha para oferta de cereais misturada com azeite, e um logue de azeite" (Lv 14,10).

O oitavo dia tem uma importância simbólica crucial. Representa um novo começo, um retorno pleno ao culto e à vida comunitária. A oferta inclui três tipos de sacrifícios:

- Dois cordeiros para o sacrifício de reparação (*ʾāšām*), que restabelece a relação da pessoa com Deus.
- Uma cordeira para o sacrifício pelo pecado (*ḥaṭṭāʾṯ*), que remove qualquer impureza residual.
- Uma oferta de cereal (*minḥâ*), representando consagração e gratidão.

O uso de azeite reforça a ideia de renovação e santidade, já que o óleo é frequentemente associado à unção e separação para Deus. O sacerdote apresenta as ofertas perante YHWH e executa o sacrifício pelo pecado primeiro, seguido do holocausto e da oferta de cereais:

> *wəhiqrîḇ hakkōhēn ʾeṯ-hāʾeḥāḏ wəhiṣîʾ ʾōṯô ləʾāšām ʿim-lōg haššāmen wəhēnîp̄ ʾōṯām tənûp̄â ləp̄nê YHWH*
> "E o sacerdote tomará um dos cordeiros e o apresentará como oferta de reparação, junto com o logue de azeite, e os moverá como oferta movida diante de YHWH" (Lv 14,12).

Essa *tənûp̄â* (oferta movida) reforça que a restauração do indivíduo ao culto não ocorre sem uma dedicação visível a Deus. A pessoa é simbolicamente reconduzida ao seu lugar dentro da aliança. Para aqueles que não podem arcar com as ofertas exigidas no ritual de purificação, a Torá fornece uma alternativa acessível, garantindo que ninguém seja excluído do processo de reintegração à comunidade devido à sua condição econômica. Esse princípio de inclusão reflete um compromisso com a justiça dentro do sistema sacrificial, permitindo que ricos e pobres tenham acesso à mesma purificação. A Torá especifica essa provisão da seguinte forma:

> *wəʾim-ḏāl hûʾ wəʾên yāḏô maśśeget wəlāqaḥ kəḇeś ʾeḥāḏ*

> *ʾāšām lətənûp̄â ləkap̄ēr ʿālāyw wəʿiśśārōn sōleṯ ʾaḥāḏ bəlûl baššemen ləminḥâ wəlōg šāmen*
> "E se for pobre, e sua mão não alcançar, tomará um cordeiro como oferta de reparação para ser movido, a fim de fazer expiação por ele, e um décimo de efa de flor de farinha misturada com azeite para oferta de cereal, e um logue de azeite." (Lv 14,21).

Aqui, o ofertante pode trazer apenas um cordeiro, em vez de dois, e sua oferta de cereal é reduzida a um décimo de efa. A Torá reconhece que, embora o sacrifício seja um aspecto fundamental da purificação, ele não pode ser um fardo impossível para os mais necessitados. O versículo 22 permite que a pessoa substitua as outras ofertas animais por pássaros, que são significativamente mais baratos:

> *ûštê tôrîm ʾō šənê bənê-yônâ ʾăšer-taśśîg yāḏô wəhāyâ ʾeḥāḏ ləḥaṭṭāʾṯ wəʾeḥāḏ ləʿōlâ*
> "E duas rolas ou dois pombos, conforme alcançar sua mão; um será para oferta pelo pecado e o outro para holocausto" (Lv 14,22).

Esse sistema de equivalências mostra que o essencial não é a quantidade ou o valor da oferta, mas a disposição do ofertante em obedecer aos mandamentos de YHWH. A Torá não faz distinção entre a purificação do rico e a do pobre – ambos são restaurados à comunhão da mesma maneira. O sacerdote então executa o ritual da mesma forma que no caso do ofertante comum, aplicando o sangue do sacrifício de reparação nos pontos específicos do corpo do purificado:

> *wənātan hakkōhēn min-dam hāʾāšām ʿal-tənûḵ ʾōzen hammiṭṭahēr hayyəmānît wəʿal-bəhōn yāḏô hayyəmānît wəʿal-bəhōn raglô hayyəmānît*
> "E o sacerdote tomará do sangue da oferta de reparação e o colocará sobre a ponta da orelha direita daquele que será purificado, sobre o polegar de sua mão direita e sobre o polegar de seu pé direito" (Lv 14,25).

O uso do sangue nos três pontos-chave do corpo simboliza uma dedicação completa do indivíduo restaurado: ele deve ouvir a palavra de Deus (orelha), agir com retidão (mão) e andar em santidade (pé). Essa ação sugere que a purificação não é apenas um retorno à normalidade, mas um chamado a uma vida de maior compromisso com a aliança. Após concluir as ofertas, o sacerdote declara a pessoa pura:

> *wəkipper ʿālāyw hakkōhēn wəṭāhēr*
> "E o sacerdote fará expiação por ele, e ele será puro" (Lv 14,31).

Esse pronunciamento é fundamental: não é a cura física, mas o ato sacerdotal que sela a restauração do indivíduo à comunidade e ao culto. A segunda parte do capítulo trata da *ṣārāʿat* em casas, ampliando a concepção de impureza para o ambiente físico. Se alguém notar uma praga surgindo nas paredes de sua casa, deve informar ao sacerdote, que inspecionará a estrutura para determinar se há contaminação:

> *ûḇāʾ ʾăšer-lô habbayiṯ wəhiggîḏ la-kōhēn lēʾmōr kənegaʿ nirʾâ lî babbayiṯ*
> "E aquele a quem pertencer a casa virá e dirá ao sacerdote: 'Parece-me que há uma praga na casa'" (Lv 14,35).

Antes de examinar a casa, o sacerdote ordena que tudo seja retirado dela, para que os objetos não sejam declarados impuros, demonstrando um princípio de precaução:

> *wəṣiwâ hakkōhēn ûpinnû ʾet-habbayîṯ bəṭerem yāḇōʾ hakkōhēn lirʾōṯ ʾet-hannegaʿ wəlōʾ yitmaʾ kāl-ʾăšer babbayiṯ wəʾaḥarē-ḵēn yāḇōʾ hakkōhēn lirʾōṯ ʾet-habbayîṯ*
> "E o sacerdote ordenará que esvaziem a casa antes que ele vá examinar a praga, para que tudo o que está na casa não se torne impuro; depois disso, o sacerdote entrará para ver a casa" (Lv 14,36).

Se a praga for confirmada, o sacerdote pode ordenar a remoção das pedras afetadas e até mesmo a destruição completa da casa, caso a contaminação persista:

> *wəʾim-šāḇ yāšûḇ hannegaʿ ûpāraḥ babbayîṯ ʾaḥar hiktōṣ ʾeṯ-hāʾăḇānîm wəʾaḥar hiṭṭîaḥ ʾeṯ-habbayîṯ wəʾaḥar hikḥāṣ ʾet-hāʿāpār*
> "Se a praga voltar a se espalhar na casa depois que as pedras foram removidas, depois que a casa foi raspada e depois que o reboco foi retirado" (Lv 14,43).

O impacto da *ṣārāʿat* sobre a casa reflete a noção de que a impureza não é apenas uma condição individual, mas pode afetar todo o ambiente de uma pessoa. Isso sugere uma visão teológica na qual o pecado ou a corrupção ritual podem se manifestar não apenas no corpo, mas também no espaço físico habitado. Por fim, a purificação de uma casa segue um rito semelhante ao do indivíduo, com o uso de pássaros, cedro, lã escarlate e hissopo, enfatizando que a santidade deve ser restaurada em todos os aspectos da vida.

Levítico 14, portanto, não apenas fornece regulamentos para a purificação, mas também transmite um conceito teológico profundo: a impureza pode ser removida, a reintegração à comunidade é possível e Deus provê meios para que seu povo seja restaurado à plenitude da vida dentro da aliança.

## Capítulo 15

Levítico 15 expande as leis de pureza ritual ao abordar fluxos corporais, tanto masculinos quanto femininos, e suas implicações para a santidade comunitária. Esse capítulo conclui a seção sobre impurezas físicas iniciada em Levítico 12 e reforça o princípio de que a presença divina no meio de Israel exige uma separação rigorosa entre o puro e o impuro. Diferente de Levítico 13 e 14, que tratam de condições visíveis como *ṣārāʿat*, Levítico 15 lida com impurezas menos evidentes, mas igualmente significativas para o culto e a vida cotidiana. O capítulo inicia-se com a ordem divina a Moisés e Arão:

> *wayədabbēr YHWH ʾel-Mōšeh wəʾel-ʾAhărōn lēʾmōr*
> "E YHWH falou a Moisés e a Arão, dizendo:" (Lv 15,1)

A presença de Arão na revelação destaca o papel sacerdotal na distinção entre puro e impuro, reforçando que essas leis não são apenas higiênicas ou culturais, mas fundamentais para a manutenção da santidade do santuário. A ênfase na mediação sacerdotal garante que as normas da pureza não sejam subjetivas, mas reguladas por aqueles que foram designados para preservar a santidade da comunidade diante de YHWH. Os primeiros versículos tratam de fluxos anormais no homem:

> *ʾîš ʾăšer-yihyê zôḇ mibbəśārô zôḇô ṭāmēʾ hûʾ*
> "Se um homem tiver fluxo de seu corpo, seu fluxo é impuro" (Lv 15,2).

A palavra *zôḇ* refere-se a uma secreção contínua, possivelmente uma infecção venérea, uma condição patológica crônica ou um tipo de gonorreia, conforme alguns estudiosos propõem. Esse fluxo anormal contrasta com emissões regulares do corpo masculino e é imediatamente classificado como fonte de impureza. O versículo seguinte descreve que qualquer objeto tocado por essa pessoa torna-se impuro:

> *wəḵāl-hammitta ʾăšer-yîškaḇ ʿālāyhā hattāmêʾ yitmāʾ*
> "E toda cama sobre a qual se deitar o impuro será impura" (Lv 15,4)

Essa impureza é transmissível por contato, afetando tanto pessoas quanto objetos. Diferente da *ṣārāʿat*, que exige o afastamento do acampamento, aqui a impureza não é permanente, mas transitória, podendo ser removida por meio de ritos de purificação. O texto enfatiza que a impureza ritual não é apenas um estado individual, mas algo que pode ser propagado através do contato físico e da interação cotidiana. O versículo 5 reforça esse princípio ao incluir qualquer um que toque a cama da pessoa impura:

> *wəʾîš ʾăšer-yiggâḇ bəmiškāḇô yəḵabbēs bəḡāḏāyw*
> *wərāḥaṣ bam-māyim wəṭāmēʾ ʿaḏ-hāʿāreḇ*
> "E qualquer um que tocar sua cama lavará suas roupas, banhar-se-á em água e será impuro até a tarde" (Lv 15,5)

Esse padrão se repete nos versículos seguintes, estendendo a impureza a objetos e situações diversas: cadeiras em que o impuro senta-se (Lv 15,6), pessoas que tocam a pele do impuro (Lv 15,7), aqueles que forem aspergidos pelo fluxo do impuro (Lv 15,8) e objetos como recipientes de barro tocados pelo impuro (Lv 15,12). A menção específica a recipientes de barro no versículo 12 enfatiza que certos objetos, uma vez contaminados, devem ser destruídos:

> *wəḵāl-kîlî-ḥeres ʼăšer-yiggâḇ bô hannōgēaʻ yīšāḇēr wəḵāl-kîlî-ʻēṣ yəšāṭēp bam-māyim*
> "E qualquer vaso de barro em que tocar a pessoa impura será quebrado; e todo utensílio de madeira será lavado com água" (Lv 15,12).

O contraste entre recipientes de barro e madeira pode indicar a permeabilidade do primeiro, tornando-o mais suscetível à retenção da impureza. Essa distinção também é observada em Levítico 11, onde vasos de barro contaminados devem ser quebrados, enquanto utensílios de madeira podem ser purificados com água. O princípio subjacente é que certos objetos são permanentemente comprometidos pela impureza, enquanto outros podem ser restaurados. O período de impureza se estende até a cessação do fluxo. O homem deve então contar sete dias para sua purificação, lavar suas roupas e tomar banho em água corrente:

> *wəkî-yiṭṭahar hazzāḇ mizôḇô wəsāpar-lô šibʻaṯ yāmîm ləṭahărātô wəḵibas bəgāḏāyw wəraḥaṣ bəśārô bam-mayim ḥayyîm wəṭāhēr*
> "E quando o que tem fluxo se purificar de seu fluxo, contará para si sete dias para sua purificação, lavará suas roupas e banhará seu corpo em água viva, e será puro". (Lv 15,13)

A água corrente (*mayim ḥayyîm*) simboliza renovação e purificação completa. O período de sete dias para a restauração da pureza é um padrão recorrente no sistema ritual levítico, indicando um ciclo de separação antes da reintegração plena.

No oitavo dia, o purificado deve trazer dois pombos ou rolas ao sacerdote, que oferecerá um como oferta pelo pecado e outro como holocausto:

> *wəhēḇî' 'ōṯām 'el-hakkōhēn 'el-petaḥ 'ōhel mô'ēd wə'āśâ 'ōṯām hakkōhēn 'eḥāḏ ḥaṭṭā'ṯ wə'eḥāḏ 'ōlâ wəkipper 'ālāyw hakkōhēn ləp̄nê YHWH mizôḇô*
> "E trará ao sacerdote à entrada da Tenda do Encontro, e o sacerdote os oferecerá, um como oferta pelo pecado e outro como holocausto, e o sacerdote fará expiação por ele perante YHWH, por seu fluxo". (Lv 15,14-15)

A necessidade de expiação indica que a impureza não é apenas física, mas também afeta a relação com Deus. O holocausto (*'ōlâ*) representa a dedicação renovada ao serviço divino, enquanto a oferta pelo pecado (*ḥaṭṭā'ṯ*) restaura a condição ritual do indivíduo, enfatizando que a impureza não é moral, mas deve ser tratada dentro do sistema cultual israelita. Os versículos 16 a 18 tratam da emissão seminal, que também causa impureza ritual, mas de forma temporária:

> *wə'îš kî-tēṣē' mimmennû šikḇaṯ-zera' wərāḥaṣ bammāyim 'et-kāl-bəśārô wəṭāmē' 'aḏ-hā'āreḇ*
> "E quando um homem tiver emissão seminal, banhará todo o seu corpo em água e será impuro até a tarde" (Lv 15,16).

Diferente do *zôḇ*, que requer um período de purificação prolongado, a impureza da emissão seminal é resolvida no mesmo dia. Essa distinção enfatiza que diferentes formas de impureza exigem diferentes níveis de purificação. O contato sexual, mencionado no versículo 18, também resulta em impureza temporária tanto para o homem quanto para a mulher, destacando a conexão entre relações corporais e a santidade do espaço cultual. A partir do versículo 19, o foco se desloca para a impureza feminina. A menstruação é regulamentada como um período de impureza de sete dias:

> *wə'îšâ kî-tihyê zōḇâ ḏām bəśārâ šiḇ'aṯ yāmîm tihyê bəniddātâ wəḵāl-hannōḡē' bāh yittmā' 'aḏ-hā'āreḇ*

> “E quando uma mulher tiver fluxo de sangue de seu corpo, estará sete dias em sua menstruação, e todo aquele que a tocar será impuro até a tarde”. (Lv 15,19)

Assim como no caso do *zôḇ* masculino, qualquer objeto tocado pela mulher menstruada torna-se impuro. O termo *niddâ*, usado aqui, será mais desenvolvido em outras passagens (Lv 18,19; Ez 18,6), e refere-se à separação temporária da mulher durante esse período. A impureza menstrual não implica culpa ou pecado, mas reforça a distinção entre tempos de pureza e tempos de afastamento da esfera sagrada. Essa impureza estende-se para objetos e interações cotidianas, como descrito no versículo 20:

> *wəḵāl-ʾašer tiškab ʿālāyw bəniddātâ yitmaʾ wəḵāl-ʾašer tēšēḇ ʿālāyw yitmaʾ*
> “E tudo sobre o que ela se deitar durante sua menstruação será impuro, e tudo sobre o que se assentar será impuro” (Lv 15,20)

A impureza menstrual é transmissível por contato, e os versículos seguintes reforçam que aqueles que tocarem esses objetos também devem purificar-se (Lv 15,21-22). O versículo 24 menciona o caso específico de um homem que tiver relações sexuais com uma mulher menstruada:

> *wəʾim-yiškab ʾîš ʾiṯṭâ wətihyê niddātâ ʿālāyw wəṭāmēʾ šibʿaṯ yāmîm wəkāl-hammiškāḇ ʾăšer-yiškab ʿālāyw yitmaʾ*
> “E se um homem se deitar com ela, e sua menstruação vier sobre ele, será impuro por sete dias, e toda cama sobre a qual se deitar será impura” (Lv 15,24)

Esse versículo levanta questões interpretativas. Algumas tradições rabínicas proíbem estritamente o contato sexual durante a menstruação (Lv 18,19), enquanto outras sugerem que esse versículo apenas descreve as consequências rituais do ato, sem necessariamente proibi-lo explicitamente.

O fluxo anormal de sangue em uma mulher, fora do ciclo menstrual regular, é tratado de maneira distinta, mas segue o mesmo princípio da impureza do *zôḇ* masculino: a impureza dura enquanto durar o fluxo.

> *wəʾîšâ kî-yāzûḇ zōḇ ḏāmâ yāmîm rabîm bəlōʾ ʿēt-niddātâ ʾō kî-tāzûḇ ʿal-niddātâ ṯāmēʾâ hîʾ kəniddātâ ṯihyê*
> "E se uma mulher tiver fluxo de sangue por muitos dias, fora do tempo da sua menstruação, ou se tiver fluxo além do seu período normal, todos os dias do seu fluxo será impura como nos dias da sua menstruação". (Lv 15,25)

O texto diferencia entre o ciclo menstrual esperado (*niddâ*) e uma perda anormal de sangue. Essa distinção reforça a ideia de que o sistema levítico reconhece diferentes graus de impureza e responde a cada um deles com uma abordagem apropriada. A impureza prolongada da mulher a impede de participar do culto e da vida social normal, indicando que essa condição não é apenas fisiológica, mas impacta a santidade da comunidade. Quando o fluxo cessa, a mulher deve contar sete dias antes de iniciar o processo de purificação, assim como no caso do *zôḇ* masculino:

> *wəʾim-tāhăr mizôḇâ wəsāprâ-lâ šibʿaṯ yāmîm wəʾaḥar tiṭṭāhēr*
> "E quando ela se purificar do seu fluxo, contará para si sete dias, e depois será pura" (Lv 15,28).

Esse período de espera reflete um padrão recorrente no sistema levítico, onde a purificação não ocorre imediatamente após o fim da impureza, mas requer um tempo de transição. Esse intervalo reforça a seriedade da impureza e a necessidade de um distanciamento antes da reintegração ao culto e à sociedade. No oitavo dia, a mulher traz uma oferta ao sacerdote:

> *wəhēbîʾâ ʾōṯām ʾel-hakkōhēn ʾel-petaḥ ʾōhel môʿēd*
> "E trará ao sacerdote à entrada da Tenda do Encontro" (Lv 15,29).

A oferta consiste em dois pombos ou rolas, como no caso do homem que se purifica de seu *zôḇ*. O sacerdote realiza o ritual de expiação e restaura a pureza da mulher:

> *wəʿāśâ hakkōhēn ʾeḥāḏ ləḥaṭṭāʾṯ wəʾeḥāḏ ləʿōlâ wəkipper ʿālāyhâ hakkōhēn ləp̄nê YHWH mizôḇ ṭumʾātâ*
> "E o sacerdote oferecerá um como oferta pelo pecado e outro como holocausto, e o sacerdote fará expiação por ela perante YHWH, por sua impureza causada pelo fluxo" (Lv 15,30).

A necessidade de um *ḥaṭṭāʾṯ* (oferta pelo pecado) indica que a impureza não é apenas uma realidade física, mas tem implicações para a relação da pessoa com o sagrado. Assim como nas demais impurezas tratadas no capítulo, a expiação simboliza a restauração da mulher à comunidade e ao culto. O capítulo conclui reafirmando o propósito dessas leis e a importância da separação entre puro e impuro para proteger a santidade do santuário:

> *wəhiẓartem ʾet-bənê yiśrāʾēl mitumʾātām wəlōʾ yāmûtû bəṭumʾātām bəṭamʾām ʾeṯ-miškanî ʾăšer bəṯôḵām*
> "E separareis os filhos de Israel das suas impurezas, para que não morram em sua impureza, contaminando o Meu tabernáculo, que está no meio deles" (Lv 15,31).

A impureza não é uma questão meramente individual, mas tem consequências coletivas. A presença de YHWH no santuário exige que a comunidade preserve a santidade do espaço sagrado, evitando que impurezas rituais se tornem uma ameaça à relação entre Deus e Israel.

Os versículos finais reiteram que essas regras aplicam-se a todas as categorias mencionadas no capítulo:

> *zōʾṯ haṯṓrāh lăzāḇ wəlaʾăšer tēṣēʾ mimmennû šikḇaṯ-zeraʿ*
> "Esta é a lei para aquele que tem fluxo e para aquele de quem sai emissão seminal" (Lv 15,32).

> *wəhallaḥâ ḇaniddāṯ ṯum'ātâ wəlaḵāl-zôḇô*
> "E para a mulher em seu período de impureza e para aquele que tem fluxo" (Lv 15,33).

Levítico 15 estabelece um sistema minucioso para lidar com impurezas corporais, não como um conjunto de restrições arbitrárias, mas como parte da teologia da santidade de Israel. Cada ciclo de impureza e purificação reforça que a vida cotidiana da comunidade está inextricavelmente ligada ao culto e à presença divina.

## Capítulo 16

A cerimônia do *Yôm Kippūr* é o clímax do sistema sacrificial de Israel, um dia singular em que a purificação não se limita aos indivíduos, mas se estende ao próprio santuário. O capítulo 16 de Levítico responde à crescente acumulação de impureza e pecado que, ao longo do ano, contaminam a nação e o espaço sagrado. Essa expiação coletiva é necessária para que YHWH continue habitando entre Seu povo sem que Sua santidade seja comprometida. Dois bodes são escolhidos para representar a expiação pelo povo de Israel:

> ûmē'ēṯ 'ăḏaṯ bənê-yiśrā'ēl yiqqaḥ šənê-śə'îrê 'izzîm ləḥaṭṭā'ṯ
> "E da congregação dos filhos de Israel tomará dois bodes para oferta pelo pecado" (Lv 16,5).

Juntamente com os bodes, o sumo sacerdote oferece também um novilho pelo próprio pecado e pela purificação da sua casa, enfatizando que até mesmo aquele que ministra diante de YHWH precisa ser purificado antes de interceder pelo povo. A expiação não é apenas um ato sacerdotal em favor dos outros; ela começa no próprio sacerdote, pois ele mesmo compartilha da condição humana de impureza e pecado. O sumo sacerdote veste-se com roupas especiais, distintas das vestes ornamentadas que normalmente usa. No Yôm Kippūr, ele se apresenta diante de YHWH em humildade, trajando apenas vestes de linho puro:

> kəṯōneṯ-bad qōḏeš yilbāš ûmiḵnəsê-bad yihyû ʿal-bəśārô ûḇəʾāḇnêṭ-bad yāḥəgōr ûḇəmiṣnăp̄eṯ-bad yiṣnōp̄
> "Uma túnica sagrada de linho vestirá, e calções de linho estarão sobre sua carne, e com um cinto de linho cingir-se-á, e com uma mitra de linho se cobrirá" (Lv 16,4).

O rito prossegue com a designação dos bodes. O destino de cada um não é decidido arbitrariamente pelo sacerdote, mas por sortes, revelando que a expiação não está sob controle humano, mas depende exclusivamente da vontade de YHWH:

> wayyittēn ʿal-šənê-hasseʿîrîm gôrālôṯ gôrāl ʾeḥāḏ lăYHWH wəgôrāl ʾeḥāḏ lăʿĂzāʾzēl
> "E lançará sortes sobre os dois bodes: um para YHWH e outro para Azazel" (Lv 16,8).

O primeiro bode, destinado a YHWH, é imolado como oferta pelo pecado, e seu sangue é levado ao Santo dos Santos, onde o sumo sacerdote o asperge diante do propiciatório:

> wəhizzâ ʿal-hakkappōreṯ wələp̄nê hakkappōreṯ šebaʿ peʿāmîm min-haddām
> "E aspergirá sobre o propiciatório e diante do propiciatório sete vezes do sangue" (Lv 16,14).

O sangue do sacrifício purifica o santuário das impurezas acumuladas ao longo do ano. O pecado tem um efeito contaminador que vai além do indivíduo, corrompendo o próprio espaço onde YHWH habita. Por isso, o santuário precisa ser expiado para que a presença divina possa continuar no meio de Israel. Após a purificação do Santo dos Santos, o sumo sacerdote procede com a purificação do altar. O sangue, símbolo da vida, é aspergido sobre ele sete vezes, reafirmando a necessidade de santificação do espaço litúrgico:

> wəhizzâ ʿālāyw min-haddām bəʾeṣbāʿô šebaʿ peʿāmîm wəṭiharô wəqiddašô mittumʾōṯ bənê-yiśrāʾēl

"E aspergirá sobre ele do sangue com seu dedo sete vezes, e o purificará e o santificará das impurezas dos filhos de Israel" (Lv 16,19).

O segundo bode, o "bode emissário", recebe as iniquidades da comunidade por meio da confissão do sumo sacerdote. A imposição das mãos sobre o animal é um gesto carregado de simbolismo, pois representa a transferência dos pecados do povo:

wəsamăḵ ʾAhărōn ʾeṯ-šətê yāḏāyw ʿal-rōʾš haśśāʿîr haḥāyy wəhitwadâ ʿālāyw ʾeṯ-kāl-ʿăwōnōṯ bənê-yiśrāʾēl wəʾeṯ-kāl-pišʿêhem ləḵāl-ḥaṭṭōʾṯām
"E Arão porá ambas as suas mãos sobre a cabeça do bode vivo e confessará sobre ele todas as iniquidades dos filhos de Israel, todas as suas transgressões e todos os seus pecados" (Lv 16,21).

O bode é então enviado ao deserto, simbolizando o afastamento dos pecados para longe da comunidade. O sumo sacerdote retorna ao santuário e realiza um banho ritual, marcando a transição entre a expiação e a retomada das atividades normais:

wəraḥaṣ ʾeṯ-bəśārô bammāyim bəmaqôm qāḏôš wəlāḇăš ʾeṯ-bəğāḏāyw
"E banhará sua carne em água num lugar santo e vestirá suas vestes" (Lv 16,24).

Além disso, os restos dos sacrifícios são levados para fora do acampamento e incinerados, garantindo que a impureza seja totalmente removida do meio do povo:

wəʾēṯ-pār haḥaṭṭāʾṯ wəʾēṯ-śəʿîr haḥaṭṭāʾṯ ʾăšer hûḇāʾ ʾet-dāmām ləkappēr bakkōḏeš yôṣîʾû ʾel-mîḥûṣ lammaḥăneh wəśārəpû ḇāʾēš
"E levarão o novilho da oferta pelo pecado e o bode da oferta pelo pecado, cujo sangue foi levado para fazer expiação

no santuário, para fora do acampamento, e os queimarão no fogo" (Lv 16,27).

Finalmente, o Yôm Kippūr é instituído como um estatuto perpétuo, um dia de humilhação e abstinência, reafirmando que a expiação não é apenas ritualística, mas também exige arrependimento sincero:

*wəhāyəṯâ lāḵem ləḥuqqaṯ ʿôlām baḥōdeš haššəbîʿî bəʿāśōr laḥōḏeš təʿannû ʾeṯ-nafšōṯêḵem wəḵāl-məlāʾḵâ lōʾ-taʿăśû*
"E será para vós um estatuto perpétuo: no sétimo mês, no décimo dia do mês, afligireis vossas almas e não fareis obra alguma" (Lv 16,29).

## Capítulo 17

Levítico 17 inaugura a Lei da Santidade (Lv 17–26), um conjunto de mandamentos que regulamentam a vida cultual e ética de Israel, enfatizando a separação do povo em relação às nações e a sua consagração exclusiva a YHWH. O capítulo se concentra na centralização do sacrifício e na proibição do consumo de sangue, estabelecendo que a vida pertence unicamente a Deus. Dessa forma, o culto não pode ser praticado de maneira independente, e o sangue, veículo da vida, é reservado para a expiação dos pecados. O capítulo se inicia com a fórmula típica da legislação mosaica:

*wayədabbēr YHWH ʾel-Mōšeh lēʾmōr*
"E YHWH falou a Moisés, dizendo" (Lv 17,1).

A primeira ordenança estabelece que todo sacrifício deve ser realizado no Tabernáculo, proibindo qualquer abate fora dos limites sagrados:

*ʾîš ʾîš mibbêt-yiśrāʾēl ʾăšer yišḥaṭ šôr ʾō-kəśeḇ ʾō-ʿēz bammaḥăneh ʾō ʾăšer yišḥāṭ mîḥûṣ lam-maḥăneh*
"Qualquer homem da casa de Israel que abater boi, cordeiro ou cabra dentro ou fora do acampamento" (Lv 17,3).

Essa proibição busca evitar o sacrifício desvinculado do santuário, impedindo que Israel incorra em práticas idolátricas. A adoração de YHWH exige um espaço sagrado designado por Ele, e o culto não pode ser reduzido a um ato privado ou isolado. O mandamento seguinte reforça essa exigência, impondo uma penalidade severa para quem transgredi-la:

> *wə'el-petaḥ 'ōhel mô'ēd lō' hēḇî'ô ləhaqrîḇ qorbān lăYHWH wənəḵrat hā'îš hăhû' mikkereḇ 'ammô*
> "E não o trouxer à entrada da Tenda do Encontro para oferecê-lo como sacrifício a YHWH, esse homem será cortado do meio de seu povo" (Lv 17,4).

A expressão *wənəḵrat hā'îš* (esse homem será cortado) indica uma punição grave, possivelmente um exílio ritual ou mesmo uma morte prematura decretada por YHWH. Essa advertência ressalta a seriedade da centralização do culto: não se trata apenas de um regulamento litúrgico, mas de uma salvaguarda contra a infiltração de elementos pagãos na adoração de Israel. A razão teológica dessa regra é apresentada nos versículos seguintes:

> *ləma'an 'ăšer yəḇî'û bənê-yiśrā'ēl 'eṯ-zibḥêhem 'ăšer hēm zōbəḥîm 'al-pənê hassāḏeh wəhēḇî'ûm laYHWH 'el-petaḥ 'ōhel mô'ēd 'el-hakkōhēn wəzāḇəḥû zibḥê šelāmîm laYHWH*
> "Para que os filhos de Israel tragam seus sacrifícios que imolam em campo aberto, e os tragam para YHWH, à entrada da Tenda do Encontro, ao sacerdote, e os sacrifiquem como ofertas pacíficas a YHWH" (Lv 17,5).

O objetivo aqui é eliminar qualquer sacrifício realizado fora da supervisão sacerdotal, garantindo que toda oferta seja parte do culto a YHWH. A referência aos sacrifícios no "campo" (*'al-pənê hassāḏeh*) pode sugerir que alguns israelitas estavam praticando rituais independentes, talvez influenciados pelas religiões cananeias. O sangue das ofertas é então derramado sobre o altar, um ato que sublinha a conexão entre o sacrifício e a presença divina no santuário:

> *wəzāraq hakkōhēn ʾeṯ-haddām ʿal-mizbaḥ YHWH petaḥ ʾōhel môʿēd wəhiqṭîr haššēbā lərêaḥ nîḥōaḥ laYHWH*
> "E o sacerdote aspergirá o sangue sobre o altar de YHWH, à entrada da Tenda do Encontro, e queimará a gordura por aroma agradável a YHWH" (Lv 17,6).

O sangue não pode ser tratado de maneira comum, pois contém a vida (nepeš) e pertence a YHWH. Apenas Ele pode aceitá-lo como expiação, e sua aplicação sobre o altar garante a reconciliação entre Deus e Israel. O versículo seguinte denuncia explicitamente o perigo dos sacrifícios oferecidos a *śāʿîrîm*:

> *wəlōʾ yizbəḥû ʿôḏ ʾeṯ-zibḥêhem laśśāʿîrîm ʾăšer hēm zōnîm ʾaḥărêhem*
> "E não mais oferecerão seus sacrifícios aos demônios, com os quais eles se prostituem" (Lv 17,7).

O termo *śāʿîrîm* (lit. "bodes) pode aludir a entidades demoníacas associadas ao deserto ou a cultos idolátricos praticados nas religiões vizinhas. A proibição não é apenas contra sacrifícios individuais, mas contra qualquer prática que desvirtue a adoração exclusiva a YHWH. A proibição do sacrifício independente é então reafirmada, estendendo-se também aos estrangeiros que habitam entre Israel:

> *wəʾîš ʾîš mibbêt-yiśrāʾēl ûmin-haggēr ʾăšer-yizbaḥ ʿōlâ ʾō-zāḇaḥ wəʾel-petaḥ ʾōhel môʿēd lōʾ yəḇîʾēnû laʿăśōṯ ʾōtô laYHWH wənəḵrat hāʾîš hăhûʾ mēʿammāw*
> "Qualquer homem da casa de Israel ou estrangeiro que oferecer holocausto ou sacrifício e não o trouxer à entrada da Tenda do Encontro para oferecê-lo a YHWH, esse homem será eliminado do meio de seu povo" (Lv 17,8-9).

Esse versículo reforça que a fidelidade ao Deus de Israel não é apenas um compromisso nacional, mas um princípio inegociável para qualquer um que habite entre os israelitas. A impureza do culto autônomo contamina a comunidade e compromete sua identidade.

A partir do versículo 10, a legislação passa a tratar da proibição do consumo de sangue, um dos preceitos mais rigorosos da Torá:

> *wəʾîš ʾîš mibbêt-yiśrāʾēl ûmîn-haggēr haggār batôkām ʾăšer-yōʾkal kāl-dām wənāṯattî pānāy bannep̄eš hāʾōʾkelet ʾeṯ-haddām wəhikratî ʾōtāh mikkereḇ ʿammāh*
> "Qualquer homem da casa de Israel ou estrangeiro que habita no meio deles que comer qualquer sangue, voltarei o Meu rosto contra essa pessoa que comer sangue, e a eliminarei do meio do seu povo" (Lv 17,10).

A razão teológica para essa proibição é dada no versículo seguinte:

> *kî nep̄eš habbāśār baddām hiʾ wăʾănî nəṯattî hû lākem ʿal-hammizbēaḥ ləḵappēr ʿal-nafšōṯêḵem kî-haddām hû bannəp̄eš yəḵappēr*
> "Pois a vida da carne está no sangue, e Eu o dei a vocês sobre o altar para fazer expiação por suas almas, pois é o sangue que faz expiação pela vida" (Lv 17,11).

O sangue, portador da vida, pertence exclusivamente a YHWH e só pode ser usado no altar. Seu consumo seria uma profanação do princípio mais fundamental da aliança: a vida não pertence ao homem, mas a Deus. A proibição do consumo de sangue é reiterada com uma penalidade clara:

> *ʾal-kēn ʾāmartî ləbənê-yiśrāʾēl kāl-nep̄eš mikem lōʾ-tōʾkal dām*
> "Por isso, Eu disse aos filhos de Israel: Nenhuma pessoa dentre vós comerá sangue" (Lv 17,12).

Esse mandamento reforça a importância da proibição, deixando claro que o sangue não pode ser tratado como um alimento comum. Ele carrega a nepeš (vida) e, portanto, está reservado para fins expiatórios no altar. Essa regra se aplica tanto aos israelitas quanto aos estrangeiros que habitam entre eles, mostrando que a reverência pela vida é um princípio universal dentro da aliança.

Mesmo quando um animal é caçado para alimentação, seu sangue deve ser derramado e coberto com terra, um gesto simbólico de reconhecimento da sua sacralidade:

> *wəʾîš ʾîš mibbənê-yiśrāʾēl ûmin-haggēr haggār bətôḵām ʾăšer-yāṣûd ṣayiḏ ḥayyāh ʾō-ʿôp̄ ʾăšer-yēʾāḵēl wəšāp̄aḵ ʾet-dāmô wəkissāhû bāʿāp̄ār*
> "Qualquer homem dos filhos de Israel ou estrangeiro que habita entre vós que caçar um animal ou ave que se coma, derramará seu sangue e o cobrirá com terra" (Lv 17,13).

Cobrir o sangue com terra não é apenas um ato higiênico, mas um reconhecimento daquilo que o sangue representa. Derramá-lo sobre a terra e cobri-lo simboliza a devolução da vida a Deus, em contraste com as práticas pagãs em que o sangue poderia ser usado em rituais mágicos ou para consumo direto. O capítulo termina com uma advertência sobre o consumo de animais mortos naturalmente ou dilacerados, destacando que o contato com a morte gera impureza ritual, ainda que temporária:

> *wəḵāl-nep̄eš ʾăšer-tōʾkal nəḇēlâ ûṯərēp̄â bəʾezrāḥ ûḇaggēr wəḵibbes bəḡāḏāyw wərāḥaṣ bam-māyim wəṭāmēʾ ʿaḏ-hāʿāreḇ wəṭāhēr*
> "E qualquer pessoa, natural ou estrangeira, que comer um animal morto naturalmente ou dilacerado, lavará suas roupas e banhará seu corpo em água, e será impuro até a tarde; então será puro" (Lv 17,15).

A impureza resultante do contato com animais mortos não é tão grave quanto a impureza causada pelo consumo de sangue, mas ainda assim exige um processo de purificação. A Torá estabelece uma distinção entre o que é ritualmente aceitável e o que deve ser evitado, criando um sistema que regula até mesmo as práticas alimentares de Israel.

## Capítulo 18

Levítico 18 inicia uma seção crucial dentro da Lei da Santidade, regulando a conduta sexual de Israel e estabelecendo os limites para as relações interpessoais. A base dessa legislação não é apenas moral, mas profundamente teológica, pois reflete a própria santidade de YHWH, que exige de Seu povo um padrão distinto de vida. A introdução do capítulo segue o padrão usual das seções legislativas, enfatizando a origem divina dos mandamentos:

> *wayədabbēr YHWH ʾel-Mōšeh lēʾmōr*
> "E YHWH falou a Moisés, dizendo" (Lv 18,1).

Essa fórmula reafirma que os mandamentos apresentados não são frutos de convenções humanas ou de acordos sociais, mas expressam diretamente a vontade de Deus. A legislação não está sujeita a interpretações culturais mutáveis ou à moralidade das nações ao redor. Israel não pode legislar sua própria santidade de acordo com padrões externos; antes, deve conformar-se inteiramente à vontade de YHWH. A base teológica para os mandamentos subsequentes é estabelecida no versículo seguinte:

> *ʾănî YHWH ʾĕlōhêḵem*
> "Eu sou YHWH, vosso Deus" (Lv 18,2).

Essa afirmação é breve, mas de profundo significado. Ao declarar "Eu sou YHWH, vosso Deus", o texto reforça a identidade exclusiva da relação entre YHWH e Israel. Esse não é um tratado ético genérico, mas um conjunto de mandamentos fundamentados na aliança. A obediência a essas leis não é meramente uma questão de disciplina ou de organização social, mas a única resposta adequada à santidade divina. Israel não pode se comportar como as outras nações porque pertence exclusivamente a YHWH. A santidade de Deus requer a santidade do povo, e essa santidade não é abstrata, mas se manifesta na vida concreta da comunidade. O versículo seguinte reforça essa ideia ao advertir Israel contra a imitação dos costumes das nações vizinhas:

> *kəmaʿăśê ʾereṣ-miṣrayim ʾăšer yəšaḇtem-bāh lōʾ-taʿăśû ûkəmaʿăśê ʾereṣ-kənaʿan ʾăšer ʾănî mēḇî ʾeṯḵem šām lōʾ-taʿăśû ûbəḥuqqōṯêhem lōʾ tēlēḵû*
>
> "Não fareis como as práticas da terra do Egito, onde habitastes, e não fareis como as práticas da terra de Canaã, para onde vos trago; nem andeis nos seus estatutos" (Lv 18,3).

Egito e Canaã são apresentados como paradigmas de corrupção moral e religiosa. O Egito representa o passado de escravidão e idolatria de Israel, enquanto Canaã simboliza os desafios futuros da nova terra. O texto sugere que ambas as culturas praticam atos que YHWH considera abomináveis e que, por isso, Israel deve rejeitá-las totalmente. A ordem de não imitar "seus estatutos" implica que não apenas as práticas isoladas são condenáveis, mas todo o sistema de valores e padrões dessas sociedades. O conceito de santidade aqui não se limita à proibição de certos atos, mas envolve uma separação mais ampla, um distanciamento de toda uma mentalidade e estilo de vida que não refletem a santidade de Deus. O próximo versículo apresenta um contraste entre a conduta das nações e a conduta exigida por YHWH:

> *ʾeṯ-mišpāṭay taʿăśû wəʾeṯ-ḥuqqōṯay tišmərû lāleḵeṯ bām ʾănî YHWH ʾĕlōhêḵem*
>
> "Os meus juízos cumprireis, e os meus estatutos guardareis, para andar neles. Eu sou YHWH, vosso Deus" (Lv 18,4).

Esse versículo faz uma clara oposição ao versículo anterior. Se o versículo 3 proíbe Israel de seguir os estatutos das nações, o versículo 4 ordena que eles sigam os estatutos e juízos de YHWH. A fidelidade ao Senhor não é apenas uma questão de rejeitar o que é errado, mas também de aderir ativamente ao que é correto. O termo "andar neles" indica que esses mandamentos não são apenas regras externas a serem seguidas formalmente, mas um caminho de vida, um modo de existência contínua. Israel deve caminhar na vontade de Deus, moldando sua identidade e seus relacionamentos a partir desses princípios divinos. O versículo seguinte reafirma essa ideia, mas agora com uma ênfase na relação entre a obediência e a vida:

> *ûšəmartem ʾeṯ-ḥuqqōṯay wəʾeṯ-mišpāṭay ʾăšer yaʿăśê ʾōṯām hāʾāḏām wəḥāy bāhem ʾănî YHWH*
> "Guardareis os meus estatutos e os meus juízos; o homem que os cumprir viverá por eles. Eu sou YHWH" (Lv 18,5).

Esse versículo é de importância central dentro da Torá e será citado em diferentes contextos ao longo das Escrituras Hebraicas e até no Novo Testamento. A ideia principal é que a vida verdadeira está na obediência aos mandamentos de Deus. A palavra "vida" (*ḥāy*) aqui não se refere meramente à existência biológica, mas a uma vida plena, segura e abençoada sob a aliança de YHWH. A implicação desse versículo é que a desobediência leva à morte. O afastamento dos mandamentos divinos resulta não apenas em consequências morais, mas em um rompimento com a própria fonte da vida. Esse princípio será reiterado posteriormente pelos profetas, especialmente em Ezequiel 20, onde YHWH lembra a Israel que havia dado seus estatutos para que "quem os praticasse vivesse por eles", mas que o povo se rebelou e escolheu seguir os caminhos das nações.

Além de seu impacto no contexto da Torá, essa frase também será citada por Paulo em Romanos 10,5 e Gálatas 3,12 para destacar a relação entre a obediência à lei e a justificação. No contexto levítico, no entanto, o foco não está em uma oposição entre fé e obras, mas na ideia de que a lei de Deus é a fonte da vida. Obedecer a YHWH significa permanecer na aliança, enquanto se afastar dela significa caminhar rumo à destruição.

Com esses cinco primeiros versículos, Levítico 18 estabelece um fundamento teológico sólido para as proibições que virão a seguir. Antes mesmo de listar os comportamentos proibidos, o capítulo define por que essas regras são importantes: a identidade de Israel é inseparável da santidade de Deus. A proibição das práticas egípcias e cananeias não é um simples capricho divino, mas um chamado à santidade, à obediência e à vida verdadeira. Se Israel deseja permanecer na presença de YHWH, deve rejeitar os padrões do mundo ao seu redor e se comprometer com os estatutos que refletem a natureza do Deus que os redimiu.

A partir do versículo 6, a Torá estabelece um conjunto detalhado de leis que regulam a sexualidade dentro da estrutura familiar. Esse código não se limita a definir proibições, mas tem um papel essencial na preservação da ordem social e moral de Israel, garantindo que os relacionamentos dentro da família sejam pautados pelo respeito, pela santidade e pela pureza. O princípio geral dessas leis é declarado logo no início:

> *ʾîš ʾîš ʾel-kol-šəʾēr-bəśārō lōʾ tiqrəḇ ləgalōt ʿerwâ ʾănî YHWH (Lv 18,6)*
> "Nenhum homem se chegará a qualquer parenta sua para descobrir sua nudez. Eu sou YHWH".

A expressão "descobrir a nudez" (*galōt ʿerwâ*) é um eufemismo hebraico para relações sexuais, indicando que as restrições aqui não se referem apenas à exposição física, mas ao ato sexual em si. A proibição tem um caráter absoluto e é acompanhada da afirmação divina "Eu sou YHWH", reforçando que essas regras não são apenas normas culturais, mas expressam a própria santidade de Deus. As relações proibidas a partir deste versículo refletem um modelo de pureza sexual e respeito dentro da família, prevenindo conflitos que poderiam ameaçar a estabilidade do lar e da sociedade. O código estabelece uma hierarquia de interdições, abrangendo diferentes tipos de parentesco e relações por afinidade. A primeira e mais fundamental proibição é a de relações sexuais com a própria mãe:

> *ʿerwāṯ ʾāḇîḵā wəʿerwāṯ ʾimməḵā lōʾ təgalê ʾimməḵā hîʾ lōʾ təgalê ʿerwātāh*
> "A nudez de teu pai e a nudez de tua mãe não descobrirás; ela é tua mãe, não descobrirás sua nudez" (Lv 18,7).

O texto enfatiza duplamente a interdição ao usar "ela é tua mãe", removendo qualquer possibilidade de ambiguidade. A inclusão da expressão "a nudez de teu pai" sugere que uma relação sexual incestuosa com a mãe não apenas desonra a mulher, mas também o marido dela, pois o matrimônio os une em uma só carne. Essa mesma associação aparece em outras passagens bíblicas, como Gênesis 9,22, onde Cam é amaldiçoado por "ver a nudez" de seu pai Noé, possivelmente sugerindo um ato de transgressão sexual dentro da família.

A proibição seguinte estende essa regra à madrasta, ou seja, a esposa do pai que não seja a mãe biológica:

> *ʿerwāṯ ʾēšeṯ ʾāḇîḵā lōʾ təgalê ʿerwāṯ ʾāḇîḵā hîʾ*
> "A nudez da mulher de teu pai não descobrirás; é a nudez de teu pai" (Lv 18,8).

Aqui, mais uma vez, o texto reforça que a relação sexual com a madrasta não é apenas um ato contra a mulher, mas uma violação da honra do pai, pois a esposa é vista como extensão dele dentro da estrutura familiar. Esse mandamento é retomado mais tarde em Deuteronômio 27,20 e condenado no caso do filho incestuoso de Davi, Absalão, que teve relações com as concubinas de seu pai (2 Sm 16,22). O versículo 9 trata da proibição do incesto entre irmãos e meio-irmãos:

> *ʿerwāṯ ʾăḥōṯəḵā bat-ʾāḇîḵā ʾō-bat-ʾimməḵā mōlaḏeṯ bāyit ʾō-mōlaḏeṯ ḥûṣ lōʾ təgalê ʿerwātāh*
> "A nudez de tua irmã, filha de teu pai ou filha de tua mãe, nascida em casa ou fora dela, não descobrirás sua nudez" (Lv 18,9).

Esse versículo abrange tanto irmãs biológicas (filhas da mesma mãe e pai) quanto meias-irmãs (filhas apenas do pai ou apenas da mãe). A distinção entre "nascida em casa" ou "fora dela" pode sugerir que essa lei se aplica independentemente de a irmã viver ou não na mesma residência, prevenindo qualquer argumento que relativizasse a proibição. A proibição é ampliada no versículo 10 para incluir as netas:

> *ʿerwāṯ bat-binəḵā ʾō-bat-bitəḵā lōʾ təgalê ʾerwātāh kî ʿerwāṯəḵā hēnnâ*
> "A nudez da filha de teu filho ou da filha de tua filha não descobrirás, pois são tua nudez" (Lv 18,10).

Esse versículo indica que qualquer relação com descendentes diretos é uma violação da própria dignidade da pessoa, reafirmando que a santidade da família deve ser protegida em todas as gerações.

O versículo 11 trata de outro tipo de relação incestuosa, envolvendo filhas de madrasta ou padrasto:

> *ʿerwāṯ bat-ʾēšeṯ ʾāḇîḵā mōlaḏeṯ ʾāḇîḵā ʾăḥōṯəḵā hîʾ lōʾ təgalê ʿerwātāh*
> "A nudez da filha da mulher de teu pai, nascida de teu pai (ou não), tua irmã é, não descobrirás sua nudez" (Lv 18,11).

A menção dessa relação específica pode estar ligada à prática em sociedades antigas de poligamia, onde filhos de diferentes esposas do pai poderiam viver na mesma casa e serem criados juntos. A Torá elimina qualquer dúvida de que essas relações seriam permitidas. Os versículos seguintes ampliam ainda mais a lista de proibições:

- Tia paterna: (Lv 18,12)
- Tia materna: (Lv 18,13)
- Esposa do tio paterno (tio por afinidade): (Lv 18,14)
- Nora: (Lv 18,15)
- Cunhada: (Lv 18,16)

Cada uma dessas proibições visa proteger a santidade da estrutura familiar, evitando tensões e rivalidades que poderiam surgir em caso de relações sexuais dentro do núcleo doméstico. Além disso, muitas dessas relações eram associadas a cultos idolátricos e práticas religiosas pagãs entre os cananeus, reforçando a necessidade de separação entre Israel e as nações ao redor.

A legislação de Levítico 18 busca garantir a harmonia familiar e social, prevenindo disputas e preservando o respeito entre os membros da comunidade. Cada proibição não é apenas uma questão de tabus culturais, mas reflete uma ordem sagrada que protege a identidade de Israel como povo separado para YHWH. O casamento e a sexualidade não são vistos apenas como direitos individuais, mas como parte de um compromisso coletivo com a santidade e com a continuidade da aliança.

Nos versículos 19 a 23, o texto expande as proibições sexuais para além do círculo familiar imediato, abordando práticas que violam a ordem moral e a santidade exigida por YHWH. Essas proibições reafirmam que a sexualidade deve estar subordinada ao princípio da pureza e da fidelidade, evitando tanto a contaminação ritual quanto a degradação moral. Diferente das nações ao redor, Israel não pode dissociar a sexualidade da santidade; toda relação sexual deve estar alinhada com a ordem estabelecida por Deus. A primeira proibição trata do contato sexual durante o período menstrual:

> *wəʾîšâ bəniddat ṭumʾātâ lōʾ tiqrəḇ ləgalōt ʿerwātâ*
> "Não te chegarás a uma mulher em sua impureza menstrual para descobrir sua nudez" (Lv 18,19).

Essa lei reforça o ensino encontrado em Levítico 15, onde a menstruação é classificada como um estado de tum'ah (impureza ritual). O ato sexual durante esse período não é condenado por ser moralmente errado, mas por ser incompatível com a santidade exigida para o povo de YHWH. O fluxo menstrual simboliza um ciclo de renovação, e sua impureza é um lembrete da vulnerabilidade da condição humana diante da santidade divina. Assim, evitar o contato sexual nesse período não apenas previne a contaminação ritual, mas também ensina disciplina e respeito pelo corpo dentro da relação conjugal. A segunda proibição refere-se ao adultério:

> *wəʾel-ʾēšet ʿămîtəḵā lōʾ titen šəḵōḇtəḵā ləzarʿâ ləṭāmēʾ-bāh (Lv 18,20)*
> "Não te deitarás com a mulher do teu próximo, contaminando-te com ela".

O adultério não é apenas uma violação da aliança conjugal entre marido e mulher, mas também uma corrupção da aliança com Deus. Na tradição bíblica, a relação matrimonial é frequentemente usada como metáfora para a relação entre YHWH e Israel; assim, a infidelidade conjugal é comparada à idolatria (Os 2,2-4; Jr 3,6-10). Além disso, o adultério destrói a estabilidade familiar, minando a confiança e promovendo rivalidades e desordem social. Essa proibição, presente também nos Dez Mandamentos (Êx 20,14), reforça que a sexualidade não pode ser separada da aliança e da santidade. A terceira interdição trata das relações sexuais entre homens:

*wə'eṯ-zāḵār lō' tiškaḇ miškəḇê 'iššâ ṯô'ēḇâ hî'*
"Não te deitarás com um homem como se fosse mulher; é uma abominação" (Lv 18,22).

Essa proibição aparece novamente em Levítico 20,13 e está inserida dentro do contexto geral das leis sobre pureza sexual. A palavra *tô'ēḇâ* (abominação) é frequentemente usada na Torá para práticas que distorcem a ordem sagrada estabelecida por YHWH, especialmente no que diz respeito à idolatria e à moralidade sexual. Esse versículo reflete a concepção bíblica da sexualidade como algo que deve ser exercido dentro do casamento entre um homem e uma mulher, conforme o modelo original da criação em Gênesis 2,24. A ênfase da lei não está apenas na proibição do ato, mas na manutenção da ordem natural e espiritual dentro da comunidade de Israel. O último versículo dessa seção trata da bestialidade:

*wəḵāl-bəhēmâ lō' tiṯēn šəḵōḇtəḵā ləṭāmā'-bāh*
"Nem te deitarás com animal algum, contaminando-te com ele" (Lv 18,23).

A bestialidade é uma violação extrema da ordem criada por Deus e aparece frequentemente nas legislações da Torá como um exemplo de perversão máxima (Êx 22,19; Lv 20,15-16). Essa prática era comum em algumas religiões pagãs do Oriente Próximo, onde atos sexuais com animais faziam parte de rituais de fertilidade e cultos idolátricos. No contexto levítico, a bestialidade não apenas degrada a dignidade humana, mas também corrompe a relação entre Deus e Seu povo, pois mistura categorias que foram criadas para permanecerem distintas. Nos versículos 24 a 30, a Torá justifica essas proibições ao afirmar que tais práticas foram a causa da condenação dos cananeus, os antigos habitantes da terra prometida. O texto assume um tom de julgamento divino, mostrando que essas abominações trazem impureza à própria terra:

*wattiṭma hā'āreṣ wā'eppaqōḏ 'ăwōnāhā 'ālehā wattāqî hā'āreṣ 'et-yōšḇêhā*

> "E a terra se contaminou, e Eu castiguei a sua iniquidade sobre ela, e a terra vomitou seus habitantes" (Lv 18,25).

A ideia aqui é que o pecado não afeta apenas o indivíduo, mas toda a criação. O conceito de "a terra vomitar seus habitantes" sugere que a impureza moral cria uma ruptura cósmica, tornando impossível a continuidade da vida nesse ambiente. Esse princípio teológico aparece novamente em Levítico 20,22, onde a desobediência leva à perda da terra prometida.

O julgamento sobre Canaã mostra que essas proibições não são arbitrárias, mas refletem a estrutura moral do universo criado por Deus. Quando as nações corrompem essa estrutura, elas se tornam alvo da ira divina. Assim, Israel não pode adotar os costumes dessas nações, pois a fidelidade à aliança exige separação total da imoralidade pagã. Os versículos finais reiteram a advertência contra a contaminação moral, estendendo a proibição também aos estrangeiros que vivem entre os israelitas:

> *wəlōʾ ṯaʿăśû mikol-hattôʿēḇôṯ hāʾēlleh hāʾezrāḥ wəhaggēr haggār bəṯôḵəḵem*
> "Não fareis nenhuma destas abominações, nem o natural da terra, nem o estrangeiro que habita entre vós" (Lv 18,26).

Esse versículo reforça que as leis de pureza moral não se aplicam apenas a Israel, mas a todos dentro da comunidade. A santidade de YHWH deve ser refletida por todos os que vivem sob Sua aliança, independentemente de sua origem étnica. O capítulo termina com uma advertência final:

> *wəniḵrəṯû hannəpāšōṯ hāʿōśōṯ mik-qereḇ ʿammām*
> "A alma que fizer qualquer destas abominações será eliminada do meio do seu povo" (Lv 18,29).

Essa ameaça indica que as práticas proibidas não são apenas faltas morais individuais, mas crimes contra a comunidade. Quem as pratica coloca em risco a santidade coletiva de Israel e deve ser expulso.

Levítico 18 mostra que a sexualidade não é apenas uma questão privada, mas um aspecto fundamental da identidade espiritual e social de Israel. O chamado à santidade não se resume a evitar pecados isolados, mas exige um estilo de vida que reflita a presença de YHWH em todas as esferas da existência. A fidelidade à aliança se manifesta na maneira como o povo lida com o casamento, a pureza, o respeito ao corpo e a rejeição das práticas corruptas das nações ao redor. Assim, essas leis não são apenas restrições, mas um meio pelo qual Israel se mantém como um povo santo, separado para Deus.

## Capítulo 19

Levítico 19 expande o conceito de santidade para além das questões rituais, estruturando um código de conduta que governa a vida social, econômica e religiosa de Israel. Esse capítulo está inserido na Lei da Santidade (Lv 17–26) e reflete, em muitos aspectos, os princípios dos Dez Mandamentos, mas com um foco mais detalhado na aplicação prática da aliança. Diferentemente de um código puramente sacerdotal, esse capítulo direciona sua mensagem a toda a comunidade, enfatizando que a santidade não é restrita aos sacerdotes, mas deve permear todas as esferas da vida de Israel. A introdução do capítulo estabelece esse princípio fundamental com clareza:

> *wayədabbēr YHWH ʾel-Mōšeh lēʾmōr dabbēr ʾel-kāl-ʿăḏaṯ bənê-yiśrāʾēl wəʾāmartā ʾălêhem qədōšîm tihyû kî qādôš ʾănî YHWH ʾĕlōhêḵem*
> "E YHWH falou a Moisés, dizendo: 'Fala a toda a congregação dos filhos de Israel e dize-lhes: Sereis santos, porque Eu, YHWH, vosso Deus, sou santo'" (Lv 19,1-2).

O chamado à santidade não é apresentado como um mero ideal espiritual, mas como uma exigência concreta. O modelo para a conduta de Israel não é baseado em convenções humanas, mas na própria santidade de YHWH. Essa afirmação estabelece a base teológica para todas as leis subsequentes: a vida moral, familiar, econômica e ritual de Israel deve refletir o caráter divino.

O termo *qədōšîm* (santos) sugere uma separação radical, um estado de consagração que distingue Israel das demais nações. Esse conceito de santidade não está limitado ao santuário, mas se estende ao dia a dia do povo. O fato de o versículo ordenar que Moisés fale "a toda a congregação" reforça que a responsabilidade pela santidade não é exclusiva dos líderes religiosos; cada israelita é chamado a viver de acordo com os padrões divinos.

O primeiro conjunto de mandamentos reforça a relação entre vida familiar e adoração a YHWH:

> *ʾîš ʾimmô wəʾāḇîw tiraʾû wəʾeṯ-šabəttōṯay tišmōrû ʾănî YHWH ʾĕlōhêḵem*
> "Cada um temerá sua mãe e seu pai, e guardará meus sábados; Eu sou YHWH, vosso Deus" (Lv 19,3).

Essa passagem ecoa os Dez Mandamentos (Êx 20,8-12), vinculando a honra aos pais à guarda do sábado. A ordem dos elementos aqui é significativa: «mãe e pai» aparece antes de "guardar o sábado", enquanto nos Dez Mandamentos o sábado aparece primeiro. Isso pode indicar uma ênfase na santidade da estrutura familiar, reconhecendo que a obediência aos pais serve como base para a obediência a Deus. O verbo *tiraʾû* (temer) usado para o relacionamento com os pais também é utilizado para descrever a reverência a YHWH. Esse paralelismo sugere que a autoridade dos pais é uma extensão da autoridade divina, e desonrá-los equivale a desafiar a ordem estabelecida por Deus. A fidelidade exclusiva a YHWH aparece como o próximo mandamento, reforçando que a idolatria é incompatível com a santidade:

> *ʾal-tifnû ʾel-hāʾĕlîlîm wəʾĕlōhê massēḵâ lōʾ taʿăśû lāḵem ʾănî YHWH ʾĕlōhêḵem*
> "Não vos volteis para os ídolos, nem façais para vós deuses de fundição; Eu sou YHWH, vosso Deus" (Lv 19,4).

Esse versículo adverte contra a idolatria e a fabricação de imagens, um tema recorrente na legislação levítica. A palavra *ʾĕlîlîm* (ídolos) vem de uma raiz que significa "coisa vã" ou "nada", destacando a inutilidade dos deuses pagãos. A idolatria não é apenas um erro teológico, mas uma ameaça à identidade de Israel, pois compromete sua fidelidade exclusiva a YHWH e leva à degradação moral. O próximo bloco de mandamentos trata da pureza no culto e no compromisso comunitário, começando com as ofertas pacíficas (*šəlāmîm*):

> *wəʾim-zeḇaḥ šəlāmîm lăYHWH taḏbîḥû lərəṣōnḵem tizbaḥû*
> "E se oferecerdes sacrifício pacífico a YHWH, oferecê-lo-eis de modo que seja aceito" (Lv 19,5).

A oferta pacífica era uma das mais comuns no sistema sacrificial, associada à comunhão entre Deus e o ofertante. No entanto, a Torá estipula que a carne do sacrifício deve ser consumida em até dois dias (Lv 19,6-7). Isso sugere que o culto deve ser conduzido com reverência e dentro dos limites estabelecidos por Deus, sem tentativas de manipular o ritual para obter benefícios próprios. Após reforçar o respeito pela adoração, o texto se volta para as responsabilidades sociais e econômicas, começando pelas leis da colheita:

> *bəqəṣərəḵem ʾeṯ-qəṣîr ʾarṣəḵem lōʾ təḵallê paʾaṯ śāḏəḵā ləqāṣîr wələqeṭ qəṣîrəḵā lōʾ təlăqqēṭ*
> "Quando fizerdes a colheita de vossa terra, não ceifareis até a borda do campo, nem recolhereis as espigas caídas" (Lv 19,9).

Esse mandamento estabelece um sistema de assistência social que permite que os pobres e estrangeiros tenham acesso ao alimento. O agricultor não deveria colher até os limites do campo, mas deveria deixar parte da produção para aqueles que não tinham terras próprias. A lei é estendida no versículo seguinte:

> *wəkarəməḵā lōʾ təʿōlēl ûpərê ḵarməḵā lōʾ təlăqqēṭ*
> "Tua vinha não rebuscarás, nem colherás os bagos caídos" (Lv 19,10).

A repetição da ideia, aplicada agora às videiras, indica que essa prática deveria ser um princípio geral dentro da economia israelita. Em vez de maximizar o lucro individual, a Torá promove uma economia de justiça, onde a propriedade e a riqueza são compartilhadas para o benefício de toda a comunidade. O trecho finaliza com uma justificativa teológica:

> *lĕʿāniy wəlāgēr taʿăzōḇ ʾōṯām ʾănî YHWH ʾĕlōhêḵem*
> "Para o pobre e para o estrangeiro os deixarás; Eu sou YHWH, vosso Deus" (Lv 19,10).

Aqui, a Torá enfatiza que o cuidado com os necessitados não é uma mera obrigação social, mas uma expressão da identidade de Israel como povo de YHWH. O compromisso com a justiça social faz parte do chamado à santidade e demonstra a fidelidade à aliança divina. Levítico 19 continua expandindo a ideia de santidade para abranger não apenas a esfera ritual, mas também a vida social e econômica de Israel. A justiça social ocupa um papel central nesse capítulo, pois ser santo significa agir com justiça em todas as relações humanas. O texto proíbe o roubo, a mentira, a exploração econômica e a injustiça legal, destacando que a aliança com YHWH exige um compromisso ético profundo. A proibição contra a desonestidade e a exploração é declarada de forma direta:

> *lōʾ təgənōḇû wəlōʾ təḵaḥăšû wəlōʾ təššāqərû ʾîš băʿămîtô*
> "Não roubareis, não mentireis, nem enganareis uns aos outros" (Lv 19,11).

Este versículo engloba três formas de injustiça que minam a confiança e a coesão dentro da comunidade. O roubo atenta contra a propriedade e a segurança do próximo; a mentira distorce a verdade e pode levar a abusos; o engano envolve práticas fraudulentas que corroem a integridade dos relacionamentos interpessoais. A Torá não limita a santidade ao santuário, mas ensina que a fidelidade a YHWH se manifesta na honestidade e na retidão no trato com o próximo. A justiça nas relações econômicas é reforçada com uma proibição explícita contra a exploração do trabalhador:

> *lōʾ-tăʿăšōq ʾeṯ-rēʿăḵā wəlōʾ ṯigzōl lōʾ-tālîn pəʿullat săḵîr ʾiṯəḵā ʿaḏ-bōqer*

> "Não oprimirás o teu próximo, nem o roubarás; o salário do jornaleiro não ficará contigo até a manhã" (Lv 19,13).

Essa lei protege os trabalhadores assalariados, que muitas vezes dependiam do pagamento diário para sua subsistência. A retenção do salário era uma forma de opressão econômica que criava desigualdade e exploração. Essa legislação aparece novamente em Deuteronômio 24,14-15 e é ecoada em Tiago 5,4, mostrando que a justiça econômica é um princípio essencial da ética bíblica. A equidade na justiça é outro pilar do código de santidade:

> *lōʾ-ṯaʿăśû ʿaḇel bammišpāṭ lōʾ-tiśśāʾ pənê ḏāl wəlōʾ təhəḏar pənê ḡāḏôl*
> "Não cometereis injustiça no julgamento, não favorecendo o pobre nem honrando o poderoso" (Lv 19,15).

A justiça deve ser aplicada com imparcialidade. O texto não apenas condena o favorecimento dos ricos e poderosos, mas também adverte contra a parcialidade em favor dos pobres. A justiça em Israel deve ser baseada na verdade, e não em privilégios ou sentimentalismos. O uso da palavra *ʿaḇel* (iniquidade) sugere que qualquer forma de distorção na justiça é uma afronta à ordem estabelecida por Deus. O princípio mais elevado do capítulo surge no versículo 18, condensando toda a ética da Torá em um mandamento fundamental:

> *wəʾāhabtā lərēʿăḵā kāmôḵā ʾănî YHWH*
> "E amarás o teu próximo como a ti mesmo; Eu sou YHWH" (Lv 19,18).

Esse versículo não apenas proíbe o ódio e a vingança, mas estabelece o amor como o princípio regulador das relações humanas. O termo *rēʿăḵā* (próximo) refere-se primariamente aos membros da comunidade de Israel, mas o conceito se expande para incluir também o estrangeiro residente, conforme Lv 19,34. Essa passagem se torna central na tradição bíblica. Em Mateus 22,39 e Marcos 12,31, Jesus cita esse mandamento como o segundo maior da Lei, logo após o amor a Deus. A ordem "Eu sou YHWH" no final do versículo reforça que esse amor não é baseado em sentimentos subjetivos, mas na aliança divina. Amar o próximo é uma expressão concreta da fidelidade a Deus. A partir do versículo 19, o capítulo introduz um conjunto de leis que enfatizam a separação e a pureza de Israel, incluindo a proibição de misturas:

> *ʾet-ḥuqqōṯay tišmōrû bəhəmtəḵā lōʾ tarbîaʿ kilʾayim śāḏəḵā lōʾ tizrāʿ kilʾayim ûbeged kilʾayim šaʿaṭnēz lōʾ yaʿălê ʿālêḵā*
> "Guardareis meus estatutos. Não farás cruzamento de espécies diferentes entre teus animais, nem semearás teu campo com sementes mistas, nem usarás vestes feitas de dois tipos de tecido" (Lv 19,19).

Essas proibições parecem, à primeira vista, não ter conexão direta com as leis de justiça social que precedem o versículo. No entanto, elas refletem um princípio mais amplo de separação e ordem dentro da criação. A interdição contra misturas (*kilʾayim*) sublinha que Deus criou cada espécie com sua identidade distinta, e tentar misturá-las seria violar a ordem estabelecida. Esse conceito de pureza e distinção não se aplica apenas ao mundo natural, mas simboliza a separação espiritual de Israel. O povo não deve se misturar nem em práticas morais, nem em alianças religiosas com as nações pagãs. A vestimenta de tecidos mistos (*šaʿaṭnēz*) pode ser um lembrete tangível desse princípio: assim como as vestes devem ser puras, Israel deve manter sua identidade intacta. A partir do versículo 20, Levítico 19 continua seu desenvolvimento do conceito de santidade, aplicando-o à justiça social, às relações interpessoais e à separação de Israel das práticas corruptas das nações vizinhas. A Torá apresenta um código de conduta que não apenas regula a moralidade sexual e econômica, mas também molda a forma como Israel deve tratar os mais vulneráveis da sociedade, incluindo os servos e os estrangeiros. O versículo 20 trata de uma situação específica dentro das normas de pureza sexual:

> *wəʾîš kî-yiškāḇ ʾeṯ-ʾîšâ šikbăṯ-zerăʿ wəhîʾ šip̄ḥâ neḥĕrāp̄eṯ ləʾîš wəlōʾ huphḏâ wəlōʾ-nittān-lāḥeppāḏêq bəqōretîhā yihyû lōʾ yāmûtû kî lōʾ-ḥup̄šâ*

> "Se um homem se deitar com uma mulher que for escrava prometida a outro homem, mas que não tenha sido resgatada nem libertada, haverá punição, mas não serão mortos, pois ela não foi libertada" (Lv 19,20).

Esse versículo trata de um caso específico dentro das leis sexuais, envolvendo uma serva que estava comprometida com outro homem, mas ainda não havia sido formalmente libertada. Diferente do adultério típico, essa situação recebe uma punição mais branda, pois a mulher, por estar em servidão, não tinha plena agência sobre sua condição. Em vez da pena de morte prescrita para o adultério comum (Lv 20,10), o culpado deve oferecer um sacrifício pelo pecado, conforme explicado no versículo seguinte.

> *wəhēbî ʾeṯ-ʾăšāmô lăYHWH ʾel-petaḥ ʾōhel môʿēd ʾeṯ-ʾêl hāʾăšām*
> "E trará sua oferta de culpa a YHWH, à entrada da Tenda do Encontro, um carneiro como oferta pela culpa" (Lv 19,21).

Aqui, a ênfase recai sobre a necessidade de expiação por meio do sistema sacrificial. O pecado sexual, mesmo em circunstâncias mitigadas, ainda requer reparação diante de Deus. O carneiro de culpa reflete a seriedade do ato e a necessidade de restaurar a relação com YHWH.

> *wəḵippēr ʿālāyw hak-kōhēn bəʾêl hāʾăšām ləpnê YHWH ʿal-ḥaṭṭāʾtô ʾăšer-ḥāṭāʾ wəniślaḥ lōw mēḥaṭṭāʾtô ʾăšer ḥāṭāʾ*
> "E o sacerdote fará expiação por ele com o carneiro da oferta pela culpa perante YHWH pelo pecado que cometeu, e lhe será perdoado pelo pecado que cometeu" (Lv 19,22).

A função mediadora do sacerdote é reafirmada aqui. O perdão é concedido, mas apenas após o reconhecimento da culpa e a oferta apropriada. A santidade em Israel não é apenas um conceito moral, mas um estado que deve ser constantemente restaurado através de atos concretos de reparação e purificação. O versículo 23 traz uma transição da esfera moral para as leis agrícolas, reforçando que a santidade se aplica até mesmo ao cultivo da terra:

> *wəkî-tāḇōʾû ʾel-hāʾāreṣ ûnəṭaʿtem kol-ʿēṣ maʔăḵāl*
> *wəʿărăltem ʿărəlātô ʾeṯ-pîrîw šālōš šānîm yihyê lākem*
> *ʾărēlîm lōʾ yēʾāḵēl*
> "Quando entrardes na terra e plantardes qualquer árvore frutífera, considerareis seus frutos como incircuncisos; por três anos serão para vós incircuncisos e não se comerão" (Lv 19,23).

A analogia entre a árvore frutífera e a circuncisão sugere um período de consagração antes do uso pleno dos frutos. Esse período de três anos pode estar relacionado a princípios agrícolas, como permitir que a árvore se fortaleça antes da colheita, mas também enfatiza que tudo pertence a Deus e deve ser usado conforme Seus estatutos.

> *ûbaš-šānâ hărəḇîʿîṯ yihyê kol-pîrîw qōḏeš hillûlîm*
> *lăYHWH*
> "E no quarto ano todo o seu fruto será santo, um louvor a YHWH" (Lv 19,24).

O primeiro uso permitido dos frutos não é para consumo próprio, mas para honrar a Deus. Esse princípio é semelhante às primícias, enfatizando que a terra e sua produção são dádivas divinas e devem ser usadas com reverência.

> *ûbaš-šānâ hăḥămîšîṯ tōʾḵəlû ʾeṯ-pîrîw ləhôsîp̄ lākem*
> *təḇûʾātô ʾănî YHWH ʾĕlōhêḵem*
> "E no quinto ano comereis de seu fruto, para que vos aumente sua produção; Eu sou YHWH, vosso Deus" (Lv 19,25).

Somente no quinto ano os israelitas poderiam consumir livremente os frutos, e essa obediência traria bênção e prosperidade. Esse ciclo demonstra a relação entre santidade, obediência e abundância, sugerindo que a fidelidade aos estatutos divinos resulta em prosperidade sustentada. Os versículos seguintes abordam práticas religiosas proibidas, especialmente aquelas associadas ao paganismo:

> *lōʾ tōʾklû ʿal-haddām lōʾ tənăḥăšû wəlōʾ təʿōnênû*
> "Não comereis coisa alguma com sangue; não praticareis adivinhação nem agouro" (Lv 19,26).

O consumo de sangue já havia sido proibido anteriormente (Lv 17,10-14), mas aqui a proibição aparece ligada a práticas supersticiosas e idolátricas. A adivinhação e a feitiçaria eram comuns entre os cananeus e egípcios, e essa lei reforça a separação de Israel dessas influências espirituais corruptas. A proibição contra rituais de luto pagãos continua essa linha de pensamento:

> *wəlōʾ taqqîp̄û pəʾaṯ rōʾšəḵem wəlōʾ tašḥîṯ ʾeṯ-pəʾaṯ zəqānəḵā*
> "Não cortareis os cabelos nas laterais da cabeça, nem danificareis as extremidades da vossa barba" (Lv 19,27).

Essas práticas estavam ligadas a cultos fúnebres e ritos pagãos. Israel deveria se distinguir dos costumes dos povos ao redor, mesmo em sua aparência externa. A proteção dos mais vulneráveis da sociedade retorna no versículo 33, abordando o tratamento dos estrangeiros:

> *wəkî-yāgûr ʾittəḵā gēr bəʾarṣəḵem lōʾ tônu ʾōtô*
> "Quando um estrangeiro peregrinar convosco na vossa terra, não o oprimireis" (Lv 19,33).

A hospitalidade e o respeito pelo estrangeiro são obrigatórios, e não apenas uma questão de bondade voluntária. Esse mandamento reflete a experiência de Israel no Egito:

> *kəgēr haggār bəṯôḵəḵem yihyê lākem haggēr*
> "O estrangeiro que peregrina no meio de vós será para vós como um natural" (Lv 19,34).

Israel sabe o que significa ser estrangeiro e oprimido, e por isso deve tratar os forasteiros com justiça e compaixão. A razão final para esse mandamento é teológica:

> *kî-gērîm hăyyîṯem bə'ereṣ miṣrayim 'ănî YHWH 'ĕlōhêḵem*
> "Pois fostes estrangeiros na terra do Egito; Eu sou YHWH, vosso Deus" (Lv 19,34).

A santidade não se limita ao culto, mas se expressa na justiça, no amor ao próximo e na separação das práticas pagãs. Assim, Israel reflete o caráter de YHWH, cuja santidade deve ser visível na vida de Seu povo.

## Capítulo 20

Levítico 20 se posiciona como um capítulo de clímax dentro da Lei da Santidade, estabelecendo não apenas normas de conduta, mas sanções divinas que reforçam o caráter absoluto da aliança entre YHWH e Israel. Se Levítico 18 delineia proibições sexuais e morais e Levítico 19 propõe um ideal de santidade aplicado à vida cotidiana, este capítulo expõe as consequências da profanação da aliança. Não há neutralidade diante da santidade: ou Israel caminha no caminho de YHWH, ou se coloca sob o peso do juízo.

A introdução do capítulo reafirma que as leis são estatutos inegociáveis, e Moisés, como mediador, recebe de Deus a incumbência de transmiti-las ao povo. O primeiro crime abordado é um dos mais graves na teologia levítica: a entrega de filhos ao culto de Molek, uma prática idolátrica associada ao sacrifício infantil nos rituais cananeus.

> *'îš 'îš mibənê-yiśrā'ēl ûmin-haggēr haggār bəyiśrā'ēl*
> *'ăšer-yittēn mizār'ô laMolek mōt yûmāt*
> "Qualquer homem dos filhos de Israel ou estrangeiro que habita em Israel, que der de sua descendência a Molek, certamente morrerá" (Lv 20,2).

A repetição do sujeito *ʾîš ʾîš* (qualquer homem) enfatiza que ninguém está acima da aliança. A entrega de um filho a Molek não é apenas idolatria; é a negação da filiação a YHWH. Os filhos pertencem a Deus, pois são herança de Sua promessa (Ez 16,20-21). O ato de sacrificá-los a um deus estrangeiro representa a ruptura definitiva com a identidade de Israel.nAlém disso, o verbo *nāṯan* (dar) sugere um ato deliberado, e não apenas uma influência externa. O ofertante não é uma vítima, mas um agente da profanação. Assim, a pena de morte não é apenas um castigo; é a única resposta proporcional a um crime que ameaça toda a estrutura da aliança. O texto reforça que esse juízo não pode ser ignorado pela comunidade:

> *wəʾim-haʿəlām yaʿəlîmû ʿam-hāʾāreṣ ʾeṯ-ʿêynêhem min-hāʾîš*
> "E se o povo da terra encobrir seus olhos e não punir o homem..." (Lv 20,4)

Aqui, fica claro que a santidade não pode ser mantida apenas pelo indivíduo ou pelo sacerdócio. A comunidade tem a responsabilidade de eliminar o pecado de seu meio. A omissão diante da transgressão equivale à cumplicidade, pois permite que a impureza se espalhe, ameaçando o próprio destino de Israel. Esse princípio será reafirmado nos profetas, como em Ezequiel 3,18, onde YHWH declara que a culpa do pecado recairá sobre aqueles que falham em advertir o ímpio. O capítulo então amplia a noção de idolatria e infidelidade espiritual, condenando aqueles que buscam necromantes e adivinhos:

> *wəhannēp̄eš ʾăšer tiṯṭēn ʾel-hāʾōḇōṯ wəʾel-hayyiddəʿōnîm liznōṯ ʾaḥărêhem wənātattî pānāy bannep̄eš hahîʾ wəhikratî ʾōtām mikkereḇ ʿammām*
> "E a alma que se voltar para os necromantes e adivinhos para se prostituir após eles, contra ela voltarei o meu rosto e a eliminarei do meio do seu povo" (Lv 20,6).

O uso do verbo *zānâ* (prostituir-se) para descrever a relação com necromantes e adivinhos demonstra que a idolatria não é apenas um erro teológico, mas uma infidelidade ativa a YHWH. Quem busca tais práticas não está apenas explorando curiosidade espiritual, mas está deliberadamente traindo Deus.

O termo *ʾōḇôṯ* (necromantes) refere-se a médiuns que afirmam se comunicar com os mortos, uma prática comum entre os cananeus e condenada repetidamente na Torá. *Yiddəʿōnîm* (adivinhos) são aqueles que consultam espíritos ou interpretam sinais ocultos. Ambas as práticas são consideradas formas de subversão da ordem divina, pois representam uma tentativa de obter poder e conhecimento fora da revelação de YHWH. A condenação dessas práticas se intensifica mais adiante:

> *wəʾîš ʾô-ʾiššâ kî-yihyê bām ʾôḇ ʾô-yiddəʿōnî mōt yûmātû bāʾāḇen yirəgāmûm dəmêhem bām*
>
> "Se um homem ou mulher for necromante ou adivinho, certamente morrerá; serão apedrejados, e seu sangue cairá sobre eles" (Lv 20,27).

Aqui, a punição é explícita e irrevogável. O caráter absoluto da santidade exige a erradicação de qualquer influência que possa corromper Israel. A aliança com YHWH não admite concorrência, e aqueles que persistem em desafiar Sua autoridade são considerados um perigo existencial para a comunidade.

A segunda seção de Levítico 20, iniciada no versículo 9, introduz um catálogo de crimes capitais, onde a santidade da comunidade se manifesta na severidade das punições impostas. As transgressões listadas não são meramente infrações individuais, mas rupturas fundamentais da ordem divina, ameaçando a estabilidade de Israel como povo santo. Diferentemente dos códigos legais modernos, que frequentemente buscam correções proporcionais e penas alternativas, a lógica da Torá não se baseia em um conceito humanista de justiça, mas em uma concepção teológica na qual cada pecado representa um ataque direto à relação entre Deus e Seu povo. O primeiro crime listado pode parecer extremo à sensibilidade moderna:

> *ʾîš ʾîš ʾăšer-yəqallēl ʾeṯ-ʾāḇîw wəʾet-ʾimmô mōt yûmāt*
>
> "Qualquer homem que amaldiçoar seu pai ou sua mãe certamente morrerá" (Lv 20,9).

A palavra qālal (amaldiçoar) pode significar insultar, desprezar ou tratar com desprezo. A Torá exige um nível absoluto de reverência para com os pais, pois essa relação reflete a própria relação de Israel com YHWH. Assim como a obediência aos mandamentos garante a bênção e a vida, a rejeição da autoridade parental é vista como uma rejeição do próprio Deus. A penalidade extrema sublinha que a desonra aos pais não é uma simples questão moral, mas um rompimento essencial da estrutura da aliança.

Os versículos seguintes tratam do adultério e das relações ilícitas dentro da família, muitas das quais já haviam sido mencionadas em Levítico 18. No entanto, a repetição aqui não é redundante. O foco desta seção não é apenas definir os pecados, mas reforçar o peso das penalidades. O adultério é tratado com total severidade:

> *ʾîš ʾăšer yinʾāp̄ ʾeṯ-ʾēšet ʾîš ʾăšer yinʾāp̄ ʾeṯ-ʾēšet rēʿēhû mōt yûmāt hannōʾēp̄ wəhannōʾepeṯ*
> “O homem que cometer adultério com a mulher de outro homem, aquele que cometer adultério com a mulher do seu próximo, certamente morrerá, tanto o adúltero quanto a adúltera” (Lv 20,10).

A ênfase na reciprocidade da punição (*hannōʾēp̄ wəhannōʾepeṯ*) indica que ambos os envolvidos são igualmente culpados. O adultério não é apenas uma traição conjugal, mas um ataque à ordem da comunidade, pois mina a confiança e desestrutura a unidade familiar. Esse princípio é reafirmado em textos posteriores, como Provérbios 6,32 e João 8,4-5, onde a seriedade do adultério permanece evidente.

A seguir, a Torá se volta para as relações incestuosas, reiterando que essas transgressões não apenas corrompem a intimidade familiar, mas profanam a santidade da comunidade.

> *wəʾîš ʾăšer yiškāḇ ʾeṯ-ʾēšet ʾāḇîw ʿerwāṯ ʾāḇîw gillâ mōt yûmātû šənêhem dəmêhem bām*
> “O homem que se deitar com a mulher de seu pai, expôs a nudez de seu pai; ambos certamente morrerão, seu sangue será sobre eles” (Lv 20,11).

A expressão "expor a nudez de seu pai" indica que essa relação não é apenas um pecado contra a madrasta, mas contra o próprio pai, pois a esposa é uma extensão da sua identidade dentro da estrutura familiar. Esse crime aparece, por exemplo, no caso de Rúben (Gn 35,22) e Absalão (2 Sm 16,22), sendo considerado uma usurpação do poder e da honra do pai. Outra condenação reforça a gravidade das relações entre membros diretos da família:

> *wəʾîš ʾăšer yiškāḇ ʾeṯ kallāṯô mōt yûmātû šənêhem ʿerwāṯām gillû dəmêhem bām*
> "O homem que se deitar com sua nora, ambos certamente morrerão; cometeram profanação, seu sangue será sobre eles" (Lv 20,12).

Aqui, a estrutura da geração familiar é ameaçada, pois essa relação mistura papéis e compromete a distinção entre pai, filho e esposa. A repetição da pena de morte destaca que essas relações não podem ser toleradas dentro de Israel. O texto também trata da homossexualidade masculina, reafirmando a condenação de Levítico 18,22:

> *wəʾîš ʾăšer yiškāḇ ʾeṯ-zāḵār miškəḇê ʾiššâ ṯôʿēḇâ ʿāśû šənêhem mōt yûmātû dəmêhem bām*
> "Se um homem se deitar com outro homem como se fosse mulher, ambos cometeram abominação; certamente morrerão, seu sangue será sobre eles" (Lv 20,13).

A ênfase no termo *ṯôʿēḇâ* (abominação) sugere que essa prática é vista como uma inversão da ordem natural estabelecida por Deus. No contexto levítico, o ato é condenado dentro da estrutura de pureza e separação de Israel das práticas pagãs. O próximo versículo trata da bestialidade, que também é punida com a pena capital:

> *wəʾîš ʾăšer-yitēn šəḵōḇtô bəbəhēmâ mōt yûmāt wəʾeṯ-habbəhēmâ tahărōgû*
> "Se um homem se deitar com um animal, certamente morrerá, e o animal também será morto" (Lv 20,15).

O fato de que até o animal deve ser morto mostra que essa prática não é apenas uma perversão moral, mas uma corrupção da ordem criada. A destruição total do transgressor e do animal garante que essa prática não deixe vestígios dentro da comunidade santa.

O texto prossegue reforçando as relações proibidas dentro da família, incluindo o incesto com tias e irmãs:

> *wəʾîš ʾăšer-yiqaḥ ʾeṯ-ʾăḥōṯô bat-ʾāḇîw ʾō-bat ʾimmô wərāʾâ ʾeṯ-ʿerwātāh wəhîʾ tirʾeh ʾeṯ-ʿerwātô ḥesed hûʾ wənəḵrətû ləʿênê bnê ʿammām ʿerwāṯ ʾăḥōṯô gillâ yiśśāʾ ʿăwōnô*
> "Se um homem tomar sua irmã, filha de seu pai ou de sua mãe, e vir sua nudez, e ela vir a dele, é coisa vergonhosa; serão eliminados à vista dos filhos do seu povo. Ele levou sobre si sua iniquidade" (Lv 20,17).

Diferente dos casos anteriores, aqui a pena não é a morte, mas a eliminação do meio da comunidade, sugerindo uma penalidade menor, mas ainda severa.

A partir do versículo 18, Levítico 20 continua a detalhar transgressões sexuais que violam a santidade da aliança, apresentando suas respectivas penalidades. Essas infrações não são meramente faltas individuais; cada uma delas ameaça a ordem social e espiritual da comunidade de Israel. A ênfase não está apenas na proibição, mas nas consequências, reforçando que a santidade não é uma abstração ética, mas um compromisso real com a aliança com YHWH. O primeiro crime listado nesta seção é o contato sexual durante o período menstrual:

> *wəʾîš ʾăšer-yiškāḇ ʾîšâ ḏaḇāṯ wəgillâ ʾeṯ-ʿerwātāh ʾeṯ-maqôrāh hēʿěrâ wəhîʾ gillətâ ʾeṯ-maqôr damāh wənəḵrəṯû šənêhem mikkereḇ ʿammām*
> "Se um homem se deitar com uma mulher menstruada e expuser sua nudez, descobriu sua fonte, e ela expôs a fonte de seu sangue; ambos serão eliminados do meio do seu povo" (Lv 20,18).

Essa interdição já havia sido mencionada em Levítico 15,24 e 18,19, mas agora é acompanhada de uma penalidade severa. O verbo *hēʿěrâ* (descobrir) sugere que essa transgressão é uma violação deliberada da pureza ritual. O sangue menstrual era visto na teologia levítica como um estado de impureza temporária, e manter relações sexuais durante esse período significava desconsiderar as ordens de separação estabelecidas por Deus. O castigo, a exclusão da comunidade, sublinha que essa impureza não é apenas individual, mas afeta toda a coletividade. O versículo seguinte trata de outra forma de incesto:

> *wə'erwāṯ 'ăḥōṯ 'immō wə'ăḥōṯ 'āḇîw lō' yəgallê kî 'eṯ-šə'êrô hē'ĕrâ yəśśā'û 'ăwōnām*
> "Não descobrirás a nudez da irmã de tua mãe nem da irmã de teu pai, pois expôs a sua própria carne; levarão sobre si sua iniquidade" (Lv 20,19).

O uso da expressão "expôs sua própria carne" reforça que o incesto não é apenas uma relação ilícita, mas um ataque à própria identidade familiar. Diferente de outras proibições nesta seção, a pena não é a morte, mas a responsabilidade pelo pecado. Isso sugere que, embora seja uma transgressão grave, não exige erradicação imediata, mas carrega consigo uma maldição que afetará a linhagem do transgressor. O versículo 20 apresenta uma condenação semelhante:

> *wə'îš 'ăšer-yiškāḇ 'eṯ-'ēšet 'āḥîw 'erwāṯ 'āḥîw gillâ 'ărîmmîm yihyû bənêhem lō'-ḥyû*
> "Se um homem se deitar com a mulher de seu irmão, expôs a nudez de seu irmão; ficarão sem filhos" *(Lv 20,20).*

Aqui, a punição não é a morte, mas a esterilidade, um castigo que, na tradição bíblica, equivale a uma sentença de extinção familiar. A frase "ficarão sem filhos" pode indicar uma maldição divina que impede a continuidade da linhagem, mostrando que a transgressão afeta as gerações futuras. No versículo 21, outra relação proibida é destacada:

> *wə'îš 'ăšer-yiqaḥ 'eṯ-'ēšet 'āḥîw ṯum'â hî' 'erwāṯ 'āḥîw gillâ 'ărqîm yihyû*
> "Se um homem tomar a mulher de seu irmão, isso é impureza; expôs a nudez de seu irmão; ficarão sem filhos" (Lv 20,21).

Essa proibição difere da Lei do Levirato (Deuteronômio 25,5-10), onde um homem era obrigado a casar com a viúva de seu irmão se ele morresse sem filhos. Aqui, no entanto, o caso refere-se a relações dentro de um casamento ainda existente, tornando-se um ato de traição e degradação da fraternidade.

A partir do versículo 22, o texto se volta para a dimensão cósmica da obediência, enfatizando que a fidelidade a YHWH não é apenas um requisito religioso, mas uma condição para permanecer na Terra Prometida:

> *ûšəmartem ʾeṯ-kāl-ḥuqqōṯay wəʾeṯ-kāl-mišpāṭay*
> *wəʿăśîṯem ʾōṯām wəlōʾ-taqîʾeṯkem hāʾāreṣ ʾăšer-ʾănî mēḇî*
> *ʾeṯkem šām lāššēḇeṯ bāh*
> "Guardareis todos os meus estatutos e todos os meus juízos e os cumprireis, para que a terra para onde vos trago não vos vomite" (Lv 20,22).

Aqui, a terra se torna um agente da justiça divina. A imagem de a terra "vomitar" seus habitantes sugere que a obediência não é apenas uma questão moral, mas um fator determinante para a sobrevivência nacional. Israel não pode se comportar como as nações que YHWH expulsou da terra prometida; caso contrário, sofrerá o mesmo destino. Essa ideia é reforçada no versículo seguinte:

> *wəlōʾ-tēləḵû bəḥuqqōṯ haggôy ʾăšer-ʾănî məšalleaḥ*
> *mip̄nêḵem kî ʾeṯ-kāl-ʾēlleh ʿāśû wəʾāqûṭ bām*
> "Não seguireis os estatutos das nações que expulso de diante de vós, pois fizeram todas estas coisas, e por isso as detestei" (Lv 20,23).

O verbo *ʾāqûṭ* (detestar) sugere um rechaço absoluto. As práticas das nações cananeias não são apenas "erradas"; elas são repulsivas aos olhos de Deus. Israel, portanto, deve evitar qualquer assimilação cultural ou moral que possa contaminá-lo. O chamado à separação é reafirmado no versículo 24:

> *wəʾomar lāḵem ʾattem tiyrəšû ʾeṯ-ʾăḏāmāṯām wəʾăni ʾetnennāh lāḵem lərēšəṯāh ʾereṣ zāḇaṯ ḥālāḇ ûḏəḇāš ʾăni YHWH ʾĕlōhêḵem ʾăšer-hibdaltî ʾeṯḵem min-hăʿămmîm*
> "E eu vos disse: 'Possuireis a sua terra, e eu vo-la darei para possuí-la, terra que mana leite e mel'. Eu sou YHWH, vosso Deus, que vos separei dos povos" (Lv 20,24).

A separação de Israel das nações não é um detalhe secundário, mas a base da aliança. O chamado à santidade não é apenas um ideal espiritual, mas uma exigência concreta que garante a bênção e a posse da terra. O capítulo se aproxima do fim reforçando que a distinção entre puro e impuro se aplica a todos os aspectos da vida:

> *wəhiṯqăḏištəm wihyîṯem qəḏōšîm kî ʾănî YHWH ʾĕlōhêḵem*
> "E vos consagrareis e sereis santos, pois eu sou YHWH, vosso Deus" (Lv 20,26).

Ser santo significa separar-se das práticas corruptas do mundo e se conformar à vontade de Deus. O código de santidade não se li mita ao culto; ele abrange cada aspecto da vida, definindo Israel como um povo escolhido para refletir a glória de YHWH.

## Capítulo 21

Levítico 21 estabelece um padrão elevado de santidade para os sacerdotes, refletindo seu papel especial dentro da estrutura de Israel. Se todo o povo é chamado a ser santo, os sacerdotes, como mediadores entre Deus e a nação, devem manter uma santidade ainda mais rigorosa. Este capítulo não apenas define as restrições que governam a vida sacerdotal, mas revela a natureza perigosa e exigente da santidade de YHWH. A proximidade com o divino não pode ser tratada com leviandade; ela demanda separação absoluta do profano. O primeiro bloco de restrições trata do contato com os mortos, um tema central no conceito de pureza ritual. Enquanto um israelita comum pode se tornar impuro ao tocar um cadáver e depois passar por um processo de purificação, o sacerdote deve evitar qualquer envolvimento com a morte, pois a morte pertence ao domínio do impuro.

> *lənepeš lōʾ yiṭṭammāʾ bəʿammāyw*
> "Por um morto, não se contaminará entre o seu povo" (Lv 21,1).

Essa proibição reflete a natureza da função sacerdotal. O sacerdote não pode ser dominado pelo contato com a morte, pois sua vida pertence ao santuário, ao espaço da vida e da ordem divina. A única exceção são seus parentes mais próximos:

> *kî ʾim-lišʾērô hakkārōḇ ʾēlāyw*
> "Somente por um parente próximo poderá contaminar-se" (Lv 21,2).

A lista de exceções inclui mãe, pai, filho, filha e irmão, mas exclui explicitamente a esposa, o que sugere que a identidade sacerdotal está mais ligada à linhagem de sangue do que à aliança conjugal. Isso reforça a ideia de que a função sacerdotal transcende os laços comuns da sociedade e até mesmo do casamento. A partir do versículo 5, a separação dos sacerdotes é contrastada com as práticas fúnebres dos povos vizinhos:

> *lōʾ yəqrəḥû qōrḥâ barōʾšām ûp̄eʾaṯ zəqānām lōʾ yəgallēḥû ûbəśārām lōʾ yiśrəṭû śārēṭet*
> "Não raparão a cabeça, nem apararão as extremidades da barba, nem farão incisões na carne" (Lv 21,5).

Essas práticas não eram apenas expressões de luto, mas rituais pagãos associados ao culto aos mortos e à comunicação com espíritos. O sacerdote não pode imitar as nações; ele deve permanecer um sinal visível da separação de Israel. A justificativa aparece no versículo 6:

> *qəḏōšîm yihyû ləʾĕlōhêhem wəlōʾ yḥalləlû šēm ʾĕlōhêhem kî ʾeṯ-ʾiššê YHWH lĕḥem ʾĕlōhêhem hēm maqrîḇîm wəhāyû qōḏēš*

> "Serão santos para seu Deus e não profanarão o nome do seu Deus, pois são eles que oferecem os sacrifícios queimados a YHWH, o pão do seu Deus; portanto, serão santos" (Lv 21,6).

A santidade do sacerdócio não é uma qualidade opcional; ela é um requisito ontológico, uma identidade que não pode ser comprometida sem afetar todo o sistema de culto. Um sacerdote impuro não apenas se desqualifica, mas compromete o próprio altar. Esse princípio se estende às restrições matrimoniais impostas aos sacerdotes. A Torá proíbe que um sacerdote se case com uma mulher que tenha sido prostituta (*zōnâ*), divorciada (*gərûšâ*) ou desonrada de qualquer forma:

> *ʾîšâ zōnâ ûḥallālā lōʾ yiqqaḥû wəʾîšâ gərûšâ mēʾîšāh lōʾ yiqqaḥû kî-qāḏôš hû lĕʾĕlōhāyw*
> "Não tomará mulher prostituta ou desonrada, nem mulher divorciada, pois ele é santo para o seu Deus" (Lv 21,7).

A santidade sacerdotal se estende ao casamento, pois o sacerdote representa a pureza do santuário. Ele não pode se unir a uma mulher que tenha um histórico de relações fora do padrão da pureza levítica. A pureza sexual não é uma questão de moralidade individual, mas um reflexo da ordem divina. Esse princípio se torna ainda mais rigoroso no caso do sumo sacerdote, que deve manter um nível absoluto de pureza:

> *wəhakkōhēn haggādôl mēʾeḥāyw ʾăšer-yūḏaq ʾeṯ-rōʾšô baš-šemān hammišḥâ wəmillaʾ ʾeṯ-yāḏô lilbōš ʾeṯ-habbəḡāḏîm ʾeṯ-rōʾšô lōʾ yəp̄arāʿ ûbəḡāḏāyw lōʾ yifraṭṭēʿ*
> "O sumo sacerdote, aquele entre seus irmãos sobre cuja cabeça foi derramado o óleo da unção e que foi consagrado para vestir as vestes sagradas, não descobrirá sua cabeça nem rasgará suas vestes" (Lv 21,10).

A expressão "descobrir a cabeça e rasgar as vestes" era um gesto tradicional de luto. O sumo sacerdote, no entanto, não pode sequer demonstrar sinais externos de tristeza, pois sua função é exclusivamente ligada ao santuário. Ele está totalmente consagrado a YHWH.

Além disso, suas restrições matrimoniais são ainda mais rigorosas:

> *wəhûʾ ʾîšâ bivtûlêyhâ yiqqaḥ*
> "Tomará por esposa uma mulher virgem" (Lv 21,13).

Enquanto um sacerdote comum podia se casar com uma viúva, o sumo sacerdote só pode se casar com uma virgem, garantindo que sua linhagem permaneça completamente separada de qualquer contaminação. Essa exigência reflete a necessidade de pureza absoluta em quem representa toda a nação perante Deus. O ponto mais delicado de Levítico 21 surge nos versículos 16 a 23, onde se determina que nenhum sacerdote com defeito físico pode ministrar no altar. Essa restrição pode parecer dura à sensibilidade moderna, mas dentro da teologia levítica, a integridade do sacerdote reflete a perfeição do culto. O altar é o lugar onde a ordem divina se manifesta, e qualquer imperfeição é vista como um vestígio do caos que ameaça essa santidade. A instrução começa com a declaração divina a Moisés:

> *wayədabbēr YHWH ʾel-Mōšeh lēʾmōr*
> "E YHWH falou a Moisés, dizendo" (Lv 21,16).

O padrão de pureza física é então estabelecido:

> *ʾîš ʾîš mizzeraʿ ʾAhărōn hakkōhēn ʾăšer yihyê bô mūm lōʾ yiqraḇ ləhaqrîḇ ʾeṯ-leḥem ʾĕlōhāyw*
> "Nenhum homem da descendência de Arão, o sacerdote, que tiver defeito, se aproximará para oferecer o pão de seu Deus" (Lv 21,17).

A expressão "pão de seu Deus" refere-se às ofertas sacrificiais, que sustentavam o sistema de culto. O sacerdote não é apenas um indivíduo, mas um representante da perfeição do culto. A presença de um defeito físico indicava, na visão levítica, uma ruptura na ordem criada, algo que não podia ser refletido no altar de YHWH. A lista de imperfeições que desqualificam um sacerdote inclui:

- Cegueira (*ʿiwwēr*)
- Claudicação (*piśśēaḥ*)
- Membros quebrados (*ḥărūm ou šāḇār raglô*)
- Nanismo ou deformidade corporal (*qātōwr*)
- Corcundez (*gibēn*)
- Doenças oculares ou problemas de pele (*ṯəballul bəʿênô ou garab*)

Cada uma dessas condições não é um problema moral, mas uma incompatibilidade com a função sacerdotal. O sacerdote deve ser um modelo visível da ordem divina. No pensamento levítico, qualquer forma de imperfeição material aponta para a corrupção do mundo caído, e o culto deve refletir não a realidade da queda, mas a esperança da restauração. No entanto, o texto não exclui esses homens da vida sacerdotal por completo. Eles ainda têm direito às ofertas sagradas, mesmo que não possam ministrar no altar:

> *leḥem ʾĕlōhāyw miqqōḏāšîm haqqŏdāšîm ûmin-hāqōḏāšîm yōʾḵal*
> "O pão de seu Deus, das coisas santíssimas e das coisas sagradas, ele poderá comer" (Lv 21,22).

Isso significa que, embora não possam oferecer sacrifícios, eles ainda pertencem ao sacerdócio e compartilham de seus privilégios. A limitação imposta não é uma rejeição da sua dignidade, mas uma separação simbólica necessária para manter a integridade do santuário. O capítulo se encerra reafirmando a centralidade da santidade no culto:

> *wəlōʾ yḥalləlû ʾeṯ-šēm qəḏāšay*
> "E não profanarão o meu nome santo" (Lv 21,23).

Essa afirmação vai além de um regulamento disciplinar. A santidade sacerdotal não é opcional; ela é o eixo que sustenta toda a relação entre YHWH e Israel. Se o sacerdote se desvia, o culto se torna inválido. Se o culto se torna inválido, a presença divina se afasta. Se a presença divina se afasta, Israel perde sua identidade.

O sacerdote ocupa um lugar liminar, uma fronteira viva entre o profano e o sagrado, entre a vida e a morte, entre Israel e Deus. Ele não pode ser como os outros, não pode viver como os outros. Sua vida é um lembrete contínuo de que YHWH habita no meio do Seu povo, e essa habitação exige nada menos do que perfeição.

## Capítulo 22

Levítico 22 aprofunda as exigências impostas ao sacerdócio e amplia a santidade que rege o culto em Israel. Se o capítulo anterior enfatizava a pureza do próprio sacerdote, este capítulo trata tanto da condição do ofertante quanto da qualidade dos sacrifícios, estabelecendo que nada impuro pode se aproximar do altar. A santidade de YHWH não é um conceito abstrato, mas uma realidade concreta que exige separação absoluta. O culto não é um direito, mas um privilégio reservado àqueles que preservam a pureza exigida por Deus.

A ordem inicial reforça a necessidade de separação dos sacerdotes em relação às ofertas sagradas:

> *ṣaw ʾeṯ-ʾAhărōn wəʾet-bānāyw wəyināzərû miqqodšê bənê-yiśrāʾēl wəlōʾ yḥalləlû ʾeṯ-šēm qodšî ʾăšer hēm maqdîšîm lî ʾănî YHWH (Lv 22,2)*
> "Ordena a Arão e a seus filhos que se abstenham das coisas santas dos filhos de Israel e não profanem o meu santo nome naquilo que me santificam; Eu sou YHWH."

O verbo *yināzərû* (abster-se, separar-se), derivado de nazar, indica que a santidade não é apenas um estado, mas uma disciplina ativa. A proximidade com o sagrado exige vigilância contínua. O sacerdote não pode tratar as ofertas santas como um bem comum, pois fazê-lo profanaria o nome de YHWH, minando a relação entre Deus e Israel. Essa vigilância se manifesta de forma concreta na proibição de que um sacerdote impuro coma das ofertas sagradas:

> *ʾîš mizzeraʿ ʾAhărōn wəhûʾ ṣārûaʿ ʾô-zāḇ băqqodāšîm lōʾ yəʾḵal ʿaḏ-ʾăšer yiṭṭahar*

> "Nenhum homem da descendência de Arão, que for leproso ou tiver fluxo, comerá das coisas sagradas, até que esteja puro" (Lv 22,4).

Aqui, a impureza individual do sacerdote não é apenas um problema pessoal, mas uma ameaça à integridade do culto. Se um sacerdote impuro se alimentar das ofertas sagradas, ele contamina todo o sistema sacerdotal, impedindo que o santuário funcione como o espaço onde YHWH habita e onde Israel encontra expiação. Além disso, o contato com a morte também desqualifica o sacerdote temporariamente:

> *wəhanōgēaʿ bəkāl-ṭāmēʾ nɛp̄eš ʾô-bəʾîš ʾăšer-tēṣēʾ mimmēnû šikaḇat-zeraʿ*
> "Aquele que tocar qualquer coisa impura, seja um cadáver, seja um homem com fluxo seminal, estará impuro" (Lv 22,4).

Isso reafirma a ideia de que o sacerdócio representa a vida e não pode estar associado à morte. A impureza não é um defeito moral, mas um sinal do mundo caído, algo incompatível com a ordem sagrada do culto. A exclusividade da santidade sacerdotal se manifesta também na restrição sobre quem pode comer das ofertas:

> *wəkāl-zār lōʾ yōʾḵal-qōdeš*
> "Nenhum estrangeiro comerá das coisas sagradas" (Lv 22,10).

Aqui, o termo zār não se refere apenas a um gentio, mas a qualquer um que não faça parte da linhagem sacerdotal. Comer do alimento consagrado não é uma mera nutrição, mas um ato de participação na santidade do culto. Quem não pertence à ordem sacerdotal não pode ser incluído nesse círculo sagrado.

Levítico 22,14-19 marca a transição da pureza sacerdotal para a pureza dos sacrifícios, reiterando que tudo o que se aproxima de YHWH deve ser irrepreensível. O texto estabelece que não apenas os sacerdotes precisam estar ritualmente puros para ministrar no santuário, mas também os animais oferecidos devem estar isentos de qualquer defeito. A lógica levítica aqui é consistente: o sagrado não pode ser manchado pelo imperfeito. O texto começa com uma regulamentação sobre quem pode comer das ofertas sagradas e as consequências para aqueles que as ingerem indevidamente:

> *wəʾîš kî-yəʾkal qōdeš bəšəgāgâ wəyāsap̄ ḥămîšîṯô ʿālāyw wənātan laKōhēn ʾeṯ-haqōdeš*
> "Se alguém comer uma oferta sagrada por engano, acrescentará a ela um quinto e a dará ao sacerdote como oferta sagrada" (Lv 22,14).

A ênfase aqui não está apenas na penalidade do acréscimo de um quinto (*ḥămîšîṯô*), mas na seriedade da santidade das ofertas. O alimento sagrado não pode ser tratado como um bem comum; ele pertence ao domínio do sagrado e não pode ser consumido sem a devida autorização e pureza. O versículo seguinte reforça essa separação:

> *wəlōʾ yəḥalləlû ʾeṯ-qodšê bənê-yiśrāʾēl ʾăšer-yarîmû laYHWH*
> "E não profanarão as coisas santas dos filhos de Israel, que apresentam a YHWH" (Lv 22,15).

Aqui, o verbo *yəḥalləlû* (profanar) indica que qualquer uso indevido das ofertas compromete a santidade do culto. Israel deve compreender que aquilo que é entregue a Deus não pode retornar à esfera comum sem que a sacralidade seja violada.

A partir do versículo 17, a legislação se volta para os sacrifícios propriamente ditos:

> *wayədabbēr YHWH ʾel-Mōšeh lēʾmōr*
> "E YHWH falou a Moisés, dizendo" (Lv 22,17).

Essa introdução formal indica um novo bloco de instruções, agora dirigidas não apenas aos sacerdotes, mas a todo o povo.

> *ʾîš ʾîš mibbêt-yiśrāʾēl ûmin-haggēr bəyiśrāʾēl ʾăšer-yaqrîḇ qorbānô ləkāl-nidərêhem wələkāl-nidḇōṯām ʾăšer-yaqrîḇu laYHWH ləʿōlâ*

> "Qualquer homem da casa de Israel ou dos estrangeiros em Israel, que apresentar sua oferta de sacrifício, seja para um voto ou uma oferta voluntária, deve trazer um macho sem defeito para ser aceito" (Lv 22,18).

O uso da palavra tāmîm (sem defeito, perfeito) no versículo 19 estabelece que apenas animais sem mácula podem ser oferecidos a YHWH:

> *lərəṣōnḵem tāmîm zāḵār*
> "Para que seja aceito, deve ser um macho sem defeito" (Lv 22,19).

Essa exigência se baseia em um princípio central do culto levítico: o que é oferecido a Deus deve refletir a perfeição do próprio Deus. Assim como os sacerdotes precisam ser íntegros para ministrar no altar, os sacrifícios precisam estar isentos de qualquer mancha ou deformidade. Um animal imperfeito não é simplesmente um sacrifício inadequado, mas uma afronta ao princípio da santidade. A oferta não pode ser vista como uma mera transação religiosa; ela deve ser um reflexo da reverência absoluta diante de YHWH.

Levítico 22,20-33 estabelece os princípios finais sobre a qualidade dos sacrifícios e a responsabilidade de Israel em manter a santidade do culto. A exigência de que os sacrifícios sejam perfeitos, sem defeito, não é meramente uma questão estética ou formalista, mas um princípio teológico profundo: o que se apresenta diante de YHWH deve ser digno Dele. A restrição é categórica:

> *kol-'ăšer-bô-mūm lō' taqrîḇû*
> "Qualquer coisa que tenha defeito, não a oferecereis" (Lv 22,20).

A lista de imperfeições que desqualificam um animal sacrificial inclui:

- Cegueira (*'iwwēr*)
- Fraturas ou ossos quebrados (*šāḇār*)

- Feridas abertas ou infecções (*yāḇāl*)
- Malformações ou anomalias

A lógica desse rigor é que YHWH é perfeito, e tudo o que se aproxima Dele deve espelhar essa perfeição. Um sacrifício defeituoso não apenas desonra a Deus, mas compromete a própria estrutura do culto, pois indica uma atitude de indiferença para com a exigência divina. A oferta não é um ato mecânico; ela representa a vida daquele que a oferece. Apresentar um animal imperfeito não é apenas uma negligência ritual, mas uma afronta ao próprio conceito de sacrifício, pois revela um coração que não busca verdadeiramente a comunhão com YHWH. Além da qualidade do sacrifício, o tempo em que ele pode ser oferecido também é regulamentado:

> *mi-yôm haššəmiṯṭāh wəhālā' yērāṣeh ləqorbān 'iššê laYHWH*
> "Do oitavo dia em diante, será aceito como oferta de sacrifício queimado a YHWH" (Lv 22,27).

Esse requisito, de que um bezerro, cordeiro ou cabrito deve ter pelo menos sete dias de vida antes de ser sacrificado, reforça a associação entre sacrifício e completude. O número sete, ligado à plenitude e ordem divina, indica que apenas aquilo que atingiu um estado completo e funcional pode ser oferecido no altar. Outra restrição reforça o respeito pela ordem da criação e pela relação entre a vida e o Criador:

> *wəšōr 'ô-keseḇ 'ô-'ēz 'ōṯô wə'eṯ-bənô lō' tišḥaṭû bəyôm 'eḥāḏ*
> "Um boi, cordeiro ou cabrito, a ele e a seu filho, não os imolareis no mesmo dia" (Lv 22,28).

Esse mandamento se afasta da lógica sacrificial pragmática e entra no campo da ética da criação. O sacrifício não pode ser um ato brutal e insensível; deve ser uma expressão de reverência, não apenas a Deus, mas também à vida que Ele criou. Esse princípio se repete em Deuteronômio 22,6-7, na proibição de tomar a mãe e os ovos do ninho ao mesmo tempo, reforçando que a santidade se manifesta também no respeito pela ordem natural. O capítulo se encerra com um chamado à obediência e à reverência:

> *wəšəmartem miṣwōṯay wəʿăśîṯem ʾōṯām ʾănî YHWH*
> "Guardareis os meus mandamentos e os cumprireis; Eu sou YHWH" (Lv 22,31).

Essa frase não é apenas um lembrete legal, mas um apelo teológico profundo. A relação de Israel com Deus não se baseia apenas em regulamentos, mas na fidelidade à aliança. A santidade do culto não é um fim em si mesma; ela é o meio pelo qual Israel expressa sua consagração a YHWH. O versículo final amarra o chamado à santidade com o próprio Êxodo:

> *hammôṣîʾ ʾeṯkem mēʾereṣ-miṣrayim ləhəyōṯ lākem lēʾĕlōhîm ʾănî YHWH*
> "Eu que vos tirei da terra do Egito para ser vosso Deus; Eu sou YHWH" (Lv 22,33).

A libertação do Egito não foi apenas um ato histórico, mas um ato de santificação. Deus não apenas libertou Israel, mas o separou para Si. A santidade exigida no culto não é um detalhe ritualístico, mas a marca distintiva de um povo que pertence a YHWH.

Levítico 22, portanto, não apenas reforça os padrões do sacrifício e da pureza sacerdotal, mas coloca a obediência e a santidade no coração da identidade de Israel. O culto não é um dever formalista, mas uma expressão da aliança viva entre Deus e Seu povo.

## Capítulo 23

Levítico 23 desloca a santidade do espaço para o tempo, estabelecendo um calendário sagrado no qual Israel se alinha à ordem divina não apenas pelo culto no santuário, mas também pelo reconhecimento de que o tempo pertence a YHWH. O capítulo apresenta a estruturação das "convocações sagradas" (*miqrāʾê qōḏeš*), momentos nos quais a rotina do trabalho é suspensa para que Israel se reconecte com seu Deus. O calendário religioso não é um mero conjunto de festividades culturais, mas um marcador teológico da identidade de Israel, uma forma de organizar a vida segundo a aliança e relembrar constantemente a separação entre o profano e o sagrado. O capítulo inicia-se com a ordem divina a Moisés:

> *wayədabbēr YHWH ʾel-Mōšeh lēʾmōr dabbēr ʾel-bənê yiśrāʾēl wəʾāmartā ʾălêhem môʿădê YHWH ʾăšer tiqrəʾû ʾōṯām miqrāʾê qōḏeš ʾēlleh hēm môʿăday*
> "E YHWH falou a Moisés, dizendo: 'Fala aos filhos de Israel e dize-lhes: As festas fixas de YHWH, que proclamareis como santas convocações, estas são as minhas festas'" (Lv 23,1-2).

O uso do termo *môʿădê* YHWH (tempos designados por YHWH) indica que o calendário sagrado não é invenção humana, mas uma revelação divina que organiza a vida de Israel de acordo com a vontade de Deus. Assim como o espaço do santuário precisava ser resguardado da impureza, o tempo também exige delimitação. A primeira convocação sagrada mencionada não é uma festa sazonal, mas o sábado (*šabbāt*), que funciona como o eixo do calendário sagrado:

> *šēšet yāmîm tēʿāśê məlāʾkâ ûbayyôm haššəbîʿî šabbāt šabbātôn miqrāʾ-qōḏeš*
> "Seis dias se trabalhará, mas no sétimo dia haverá um sábado de descanso completo, uma convocação sagrada" (Lv 23,3).

Diferente das demais festas, que estão ligadas ao ciclo agrícola e às estações do ano, o sábado não depende do calendário natural. Ele é um lembrete contínuo do ritmo divino da criação, uma marca da soberania de YHWH sobre o tempo. A separação entre os seis dias de trabalho e o descanso no sétimo reflete a estrutura cósmica estabelecida em Gênesis 1-2, reafirmando que Israel não pode tratar o tempo de forma arbitrária. Depois do sábado, o texto passa às festas anuais, começando pela Páscoa (*Pesaḥ*) e a Festa dos Pães Ázimos (*Maṣṣôt*):

> *bərîšôn bəʾarbaʿâ ʿāśār laḥōḏeš bēyn hāʿarəbāyim pesaḥ laYHWH*

> “No primeiro mês, no dia catorze do mês, entre as duas tardes, é a Páscoa para YHWH” (Lv 23,5).

A Páscoa não é apenas uma data histórica; ela é a memória fundadora da identidade de Israel. Esse dia não é apenas um evento ritual, mas uma reencenação do Êxodo, o momento em que YHWH redimiu Seu povo. Cada geração que celebra a Páscoa revive a noite da libertação, reafirmando que a existência de Israel está inextricavelmente ligada à graça divina. A Páscoa não é isolada, mas conduz diretamente à Festa dos Pães Ázimos, que dura sete dias:

> *šibʿat yāmîm maṣṣōt tōʾkēlû*
> “Sete dias comereis pães ázimos” (Lv 23,6).

O fermento, associado ao Egito e à antiga escravidão, deve ser totalmente removido. A ausência de fermento não é apenas uma exigência alimentar, mas um símbolo de separação entre a antiga vida no Egito e a nova realidade da aliança. Israel não pode carregar vestígios da opressão; a Páscoa e os Pães Ázimos são um corte radical entre o passado e o futuro. A primeira e a última data dessa semana são convocações sagradas nas quais nenhum trabalho pode ser feito:

> *bayyôm hāriʾšôn miqrāʾ-qōḏeš yihyê lāḵem wəbayyôm haššəbîʿî miqrāʾ-qōḏeš*
> “No primeiro dia haverá para vós uma convocação sagrada, e no sétimo dia uma convocação sagrada” (Lv 23,7-8).

A transição entre o tempo comum e o tempo sagrado é clara: a rotina da vida cotidiana deve ser suspensa para que Israel dedique esse tempo a YHWH. A terceira convocação é a Festa das Primícias (*Bikkūrîm*), ligada ao início da colheita da cevada. Esse rito é estabelecido com a seguinte instrução:

> *wəhēnîp̄ ʾet-hāʿōmer ləp̄nê YHWH lərəṣōnəḵem*
> “E moverá o feixe diante de YHWH, para que sejais aceitos” (Lv 23,11).

O sacerdote deveria apresentar um feixe da primeira colheita e movê-lo diante de YHWH, um gesto que simbolizava a oferta daquilo que pertence primeiramente a Deus. Antes que qualquer um pudesse desfrutar da colheita, Israel deveria reconhecer que tudo vem da aliança com YHWH. Esse princípio é reforçado pelo mandamento:

> *wəleḥem wəqālî wəkarmel lōʾ tōʾḵəlû ʿaḏ-ʾeṣem hayyôm hazzeh ʿaḏ-hăḇîʾăḵem ʾet-qorbān ʾĕlōhêkem*
> "E pão, grãos tostados e espigas novas não comereis até este mesmo dia, até que tenhais trazido a oferta do vosso Deus" (Lv 23,14).

A santidade do tempo aqui se expressa como um princípio de gratidão e dependência. Israel não pode consumir os frutos da terra sem antes reconhecê-los como dádiva divina. A Festa das Primícias prefigura uma lógica de dedicação total: a primeira porção sempre pertence a Deus. Mais tarde, essa ideia se expandirá para o conceito dos dízimos e ofertas.

Levítico 23,1-11, portanto, redefine o tempo como um espaço sagrado, onde Israel é chamado a parar, lembrar e oferecer a Deus o que Lhe pertence. O sábado e as festas são marcadores espirituais, momentos nos quais Israel se reconecta com sua história, sua identidade e sua vocação de santidade. A santidade do tempo é a marca de um povo que não pertence ao fluxo natural da história, mas à narrativa divina da aliança. A Festa das Semanas (*Šāḇūʿōṯ*) ocupa um lugar especial no ciclo agrícola e litúrgico de Israel. Celebrada cinquenta dias após a Festa das Primícias, essa festa marca o encerramento da colheita do trigo, consolidando a relação entre a provisão divina e a fidelidade do povo à aliança. O texto determina a principal oferta dessa festividade:

> *mimmôšəḇōṯêḵem tāḇîʾû leḥem tənûpâ šətayim*
> "De vossas habitações trareis dois pães movidos" (Lv 23,17).

Diferente dos Pães Ázimos da Páscoa, que simbolizavam a pressa da libertação e a rejeição dos elementos do Egito, os dois pães fermentados apresentados na Festa das Semanas simbolizam a plenitude da bênção na terra prometida. O fermento, antes proibido, agora é incorporado ao culto, sinalizando que Israel não está mais em transição, mas estabelecido na terra que Deus prometeu. O número cinquenta, que separa essa festa da Festa das Primícias, não é acidental. Ele representa completude, renovação e libertação (como no Ano do Jubileu, Lv 25,10). Dessa forma, *Šāḇūʿōṯ* não é apenas um festival agrícola, mas um marco da continuidade da aliança, um momento de ação de graças pela fidelidade divina. O ciclo das festas de outono começa com o Dia das Trombetas (Yôm *Tərûʿâ*), celebrado no primeiro dia do sétimo mês. Diferente das festas anteriores, ligadas à colheita, esse dia inaugura um período de introspecção e preparação espiritual. O texto o define assim:

> *yiḥyeh lākem šabbātôn zikkārôn tərûʿâ miqrāʾ-qōḏeš*
> "Será para vós um sábado, memorial de toque de trombetas, uma convocação sagrada" (Lv 23,24).

O toque das trombetas tinha múltiplos significados em Israel: ele convocava o povo para a guerra, para a reunião da congregação e para a presença de Deus no santuário (Nm 10,1-10). Aqui, no contexto do sétimo mês, ele introduz um período de reflexão e arrependimento, preparando a comunidade para o Dia da Expiação (*Yôm Kippūr*) – celebrado no décimo dia do sétimo mês – descrito em termos solenes:

> *ʾak bəʿāśôr laḥōḏeš haššəbîʿî hazzeh yôm hakkippurîm hûʾ*
> "Aos dez dias deste sétimo mês, é o Dia da Expiação" (Lv 23,27).

Esse dia não é festivo, mas penitencial. Diferente das demais celebrações, que envolvem alegria e oferendas de gratidão, Yôm Kippūr é um tempo de jejum, confissão e purificação. O mandamento central exige que Israel "aflija sua alma" (*ʿinnî nepeš*), o que, na tradição judaica, foi interpretado como um dia de jejum e arrependimento nacional. Aqui, o tempo sagrado se torna tempo de reconciliação, um momento no qual Israel deve reconhecer seus pecados, renovar a aliança e garantir a continuidade da presença de YHWH no meio do povo. O sétimo mês, portanto, não apenas encerra o ciclo agrícola, mas marca um novo começo espiritual, reafirmando que a relação entre Deus e Israel deve ser continuamente restaurada e fortalecida.

A Festa dos Tabernáculos (*Sukkôt*) encerra o ciclo das festas anuais e representa a culminação da peregrinação espiritual de Israel ao longo do ano litúrgico. Celebrada no décimo quinto dia do sétimo mês e durando sete dias, essa festa combina alegria, gratidão e memória histórica, reunindo elementos agrícolas e teológicos para reafirmar a relação entre YHWH e Seu povo. A prescrição básica do festival é clara:

> *bəsukkōṯ tēšəḇû šibʿat yāmîm*
> “Em tendas habitareis sete dias” (Lv 23,42).

Aqui, o tempo se transforma em espaço, pois Israel abandona suas casas fixas e habita temporariamente em tendas, reencenando os anos de peregrinação no deserto. Esse ato não é um mero ritual de lembrança, mas uma experiência concreta da dependência de YHWH. O povo deve recordar que a terra não é um direito adquirido, mas um dom da aliança. A festa começa no dia quinze do sétimo mês, logo após o Dia da Expiação, e é estabelecida como um tempo de alegria e celebração:

> *baḥāmîšâ ʿāśār yôm laḥōḏeš haššəbîʿî bəʾāspəḵem ʾet-təbûʾaṯ hāʾāreṣ taḥōgû ḥaḡ laYHWH šibʿat yāmîm*
> “No décimo quinto dia do sétimo mês, quando tiverdes recolhido os produtos da terra, celebrareis uma festa a YHWH por sete dias” (Lv 23,39).

Sukkôt marca o fim do ciclo agrícola, um tempo em que Israel se regozija pelas colheitas e reconhece que tudo provém da fidelidade de Deus. A ligação entre colheita e celebração reforça que o sustento da terra não pode ser separado da aliança. Além de habitar em tendas, Israel deve realizar uma cerimônia simbólica com ramos de árvores:

> *ûləqaḥətəm lāḵem bayyôm hāriʾšôn pərî ʿēṣ-hāḏār kappōṯ təmārîm wəʿănpēʾ ʿēṣ-ʿāḇōṯ wəʿărbē-nāḥal wəśamaḥtem ləp̄nê YHWH ʾĕlōhêḵem šibʿat yāmîm*

> "E tomareis para vós, no primeiro dia, o fruto de árvores formosas, ramos de palmeiras, ramos de árvores frondosas e salgueiros do ribeiro, e vos alegrareis perante YHWH, vosso Deus, por sete dias" (Lv 23,40).

Essa prática, conhecida na tradição judaica como os Quatro Espécies (*'Arba'at haMinîm*), reflete a relação entre a criação e o culto, unindo elementos da natureza ao louvor a Deus. A alegria de *Sukkôt* não é apenas individual, mas comunitária, um momento de regozijo pela fidelidade de YHWH e pela renovação da aliança. A festa dura sete dias, com um oitavo dia adicional, chamado "assembleia solene" (*'aṣereth*):

> *bayyôm haššəmînî miqrā'-qōḏeš yihyê lāḵem*
> "No oitavo dia, tereis uma convocação sagrada" (Lv 23,36).

Esse dia extra simboliza plenitude e conclusão, encerrando não apenas *Sukkôt*, mas o ciclo anual das festas. O capítulo termina reafirmando a importância do calendário sagrado como um ordenamento divino:

> *'ēlleh mô'ădê YHWH 'ăšer-tiqrə'û 'ōṯām miqrā'ê qōḏeš*
> "Estas são as festas fixas de YHWH, que proclamareis como santas convocações"(Lv 23,37).

A Festa dos Tabernáculos encapsula toda a jornada espiritual de Israel. Ela reafirma a dependência de Deus, a gratidão pela terra e a continuidade da aliança. No final do ano sagrado, Israel não apenas olha para trás, mas também para frente, renovando sua confiança em YHWH como sustentador da vida e da história.

## Capítulo 24

Levítico estabelece um deslocamento sutil, mas crucial, no discurso da *Lei da Santidade*. Após tratar da santificação do tempo em Levítico 23, o texto agora retorna ao espaço sagrado, enfatizando dois elementos fundamentais no tabernáculo: o óleo que mantém a luz da menorá acesa e os pães da proposição. Esses objetos não são apenas acessórios rituais, mas símbolos visíveis da presença contínua de YHWH no meio de Israel. O capítulo, no entanto, não se limita à descrição do culto; ele também introduz uma narrativa sobre a blasfêmia contra o Nome Divino, um episódio que demonstra que a santidade não se restringe ao santuário, mas deve permear todas as esferas da vida comunitária. A palavra de YHWH e Seu Nome não podem ser tratados com descaso. A santidade exige reverência absoluta.

A seção inicial do capítulo começa com a ordem de Moisés para que o povo traga azeite puro para a menorá:

> *ṣaw ʾeṯ-bənê-yiśrāʾēl wəyiqqəḥû ʾēlêḵā šemen zayit zāḵ kāṯîṯ lam-māʾôr ləhăʿălōṯ nēr tāmîḏ*
> "Ordena aos filhos de Israel que tragam azeite puro de oliva batida para a iluminação, para manter a lâmpada acesa continuamente" (Lv 24,2).

A menção à continuidade (*tāmîḏ*) indica que a luz da menorá não pode ser apagada; ela deve brilhar perpetuamente diante de YHWH. Essa chama representa a constância da presença divina, funcionando como um testemunho contra a escuridão do caos. A menorá não ilumina o santuário para benefício humano; ela simboliza a luz da revelação que emana de Deus. O sumo sacerdote, Arão, é encarregado de cuidar dela *mîḥûṣ lap-pārōḵeṯ* – "fora do véu" (Lv 24,3), ressaltando a ideia de que a luz sagrada, embora situada no interior do tabernáculo, não está oculta, mas brilha na direção da comunidade. A segunda parte da seção litúrgica trata dos pães da proposição, doze pães que devem ser dispostos diante de YHWH no santuário:

> *wəlāqaḥtā sōlet wəʾāpîṯā ʾōṯāh šətê-ʿeśrê ḥallōṯ*
> "E tomarás flor de farinha e assarás doze pães" (Lv 24,5).

A simbologia desses pães é dupla: primeiro, eles representam as doze tribos de Israel, enfatizando que toda a comunidade está continuamente diante de YHWH. Segundo, eles demonstram que o sustento de Israel vem exclusivamente de Deus. O povo pode plantar e colher, mas a abundância da terra está sob a bênção divina. Os pães são colocados sobre uma mesa de ouro e renovados semanalmente, sendo consumidos apenas pelos sacerdotes (Lv 24,9). Essa prática mantém uma tensão entre a santidade e a necessidade material: o alimento da terra pode ser trazido à presença de Deus, mas sua consumação precisa seguir a estrutura sacerdotal, pois nada que pertence ao sagrado pode ser tratado como comum. O capítulo, porém, dá uma guinada abrupta, saindo do ambiente do santuário para um episódio de transgressão. Um homem, filho de uma israelita e de um egípcio, blasfema contra o Nome Divino durante uma disputa:

> *wayyîṣēʾ ben-ʾîšâ yiśrəʾēlîṯ wəhûʾ ben-ʾîš miṣrî bəṯôḵ bənê yiśrāʾēl wayyīnāṣû bam-maḥăneh*
> “E saiu o filho de uma mulher israelita, que era filho de um egípcio, no meio dos filhos de Israel, e brigaram no acampamento” (Lv 24,10).

O texto é deliberadamente vago quanto ao conteúdo exato da blasfêmia, mas enfatiza que o Nome de YHWH foi proferido de maneira profana:

> *wayyiqqōḇ ʾîš ʾeṯ-haššēm wayəqallēl*
> “E o homem pronunciou o Nome e amaldiçoou” (Lv 24,11).

A formulação do versículo sugere que o problema não foi apenas o uso do Nome, mas a maneira como ele foi usado. No pensamento hebraico, a palavra não é um mero som; ela carrega a essência daquilo que representa. Proferir o Nome Divino de forma indevida é um ato de subversão teológica, pois transforma aquilo que deveria ser reverenciado em objeto de escárnio. O homem é levado a Moisés, e a decisão sobre sua punição é submetida a YHWH. A resposta divina é severa:

> *wəhōṣîʾû ʾeṯ-haməqallēl ʾel-mîḥûṣ lam-maḥăneh*
> *wəsāməḵû kāl-haššōməʿîm ʾeṯ-yəḏêhem ʿal-rōʾšô*
> *wərāgəmû ʾōṯô kāl-hāʿēḏâ*

> "E levarão o que blasfemou para fora do acampamento, e todos os que ouviram porão suas mãos sobre sua cabeça, e toda a congregação o apedrejará" (Lv 24,14).

A imposição de mãos sobre o culpado indica que sua culpa é reconhecida pela comunidade, e o apedrejamento simboliza que seu crime é um atentado não apenas contra YHWH, mas contra todo o povo. A blasfêmia não é um pecado isolado; ela corrói a santidade coletiva e, por isso, exige um juízo coletivo. O restante do capítulo expande essa lógica da justiça sagrada, estabelecendo um princípio de proporcionalidade:

> *šeḇer taḥaṯ-šeḇer ʿayin taḥaṯ-ʿayin šēn taḥaṯ-šēn*
> "Fratura por fratura, olho por olho, dente por dente" (Lv 24,20).

Esse princípio, conhecido como *lex talionis*, não deve ser lido como uma permissão para a vingança pessoal, mas como um mecanismo de equilíbrio legal. Ele limita a retaliação e impede que um crime seja punido com uma pena desproporcional. No caso da blasfêmia, no entanto, não há reparação possível. O Nome de YHWH, uma vez profanado, exige a remoção do ofensor da comunidade. O capítulo se encerra com a execução do blasfemador:

> *wayədabbēr Mōšeh ʾel-bənê yiśrāʾēl wayyōṣîʾû*
> *ʾeṯ-haməqallēl ʾel-mîḥûṣ lam-maḥăneh*
> *wayyirqəmû ʾōṯô ʾāḇen*
> "E Moisés falou aos filhos de Israel, e levaram o que blasfemou para fora do acampamento e o apedrejaram com pedras" (Lv 24,23).

Essa execução não é apenas um castigo; ela é um ato de preservação da santidade. Assim como o azeite puro mantém a chama da menorá acesa, e os pães sagrados são renovados diante de YHWH, a comunidade deve garantir que o Nome divino permaneça inviolado.

Levítico 24 estabelece um elo entre a luz do santuário e a reverência ao Nome Divino. O Nome de YHWH é a verdadeira luz de

Israel, aquilo que sustenta sua identidade e sua santidade. A menorá simboliza essa presença constante. Os pães da proposição lembram que a vida de Israel depende de Deus. E a punição para a blasfêmia demonstra que qualquer tentativa de profanar essa realidade será tratada com o máximo rigor. O capítulo ensina que a santidade não é uma abstração ritual, mas uma realidade que permeia todos os aspectos da vida. O Nome de YHWH não pode ser banalizado, pois Ele é o fundamento da aliança. Assim como a chama da menorá não pode se apagar, também o temor e a reverência ao Nome de Deus devem permanecer acesos na consciência de Israel.

## Capítulo 25

A terra, assim como Israel, pertence a YHWH. O solo que sustenta o povo da aliança não é um bem inalienável, um domínio absoluto das mãos humanas, mas um dom divino que deve ser tratado com a mesma reverência reservada ao santuário. A terra descansa, assim como o povo descansa. A liberdade não é apenas um direito humano, mas uma estrutura cósmica que deve ser preservada. O capítulo apresenta duas instituições fundamentais para essa teologia: o *Shəmittâ* (Ano Sabático), que ocorre a cada sete anos, e o *Yôḇēl* (Ano do Jubileu), celebrado a cada cinquenta anos. Ambos reafirmam que o tempo e a propriedade não pertencem ao homem, mas a Deus. O que está em jogo aqui não é apenas uma regulamentação agrícola, mas a própria lógica da aliança: um povo redimido não pode viver sob a mesma lógica de opressão que governava o Egito. O capítulo se inicia com uma nova revelação no Sinai, enfatizando que essas leis não são apenas ordenanças pragmáticas, mas princípios fundamentais da aliança:

> *wayədabbēr YHWH ʾel-Mōšeh bəhar sînay lēʾmōr*
> "E YHWH falou a Moisés no monte Sinai, dizendo" (Lv 25,1).

Essa introdução conecta diretamente a legislação sobre a terra à teologia do Êxodo. O Deus que redimiu Israel da escravidão agora estabelece os fundamentos para que essa liberdade seja preservada. O primeiro princípio é o descanso da terra no sétimo ano:

> *šēš šānîm tizraʿ śāḏəḵā wəšēš šānîm tizmōr karməḵā wəʾāsaṯ təḇûʾātāh*
> "Seis anos semearás teu campo, e seis anos podarás tua vinha e colherás sua produção" (Lv 25,3).

O trabalho é necessário, mas não pode ser infinito. O versículo seguinte estabelece a proibição:

> *ûbaššānâ haššəbîʿî šabbāt šabbātôn yihyê lāʾāreṣ šabbāt laYHWH*
> "Mas no sétimo ano haverá um sábado de descanso completo para a terra, um sábado para YHWH" (Lv 25,4).

Assim como Israel para suas atividades semanais no šabbāt, a terra precisa parar seu ciclo de exploração a cada sete anos. O descanso da terra é um ato de fé, um reconhecimento de que a sobrevivência de Israel não depende exclusivamente do esforço humano, mas da provisão divina. O conceito se torna ainda mais radical com a instituição do Jubileu. Após sete ciclos sabáticos, no quinquagésimo ano, ocorre um evento único na economia de Israel:

> *wəqiḏdaštəm ʾēṯ šənaṯ haḥămîššîm ûqərāʾtəm dərôr bāʾāreṣ ləkāl-yōšəḇêhā yôḇēl hîʾ tihyê lākem*
> "E santificareis o quinquagésimo ano e proclamareis liberdade na terra para todos os seus habitantes; será para vós um Jubileu" (Lv 25,10).

O termo *dərôr* (liberdade) aqui não é apenas uma ideia espiritual, mas uma libertação concreta: terras retornam a seus donos originais, servos são libertos e dívidas são perdoadas. O ano do Jubileu é uma ruptura na estrutura social que impede a perpetuação da desigualdade. Nenhuma família pode perder permanentemente sua terra, pois a terra não pertence a eles:

> *wəhāʾāreṣ lōʾ timmāḵēr ləṣmīṯūt kî-lî hāʾāreṣ kî-gērîm wətôšāḇîm ʾattem ʿimmādî*

> "E a terra não será vendida para sempre, porque a terra é minha, pois vós sois estrangeiros e peregrinos comigo" (Lv 25,23).

Essa afirmação é teologicamente revolucionária. A posse absoluta da terra é negada. A única autoridade suprema sobre a criação é YHWH. O ser humano é apenas um arrendatário temporário na terra de Deus. As implicações do Jubileu se estendem para além da terra, atingindo o próprio sistema de servidão em Israel. Se um israelita cair em miséria e precisar se vender como servo, sua condição não pode ser permanente:

> *kî-lî bənê-yiśrāʾēl ʿăbāḏîm ʿăbāḏay hēm ʾăšer-hôṣēʾtî ʾōṯām mēʾereṣ-miṣrāyim*
> "Pois os filhos de Israel são meus servos, meus servos são, aqueles que tirei da terra do Egito" (Lv 25,55).

A lógica é clara: um povo resgatado por YHWH não pode se tornar escravo de outro. A estrutura da aliança não permite que um israelita perpetuamente possua outro como servo. No máximo, a servidão é uma situação temporária, até que o Jubileu restaure a dignidade do indivíduo. O capítulo apresenta uma visão profundamente alternativa da economia e da sociedade. No Egito, a riqueza era acumulada sem limites, e a servidão era um estado permanente. Em Israel, a propriedade é cíclica, e a liberdade é restaurada a cada cinquenta anos. Isso não é apenas uma regulamentação econômica; é uma proclamação teológica. O Deus que libertou Israel exige que a liberdade seja incorporada à própria estrutura da sociedade. O poder não pode se concentrar indefinidamente, pois toda a criação pertence a Deus.

O Jubileu, no entanto, nunca foi plenamente implementado na história de Israel. A realidade da acumulação de terras e da exploração econômica prevaleceu, levando os profetas a denunciarem a corrupção do sistema. Isaías 5,8 declara:

> *hôy massîgê ḇayit bəḇayit śāḏeh ḇəśāḏeh yaqriḇû ʿaḏ-ʾêp̄eś māqôm*
> "Ai dos que juntam casa a casa, que acrescentam campo a campo, até não haver mais lugar para os outros."

O ideal do Jubileu se tornou um anseio escatológico, uma promessa futura de restauração e justiça. No Novo Testamento, Jesus reaproveita essa teologia do Jubileu ao inaugurar seu ministério em Lucas 4,16-21, citando Isaías 61:

> *rûaḥ ʾăḏōnāy YHWH ʿālay yaʿan māšaḥ YHWH ʾōtî*
> *ləḇaśśēr ʿănāwîm šəlaḥanî laḥəḇōš lənišbərê-lēḇ liqrōʾ*
> *ləšəbûyîm dərôr wəlaʾăsûrîm pəqiḥaḥ-qōaḥ*
> "O Espírito do Senhor YHWH está sobre mim, porque me ungiu YHWH para anunciar boas novas aos pobres; enviou-me para curar os quebrantados de coração, para proclamar liberdade aos cativos e libertação aos prisioneiros."

O tempo aceitável do Senhor é o tempo do Jubileu, um tempo em que a justiça de YHWH restaura o que foi perdido, as dívidas são canceladas e os oprimidos são libertos.

## Capítulo 26

Este texto marca o clímax teológico do livro, onde a santidade não é mais discutida em termos de rituais, sacerdócio ou tempo sagrado, mas como uma realidade cósmica que determina o destino de Israel. Aqui, o texto assume a forma de um tratado de aliança, seguindo o padrão das antigas alianças do Oriente Próximo, onde um soberano apresenta aos seus vassalos as consequências da obediência e da rebeldia. O capítulo é estruturado em dois grandes blocos: as bênçãos (*bərākôt*), que acompanham a fidelidade à aliança, e as maldições (*qəlālôt*), que recaem sobre Israel caso a lei seja violada. O que está em jogo não é apenas o destino da nação, mas a própria relação entre YHWH e Seu povo. O Israel que guarda os mandamentos não apenas prospera; ele se torna um reflexo da ordem divina na terra. Mas o Israel que se rebela contra a aliança não enfrenta apenas inimigos humanos ou crises naturais – ele se coloca contra o próprio tecido da criação, tornando-se uma anomalia que deve ser corrigida por meio do juízo divino.

O capítulo começa com um resumo daquilo que define a lealdade à aliança: a rejeição da idolatria e a guarda do šabbāt:

> *ʾal-taʿaśû lakem ʾĕlîlîm ûpəsîl ûmaṣṣēḇâ lōʾ tāqîmû lakem wəʾeḇen maskîṯ lōʾ tittənû bəʾarṣəḵem ləhištaḥăwōṯ ʿālêhâ kî ʾănî YHWH ʾĕlōhêḵem*
> "Não fareis para vós ídolos, nem levantareis para vós imagem de escultura, nem coluna sagrada, e não poreis pedra lavrada em vossa terra para vos inclinardes diante dela, pois Eu sou YHWH, vosso Deus" (Lv 26,1).

A ênfase na idolatria como a transgressão fundamental reflete a teologia de toda a Torá: a aliança não é meramente um código moral ou ritual, mas um compromisso de exclusividade com YHWH. A presença de ídolos no meio de Israel não é apenas uma violação de um mandamento; é a negação da própria identidade do povo como nação santa. O versículo seguinte reforça essa exclusividade:

> *ʾeṯ-šabəttōṯay tišmōrû ûmiqdašî tîrāʾû ʾănî YHWH*
> "Guardareis os meus sábados e reverenciareis o meu santuário; Eu sou YHWH" (Lv 26,2).

O *šabbāt* não é apenas um dia de descanso; ele é um lembrete semanal da aliança, um microcosmo do compromisso que Israel deve manter com Deus. O texto então apresenta as bênçãos que resultarão da obediência. Essas promessas não são apenas recompensas individuais, mas manifestações concretas de um mundo em harmonia com a vontade divina. O primeiro aspecto da bênção é a fertilidade da terra:

> *wənāṯattî gəšəmêḵem bəʿittām wənāṯənā hāʾāreṣ yəḇûlâ wəʿēṣ haśśāḏeh yittēn piryô*
> "Darei vossas chuvas no tempo certo, e a terra dará sua colheita, e a árvore do campo dará seu fruto" (Lv 26,4).

Esse padrão de bênção reflete a estrutura da criação em Gênesis: quando há obediência, a terra responde de maneira ordenada, refletindo o cuidado de YHWH. A paz também é garantida:

> *wənāṯattî šālôm bā'āreṣ ûšəḵabətəm wə'ên maḥărîḏ*
> *wəhišbatî ḥayyâ rā'â min-hā'āreṣ*
> "E darei paz na terra, e dormireis sem que ninguém vos amedronte, e farei cessar da terra os animais maus" (Lv 26,6).

O xalom (*šālôm*) aqui não significa apenas ausência de guerra, mas uma ordem cósmica onde Israel vive sem medo, protegido por YHWH e em harmonia com a criação. O ápice da bênção, porém, não está na abundância material, mas na presença de Deus no meio do povo:

> *wənāṯattî miškanî bətôḵəḵem wəlō' tig'al napšî 'eṯḵem*
> "E porei o meu tabernáculo no meio de vós, e minha alma não vos rejeitará" (Lv 26,11).

Esse versículo revela a verdadeira essência da bênção: Israel não prospera por mérito próprio, mas porque Deus escolhe habitar no meio de Seu povo. No entanto, a aliança não é incondicional. A partir do versículo 14, o tom do capítulo muda drasticamente, introduzindo a seção das maldições. A lógica é simétrica: assim como a obediência traz harmonia e vida, a rebelião provoca caos e destruição. O primeiro castigo é a doença e o terror:

> *wəhipqaḏtî 'ălêḵem behalâ wəhaqqaddaḥaṯ maḵlôt*
> *'ênayim wədəbîl nepeš*
> "E trarei sobre vós terror, febres e enfermidades que consumirão os olhos e enfraquecerão a alma" (Lv 26,16).

A relação entre pecado e enfermidade é central na teologia levítica: a desobediência rompe a ordem da vida e abre espaço para a decadência física. A consequência seguinte é a derrota militar:

> *wənāṯattî pānây ḇāḵem wənigaptəm lip̄nê 'ōyəḇêḵem*

"Voltarei o meu rosto contra vós, e sereis derrotados diante de vossos inimigos" (Lv 26,17).

Se a obediência garante segurança, a rebelião entrega Israel à instabilidade e ao domínio estrangeiro. Mas o castigo não se limita à guerra: a própria terra deixará de responder ao esforço humano, tornando-se estéril:

*wəhišbaṯî ʾeṯ-šəmayim kaḇarzel wəʾeṯ-ʾărṣəḵem kənaḥûšâ*
"E tornarei vosso céu como ferro, e vossa terra como bronze" (Lv 26,19).

A inversão aqui é deliberada: a mesma terra que deveria ser uma bênção se transforma em maldição. A progressão das maldições é alarmante. Se Israel continuar a se rebelar, os castigos se multiplicam: fome, peste, ataques de animais selvagens e, finalmente, o exílio. O ápice da destruição é a devastação total da terra:

*ʾāz tirṣeh hāʾāreṣ ʾeṯ-šabtōtêhā kol-yəmê haššammāh wəʾattem bəʾereṣ ʾōyəḇêḵem*
"Então a terra desfrutará de seus sábados, todos os dias da sua desolação, enquanto vós estiverdes na terra dos vossos inimigos" (Lv 26,34).

O castigo final não é apenas a perda da terra, mas a expulsão dela. Israel, que deveria ser um testemunho da santidade de YHWH, se torna um povo disperso, incapaz de manter sua identidade na terra prometida. No entanto, o capítulo não termina com a destruição. Após listar os horrores do exílio, YHWH reafirma a esperança da restauração:

*wəzāḵartî ʾeṯ-bərîtî yaʿăqōḇ wəʾaf ʾeṯ-bərîtî yiṣḥāq wəʾaf ʾeṯ-bərîtî ʾaḇrāhām ʾezkōr*
"E me lembrarei da minha aliança com Jacó, e também da minha aliança com Isaque, e também da minha aliança com Abraão" (Lv 26,42).

A justiça de Deus exige juízo, mas Sua fidelidade garante que a aliança nunca será destruída. Mesmo no exílio, há uma promessa: o retorno, a restauração, e o reencontro com YHWH. O destino de Israel está sempre ligado à aliança, pois a última palavra nunca é o juízo, mas a misericórdia de Deus.

## Capítulo 27

Levítico 27, o último capítulo do livro, parece à primeira vista uma conclusão anticlimática. Após o drama cósmico das bênçãos e maldições em Levítico 26, o texto retorna a questões aparentemente prosaicas: votos, consagração de pessoas e propriedades, valores monetários, e a redenção de bens consagrados. No entanto, essa seção não é uma mera adição burocrática. Ela encerra Levítico reafirmando uma verdade fundamental: a santidade não é apenas um conceito abstrato ou uma experiência litúrgica, mas uma realidade que permeia todos os aspectos da existência, incluindo a economia e a propriedade. O que se possui não pertence ao indivíduo de forma absoluta. Assim como o espaço e o tempo foram santificados ao longo do livro, também a economia deve ser regulada pelo princípio de que tudo, em última instância, pertence a YHWH.

O capítulo se inicia com as regras sobre a consagração de pessoas ao serviço de Deus. Um israelita podia se dedicar a YHWH por meio de um voto, oferecendo a si mesmo ou a um membro da família para o serviço no santuário. No entanto, nem todos podiam servir fisicamente no tabernáculo, especialmente se não fossem levitas. Para lidar com essa realidade, o sistema permitia que o valor da pessoa consagrada fosse pago ao santuário em dinheiro. O texto estabelece uma tabela de preços, baseada em idade e sexo:

> *wəhāyâ ʿərkəkā hazzākār mibben-ʿeśrîm šānâ wəʿad-ben-ḥămîšîm šānâ wəhāyâ ʿərkô ḥămiššîm šeqel keset*
> "Se for um homem de vinte a cinquenta anos, seu valor será de cinquenta siclos de prata" (Lv 27,3).

O valor diminui para mulheres e para pessoas de idades mais avançadas ou mais jovens. Essa tarifação reflete a estrutura econômica da época, onde a força de trabalho era um fator determinante no valor monetário. A santidade, no entanto, não pode ser comercializada. O pagamento do voto não é uma forma de "comprar" a consagração, mas um substituto prático para quem não pode se dedicar fisicamente ao serviço sagrado. A seção seguinte trata da consagração de animais ao santuário. Um animal oferecido a YHWH não pode ser substituído:

> *lōʾ yaḥălîp̄ēnû wəlōʾ yamîr ʾōṯô ṭôḇ bərāʿ wərāʿ bəṭôḇ*
> "Não o trocarás nem substituirás, seja bom por mau, seja mau por bom" (Lv 27,10).

Essa regra impede que o adorador tente enganar o sistema, oferecendo um animal de menor valor depois de ter consagrado um de qualidade superior. A santidade exige integridade, inclusive na doação. No entanto, se alguém desejasse redimir um animal que havia dedicado, deveria pagar o valor estipulado acrescido de um quinto:

> *wəʾim-hărēq yəḏənû ʾîš məʾărkəḵā wəyāsap̄ ḥămišîtô ʿālāyw*
> "Se quiser resgatar algo de sua consagração, acrescentará um quinto ao seu valor" (Lv 27,13).

Essa regra incentiva a seriedade na consagração: não se pode retirar algo do domínio do sagrado sem um custo adicional. A consagração de casas e terras segue um princípio semelhante. Uma casa dedicada ao santuário poderia ser resgatada mediante o pagamento do seu valor mais um acréscimo de vinte por cento. Já as terras consagradas eram avaliadas conforme sua produtividade:

> *wəʾim-miśśəḏeh ʾaḥuzzāṯô yaqdiš ʾîš laYHWH wəhāyā ʿărəkəḵā ləp̄î zarʿō zera-ḥōmer śəʿōrîm bəḥămiššîm šeqel keseṯ*
> "Se alguém consagrar ao Senhor parte do campo de sua herança, seu valor será proporcional à sua produção: um ômer de semente de cevada por cinquenta siclos de prata" (Lv 27,16).

Essa avaliação demonstra que a terra, o principal meio de sustento de Israel, estava sob a soberania de YHWH. Se a terra fosse resgatada, o proprietário deveria pagar seu valor mais um quinto. Se não fosse resgatada e chegasse o Jubileu, a terra se tornava propriedade permanente do santuário. Um detalhe importante é que terras adquiridas (não herdadas) não podiam ser consagradas permanentemente, pois voltariam aos donos originais no Jubileu:

> *wəʾim-miśśəḏeh miqnāṯô yaqdiš ʾîš laYHWH*
> "Se alguém consagrar ao Senhor um campo que comprou" (Lv 27,22).

Esse princípio impede que o sistema de consagração seja usado para contornar as regras do Jubileu e transferir permanentemente terras para o santuário, mantendo a equidade na distribuição da terra entre as tribos. O clímax do capítulo trata dos dízimos:

> *wəkāl-maʿśar hāʾāreṣ mizzəraʿ hāʾāreṣ mippərî hāʿēṣ laYHWH hûʾ qōḏēš laYHWH*
> "Todo o dízimo da terra, seja da semente da terra ou do fruto das árvores, pertence a YHWH; é santo para YHWH" (Lv 27,30).

O dízimo é um reconhecimento de que toda a produção da terra é um dom divino. O texto também especifica que o dízimo do gado deve ser calculado de maneira aleatória, sem escolha deliberada:

> *lōʾ yabbaqēr beyn ṭôḇ ləraʿ wəlōʾ yəmîrēnû*
> Não se escolherá entre o bom e o mau, nem se o substituirá" (Lv 27,33).

Essa instrução reforça que o ato de dar a Deus não pode ser manipulado para benefício pessoal. O que é dedicado a YHWH deve ser entregue sem cálculo humano.

Levítico 27 encerra o livro reafirmando a lógica da aliança: tudo pertence a YHWH, e qualquer consagração é, na verdade, uma devolução ao verdadeiro dono. Esse capítulo pode parecer um apêndice administrativo, mas, na realidade, ele é uma aplicação prática da santidade. A aliança com Deus não se manifesta apenas no culto e nos rituais, mas também na forma como se lida com a propriedade, o dinheiro e os compromissos espirituais. O capítulo reafirma que o conceito de santidade não se restringe ao tabernáculo ou ao sacerdócio, mas penetra a vida cotidiana, regulando desde os votos individuais até a posse da terra.

O encerramento de Levítico não apresenta uma conclusão narrativa, mas sim uma reafirmação da autoridade divina sobre todos os aspectos da existência. O livro termina com uma declaração que vincula todo o seu conteúdo à revelação no Sinai:

> *ʾēlleh hammiṣwōṯ ʾăšer-ṣiwwā yhwh ʾeṯ-Mōšeh ʾel-bənê yiśrāʾēl bəhar sînay*
> "Estes são os mandamentos que YHWH ordenou a Moisés para os filhos de Israel, no monte Sinai" (Lv 27,34).

Essa afirmação finaliza o livro de maneira enfática: nada do que foi ordenado vem de um contexto meramente humano. Cada instrução, seja sobre sacrifícios, pureza, calendário, terra ou dízimos, faz parte de uma revelação divina que estrutura Israel como um povo santo.

## Bibliografia


Barros, M.

Testemunho e utopia – Quando a tora e a terra se encontrarem. *Revista de Interpretação Bíblica Latino-Americana*, n. 24, p. 44-52, 1996.

"Escutem a trombeta do Espírito" – Para vivermos uma espiritualidade do jubileu. *Revista de Interpretação Bíblica Latino-Americana*, n. 33, p. 192-200, 1999.

Crüsemann, M; Crüsemann, F.

O ano que agrada a Deus. As tradições do ano da remissão e do ano jubilar na Tora e nos Profetas, Antigo e Novo Testamento (Dt 15; Lv 25; Is 61; Lc 4). *Estudos Bíblicos*, n. 58, p. 69-76, 1998.

Gallazzi, S.

De nada vale a gordura dos holocaustos (Uma crítica popular ao sacrifício do Segundo Templo). *Revista de Interpretação Bíblica Latino-Americana*, n. 10, 2. ed., p. 46-60, 1993.

Jubileu: aqui e agora! *Revista de Interpretação Bíblica Latino-Americana*, n. 33, p. 64-80, 1999.

Garmus, L.

O descanso da terra. Uma releitura de Ex 23,10-11 e Lv 25,1-7. *Estudos Bíblicos*, n. 58, p. 98-115, 1998.

Gass, I B.

O ano do jubileu, um ano de libertação – Lv 25. *Estudos Bíblicos*, n. 57, p. 9-23, 1998.

Gorgulho, M. L.

Ano Jubilar: Ideal de igualdade e garantia de cidadania. *Estudos Bíblicos*, n. 58, p. 43-59, 1998.

Kilpp, N.

Deficientes físicos no Antigo Testamento. *Estudos Bíblicos*, n. 27, p. 38-46, 1990.

Lobosco, R. L.

A solidariedade familiar. *Estudos Bíblicos*, n. 85, p. 22-29, 2005.

Nash, P. T.

Você foi escravo no Egito: Por que não podemos ser ou ter escravos cento e dez anos depois? *Estudos Bíblicos*, n. 57, p. 24-27, 1998.

Navia Velasco, C.

Um ano jubilar. Perspectiva urbana. *Revista de Interpretação Bíblica Latino-Americana*, n. 33, p. 104-111, 1999.

Um abraço sororal na mulher que aborta. *Revista de Interpretação Bíblica Latino-Americana*, n. 57, p. 69-79, 2007.

Neuenfeldt, E. G.

Menstruação, parto e impureza no Levítico: controle de corpos e líquidos das mulheres. *Estudos Bíblicos*, n. 66, p. 29-35, 2000.

Orofino, F.

Resistência – Solidariedade – Mística. A casa e o Ano Jubilar. *Estudos Bíblicos*, n. 58, p. 33-42, 1998.

Pereira, N. C.

Comida, sexo e saúde – Lendo o Levítico na América Latina. *Revista de Interpretação Bíblica Latino-Americana*, n. 23, p. 133-160, 1996.

Fabricação do corpo e economia – Produção e reprodução de valor no Levítico. *Revista de Interpretação Bíblica Latino-Americana*, n. 51, p. 26-36, 2005.

Reimer, H.

Leis dos tempos jubilares na Bíblia. Ensaio de uma perspectiva histórica. *Estudos Bíblicos*, n. 58, p. 15-32, 1998.

Este livro foi composto em FreightText Pro
e Museo, e impresso em papel Pólen Natural
80 g/m², pela Meta Gráfica.